فهرست مطالب

Strukturwörter .... واژه‌های ساختاری

راهنمای استفاده از واژه‌نامه

امروزه کارشناسان آموزش زبان معتقدند که زبان‌آموزان باید بر مجموعه‌ای از واژه‌ها تسلط بیابند تا بتوانند با بهره‌گیری از آنها ارتباط برقرار کنند و متون آن زبان را بخوانند. برای یافتن این مجموعه از واژه‌ها به بررسی‌های اصولی در هر زبان و سپس ایجاد رابطه‌ی مفهومی بین این واژه‌ها در ذهن زبان‌آموز نیاز است. به‌همین دلیل، واژه‌نامه‌ی پایه‌ی زبان آلمانی، ساختاری موضوعی دارد و به زبان‌آموزان امکان می‌دهد در هر مرحله از فراگیری زبان آلمانی، واژه‌ها را براساس مفاهیم و تقسیم‌بندی موضوعی بیاموزند.

در زبان آلمانی نیز همچون دیگر زبان‌ها، میلیون‌ها واژه وجود دارد، ولی در نیمی از گفتارها و نوشته‌ها، فقط تعداد محدودی واژه تکرار می‌شود. با یادگیری همین تعداد محدود واژه می‌توان در گفتارهای روزمره و نوشته‌های معمول، ابتدا مفهوم را درک کرد و سپس با بهره‌گیری فعال از این واژه‌ها، به این زبان‌ها صحبت کرد و مطالبی نوشت. جالب این است که تعداد این واژه‌ها درمجموع حدود ۴۰۰۰ واژه است که به آن واژه‌های پایه می‌گویند. نیمی از این ۴۰۰۰ واژه بسامد بیشتری دارند؛ بنابراین مهم‌ترند و از این رو، در واژه‌نامه‌ی حاضر این گروه از واژه‌ها ابتدا و با عنوان ۱ - ۲۰۰۰ آورده شده‌اند. فراگیری این گروه، اولویت زیادی دارد؛ یعنی زبان‌آموزان ابتدا باید این واژه‌ها را بیاموزند و در مرحله‌ی بعد، واژه‌های ۲۰۰۱ - ۴۰۰۰ را فرا گیرند. وجود قلمروهای مشخص موضوعی، این امکان را فراهم می‌کند که زبان‌آموز بتواند موضوع مورد علاقه‌ی خود را بیابد و واژه‌های آن را یاد بگیرد.

در آموزش زبان، یادگیری واژه‌ها و بهره‌گیری از واژه‌نامه‌های دوزبانه امری بسیار معمول است و ارزش واژه‌نامه‌های آموزشی، به عوامل بسیاری بستگی دارد، از جمله ارائه‌ی مثال، آوانگاری و داده‌های دستوری. به همین دلیل در واژه‌نامه‌ی پایه‌ی موضوعی زبان آلمانی، برای هر واژه حداقل یک مثال، آوانگاری واژه و داده‌های دستوری داده شده است. برای آگاهی از داده‌های آوانگاری و داده‌های دستوری، به فهرست اختصارات و راهنمای آواشناسی مراجعه کنید.

انتخاب واژه‌های پایه، کاری بسیار دشوار است. در واژه‌نامه‌ی پایه‌ی موضوعی پایه‌ی زبان آلمانی، افزون بر مسئله‌ی کاربرد و بسامد واژه‌ها، به اختلاف در گفتار و نوشتار، رابطه‌ی خویشاوندی واژه‌ها و اهمیت آنها توجه فراوانی شده؛ و معیار انتخاب واژه‌ها، آزمون‌های بین‌المللی زبان آلمانی مؤسسه‌ی گوته و پیکره‌های زبانی بوده است.

براساس یافته‌های کارشناسان آموزش زبان، یادگیری واژه‌ها براساس نظم الفبایی چندان سودمند نیست، زیرا به‌دلیل نبودِ رابطه‌ی مفهومی یا خویشاوندی بین واژه‌ها، آنچه را که فرد آموخته است، زود ازیاد می‌برد. واژه‌ها در واقعیت زبانی، فقط در بافت متن معنی دارند و چنانچه آنها را از بافت متن جدا کنیم، درک معنی بسیار دشوار خواهد شد. نظم موضوعی باعث می‌شود که واژه‌ها با هم رابطه‌ی همنشینی داشته باشند و با تداعی معانی و بهره‌گیری صحیح از فنون یادگیری در حافظه‌ی زبان‌آموز باقی بمانند. همچنین مثال‌ها بیشتر از گفتار انتخاب شده است و جمله‌هایی را دربر می‌گیرد که کاربرد زیادی دارند.

هر واژه‌ی پایه، به‌شکل مدخلی جداگانه آمده و دربرابر هر مدخل، داده‌های دستوری نیز درج شده است؛ برای مثال، جلوی همه‌ی اسامی، اطلاعاتی مثل جنسیت دستوری، خاتمه‌ی اضافه و حالت جمع نوشته شده و یا در جلوی فعل‌ها ظرفیت فعل، فعل کمکی، صرف سوم شخص مفرد زمان حال، گذشته‌ی ساده و استمراری و درصورت ضرورت حرف اضافه‌ی ثابت همراه آن آمده است. به زبان‌آموزان توصیه می‌کنیم که از همان ابتدا به این داده‌های دستوری توجه کنند و هنگام یادگیری معنی واژه، این داده‌ها را نیز به‌خاطر بسپارند. البته برای هر مدخل مثالی هم داده شده که کاملاً مطابق با همان اطلاعات دستوری است.

گاهی برای یک واژه دو مدخل درنظر گرفته شده است. دلیل این موضوع آن است که واژه‌ی مورد نظر، دو معنی کاملاً متفاوت و پایه دارد.

طبیعی است که در واژه‌نامه‌ی پایه‌ی موضوعی زبان آلمانی نمی‌توان انتظار داشت همه‌ی معانی یک واژه بیاید؛ برای مثال، کاربردهای نادر معانی واژه‌ها را در فرهنگ حاضر نمی‌توان یافت، چرا که یادگیری آنها در مراحل ابتدایی ضرورت ندارد بنابراین

در واژه‌نامه‌ی پایه‌ی موضوعی زبان آلمانی معنی متداول واژه‌ها و گاه معانی نزدیک یک واژه ذیل یک مدخل آمده و با شماره از هم تفکیک شده است.
در پایان واژه‌نامه، فهرستی الفبایی از واژه‌ها قرار داده شده است؛ که با یافتن واژه و مشاهده‌ی شماره‌ی کنار آن می‌توانید موضوع و معنی آن واژه را به‌راحتی در آن بخش پیدا کنید.

چند راهنمایی برای استفاده‌ی بهتر از واژه‌نامه:

۱. نخست واژه‌های ۱-۲۰۰۰ را بیاموزید؛ بعد به گروه ۲۰۰۱-۴۰۰۰ مراجعه کنید.
۲. از نظم موضوعی این واژه‌نامه استفاده کنید. مطالعه‌ی صفحه به صفحه‌ی این واژه‌نامه چندان مفید نیست. سعی کنید یک موضوع را درنظر بگیرید و واژه‌های مربوط به آن را به‌خاطر بسپارید. یادگیری موضوعی واژه‌ها باعث می‌شود که شما با مشاهده یا شنیدن یک واژه، گروهی از واژه‌های دیگر را به‌خاطر بیاورید.
۳. روی هر موضوع جداگانه کار کنید و به موضوع‌هایی بپردازید که اهمیت و کاربرد بیشتری برای شما دارند. همیشه پس از خواندن یک موضوع و پیش از آغاز موضوع بعدی، آن را مرور کنید. هرچه تعداد این مرورها و به‌کارگیری مثال‌ها بیشتر شود، میزان یادگیری افزایش می‌یابد.
۴. شیوه‌ی یادگیری خاص خود را پیدا کنید به اندازه‌ای بیاموزید که درحد توان شما است. برای مثال، یک موضوع را انتخاب کنید و هشت تا ده واژه را بخوانید. سپس یک بار دیگر آنها را تکرار کنید و بعد با کاغذی سمت راست را بپوشانید و سعی کنید معنی واژه‌ها را به‌خاطر بیاورید. اگر موفق شدید، به‌سراغ واژه‌ی بعدی بروید. هر فرد، روش خاص و متناسب با خود را دارد؛ برای مثال، برخی از زبان‌آموزان ممکن است با گذاشتن نشانه‌ای برای هر بار مراجعه به آن مدخل، آن را بهتر به‌یاد بیاورند و یا واژه‌های دشوار را با نشانه مشخص کنند.
۵. عادت‌های مطالعه‌ی خود را تغییر دهید. گاهی ستون سمت چپ را با کاغذ یا مقوایی بپوشانید و واژه‌ها را به‌صورت معکوس به‌یاد آورید.

۶. همچنین می‌توانید واژه‌ها را به‌صورت موضوعی با خطوط یا اشکالی به هم مرتبط کنید و در بافت متن یاد بگیرید.
۷. هر روز تعداد معینی واژه را یاد بگیرید. استراحت بین هر بخش ضروری است. طی چند هفته متوجه می‌شوید که هر بار چه تعداد واژه را می‌توانید بیاموزید. فراموش نکنید که واژه‌ها را در فاصله‌های زمانی مناسب تکرار کنید و حافظه‌ی خود را بیازمایید.
۸. این کتاب مستقل از هر کتاب آموزشی دیگری درنظر گرفته شده است، ولی می‌توان آن را همزمان با کلیه‌ی کتاب‌های آموزشی زبان آلمانی به‌کار برد.
۹. بهتر است پیش از مکالمه یا خواندن متن، فهرستی از واژه‌های موضوع مورد نظر را تهیه کنید. در این کار از واژه‌های ساده شروع کنید.
۱۰. از تکرار هدفمند واژه‌ها به‌صورت فعال غافل نشوید. از هر موقعیت زبانی برای استفاده از واژه‌هایی که آموخته‌اید، استفاده کنید. زمانی می‌توانید بگویید واژه‌ای را یاد گرفته‌اید که آن را به‌صورت فعال در گفتار یا نوشتار به‌کار ببرید. در این صورت، واژه برای مدت بسیار طولانی در ذهن شما خواهد ماند.

Abkürzungen

اختصارها

Akk.	Akkusativ	آکوزاتیف
Adj.	Adjectiv	صفت
Adv.	Adverb	قید
dem.	demonstrativ	اشاره
f	feminin	مونث
Gen.	Genitiv	گنیتیف
indekl.	indeklinabel	صرف‌ناپذیر
Komp.	Komparation	صفت تفضیلی
Konj.	Konjunktion	حرف ربط
Mod.v.	Modalverb	فعل معین
m	maskulin	مذکر
n	neutrum	خنثی
P.	Person	شخص
Pl.	Plural	جمع
Pron.	Pronomen	ضمیر
Präp.	Präposition	حرف اضافه
Sg.	Singular	مفرد
v	Verb	فعل
V/i.	intransitives Verb	فعل لازم
V/refl.	reflexives Verb	فعل انعکاسی
V/t.	transitives Verb	فعل متعدی
rzp.	reziprok	دوسویه

راهنمای تلفظ

نشانه‌های آوایی هر واژه داخل قلاب، بعد از هر واژه آمده است (این نشانه‌ها مطابق الفبای آوانویسی بین‌المللی است).

۱ـ نشانه‌های کلی

['] پیش از هجای تأکید قرار می‌گیرد.

[ː] نشانه‌ی کشیدگی واکه.

[*] برای نشان دادن r صدادار یا بی‌صدا.

[º] تمایز بین [k]، [ç] و [g].

[(ə)] تلفظ اختیاری:

Kegel ['keːg(ə)l]

۲ـ واکه‌ها

۲ - ۱ـ تک آواها

[i]	ی:	bitten, Mitte
[iː]	ی (کشیده):	Miete, Drogerie
[y]	اُو:	glücklich, füllen, Physik
[yː]	اُو (کشیده):	fühlen, prüfen
[u]	او:	kurz, Kusine
[uː]	او (کشیده):	gut, Schuh
[e]	اِ:	konsequent, Mechanik
[eː]	اِ (کشیده):	geben, Zeh, Gelee
[øː]	اُ (کشیده):	hören, gewöhnlich
[o]	اُ:	probieren, Notiz, wohin
[oː]	اُ (کشیده):	Bewohner, Zoo, Hof
[ɛ]	اِ:	echt, ändern, Camping
[ɛː]	اِ (کشیده):	allmählich, bestätigen
[œ]	اُ:	können, öffnen, Körper
[ə]	اِ:	Anfrage, erwähnen
[ə*]	اِ (آخر):	Vater, international
[ɔ]	اُ:	Stock, Kontrolle
[a]	آ:	Kaffee, Saft, warten
[aː]	آ (کشیده):	nachdenken, Rad
[aː*]	آر (کشیده):	klar, Wahrheit

خیشومی شده

[ɛ̃ː]	اِ (کشیده):	Cousin
[ɔ̃ː]	ن (کشیده):	Saison
[ã]	اِ:	Pension
[ãː]	آ (کشیده):	Chance, Restaurant

۲-۲- واکه‌های مرکب و ترکیب‌های واکه‌ای

[iːə]	ایه:	siehe
[iːə*]	ایه:	Bier, Passagier
[iə*]	ایر:	irgendwie
[yːə]	اُاِ:	Mühe
[yːə*]	اُ:	Tür
[uə*]	اُاِ:	Vorurteil
[ɛːə*]	اِ:	gefährlich, Sekretär
[øːə]	اُاِ:	Höhe
[øːə*]	اُاِ:	höher
[oːə]	اُاِ:	frohe
[oːə*]	اُاِ:	Ohr
[uːə]	اُو:	Ruhe
[uːə*]	اُو:	Uhr, beurlauben
[eːə]	اِاِ:	Ehe, gehen
[eːə*]	اِاِ:	sehr, Beschwerde
[ɛə*]	اِاِ:	erkenntlich, Erbse
[ɛːə]	اِاِ (چاکنایی):	Krähe
[ɔə]	اُ:	Motorrad
[ɔi*]	اُی:	heute, Bäume
[aːə]	آاِ:	nahe
[ai]	اَی:	reinigen, Eile
[au]	آو:	sauber, Haus

۳- صامت‌ها

[b]	ب:	Begriff, bleiben
[d]	د:	Dame, reden
[f]	ف:	Fest, Treffen
[g]	گ:	Gast, ausbaggern
[ʒ]	ژ:	Genie, Reportage
[h]	هـ:	halten, abholen
[ç]	ش (نرم):	ich, echt, durch
[x]	خ:	achten, doch, Buch
[j]	ی:	ja, Junge
[k]	ک:	Krise, Berg, täglich
[l]	ل:	Leben, voll, Willi
[m]	م:	mit, Kamm
[n]	ن:	nein, kennen
[ŋ]	نگ (گ نامحسوس):	Bank
[p]	پ:	Party, lieb
[r]	ر:	regnen, zurück
[s]	س:	Haus, essen, Fuß
[z]	ز:	singen, Rose, Musik
[ʃ]	ش:	schwer, stellen, Wunsch
[t]	ت، ط:	Tag, Wand, Mitglied
[v]	و:	Wasser, Verb, Villa

۴ـ همخوان‌های پایانی

(e)r-:   r در هجای er هم همخوان است و هم واکه:

Bier [biːə*]   Ohr [oːə*]   Masseur [ma'seə*]   Tur [tyːə*]
Bar [bɛːə*]   Uhr [uːə*]   Gehor [gə'høə*]   Vater ['faːtə*]

ig-: پسوند ig- نشانگر [iç] در آوانویسی بین‌المللی است، ولـی در شمال آلمان به این صورت تلفظ نمی‌شود. در جنوب آلمـان تلفـظ آن به‌صـورت [ik] اسـت. در عیـن حال در شکل صرف شده‌ی [ig-] تلفظ به‌صورت [g-] است:

شمال = selige ['zeːliç°]

جنوب = ['zeːlik]

ولی در کل= selige, seliger, seliges ['zeːligə, 'zeːligə*, 'zeːligəs]

b, -d, -g, -s-: در جایگاه همخوان پایانی [p, -t, -k, -s-] بی‌صـدا هسـتند ولی پس از واکه‌های زیر صدادار می‌شوند:

Kalber ['kɛlbə*]	Kalb [kalp]
Walder ['vɛldə*]	Wald [valt]
Anzuge ['antsyːgə]	Anzug ['antsuk]
Häuser ['hɔizə*]	Haus [haus]

Grundwortschatz

Deutsch-Persisch
Persisch-Deutsch

1.1 Körper — بدن

1-2000

0001	**Arm** [arm] *m, -(e)s, -e* Ich habe beim Sport meinen rechten Arm verletzt.	**دست (از شانه تا مچ)؛ بازو** حین ورزش، دست راستم را مجروح کردم.
0002	**Auge** ['augə] *n, -s, -n* Meine Schwester und ich haben braune Augen.	**چشم** من و خواهرم چشم‌های قهوه‌ای داریم.
0003	**Bauch** [baux] *m, -(e)s, Bäuche* Er schläft am liebsten auf dem Bauch.	**شکم** بیشتر دوست دارد روی شکم بخوابد.
0004	**Bein** [bain] *n, -(e)s, -e* Kannst du lange auf einem Bein stehen?	**پا(از بالای ران تا مچ پا)** می‌توانی مدتی طولانی روی یک پا بایستی؟
0005	**Blut** [blu:t] *n, -(e)s, kein Pl.* Ich mag kein Blut sehen.	**خون** تحمل دیدن خون را ندارم.
0006	**Brust** [brust] *f, -, kein Pl.* Reiben Sie Brust und Rücken mit dieser Salbe ein!	**سینه** از این پماد، به سینه و پشت خود بمالید!
0007	**Brust** [brust] *f, -, Brüste* Das Baby trinkt Milch an der Brust der Mutter.	**پستان** بچه از پستان مادر شیر می‌خورد.
0008	**Finger** ['fiŋə*] *m, -s, -* Sie trägt an jedem Finger einen Ring.	**انگشت** در هر انگشتش یک انگشتری دارد.
0009	**Fuß** [fu:s] *m, -es, Füße* Nach dem Spaziergang hatte sie kalte Füße.	**پا (از قوزک تا نوک انگشتان)** بعد از پیاده‌روی، پاهایش یخ کرد.
0010	**Gesicht** [gə'ziçt] *n, -(e)s, -er* Es war dunkel. Ich konnte ihr Gesicht nicht sehen.	**صورت** هوا تاریک بود. نتوانستم صورتش را ببینم.
0011	**Haar** [ha:*] *n, -(e)s, -e* Bald hat er keine Haare mehr auf dem Kopf.	**مو** به‌زودی دیگر مویی روی سرش نمی‌ماند.
0012	**Hals** [hals] *m, -es, Hälse* Sie hat einen langen Hals.	**گردن** گردن بلندی دارد.

1.1 Körper بدن

0013 **Hand** [hant] *f, -, Hände* — **دست (از مچ دست تا نوک انگشتان)**
Sie gingen Hand in Hand spazieren. — دست در دست هم به پیاده‌روی رفتند.

0014 **Haut** [haut] *f, -, kein Pl.* — **پوست**
Seine Haut ist immer ganz rot. — پوستش همیشه کاملاً قرمز است.

0015 **Herz** [hɛrts] *n, -ens, -en* — **قلب، دل**
Mein Herz schlägt manchmal unregelmäßig. — قلبم گاهی نامنظم می‌تپد.

0016 **Knie** [kniː] *n, -s, -* — **زانو**
Ich habe den ganzen Tag auf den Knien am Boden gearbeitet. — همه‌ی روز نشسته روی زانو کار کردم.

0017 **Kopf** [kɔpf] *m, -(e)s, Köpfe* — **سر**
Hatte er einen Hut auf dem Kopf? — کلاه سرش بود؟

0018 **Körper** ['kœrpə*] *m, -s, -* — **بدن**
Sie hat einen durchtrainierten Körper. — بدنی ورزیده دارد.

0019 **Mund** [munt] *m, -es, Münder* — **دهان**
Bitte halte den Mund und sei still! — لطفاً دهانت را ببند و ساکت باش!

0020 **Nase** ['naːzə] *f, -, -n* — **دماغ، بینی**
Deine Nase ist rot. Hast du Schnupfen? — دماغت سرخ است. سرما خورده‌ای؟

0021 **Ohr** [oːə*] *n, -(e)s, -en* — **گوش**
Sie hält sich die Ohren zu. — گوش‌هایش را می‌گیرد.

0022 **Rücken** ['ryk(ə)n] *m, -s, -* — **پشت**
Er hat einen schiefen Rücken. — پشتش خمیده است.

0023 **schwach** [ʃvax] *Adj., schwächer, am schwächsten* — **ضعیف**
Nach der Krankheit fühlte sie sich noch lange schwach. — بعد از بیماری، تا مدت‌ها احساس ضعف می‌کرد.

0024 **stark** [ʃtark] *Adj., stärker, am stärksten* — **قوی**
Für diese Arbeit bist du nicht stark genug. — برای این کار به‌اندازه‌ی کافی قوی نیستی.

0025 **Zahn** [tsaːn] *m, -(e)s, Zähne* — **دندان**
Meine Zähne sind alle gesund. — همه‌ی دندان‌هایم سالم است.

1.1 Körper — بدن

0026 **Zunge** ['tsuŋə] *f, -, -n* — **زبان**

Der Arzt sagt: "Zeigen Sie mir bitte Ihre Zunge!"

پزشک می‌گوید: «لطفاً زبانتان را به من نشان بدهید!»

2001-4000

0027 **Atem** ['a:təm] *m, -s, kein Pl.* — **تنفس**

Sein Atem geht schwer und unregelmäßig.

تنفس او سخت و نامنظم است.

0028 **atmen** ['a:tmən] *V/i, atmete, hat geatmet* — **نفس کشیدن**

Sie atmet ganz leise. Sicher ist sie eingeschlafen.

کاملاً آرام نفس می‌کشد. حتماً خوابش برده است.

0029 **Backe** ['bakə] *f, -, -n* — **لُپ، گونه**

Unser Kind hat dicke, rote Backen.

بچه‌ی ما لپ‌های چاق و قرمزی دارد.

0030 **Ellbogen** ['ɛlbo:g(ə)n] *m, -s, -* — **آرنج**

Weil er keine Hand frei hatte, öffnete er die Tür mit dem Ellbogen.

چون دستانش پر بود، با آرنج در را باز کرد.

0031 **Faust** [faust] *f, -, Fäuste* — **مشت**

Sie schlug mit der Faust auf den Tisch.

با مشت روی میز زد.

0032 **Fußgelenk (Fußknöchel)** [fu:sgə'lɛŋk] *f, -, Fäuste* — **مچ پا، قوزک**

0033 **Gehirn** [gə'hirn] *n, -s, -e* — **مغز**

Hoffentlich ist das Gehirn nicht verletzt.

امیدوارم به مغز صدمه نرسیده باشد.

0034 **Gelenk** [gə'lɛŋk] *n, -(e)s, -e* — **مفصل**

Ich kann mein Handgelenk nicht bewegen.

نمی‌توانم (مفصل) مچم را حرکت بدهم.

0035 **Handgelenk** [hantgə'lɛŋk] *n, -(e)s, -e* — **مچ دست**

0036 **Kinn** [kin] *n, -(e)-s, -e* — **چانه**

Sie hat ein spitzes Kinn.

چانه‌ی نوک تیزی دارد.

0037 **Knochen** ['knɔx(ə)n] *m, -s, -* — **استخوان**

Der Knochen ist gebrochen.

استخوان شکسته است.

1.1 Körper — بدن

0038 **Leib** [laip] *m, -(e)s, -er* — بدن
Sie hat am ganzen Leib rote Flecken.
همه‌ی بدنش لکه‌های قرمز دارد.

0039 **(Augen-)Lid** [li:t] *n, -(e)s, -er* — پلک(چشم)
Das rechte Augenlid tut weh.
پلک راست درد می کند.

0040 **Lippe** ['lipə] *f, -, -n* — لب
Komm aus dem Wasser! Du hast schon ganz blaue Lippen.
از آب بیرون بیا! لب‌هایت کاملاً کبود شده است.

0041 **Lunge** ['luŋə] *f, -, -n* — ریه
Hör auf mit dem Rauchen! Deine Lunge ist bestimmt schon ganz schwarz.
سیگار را کنار بگذار! ریه‌هایت حتماً خیلی سیاه است.

0042 **Magen** ['ma:g(ə)n] *m, -s, Mägen* — معده
Ich kann nich viel essen. Mein Magen ist nicht in Ordnung.
نمی‌توانم زیاد بخورم. معده‌ام روبه‌راه نیست.

0043 **Muskel** ['musk(ə)l] *m, -s, -n* — عضله، ماهیچه
Er hat starke Muskeln.
عضلاتی قوی دارد.

0044 **Nerv** [nɛrf] *m, -s, -en* — عصب
Gott sei Dank hat der Zahnarzt beim Bohren keinen Nerv getroffen.
خدا را شکر که دندانپزشک حین سوراخ کردن به عصب برخورد نکرد.

0045 **Schulter** ['ʃultə*] *f, -, -n* — شانه
Das Kind saß auf ihren Schultern.
بچه روی شانه‌اش نشسته بود.

0046 **Schweiß** [ʃvias] *m, -es, kein Pl.* — عرق
Der Schweiß lief ihr von der Stirn.
عرق از پیشانی‌اش راه افتاد.

0047 **Stirn** [ʃtirn] *f, -, -en* — پیشانی
Das Kind hat kein Fieber. Die Stirn ist ganz kalt.
بچه تب ندارد. پیشانی‌اش کاملاً سرد است.

0048 **Zeh** [tse:] *m, -s, -en* — انگشت؛ پنجه‌ی (پا)

0049 **Zehe** ['tse:ə] *f, -, -en* — انگشت پا؛ پنجه‌ی (پا)
Ich bin mit den Zehen gegen ein Tischbein gestoßen.
انگشت‌های پایم به پایه‌ی میز خورد.

1.2 Aussehen ظاهر

1-2000

0050	**aussehen** ['ausze:(ə)n] *V/i., + Präp. (wie), sah aus, hat ausgesehen* Sie ist erst 17, aber sie sieht aus wie 20.	**به‌نظر رسیدن** فقط ۱۷ سال دارد، ولی مثل ۲۰ ساله‌ها به‌نظر می‌رسد.
0051	**dick** [dik] *Adj.* Findest du mich zu dick?	**چاق** فکر می‌کنی زیادی چاق‌ام؟
0052	**dünn** [dyn] *Adj.* Warum bist du denn so dünn?	**لاغر** چرا این‌قدر لاغری؟
0053	**groß** [gro:s] *Adj., größer, am größten* Ich bin größer als mein Mann.	**بلندقد؛ درشت؛ بزرگ** من بلندقدتر از شوهرم هستم.
0054	**hübsch** [hypʃ] *Adj., -er, am -esten* Das Kleid sieht hübsch aus.	**قشنگ** لباس قشنگ به‌نظر می‌رسد.
0055	**klein** [klain] *Adj.* Ich habe sehr kleine Füße.	**کوچک** پاهایم خیلی کوچک است.
0056	**schlank** [ʃlaŋk] *Adj.* Er ist groß und schlank.	**باریک‌اندام** بلندقد و باریک‌اندام است.
0057	**schön** [ʃø:n] *Adj.* Sie hat schöne Augen.	**زیبا** چشمان زیبایی دارد.

2001-4000

0058	**abnehmen** ['apne:mən] *V/i., nahm ab, hat abgenommen* Er hat über 10 Pfund abgenommen.	**لاغر شدن، وزن کم کردن/ کم شدن** بیش از ۵ کیلو لاغر شده است.
0059	**Bart** [ba:ə*t] *m, -(e)s, Bärte* Dein Bart muss geschnitten werden.	**ریش** ریشت باید کوتاه شود.
0060	**blass** [blas] *Adj., -er, am -esten* Er erschrak sich und wurde blass.	**رنگ‌پریده** ترسید و رنگش پرید.

1.2 Aussehen ظاهر

0061 **blond** [blɔnt] *Adj., -er, am -esten*
بور
Als Kind war ich blond.
در کودکی بور بودم.

0062 **Brille** ['brilə] *f, -, -n*
عینک
Die Brille brauche ich nur zum Lesen.
فقط برای مطالعه به عینک نیاز دارم.

0063 **elegant** [ele'gant] *Adj., -er, am -esten*
شیک؛ شیک‌پوش
Das Kleid ist zu elegant für diese Party. Zieh lieber eine Jeans an!
این لباس برای مهمانی زیادی شیک است. بهتر است لباس جین بپوشی!

0064 **Figur** [fi'gu:ə*] *f, -, -en*
هیکل، اندام؛ شکل
Sie hat eine tolle Figur.
هیکلی عالی دارد.

0065 **Frisur** [fri'zu:ə*] *f, -, -en*
آرایش مو، مدل مو
Die neue Frisur steht dir gut.
این آرایش جدید مو به تو می‌آید.

0066 **hässlich** ['hɛsliç] *Adj.*
زشت
Er hat ein hässliches Gesicht.
چهره‌ی زشتی دارد.

0067 **Locke** ['lɔkə] *f, -, -n*
موی مجعد، فری
-Hat er Locken?
- مویش مجعد است؟
-Nein, seine Haare sind ganz glatt.
- نه، موهایش کاملاً صاف است.

0068 **mager** ['ma:gə*] *Adj.*
نحیف، لاغر
Seit ihrer schweren Krankheit ist sie sehr mager.
بعد از بیماری سخت، خیلی نحیف شد.

0069 **zart** [tsa:ə*t] *Adj., -er, am -esten*
ظریف، لطیف
Sie ist ein zartes Kind.
بچه‌ی ظریفی است.
Sie hat eine zarte Haut.
پوست لطیفی دارد.

0070 **zunehmen** ['tsu:ne:mən] *V/i., nahm zu, hat zugenommen*
چاق شدن؛ زیاد شدن
- Hast du zugenommen?
- چاق شده‌ای؟
- Ja, drei Kilo.
- بله، سه کیلو.

1.3 Geist und Verstand فکر و عقل

1-2000

0071	**aufpassen** ['aufpas(ə)n] *V/i, + Präp. (auf), passte auf, hat aufgepasst*	**دقت کردن، مواظب بودن**
	Pass auf! Von links kommt ein Auto.	دقت کن! از سمت چپ خودرو می‌آید.
0072	**bewusst** [bə'vust] *Adj., -er, am -esten*	**آگاه، مطلع**
	Es ist ihm bewusst, dass er für seinen Fehler die Verantwortung übernehmen muss.	از این حقیقت آگاه است که مسئول خطاهایش است.
0073	**denken** ['dɛŋk(e)n] *V/i., + Präp. (über, von, an), dachte, hat gedacht*	**فکر کردن (به)، به‌فکر بودن**
	Bei dieser Arbeit muss man nicht viel denken.	برای انجام این کار نباید زیاد فکر بکنی.
	Denken Sie an den Termin um 20.00 Uhr?	به فکر ملاقات ساعت ۲۰ هستید؟
	Was denkst du über den Vorschlag?	درباره‌ی این پیشنهاد چه فکر می کنی؟
0074	**erfahren** [ɛə*'fa:r(ə)n] *V/i., + Präp. (von, über), erfuhr, hat erfahren*	**خبر داشتن، مطلع شدن**
	Hast du von Eva etwas Neues erfahren?	از افا خبر تازه‌ای داری؟
0075	**Erfahrung** [ɛə*'fa:ruŋ] *f, -, -en*	**تجربه**
	Er ist ein guter Arzt. Er hat viel Erfahrung.	پزشک خوبی است. خیلی تجربه دارد.
0076	**erinnern** [ɛə*'inə*n] *V/t., refl., + Präp. (an), erinnerte, hat erinnert*	**به‌یاد آوردن، به‌خاطر آوردن**
	Erinnere Eva bitte an ihr Versprechen!	لطفاً قول افا را به‌یادش بیاور!
	Kannst du dich an ihn erinnern?	او را به‌یاد می‌آوری؟
0077	**Erinnerung** [ɛə*'inəruŋ] *f, -, -en*	**خاطره**
	Sie hatte gute Erinnerungen an ihre Kindheit.	خاطرات خوبی از زمان کودکی خود داشت.
0078	**erkennen** [ɛə*'kɛnən] *V/t., + Präp. (an), erkannte, hat erkannt*	**شناختن، تشخیص دادن**
	Er trägt jetzt einen Bart, deshalb habe ich ihn nicht sofort erkannt.	الآن ریش دارد، به همین دلیل بلافاصله او را نشناختم.
0079	**Gedächtnis** [gə'dɛçtnis] *n , -ses, kein Pl.*	**حافظه**
	Ich habe ein schlechtes Gedächtnis.	حافظه‌ی ضعیفی دارم.

1.3 Geist und Verstand — فکر و عقل

0080	**Gedanke** [gə'daŋkə] *m, -ns, -n* Dieser Gedanke gefällt mir.	**فکر** از این فکر خوشم می‌آید.
0081	**Geist** [gaist] *m, -es, kein Pl.* Sie ist schon über 90 Jahre alt, aber ihr Geist ist noch jung.	**روحیه، روح** ۹۰ سالش است، ولی روحیه‌اش هنوز جوان است.
0082	**intelligent** [intɛli'gɛnt] *Adj., -er, am -esten* Sie ist intelligent, aber leider nicht zuverlässig.	**باهوش** باهوش است، ولی متأسفانه قابل اعتماد نیست.
0083	**Interesse** [intə'rɛsə] *n, -s, -n* An Sport habe ich kein Interesse.	**علاقه** هیچ علاقه‌ای به ورزش ندارم.
0084	**interessieren** [intərɛ'si:r(ə)n] *V/t., i., refl., + Präp. (für, an), interessierte, hat interessiert* Kunst interessiert ihn nicht. Er ist an Kunst nicht interessiert. Ich habe ihn für Kunst nicht interessieren können. Er interessiert sich nicht für alte Bilder.	**علاقه داشتن، علاقه‌مند بودن** به هنر علاقه‌ای ندارد. به هنر علاقه‌مند نیست. نتوانستم علاقه‌اش را به هنر جلب کنم. به تابلوهای قدیمی علاقه‌ای ندارد.
0085	**kennen** ['kɛnən] *V/t., kannte, hat gekannt* Die Straße kenne ich gut. Ich kenne ihn nicht gut.	**شناختن، آشنا بودن** این خیابان را خوب می‌شناسم. او را خوب نمی‌شناسم.
0086	**Kenntnis** ['kɛntnis] *f, -, -se* Er hat sehr gute Kenntnisse in Mathematik und Physik.	**معلومات، اطلاعات** در ریاضی و فیزیک، معلومات خیلی خوبی دارد.
0087	**klug** [klu:k] *Adj., klüger, am klügsten* Wir sind alle sehr müde. Es ist klüger, ein Taxi zu nehmen.	**عاقلانه، باهوش، زیرک** همه خیلی خسته‌ایم. عاقلانه‌تر است با تاکسی برویم.
0088	**können** ['kœnən] *V/t, Mod. V.* Er kann kein Französisch. Das kann er auch nicht erklären, bitte frage jemand anderen.	**بلد بودن، توانستن** زبان فرانسوی بلد نیست. او هم نمی‌تواند این را توضیح دهد، لطفاً از یک نفر دیگر بپرس.

0089 **merken** ['mɛrk(ə)n] *V/t., + Präp. (an, von), refl., merkte, hat gemerkt* — **متوجه شدن، به‌یاد آوردن، به‌خاطر سپردن**
Ich merke schon, dass sich die Zeiten ändern. — متوجه می‌شوم که زمانه رو به تغییر است.
Sie kann sich keine Zahlen merken. — نمی‌تواند اعداد را حفظ کند.

0090 **missverstehen** ['misfɛə*ʃte:(ə)n] *V/t. missverstand, hat missverstanden* — **اشتباه فهمیدن، بد فهمیدن**
Das habe ich nicht gesagt, da bin ich missverstanden worden. — این را نگفتم؛ حرفم را اشتباه فهمیده‌اید.

0091 **Missverständnis** ['misfɛə*ʃtentnis] *n, -ses, -se* — **سوءتفاهم**
So habe ich das nicht gesagt, das ist ein Missverständnis. — این جوری نگفتم؛ سوءتفاهم شده است.

0092 **nachdenken** ['na:xdɛŋk(ə)n] *V/i., + Präp. (über), dachte nach, hat nachgedacht* — **(خوب) فکر کردن(به)**
Hast du über meinen Vorschlag nachgedacht? — به پیشنهادم خوب فکر کردی؟

0093 **vergessen** [fɛə*'gɛs(ə)n] *V/t., vergaß, hat vergessen* — **فراموش کردن، جا گذاشتن**
Ich habe meinen Schirm im Hotel vergessen. — چترم را در هتل جا گذاشتم.
Entschuldigung, ich habe Ihren Namen vergessen. — ببخشید، اسم شما را فراموش کرده‌ام!

0094 **Vernunft** [fɛə*'nunft] *f, -, kein Pl.* — **خرد، عقل**
Das ist gegen jede Vernunft. — این خلاف عقل است.

0095 **vernünftig** [fɛə*'nynftiç°] *Adj.* — **عاقل**
Man kann gut mit ihr reden. Sie ist sehr vernünftig. — با او خوب می‌شود صحبت کرد؛ خیلی عاقل است.

0096 **Verstand** [fɛə*'ʃtant] *m, -es, kein Pl.* — **عقل، فهم**
Hast du den Verstand verloren? — عقلت را از دست داده‌ای؟

0097 **verstehen** [fɛə*'ʃteː(ə)n] *V/t., i., + Präp. (von), refl. verstand, hat verstanden* — **فهمیدن**

Am Telefon konnte ich ihn nicht richtig verstehen. — پای تلفن نمی‌توانستم حرف‌هایش را درست بفهمم.

Ich verstehe nicht, warum sie das macht. — نمی‌فهمم چرا این کار را می‌کند.

Verstehst du diesen Satz? — این جمله را می‌فهمی؟

Er versteht etwas vom Kochen. — کمی از آشپزی سرش می‌شود.

Wir verstehen uns gut. — ما حرف همدیگر را خوب می‌فهمیم.

0098 **vorstellen** ['foːə*ʃtɛl(ə)n] *V/i., refl., stellte vor, hat vorgestellt* — **فکر کردن، تصور کردن**

Ich kann mir vorstellen, dass das klappt. — فکر می‌کنم خوب از کار دربیاید.

2001-4000

0099 **begreifen** [bə'graif(ə)n] *V/t., begriff, hat begriffen* — **فهمیدن، درک کردن**

Diese Frage begreife ich nicht. — این سؤال را نمی‌فهمم.

Jetzt kann ich begreifen, warum er keine Lust hatte. — حالا می‌توانم بفهمم چرا علاقه نداشت.

0100 **dumm** [dum] *Adj., dümmer, am dümmsten* — **احمقانه**

Erzähl nicht so dumme Witze! — از این لطیفه‌های احمقانه تعریف نکن.

0101 **Einfall** ['ainfal] *m, -s, Einfälle* — **فکر، ایده**

Nachts schwimmen gehen - was für ein verrückter Einfall. — شب شنا کردن - عجب فکر دیوانه‌واری.

0102 **einsehen** ['ainzeː(ə)n] *V/t., sah ein, hat eingesehen* — **پی بردن، متوجه شدن**

Ich glaube, er hat seinen Fehler jetzt eingesehen. — فکر می‌کنم حالا به اشتباهش پی برده است.

0103 **erfassen** [ɛə*'fas(ə)n] *V/t., erfasste, hat erfasst* — **متوجه شدن، پی بردن، درک کردن**

Bevor jemand die Situation erfasste, brannte das ganze Haus. — پیش از آنکه کسی موقعیت را بفهمد، کل خانه سوخت.

0104 **erfinden** [ɛə*'fınd(ə)n] *V/t., erfand, hat erfunden* — **از خود درآوردن، اختراع کردن**

Die Geschichte hat sie erfunden. — داستان را از خودش درآورده است.

Diese technische Lösung habe ich selbst erfunden. — خودم این راه حل فنی را اختراع کردم.

0105 **Erfindung** [ɛə*'fınduŋ] *f, -, -en* — **اختراع**

Die Erfindung war gut, aber kein Industriebetrieb hatte daran Interesse. — اختراع خوبی بود، ولی هیچ مؤسسه‌ی صنعتی به آن توجه نکرد.

0106 **Erkenntnis** [ɛə*'kɛntnis] *f, -, -se* — **اطلاعات**

Es wurden neue Erkenntnisse über die Ursache der Krankheit gewonnen. — اطلاعات جدیدی درباره‌ی عامل بیماری به‌دست آمده است.

0107 **gescheit** [gə'ʃait] *Adj., -er, am -esten* — **هوشمندانه، سنجیده**

Bevor wir anfangen, müssen wir einen gescheiten Plan machen. — پیش از آنکه شروع کنیم، باید نقشه‌ای هوشمندانه طراحی کنیم.

0108 **geschickt** [gə'ʃıkt] *Adj., -er, am -esten* — **ماهرانه**

Sie arbeitet sehr geschickt. — خیلی ماهرانه کار می‌کند.

0109 **gewandt** [gə'vant] *Adj., -er, am -esten* — **ماهر، وارد**

Sie ist sprachlich sehr gewandt. — از نظر زبانی بسیار ماهر است.

0110 **Idee** [i'deː] *f, -, -n* — **پیشنهاد، ایده**

Hast du eine Idee, was wir ihr schenken können? — پیشنهادی داری که چه هدیه‌ای می‌توانیم به او بدهیم؟

0111 **Phantasie** [fanta'ziː] *f, -, -n* — **تخیل**

Den Architekten fehlt manchmal ein bisschen praktische Phantasie. — معماران گاهی کمی تخیل کاری ندارند.

0112 **überlegen** [y:bə*leg(ə)n] *V/t., refl., überlegte, hat überlegt* — **سبک‌سنگین کردن؛ فکر کردن**

Hast du dir überlegt, ob du das Angebot annimmst? — سبک‌سنگین کرده‌ای که پیشنهاد را بپذیری یا نه؟

0113 **verrückt** [fɛə*'rykt] *Adj., -er, am -esten* — **خُل، خل‌وضع**

Er ist ein verrückter Junge, aber ich mag ihn. — پسرک خلی است، ولی دوستش دارم.

1.3 Geist und Verstand فکر و عقل

0114 **Vorstellung** ['fo:ə*ʃtɛluŋ] *f, -, -en* **تصور**

Ich habe noch keine klare Vorstellung, wie man das Problem lösen könnte.

هنوز دراین‌باره که چگونه می‌توان این مشکل را حل کرد، تصور روشنی ندارد.

0115 **wahnsinnig** ['va:nziniç°] *Adj.* **دیوانه**

Dieser Lärm macht mich wahnsinnig.

این سر و صدا مرا دیوانه می‌کند.

0116 **weise** ['vaizə] *Adj., -er, am -esten* **خردمندانه، عاقلانه**

Das war eine weise Entscheidung.

این کار، تصمیمی خردمندانه بود.

1.4 Charakter شخصیت

1-2000

0117 **anständig** ['anʃtɛndiç°] *Adj.* — **مؤدب**

Bitte benimm dich anständig! — لطفاً مؤدب باش!

0118 **bescheiden** [be'ʃaid(ə)n] *Adj.* — **ساده، معمولی**

Obwohl sie reich sind, leben sie sehr bescheiden. — گرچه ثروتمندند، زندگی خیلی سادهای دارند.

0119 **Charakter** [ka'raktə*] *m, -s, -e* — **شخصیت**

Sei vorsichtig, er hat einen schlechten Charakter. — مراقب باش، شخصیت بدی دارد.

0120 **ehrlich** ['eːə*rliç] *Adj.* — **صادقانه**

Ich sage es Ihnen ganz ehrlich: Ihr Kind ist sehr krank. — کاملاً صادقانه می‌گویم: بچه‌ی شما خیلی بیمار است.

0121 **fleißig** ['flaisiç°] *Adj.* — **سختکوش**

Er ist ein fleißiger Arbeiter. — کارگر سختکوشی است.

0122 **Geduld** [gə'dult] *f, -, kein Pl.* — **صبر**

Herr Kurz kommt gleich. Bitte haben Sie etwas Geduld! — آقای کورتس همین الآن می‌آید. لطفاً کمی صبر کنید!

0123 **geduldig** [gə'duldiç°] *Adj.* — **باحوصله**

Sie wartete geduldig auf die nächste Straßenbahn. — باحوصله منتظر تراموای بعدی ماند.

0124 **gerecht** [gə'rɛçt] *Adj., -er, am -esten* — **باانصاف**

Sie ist eine gerechte Lehrerin — معلمی باانصاف است.

0125 **nett** [nɛt] *Adj., -er, am -esten* — **مهربان**

Sie ist nett und freundlich. — مهربان و صمیمی است.

0126 **neugierig** ['nɔigiːriç°] *Adj.* — **کنجکاو**

Unser Nachbar ist sehr neugierig. — همسایه‌ی ما خیلی کنجکاو است.

0127 **sparsam** ['ʃpaː*zaːm] *Adj.* — **با صرفه‌جویی، مقتصدانه**

Sie leben sehr sparsam und sind bescheiden. — با صرفه‌جویی زیاد زندگی می‌کنند و ساده هستند.

0128 **streng** [ʃtrɛŋ] *Adj.* — **سختگیر**

Sie ist eine ziemlich strenge Chefin. — مدیر نسبتاً سختگیری است.

1.4 Charakter شخصیت

0129 **zuverlässig** ['tsu:fɛə*lɛsiç] *Adj.* **قابل اعتماد**
Sie ist zuverlässig und immer pünktlich.
قابل اعتماد و همیشه وقت‌شناس است.

2001-4000

0130 **Eigenschaft** ['aig(ə)nʃaft] *f, -, -en* **خصوصیت**
-Sie ist faul, dumm und unfreundlich.
-Hat sie denn gar keine guten Eigenschaften?
- تنبل، ابله و بداخلاق است.
- ببینم، هیچ خصوصیت خوبی ندارد؟

0131 **Einbildung** ['ainbilduŋ] *f, -, -en* **خیال**
Das gibt es nur in deiner Einbildung.
این فقط در خیال تو است.

0132 **eingebildet** ['aingəbildət] *Adj.* **مغرور**
Sie ist eingebildet und auch noch dumm.
آدم مغرور و نیز احمقی است.

0133 **ernst** [ɛrnst] *Adj., -er, am -esten* **جدی**
Du bist in letzter Zeit so ernst. Hast du Probleme?
این اواخر خیلی جدی شده‌ای! مشکلی داری؟

0134 **fair** [fɛ:ə*] *Adj.* **عادلانه**
Das war ein faires Spiel.
بازی عادلانه‌ای بود.

0135 **faul** [faul] *Adj.* **تنبل**
Wenn du nicht so faul wärst, könntest du mehr Geld verdienen.
اگر اینقدر تنبل نبودی، می‌توانستی پول بیشتری دربیاوری.

0136 **großzügig** ['gro:stsy:giç°] *Adj.* **دست‌ودل‌باز**
Sie hat zum Geburtstag ein Auto bekommen. Ihre Eltern sind sehr großzügig.
به‌مناسبت تولدش، ماشینی هدیه گرفت. پدر و مادرش خیلی دست‌ودل‌بازند.

0137 **humorvoll** [hu'mo:ə*fɔl] *Adj.* **شوخ**
Er ist ein humorvoller Mensch.
آدم شوخی است.

0138 **Laune** ['launə] *f, -, -n* **خُلق**
Morgens hat sie immer schlechte Laune.
صبح‌ها همیشه بدخُلق است.

1.4 Charakter — شخصیت

0139 **leichtsinning** ['laiçtziniç°] *Adj.* — **سهل‌انگارانه، بی‌دقت**

Ich finde, dass du sehr leichtsinnig fährst. — فکر می‌کنم خیلی سهل‌انگارانه رانندگی می‌کنی.

0140 **Mut** [mu:t] *m, -(e)s, kein Pl.* — **شجاعت**

Sie hat dem Chef ihre Meinung gesagt. Sie hat wirklich Mut. — نظرش را به رئیس گفت. واقعاً شجاعت دارد.

0141 **nervös** [nɛr'vø:s] *Adj., -er, am -esten* — **عصبی**

Dieser Lärm hier macht mich ganz nervös. — این سروصدا حسابی مرا عصبی می‌کند.

0142 **Neugier** ['nɔigi:ə*] *f, -, kein Pl.* — **کنجکاوی**

Warum willst du das wissen? Deine Neugier ist wirklich schlimm. — چرا می‌خواهی بدانی؟ این کنجکاوی تو خیلی بد است.

0143 **ordentlich** ['ɔrd(ə)ntliç] *Adj.* — **مرتب**

Petras Büro ist immer aufgeräumt. Sie ist sehr ordentlich. — دفتر پترا همیشه تمیز است. او خیلی مرتب است.

0144 **schüchtern** ['ʃyçtə*n] *Adj.* — **خجالتی، کمرو**

- Hat dein Bruder immer noch keine Freundin? — برادرت هنوز هم دوست دختری ندارد؟
- Nein, er ist sehr schüchtern. — نه، خیلی خجالتی است.

0145 **selbstständig** ['zɛlpʃtɛndiç] *Adj.* — **مستقل**

Ich muss seine Arbeit nicht kontrollieren. Er ist absolut selbständig. — نیازی نیست کارش را کنترل کنم. او کاملاً مستقل است.

0146 **Sorgfalt** ['zɔrkfalt] *f, -, kein Pl.* — **دقت**

Bei dieser Arbeit ist Sorgfalt sehr wichtig. — دقت در این کار اهمیت خیلی زیادی دارد.

0147 **sorgfältig** ['zɔrkfɛltiç°] *Adj.* — **بادقت، دقیق**

Korrigieren erfordert sehr sorgfältiges Lesen. — برای تصحیح نیاز به خواندن بادقت زیاد است.

0148 **stolz** [ʃtɔlts] *Adj., -er, am -esten* — **مفتخر**

Er ist stolz auf seine Erfolge. — به موفقیت‌های خود خیلی افتخار می‌کند.

0149 **verlegen** [fɛə*'le:g(ə)n] *Adj.* — **شرمنده**

Dein Lob macht mich verlegen. — تعریف تو مرا شرمنده می‌کند.

1.5 Positive und neutrale Gefühle احساسات خوشایند و معمولی

1-2000

0150 **angenehm** ['angəne:m] *Adj.* — **خوشایند، مناسب**
Ist die Wassertemperatur angenehm? — دمای آب مناسب است؟

0151 **dankbar** ['daŋkba:*] *Adj.* — **سپاسگزار**
Wir sind Ihnen für die Hilfe sehr dankbar. — از بابت کمک، از شما بسیار سپاسگزاریم.

0152 **empfinden** [ɛm'pfind(ə)n] *V/t., empfand, hat empfunden* — **به‌نظر رسیدن**
Wie empfindest du diese starke Kälte? — این سرمای شدید چگونه به‌نظرت می‌رسد؟

0153 **erleichtert** [ɛə*'laiçtə*t] *Adj.* — **خیال راحت، آسوده‌خاطر**
Ich bin erleichtert, dass es ihr besser geht. — خیالم راحت شد که حال او بهتر است.

0154 **Freude** ['frɔidə] *f, -, -n* — **خوشحالی، کیف، لذت**
Mit deinem Geschenk hast du ihm eine große Freude gemacht. — با هدیه‌ات، خیلی خوشحالش کردی.

0155 **freuen** ['frɔi(ə)n] *V/refl. + Präp. (an, auf, über, wegen, mit), freute, hat gefreut* — **خوشحال بودن**
Ich freue mich auf das Wochenende. — از (تعطیلات) آخر هفته خوشحالم.

0156 **froh** [fro:] *Adj.* — **خوشحال**
Ich bin froh, dass es dir gut geht. — خوشحالم که حالت خوب است.

0157 **fühlen** ['fy:l(ə)n] *V/t., refl., fühlte, hat gefühlt* — **احساس کردن**
Im Bein fühle ich keinen Schmerz. — در پایم اصلاً احساس درد نمی‌کنم.
Ich fühle mich ausgezeichnet. — احساسی عالی دارم.

0158 **gemütlich** [gə'my:tliç] *Adj.* — **دنج**
Kennen Sie hier im Ort einen gemütlichen Gasthof? — این اطراف جای دنجی برای غذا خوردن می‌شناسید؟

0159 **genießen** [gə'ni:s(ə)n] *V/t., genoss, hat genossen* — **لذت بردن**
Ich habe meinen Urlaub genossen. — از تعطیلاتم لذت بردم.

1.5 Positive und neutrale Gefühle — احساسات خوشایند و معمولی

0160	**gern(e)** ['gɛə*n(ə)] *Adj., lieber, am liebsten* Stehst du gern(e) früh auf?	**باعلاقه، بامیل** دوست داری صبح زود بیدار شوی؟
0161	**glücklich** ['glʏkliç] *Adj.* Er hatte eine glückliche Kindheit.	**شاد، خوش، خوشبخت** کودکی شادی داشته است.
0162	**hoffen** ['hɔf(ə)n] *V/i., + Präp. (auf), hoffte, hat gehofft* Wir hoffen seit Tagen auf besseres Wetter.	**امیدوار بودن** چند روز است که امیدواریم هوا بهتر شود.
0163	**Hoffnung** ['hɔfnuŋ] *f, -, -en* Ich habe große Hoffnung, dass ich nächste Woche aus dem Krankenhaus entlassen werde.	**امید** خیلی امیدوارم که هفته‌ی آینده از بیمارستان مرخص شوم.
0164	**lachen** ['lax(ə)n] *V/i., + Präp. (über), lachte, hat gelacht* Über Witze kann ich nicht lachen.	**خندیدن** نمی‌توانم به لطیفه‌ها بخندم.
0165	**lächeln** ['lɛçəln] *V/i., + Präp. (über), lächelte, hat gelächelt* Sie gab ihm die Hand und lächelte freundlich.	**لبخند زدن** به او دست داد و لبخندی مهربانانه زد.
0166	**lieb** [li:p] *Adj.* Sie hat mir einen lieben Brief geschrieben. Der Hund ist lieb, er beißt nicht. Liebe Frau Kurz, ... (Anrede in einem Brief).	**مهربانانه، مهربان، عزیز** نامه‌ی مهربانانه‌ای برایم نوشته است. این سگ مهربان است، گاز نمی‌گیرد. خانم کورتس عزیز، ...(خطاب در نامه).
0167	**Liebe** ['li:bə] *f, -, kein Pl.* Sie haben aus Liebe geheiratet.	**عشق** با عشق باهم ازدواج کردند.
0168	**lieben** ['li:b(ə)n] *V/t., liebte, hat geliebt* Ich liebe dich!	**دوست داشتن** دوستت دارم!
0169	**Lust** [lust] *f, -, kein Pl.* Ich habe Lust auf Eis.	**هوس** هوس بستنی کرده‌ام.
0170	**Stimmung** ['ʃtimuŋ] *f, -, -en* Die Stimmung auf der Feier war prima.	**حال و هوا** حال و هوای جشن عالی بود.

1.5 Positive und neutrale Gefühle — احساسات خوشایند و معمولی

2001-4000

0171 **erfreut** [ɛə*'frɔit] *Adj., -er, am -esten* — **خوشحال**
Ich bin erfreut, Sie wieder zu sehen. — از دیدار دوباره‌ی شما خوشحالم.

0172 **Erleichterung** [ɛə*'laiçtəruŋ] *f, -, -en* — **خوشحالی؛آرامش، خاطرآسوده**
Die gute Nachricht hörten wir mit großer Erleichterung. — این خبر خوب را با خوشحالی زیاد شنیدیم.

0173 **erstaunt** [ɛə*'ʃtaunt] *Adj., -er, am -esten* — **متعجب**
Ich bin erstaunt, dass das Restaurant so voll ist. — متعجبم که رستوران اینقدر پُر است.

0174 **fröhlich** ['frø:liç] *Adj.* — **شاد**
Sven ist meistens fröhlich und hat gute Laune. — سون بیشتر اوقات شاد و خوش‌اخلاق است.

0175 **Gefühl** [gə'fy:l] *n, -(e)s -e* — **احساس**
Hoffentlich ist nichts passiert. Ich habe so ein komisches Gefühl. — امیدوارم چیزی پیش نیامده باشد. احساس عجیبی دارم.

0176 **Glück** [glyk] *n, -(e)s, kein Pl.* — **خوش‌شانسی**
Sie hat in ihrem Leben viel Glück gehabt. — در زندگی خیلی خوش‌شانس بود.

0177 **heiter** ['haitə*] *Adj.* — **شاد**
Dieser Film ist mir zu traurig. Wollen wir nicht lieber einen heiteren sehen? — این فیلم خیلی غم‌انگیز است. بهتر نیست فیلم شادتری تماشا کنیم؟

0178 **sehnen** ['ze:nən] *V/refl., + Präp. (nach), sehnte, hat gesehnt* — **مشتاق بودن**
Ich sehne mich danach, euch endlich wieder zu sehen. — مشتاقم پس از مدت‌ها دوباره شما را ببینم.

0179 **Spaß** [ʃpa:s] *m, -es, Späße* — **لذت**
Diese Arbeit macht mir keinen Spaß. — این کار هیچ لذتی برایم ندارد.

0180 **staunen** ['ʃtaunən] *V/i., + Präp. (über), staunte, hat gestaunt* — **تعجب کردن**
Alle staunen über den niedrigen Benzinverbrauch meines Autos. — همه از اینکه اتومبیل من بنزین کمی مصرف می‌کند، تعجب می‌کنند.

1.5 Positive und neutrale Gefühle — احساسات خوشایند و معمولی

0181 **verliebt** [fɛə*'li:pt] *Adj., -er, am -esten* — **عاشق**

Er ist in Susi verliebt. — عاشق زوزی است.

0182 **zärtlich** ['tsɛ:rtliç] *Adj.* — **بامحبت**

Sie streichelte zärtlich ihre Katze. — گربه‌اش را بامحبت نوازش می‌کرد.

0183 **zufrieden** [tsu'fri:d(ə)n] *Adj.* — **راضی**

Ich bin mit Ihrer Arbeit sehr zufrieden. — از کار شما خیلی راضی هستم.

1.6 Negative Gefühle احساسات منفی

1-2000

0184 **Angst** [aŋst] *f, -, Ängste* — **ترس**
Hast du Angst vor der Prüfung? — از امتحان می‌ترسی؟

0185 **ängstlich** ['ɛŋstliç] *Adj.* — **ترسو**
Sie will nachts nicht alleine im Haus bleiben. Sie ist sehr ängstlich. — شب‌ها نمی‌خواهد در خانه تنها بماند. خیلی ترسو است.

0186 **Ärger** ['ɛrgə*] *m, -s, kein Pl.* — **دردسر**
Tu bitte, was er will, und mach' keinen Ärger! — هرچه می‌خواهد، انجام بده و دردسر درست نکن!

0187 **ärgerlich** ['ɛrgə*liç] *Adj.* — **ناراحت‌کننده**
Der letzte Bus ist weg. Das ist wirklich ärgerlich. — آخرین اتوبوس رفت. واقعاً ناراحت‌کننده است.

0188 **bedauern** [bə'dauə*n] *V/t., bedauerte, hat bedauert* — **متأسف بودن**
Ich bedauere sehr, dass ich Ihre Einladung nicht annehmen kann. — خیلی متأسفم که نمی‌توانم دعوت شما را بپذیرم.

0189 **befürchten** [bə'fyrçt(ə)n] *V/t., befürchtete, hat befürchtet* — **ترسیدن**
Ich befürchte, es ist etwas Schlimmes passiert. — می‌ترسم اتفاق بدی افتاده باشد.

0190 **böse** ['bø:zə] *Adj., böser, am bösesten* — **عصبانی**
Sie wurde böse, als ich ihr die Geschichte erzählte. — وقتی ماجرا را برایش تعریف کردم، عصبانی شد.

0191 **fürchten** ['fyrçt(ə)n] *V/t., i., refl., + Präp. (vor), fürchtete, hat gefürchtet* — **ترسیدن**
Ich fürchte, dass wir zu spät kommen. — می‌ترسم دیر برسیم.
Ich fürchte mich vor dem Hund. — از سگ می‌ترسم.
Der Hund wird von allen gefürchtet. — همه از سگ می‌ترسند.

0192 **leider** ['laidə*] *Adv.* — **متأسفانه**
Morgen können wir leider nicht kommen. — متأسفانه فردا نمی‌توانیم بیاییم.

1.6 Negative Gefühle احساسات منفی

0193 **Schrecken** ['ʃrɛk(ə)n] *m, -s, -* **وحشت**
Als er die Polizei sah, bekam er einen großen Schrecken. وقتی پلیس را دید، خیلی وحشت کرد.

0194 **Sorge** ['zɔrgə] *f, -, -n* **نگرانی**
Warum hast du nicht früher angerufen? Ich habe mir Sorgen gemacht. چرا زودتر تلفن نکردی؟ نگران شدم.

0195 **sorgen** ['zɔrg(ə)n] *V/i., + Präp. (für), refl., sorgen, hat gesorgt* **مراقبت کردن، نگران بودن**
Wer sorgt für den Hund, wenn ihr im Urlaub seid? وقتی سفر می‌روید، چه کسی از سگ مراقبت می‌کند؟
Sorg dich nicht um mich! Ich werde vorsichtig sein. نگران من نباش! مراقب خواهم بود.

0196 **Trauer** ['trauə*] *f, -, kein Pl.* **اندوه، غم**
Er zeigte keine Trauer über den Tod seiner Frau. هیچ اندوهی از مرگ زنش نشان نداد.

0197 **traurig** ['trauriç°] *Adj.* **غمگین**
Sie ist traurig, weil ihre Katze gestorben ist. غمگین است، چون گربه‌اش مرده است.

0198 **unangenehm** ['unangəne:m] *Adj.* **ناخوشایند**
Ich habe ihm unangenehme Fragen gestellt. از او سؤال‌های ناخوشایندی کردم.

0199 **unglücklich** ['unglykliç] *Adj.* **بدبخت، ناراحت**
Er ist unglücklich, weil seine Freundin ihn verlassen hat. احساس بدبختی می کند، چون دوست دخترش ترکش کرده است.

0200 **verzweifelt** [fɛə*'tsvaifəlt] *Adj.* **ناامید**
Sie war so verzweifelt, dass sie nicht mehr leben wollte. آنقدر ناامید بود که دیگر نمی‌خواست به زندگی ادامه دهد.

0201 **Wut** [vu:t] *f, -, kein Pl.* **خشم**
Sie wurde rot vor Wut. از شدت خشم سرخ شد.

0202 **wütend** ['vy:tənt] *Adj.* **خشمگین، باخشم**
„Lass mich in Ruhe!", schrie er wütend. خشمگینانه فریاد زد: «دست از سرم بردار!»

2001-4000

0203 **aufregen** ['aufre:g(ə)n] *V/t., refl., + Präp. (über, wegen), regte auf, hat aufgeregt* — **عصبانی کردن**

Er hat ein schwaches Herz. Deshalb dürfen wir ihn nicht aufregen. (Deshalb darf er sich nicht aufregen.)

قلبش ضعیف است. به‌همین دلیل نباید او را عصبانی کنیم. (به همین دلیل نباید عصبانی شود.)

0204 **Aufregung** ['aufre:guŋ] *f, -, -en* — **هیجان**

Sie hatte vor Aufregung vergessen, was sie sagen wollte.

از شدت هیجان فراموش کرد چه می‌خواست بگوید.

0205 **besorgt** [bə'zɔrkt] *Adj., -er, am -esten* — **نگران**

Jens hat sich seit Wochen nicht gemeldet. Seine Eltern sind deshalb sehr besorgt.

ینس از چند هفته پیش خبری از خودش نداده است. به همین خاطر پدر و مادرش خیلی نگران هستند.

0206 **beunruhigen** [bə'unru:ig(ə)n] *V/t., refl., beunruhigte, hat beunruhigt* — **ناراحت بودن، مضطرب بودن**

Du bist so nervös. Beunruhigt dich etwas? (Warum beunruhigst du dich?)

خیلی عصبی هستی. ناراحت چیزی هستی؟ (چرا مضطربی؟)

0207 **Eifersucht** ['aifə*zuxt] *f, -, kein Pl.* — **حسادت**

Die Eifersucht meines Mannes wird immer schlimmer.

حسادت شوهرم دائم بدتر می‌شود.

0208 **eifersüchtig** ['aifə*zyçtiç°] *Adj.* — **غیرتی**

Sie darf keinen anderen Mann ansehen. Ihr Freund ist schrecklich eifersüchtig.

زن اجازه ندارد به مردهای دیگر نگاه کند. دوست پسرش خیلی غیرتی است.

0209 **einsam** ['ainza:m] *Adj.* — **تنها**

Ohne dich fühle ich mich einsam.

بدون تو احساس تنهایی می‌کنم.

0210 **erregt** [ɛə*'re:kt] *Adj., -er, am -esten* — **هیجان‌زده**

Eine erregte Menschenmenge demonstrierte vor dem Parlament.

گروهی از مردم هیجان‌زده جلو مجلس تظاهرات کردند.

0211 **erschrecken** [ɛə*'ʃrek(ə)n] *V/i., erschrak, ist erschrocken* — **وحشت کردن**

Er erschrak, als er die hohe Rechnung sah.

صورت‌حساب بلند و بالا را که دید، وحشت کرد.

0212 **erschüttert** [ɛɐ*'ʃytɐ*t] *Adj.* — **متأثر؛ شوکه**

Alle waren von seinem frühen Tod erschüttert. — همه از مرگ زودهنگام او متأثر بودند.

0213 **Furcht** [furçt] *f, -, kein Pl.* — **ترس، واهمه**

Unsere Katze hat keine Furcht vor Hunden. — گربه‌ی ما هیچ ترسی از سگ‌ها ندارد.

0214 **hassen** ['has(ə)n] *V/t., hasste, hat gehasst* — **متنفر بودن**

Jens brauchst du nicht einzuladen. Er hasst Partys. — لازم نیست ینس را دعوت کنی. از مهمانی متنفر است.

0215 **Hass** [has] *m, -es, kein Pl.* — **نفرت**

Er hat ihn aus Hass erschossen. — از شدت نفرت، با گلوله او را کشت.

0216 **hoffnungslos** ['hɔfnuŋslo:s] *Adj., -er, am -esten* — **مأیوس‌کننده**

Die Situation ist ernst, aber nicht hoffnungslos. — وضعیت وخیم است، ولی مأیوس‌کننده نیست.

0217 **leidtun** [laittu:n] — **متأسف بودن**

Es tut mir leid, dass ich Sie stören muss. — متأسفم که ناگزیرم مزاحم شما بشوم.

0218 **schämen** ['ʃɛ:mən] *V/refl., + Präp. (vor, wegen, für), schämte, hat geschämt* — **خجالت کشیدن**

Er schämt sich vor den Leuten wegen seiner großen Ohren. — به‌خاطر گوش‌های بزرگش از مردم خجالت می‌کشد.

0219 **Schock** [ʃɔk] *m, -(e)s, -s* — **شوک**

Der Tod seines Sohnes war ein großer Schock für ihn. — مرگ پسرش برای او شوک بزرگی بود.

0220 **schockieren** [ʃɔ'ki:rən] *V/t, schockierte, hat schockiert* — **شوکه کردن**

Er schockierte seine Eltern, als er mit grünen Haaren nach Hause kam. — پدر و مادرش را شوکه کرد، وقتی با موهای سبز به خانه آمد.

0221 **Unruhe** ['unru:ə] *f, -, -n* — **ناآرامی**

Der Regierungswechsel führte zu starken Unruhen. — تغییر حکومت به ناآرامی‌های شدید منجر شد.

1.6 Negative Gefühle — احساسات منفی

0222 **Unruhe** ['unruːə] *f, -, nur Sg.* — **تشویش**

Er zeigte seine innere Unruhe nicht, obwohl er Angst hatte.

گرچه ترسیده بود، تشویش درونی‌اش را نشان نداد.

0223 **vermissen** [fɛə*mis(ə)n] *V/t., vermisste, hat vermisst* — **دلتنگ بودن**

Ich habe dich sehr vermisst.

خیلی دلتنگت بودم.

0224 **Verzweiflung** [fɛə*'tsvaifluŋ] *f, -, kein Pl.* — **درماندگی، ناامیدی**

Trotz unserer Verzweiflung haben wir noch immer Hoffnung.

با وجود درماندگی، هنوز هم امیدواریم.

0225 **Zorn** ['tsɔrn] *m, -(e)s, kein Pl.* — **خشم**

Als wir über ihn lachten, geriet er in Zorn.

وقتی به او خندیدیم، در خشم شد.

0226 **zornig** ['tsɔrniç°] *Adj.* — **خشمگین**

Er sprach mit lauter und zorniger Stimme.

با صدایی بلند و خشمگین حرف می‌زد.

1.7 Gesundheit und Krankheit سلامتی و بیماری

1-2000

0227 **bluten** ['blu:t(ə)n] *V/i., blutete, hat geblutet* — **خونریزی کردن**
Die Wunde hat nur kurz geblutet. — زخم فقط مدت کمی خونریزی کرد.

0228 **erkälten** [εə*'kεlt(ə)n] *V/refl., erkältete, hat erkältet* — **سرما خوردن**
Ich habe mich erkältet. — سرما خوردم.

0229 **Erkältung** [εə*'kεltuŋ] *f, -, -en* — **سرماخوردگی**
Sie hat eine starke Erkältung. — سرماخوردگی شدیدی دارد.

0230 **Fieber** ['fi:bə*] *n, -s, kein Pl.* — **تب**
Sie hat hohes Fieber. — تبش بالا است.

0231 **gesund** [gə'zunt] *Adj., gesünder, am gesündesten* — **سالم**
Es ist ein sehr gesundes Kind. — بچه‌ی کاملاً سالمی است.

0232 **Gesundheit** [gə'zunthait] *f, -, kein Pl.* — **سلامتی**
Zum Geburtstag wünschen wir dir Glück und Gesundheit. — به‌مناسبت تولدت، آرزوی نیک‌بختی و سلامتی برایت می کنیم.

0233 **Grippe** ['gripə] *f, -, kein Pl.* — **آنفولانزا**
Ich möchte ein Medikament gegen Grippe. — دارویی برای آنفولانزا می‌خواهم.

0234 **Husten** ['hu:st(ə)n] *m, -s, kein Pl.* — **سرفه**
Haben Sie noch Husten? — هنوز هم سرفه می کنید؟

0235 **husten** ['hu:st(ə)n] *V/i., hustete, hat gehustet* — **سرفه کردن**
Wenn jemand raucht, muss ich husten. — هر بار کسی سیگار می کشد، سرفه‌ام می گیرد.

0236 **kräftig** ['krεftiç°] *Adj.* — **قوی، نیرومند**
Vor seiner Krankheit war er ein kräftiger Mann. — پیش از بیماری، آدم قوی‌ای بود.

0237 **krank** [kraŋk] *Adj., kränker, am kränkesten* — **بیمار، مریض**
Wie lange ist Uwe schon krank? — چند وقت است که «اُوه» بیمار است؟

1.7 Gesundheit und Krankheit — سلامتی و بیماری

0238	**Krankheit** ['kraŋkhait] *f, -,en* Gegen diese Krankheit gibt es noch kein Medikament.	**بیماری** برای این بیماری، هنوز دارویی وجود ندارد.
0239	**leiden** ['laid(ə)n] *V/i., + Präp. (an, unter) litt, hat gelitten* Er leidet an einer tödlichen Krankheit. Ich leide unter diesem ständigen Krach.	**مبتلا بودن؛ رنج بردن** به بیماری خطرناکی مبتلا است. از این سروصدای دائمی رنج می‌برم.
0240	**Pille** ['pilə] *f, -, -n* Vergessen Sie nicht, die Pille zu nehmen.	**قرص** مصرف قرص را فراموش نکنید.
0241	**Schmerz** [ʃmɛrts] *m, -es, -en* Ich habe häufig Magenschmerzen.	**درد** اغلب معده‌درد دارم.
0242	**Verband** [fɛə*'bant] *m, -es, Verbände* Der Verband muss täglich gewechselt werden.	**پانسمان** پانسمان باید هر روز عوض شود.
0243	**verletzen** [fɛə*'lɛts(ə)n] *V/t., refl., verletzte, hat verletzt* Sie hat sich am Finger verletzt.	**مجروح کردن** انگشتش را مجروح کرد.
0244	**Verletzung** [fɛə*'lɛtsuŋ] *f, -, -en* Wegen dieser Verletzung musst du nicht zum Arzt gehen.	**جراحت، زخم** به خاطر این جراحت لازم نیست نزد پزشک بروی.
0245	**wehtun** ['ve:tu:n] *V/i., tat weh, hat wehgetan* Mir tun die Füße weh.	**درد کردن** پاهایم درد می‌کنند.
0246	**wohl** [vo:l] *Adv.* Du siehst schlecht aus. Fühlst du dich nicht wohl?	**سالم** رنگ و رویت خوب نیست. کسالت داری؟
0247	**Wunde** ['vundə] *f, -, -n* Die Wunde blutet immer noch.	**زخم** زخم هنوز خونریزی دارد.

2001-4000

0248	**blind** [blint] *Adj., keine Komp.* Der alte Mann ist fast blind.	**کور، نابینا** پیرمرد تقریباً کور است.

1.7 Gesundheit und Krankheit — سلامتی و بیماری

0249 **giftig** ['giftiç°] *Adj.* — **سمّی**
Diese Pilze kann man nicht essen, die sind giftig.
این قارچ‌ها را نمی‌توان خورد؛ سمّی هستند.

0250 **Halsschmerzen** ['halsʃmɛrts(ə)n] *nur Pl. (Halsweh, n, -s, kein Pl.)* — **گلودرد**
Ich habe Halsschmerzen (Halsweh).
گلودرد دارم.

0251 **klagen** ['kla:g(ə)n] *V/i., + Präp. (über), klagte, hat geklagt* — **شکایت کردن**
Der Patient klagt über große Schmerzen.
بیمار از درد زیاد شکایت می‌کند.

0252 **Kopfschmerzen** ['kɔpfʃmɛrts(ə)n] *nur Pl. (Kopfweh, n, -s, kein Pl.)* — **سردرد**
Seit Tagen habe ich Kopfschmerzen (Kopfweh).
از چند روز پیش سردرد دارم.

0253 **Lebensgefahr** ['le:b(ə)nsgəfa:*] *f, -, kein Pl.* — **خطر مرگ**
Bei dem Unfall gab es acht Verletzte. Zwei sind noch in Lebensgefahr.
هشت نفر در تصادف مجروح شدند؛ و حال دو نفر هنوز وخیم است.

0254 **Ohnmacht** ['o:nmaxt] *f, -, kein Pl.* — **بیهوشی؛ غش**
Als er das viele Blut sah, fiel er in Ohnmacht.
همین که خون زیاد را دید، غش کرد.

0255 **ohnmächtig** ['o:nmɛçtiç°] *Adj.* — **بیهوش**
Der Verletzte lag ohnmächtig am Boden.
مجروح، بیهوش روی زمین افتاده بود.

0256 **schmerzhaft** ['ʃmɛrtshaft] *Adj., -er, am -esten* — **دردناک**
Die Wunde ist nicht gefährlich, aber schmerzhaft.
زخم خطرناک نیست، ولی دردناک است.

0257 **taub** [taup] *Adj., keine Komp.* — **کر، ناشنوا**
Mein Vater ist auf einem Ohr taub.
یک گوش پدرم کر است.

0258 **übel** ['y:b(ə)l] *Adj. übler, am übelsten* — **حالت تهوع**
Mir ist übel, weil ich zu viel gegessen habe.
حالت تهوع دارم، چون زیادی خورده‌ام.

0259 **Übelkeit** ['y:b(ə)lkait] *f, -, kein Pl.* — **تهوع**
Nach dem Unfall klagte sie über Kopfschmerzen und Übelkeit.
بعد از تصادف، از سردرد و تهوع شکایت می‌کرد.

1.7 Gesundheit und Krankheit — سلامتی و بیماری

0260 **verbinden** [fɛə*ˈbind(ə)n] *V/t., verband, hat verbunden* — **پانسمان کردن**

Die Wunde muss sofort verbunden werden. — زخم باید بلافاصله پانسمان شود.

0261 **Zahnschmerzen** [ˈtsaːnʃmɛrts(ə)n] *nur Pl. (Zahnweh, n, -s, kein Pl.)* — **دندان‌درد**

Hast du eine Tablette gegen Zahnschmerzen? — قرصی برای دندان‌درد داری؟

0262 **zittern** [ˈtsitə*n] *V/i., + Präp. (vor, wegen)* — **لرزیدن**

Der Junge zittert vor Kälte. — پسرک از سرما می‌لرزد.

1.8 Leben und Tod — زندگی و مرگ

1-2000

0263 **alt** [alt] *Adj., älter, am ältesten*	**سن، پیر**
Wie alt sind Sie?	چند سالتان است؟
Der alte Herr ist 92 Jahre, aber noch immer gesund.	پیرمرد ۹۲ ساله است، ولی همچنان سالم است.
0264 **geboren (sein, werden)** [gə'bo:r(ə)n]	**به‌دنیا آمدن**
Unsere Tochter wurde zu Hause geboren.	دختر ما در خانه به‌دنیا آمد.
Wann bist (wurdest) du geboren?	کی به‌دنیا آمدی؟
0265 **Geburt** [gə'bu:ə*t] *f, -, -en*	**تولّد**
Herzlichen Glückwunsch zur Geburt Ihres Kindes!	تبریک به‌مناسبت تولّد فرزند شما!
0266 **Geburtstag** [gə'bu:ə*tsta:k] *m, -(e)s, -e*	**روز تولد**
Mein Vater hat morgen Geburtstag.	فردا روز تولد پدرم است.
0267 **Jugend** ['ju:g(ə)nt] *f, -, kein Pl.*	**جوانی**
In ihrer Jugend war sie eine gute Sportlerin.	در جوانی، ورزشکار خوبی بود.
0268 **jung** [juŋ] *Adj., jünger, am jüngsten*	**جوان**
Sie waren beide sehr jung, als sie heirateten.	هر دو خیلی جوان بودند که ازدواج کردند.
0269 **Kindheit** ['kinthait] *f, -, kein Pl.*	**کودکی**
Meine Geschwister und ich hatten eine glückliche Kindheit.	من و خواهران و برادرانم دوران کودکی خوشی داشتیم.
0270 **leben** ['le:b(ə)n] *V/i., lebte, hat gelebt*	**زندگی کردن**
Weißt du, wann dieser Maler gelebt hat?	می‌دانی این نقاش کی زندگی می‌کرده است؟
0271 **Leben** ['le:b(ə)n] *n, -s, kein Pl.*	**زندگی**
Er ist unzufrieden mit seinem Leben.	از زندگی خود راضی نیست.
0272 **Leiche** ['laiçə] *f, -, -n*	**جنازه**
Am Seeufer wurde gestern die Leiche eines jungen Mannes gefunden.	دیروز جنازه‌ی مرد جوانی را در ساحل دریاچه پیدا کردند.

1.8 Leben und Tod — زندگی و مرگ

0273 **sterben** ['ʃtɛrb(ə)n] *V/i., + Präp. (an, durch, vor), starb, ist gestorben* — **مردن**
Wissen Sie, woran er gestorben ist? — می‌دانید به چه دلیل مرد؟

0274 **Tod** [to:t] *m, -es, -e* — **مرگ**
Ihr plötzlicher Tod hat alle überrascht. — مرگ ناگهانی او همه را غافلگیر کرد.

0275 **tödlich** ['tø:tliç] *Adj.* — **مهلک**
Seine Krankheit ist tödlich. — بیماری او مهلک است.

0276 **tot** [to:t] *Adj., keine Komp.* — **مرده**
Vor unserer Haustür liegt ein toter Vogel. — جلوی در خانه‌ی ما پرنده‌ای مرده افتاده است.

2001-4000

0277 **Alter** ['altə*] *n, -s, kein Pl.* — **سن**
Trotz ihres hohen Alters macht sie noch weite Reisen. — به‌رغم سن بالا، هنوز سفرهای زیادی انجام می‌دهد.
Erst jetzt im Alter ist er ruhiger geworden. — حالا در سنین پیری آرام‌تر شده است.

0278 **aufwachsen** ['aufvaks(ə)n] *V/i., wuchs auf, ist aufgewachsen* — **بزرگ شدن**
In diesem Dorf bin ich aufgewachsen. — در این روستا بزرگ شده‌ام.

0279 **beerdigen** [bə'e:rdig(ə)n] *V/t., beerdigte, hat beerdigt* — **به‌خاک سپردن**
Unser Opa wird morgen um 10.00 Uhr beerdigt. — پدربزرگ ما فردا ساعت ۱۰ به‌خاک سپرده می‌شود.

0280 **Begräbnis** [bə'grɛ:pnis] *n, -ses, -se* — **مراسم خاکسپاری**
Zu dem Begräbnis kamen viele Leute. — افراد زیادی برای مراسم خاکسپاری آمدند.

0281 **Erbe** ['ɛrbə] *n, -s, kein Pl.* — **ارث**
Gleich nach seinem Tod begann der Streit um das Erbe. — دعوا بر سر ارث، بلافاصله پس از مرگ او شروع شد.

0282 **Friedhof** ['fri:tho:f] *m, -es, Friedhöfe* — **قبرستان، گورستان**
Der Friedhof liegt direkt bei der Kirche. — قبرستان درست کنار کلیسا است.

1.8 Leben und Tod — زندگی و مرگ

0283	**Grab** [gra:p] *n, -(e)s, Gräber* In diesem Grab liegen meine Großeltern.	**قبر، گور** در این قبر، پدربزرگ و مادربزرگم هستند.
0284	**jugendlich** ['ju:g(ə)ntliç] *Adj.* Am Telefon hat sie eine jugendliche Stimme	**جوان** پشت تلفن صدایش جوان است.
0285	**Selbstmord** ['zɛlpstmɔrt] *m, -es, -e* Man weiß nicht, ob es ein Unfall oder ein Selbstmord war.	**خودکشی** نمی‌دانند تصادف بوده است یا خودکشی.
0286	**Testament** [tɛsta'mɛnt] *n, -(e)s, -e* Das Testament hat sie kurz vor ihrem Tode gemacht.	**وصیت** کمی پیش از فوت وصیت کرد.
0287	**Tote** ['to:tə] *m/f, -n, -n* Bei dem Unglück gab es über 20 Tote.	**(فرد) کشته، مرده** در سانحه بیش از ۲۰ نفر کشته شدند.

2.1 Sinne und Körperfunktionen — حواس و کارکردهای بدن

1-2000

0288 **anfassen** ['anfas(ə)n] *V/t., fasste an, hat angefasst* — **دست زدن**

Fass den Hund nicht an, er beißt! — به سگ دست نزن! گاز می‌گیرد.

0289 **ansehen** ['anse:(ə)n] *V/t., sah an, hat angesehen* — **تماشا کردن**

Ich habe mir gestern einen Kriminalfilm angesehen. — دیروز یک فیلم پلیسی تماشا کردم.

Ich sah sie die ganze Zeit an. — تمام وقت او را تماشا می‌کردم.

0290 **bemerken** [bə'mɛrk(ə)n] *V/t., bemerkte, hat bemerkt* — **متوجه شدن**

Wann hast du bemerkt, dass du deine Handtasche verloren hast? — کی متوجه شدی کیف دستی‌ات را گم کرده‌ای؟

0291 **beobachten** [bə'o:baxt(ə)n] *V/t., beobachtete, hat beobachtet* — **تحت‌نظر داشتن، مشاهده کردن**

Sie wurde von der Polizei beobachtet. — پلیس او را تحت‌نظر داشت.

0292 **betrachten** [bə'traxt(ə)n] *V/t., betrachtete, hat betrachtet* — **نگاه کردن**

Sie betrachtete die Bilder ganz genau. — با دقت زیاد تصویرها را نگاه کرد.

0293 **blicken** ['blik(ə)n] *V/i., + Präp. (aus, auf), blickte, hat geblickt* — **نگاه کردن، دیدن**

Er blickte aus dem Fenster, als ich ins Haus ging. — همین که وارد خانه شدم، داشت از پنجره بیرون را نگاه می‌کرد.

0294 **Blick** [blik] *m, -(e)s, -e* — **چشم‌انداز، منظره، دید**

Von diesem Punkt hat man einen schönen Blick auf die Berge. — از این زاویه چشم‌انداز زیبایی از کوه‌ها داریم.

0295 **frieren** ['fri:r(ə)n] *V/i., fror, hat gefroren* — **احساس سرما کردن**

Wenn du frierst, kannst du meine Jacke haben. — اگر احساس سرما کردی، می‌توانی ژاکت مرا بپوشی.

0296 **Geruch** [gə'rux] *m, -s, Gerüche* — **بو**

Viele Leute mögen den Geruch von Knoblauch nicht. — بسیاری از مردم بوی سیر را دوست ندارند.

2.1 Sinne und Körperfunktionen — حواس و کارکردهای بدن

0297 **Geschmack** [gə'ʃmak] *m, -s, kein Pl.* — **ذائقه**
Der Geschmack jedes einzelnen Menschen ist verschieden. — ذائقه‌ی هر کس متفاوت است.

0298 **hören** ['hø:r(ə)n] *V/t., i., hörte, hat gehört* — **شنیدن**
Hast du das Geräusch gehört? — صدا را شنیدی؟
Hast du etwas Neues gehört? — خبر جدیدی شنیده‌ای؟

0299 **müde** ['my:də] *Adj., müder, am müdesten* — **خسته**
Ich gehe ins Bett, ich bin müde. — می‌روم بخوابم؛ خسته‌ام.

0300 **riechen** ['ri:ç(ə)n] *V/t., i., + Präp. (nach), roch, hat gerochen* — **بو کشیدن؛ بو آمدن**
Der Hund hat das Fleisch gerochen. — سگ گوشت را بو کشیده است.
In der Küche riecht es nach Kuchen. — در آشپزخانه بوی شیرینی می‌آید.

0301 **schauen** ['ʃau(ə)n] *V/i., schaute, hat geschaut* — **نگاه کردن**
Er schaute aus dem Fenster, weil er auf den Besuch wartete. — از پنجره به بیرون نگاه کرد، زیرا منتظر مهمان بود.

0302 **Schlaf** [ʃla:f] *m, -(e)s, kein Pl.* — **خواب**
Sie hat einen festen Schlaf. — خوابش سنگین است.

0303 **schlafen** ['ʃla:f(ə)n] *V/i., schlief, hat geschlafen* — **خوابیدن**
Haben Sie gut geschlafen? — خوب خوابیده‌اید؟

0304 **schwitzen** ['ʃvits(ə)n] *V/i., +Präp. (vor, wegen), schwitzte, hat geschwitzt* — **عرق کردن**
Schwitzt du nicht in dem dicken Pullover? — با این پولیور کلفت عرق نمی‌کنی؟

0305 **sehen** ['ze:(ə)n] *V/t., i., sah, hat gesehen* — **دیدن**
Ich habe Thomas in der Stadt gesehen. — توماس را در شهر دیدم.
Ich sehe schon, du bist beschäftigt. — می‌بینم مشغولی.

0306 **spüren** ['ʃpy:r(ə)n] *V/t., spürte, hat gespürt* — **احساس کردن**
Spürst du Schmerzen im Arm? — بازویت درد می‌کند؟

2.1 Sinne und Körperfunktionen — حواس و کارکردهای بدن

0307 **Träne** ['trɛːnə] *f, -, -n* — **اشک**
Ich sah Tränen in seinen Augen. — در چشمانش اشک دیدم.

0308 **Traum** [traum] *m, -(e)s, Träume* — **خواب، رؤیا**
Heute Nacht hatte ich einen schrecklichen Traum. — دیشب خواب وحشتناکی دیدم.

0309 **träumen** ['trɔimən] *V/i., + Pärp. (von), träumte, hat geträumt* — **خواب دیدن**
Ich träume oft vom Fliegen. — اغلب، خواب پرواز می‌بینم.

0310 **wach** [vax] *Adj., -er, am -esten* — **بیدار**
Ich bin morgens immer sehr früh wach. — همیشه صبح زود بیدارم.

0311 **weinen** ['vainən] *V/i., + Präp. (über, vor, um), weinte, hat geweint* — **گریه کردن**
Er weinte vor Freude. — از خوشحالی گریه می‌کرد.

2001-4000

0312 **aufwachen** ['aufvax(ə)n] *V/i., wachte auf, ist aufgewacht* — **بیدار شدن**
Er braucht keinen Wecker, er wacht jeden Morgen vor 6.00 Uhr auf. — به ساعت شماطه‌دار نیاز ندارد؛ هر صبح پیش از ساعت ۶ بیدار می‌شود.

0313 **aufwecken** ['aufvɛk(ə)n] *V/t., weckte auf, hat aufgeweckt* — **بیدار کردن**
Sprich leise, du weckst sonst das Baby auf! — آرام حرف بزن، وگرنه بچه را بیدار می‌کنی!

0314 **Beobachtung** [bə'oːbaxtuŋ] *f, -, -en* — **مشاهده**
Die Beobachtungen der Zeugin waren sehr genau. — مشاهداتِ شاهد، بسیار دقیق بود.

0315 **Duft** [duft] *m, -(e)s, Düfte* — **عطر**
Ich mag den Duft von Rosen. — عطر گل‌های رز را دوست دارم.

0316 **einschlafen** ['ainʃlaːf(ə)n] *V/i., schlief ein, ist eingeschlafen* — **به‌خواب رفتن**
Meine Frau schläft immer vor dem Fernseher ein. — زنم همیشه جلوی تلویزیون به‌خواب می‌رود.

0317 **ermüden** [ɛə*'my:d(ə)n] *V/t., i., ermüdete, hat (ist) ermüdet* — **خسته‌کردن؛ خسته‌شدن**

Der lange Spaziergang hat ihn ermüdet. — پیاده‌روی طولانی، او را خسته کرد.

Durch das schnelle Tempo waren die Pferde schnell ermüdet. — اسب‌ها به‌دلیل سرعت زیاد خسته شدند.

0318 **erschöpft** [ɛə*'ʃœpft] *Adj., -er, am -esten* — **خسته، هلاک**

Du siehst erschöpft aus. Mach doch mal Urlaub! — خسته به‌نظر می‌رسی. مرخصی برو!

0319 **schläfrig** ['ʃlɛ:friç°] *Adj.* — **خواب‌آلود**

Der Hund lag schläfrig in der Sonne. — سگ، خواب‌آلود در آفتاب دراز کشیده بود.

0320 **sichtbar** ['ziçtba:*] *Adj.* — **قابل مشاهده، مرئی**

Das Haus ist von der Straße aus nicht sichtbar. — خانه از خیابان دیده نمی‌شود.

0321 **starren** ['ʃtarən] *V/i., + Präp. (auf), starrte, hat gestarrt* — **خیره شدن**

Er starrte auf das Bild, ohne etwas zu sagen. — به تصویر خیره شد، بی‌آنکه چیزی بگوید.

0322 **wahrnehmen** ['va:*ne:mən] *V/t., nahm wahr, hat wahrgenommen* — **متوجه شدن، درک کردن**

Niemand nahm ihn wahr, als er aus dem Haus ging. — از خانه که بیرون رفت، هیچ کس متوجه او نشد.

0323 **wecken** ['vɛk(ə)n] *V/t., weckte, hat geweckt* — **بیدار کردن**

Wir wurden um 7.30 Uhr geweckt. — ساعت هفت و نیم ما را بیدار کردند.

0324 **zusehen** ['tsu:ze:(ə)n] *V/i., + Präp. (bei), sah zu, hat zugesehen* — **تماشا کردن، نگاه کردن، دیدن**

Ich habe ihm bei der Arbeit zugesehen. — او را در حال کار کردن دیدم.

2.2 Körperpflege und Sauberkeit — بهداشت و پاکیزگی

1-2000

0325 **abtrocknen** ['aptrɔknən] *V/t., refl., trocknete ab, hat abgetrocknet* — **خشک کردن**
- Trocknest du das Kind ab? — بچه را تو خشک می‌کنی؟
- Ich glaube, es kann sich selbst abtrocknen. — فکر می‌کنم این کار را خودش می‌کند.

0326 **Bad** [ba:t] *n, -(e)s, Bäder* — **حمام**
Das Bad ist rechts neben der Küche. — حمام سمت راست آشپزخانه است.

0327 **Bürste** ['byrstə] *f, -, -n* — **بُرس**
Ich brauche eine neue Haarbürste. — به برس موی جدیدی نیاز دارم.

0328 **Creme** [kre:m] *f, -, -s* — **کرم**
Diese Hautcreme ist sehr gut. — این کرم پوست خیلی خوب است.

0329 **Dusche** ['du:ʃə] *f, -, -n* — **دوش**
Ich möchte ein Zimmer mit Dusche. — اتاق با دوش می‌خواهم.

0330 **duschen** ['du:ʃ(ə)n] *V/t., i., refl., duschte, hat geduscht* — **دوش گرفتن، زیر دوش شستن**
Er duschte das Kind und sich jeden Abend. — هر شب، بچه و خودش را زیر دوش می‌شست.

0331 **Fleck** [flɛk] *m, -(e)s, -en* — **لکّه**
Du hast einen Fleck auf dem Hemd. — لکه‌ای روی پیراهن تو است.

0332 **Handtuch** ['hantu:x] *n, -(e)s, Handtücher* — **حوله**
Gibst du mir bitte ein Handtuch? — لطف می‌کنید به من حوله بدهید؟

0333 **Kamm** [kam] *m, -(e)s, Kämme* — **شانه**
Ich möchte mir die Haare kämmen. Hast du vielleicht einen Kamm? — می‌خواهم موهایم را شانه کنم. شانه داری؟

0334 **kämmen** ['kɛmən] *V/t., refl., kämmte, hat gekämmt* — **شانه کردن**
Du musst dir die Haare kämmen! — باید موهایت را شانه کنی!

0335 **putzen** ['puts(ə)n] *V/t., putzte, hat geputzt* — **تمیز کردن**
Zieh dir die Schuhe aus! Ich will sie putzen. — کفش‌هایت را دربیاور! می‌خواهم آنها را تمیز کنم.

2.2 Körperpflege und Sauberkeit

بهداشت و پاکیزگی

0336 **reinigen** ['rainig(ə)n] *V/t., reinigte, hat gereinigt*
خشکشویی کردن
Hast du meinen Anzug reinigen lassen?
کت و شلوارم را برای خشکشویی داده‌ای؟

0337 **sauber** ['zaubə*] *Adj.*
تمیز
Die Tasse ist nicht sauber.
فنجان تمیز نیست.

0338 **Schmutz** [ʃmuts] *m, -es, kein Pl.*
کثیفی
Warum ist so viel Schmutz im Hausflur?
چرا راهرو این‌قدر کثیف است؟

0339 **schmutzig** ['ʃmutsiç°] *Adj.*
کثیف
Die Schuhe sind schmutzig.
کفش‌ها کثیف است.

0340 **Seife** ['zaifə] *f, -, -n*
صابون
Es fehlt Seife zum Händewaschen.
برای شستن دست، صابون نیست.

0341 **spülen** ['ʃpy:l(ə)n] *V/t., spülte, hat gespült*
شستن
Kannst du bitte heute einmal Geschirr spülen?
لطفاً می‌توانی امروز ظرف‌ها را بشوری؟

0342 **Staub** [ʃtaup] *m, -(e)s, kein Pl.*
گرد و خاک
Unter dem Schrank liegt viel Staub.
زیر گنجه، کلی گرد و خاک است.

0343 **waschen** ['vaʃ(ə)n] *V/t., refl., wusch, hat gewaschen*
شستن
Diesen Pullover muss man mit der Hand waschen.
این پولیور را باید با دست شست.

0344 **wischen** ['viʃ(ə)n] *V/t., wischte, hat gewischt*
پاک کردن، دستمال کشیدن
Der Boden in der Küche muss gewischt werden.
کف آشپزخانه باید پاک شود.

2001-4000

0345 **baden** ['ba:d(ə)n] *V/t., i., refl., badete, hat gebadet*
حمام کردن
Die Mutter badet das Kind.
مادر، بچه را حمام می‌کند.
Ich bade mich jeden Tag.
من هر روز حمام می‌کنم.

0346 **fegen** ['fe:g(ə)n] *V/t., fegte, hat gefegt*
جارو کردن
Die Straße muss gefegt werden.
خیابان باید جارو شود.

2.2 Körperpflege und Sauberkeit — بهداشت و پاکیزگی

0347 **glänzen** ['glɛnts(ə)n] *V/i., glänzte, hat geglänzt*
Der Boden glänzt nach dem Wischen wie neu.

برق زدن
زمین بعد از پاک کردن مثل اول برق می‌زند.

0348 **kehren** ['ke:rən] *V/t., kehrte, hat gekehrt*
Der Hof ist diese Woche nicht gekehrt worden.

جارو کردن، جارو کشیدن
این هفته حیاط را جارو نکرده‌اند.

0349 **Rasierapparat** [ra'zi:ə*apara:t] *m, -s, -e*
Der Rasierapparat rasiert sehr gründlich.

ریش‌تراش
ریش‌تراش خیلی خوب می‌تراشد.

0350 **rasieren** [ra'zi:rən] *V/t., refl., rasierte, hat rasiert*
Er rasiert sich (ihn) nass.

ریش تراشیدن
با صابون ریش می‌زند.

0351 **Rasierklinge** [ra'zi:ə*kliŋə] *f, -, -n*
Hast du noch eine scharfe Rasierklinge für mich?

تیغ ریش‌تراشی
تیغ ریش‌تراشی تیز برای من داری؟

0352 **Schwamm** [ʃvam] *m, -(e)s, Schwämme*
Ich wasche mich am liebsten mit einem Schwamm.

ابر
ترجیح می‌دهم خودم را با ابر بشویم.

0353 **Tube** ['tu:bə] *f, -, -n*
Diese Creme gibt es in einer Dose oder in einer Tube.

تیوب
این کرم هم به‌شکل قوطی و هم به‌صورت تیوب وجود دارد.

0354 **Waschmaschine** ['vaʃmaʃi:nə] *f, -, -n*
Unsere Waschmaschine steht im Bad.

ماشین لباسشویی
ماشین لباسشویی ما در حمام است.

0355 **Wäscherei** [vɛʃə'rai] *f, -, -en*
Ich bin mit meiner Wäscherei sehr zufrieden.

(مغازه) لباسشویی، خشکشویی
از لباسشویی خودم خیلی راضی هستم.

0356 **Zahnbürste** ['tsa:nbyrstə] *f, -, -n*
Welche Zahnbürste gehört dir? Die gelbe oder die rote?

مسواک
کدام یکی، مسواک تو است؟ زرد یا قرمز؟

0357 **Zahnpasta(-e)** ['tsa:npasta] *f, -, Zahnpasten*
Welche Zahnpasta nimmst du?

خمیردندان
از کدام خمیردندان استفاده می‌کنی؟

2.3 Tun (allgemein) انجام دادن (کلی)

1-2000

0358 **Absicht** ['apziçt] *f, -, -en* — **قصد**

Ich hatte nicht die Absicht, dich zu beleidigen. — قصد نداشتم تو را ناراحت کنم.

0359 **absichtlich** ['apziçtliç] *Adj., keine Komp.* — **به‌عمد**

Er macht das absichtlich, um mich zu ärgern. — این کار را به‌عمد می کند، فقط برای اینکه مرا عصبانی کند.

0360 **Arbeit** ['arbait] *f, -, en, kein Pl.* — **کار**

Die Arbeit ist ziemlich langweilig. — کار قدری کسالت‌آور است.

Sie wurde vor fünf Monaten entlassen und hat immer noch keine neue Arbeit gefunden. — پنج ماه پیش اخراج شد و هنوز هم کار جدیدی پیدا نکرده است.

0361 **arbeiten** ['arbait(ə)n] *V/i., + Präp. (an, bei, für), arbeitete, hat gearbeitet* — **کار کردن**

Er arbeitet sehr sorgfältig. — خیلی بادقت کار می کند.

0362 **bemühen** [bə'my:(ə)n] *V/refl., bemühte, hat bemüht* — **سعی کردن**

Wir werden uns bemühen, die Arbeit bis Freitag fertig zu machen. — همه‌ی سعی‌مان را می‌کنیم تا کار جمعه تمام شود.

0363 **beschließen** [bə'ʃli:s(ə)n] *V/t., beschloss, hat beschlossen* — **تصمیم گرفتن**

Sie hat beschlossen, mit dem Rauchen aufzuhören. — تصمیم گرفت سیگار را ترک کند.

0364 **beschäftigen** [bə'ʃɛftig(ə)n] *V/t., refl., + Präp. (mit) beschäftigte, hat beschäftigt* — **دراستخدام داشتن؛ سروکار داشتن، پرداختن**

Die Firma beschäftigt 200 Mitarbeiter. — این شرکت ۲۰۰ نفر را دراستخدام دارد.

Dieses Thema beschäftigt ihn schon lange. — این موضوع مدت‌ها (وقتش را) گرفته است.

Sie beschäftigt sich seit Jahren mit deutscher Literatur. — سال‌ها است که با ادبیات آلمانی سروکار دارد.

0365 **Beschäftigung** [bə'ʃɛftiguŋ] *f, -, -en* — **کار، شغل**

Er kann nicht ohne Arbeit sein. Er sucht immer eine Beschäftigung. — نمی‌تواند بیکار باشد. دائم دنبال کاری است که انجام دهد.

2.3 Tun (allgemein) انجام دادن (کلی)

0366 **besorgen** [bə'zɔrg(ə)n] *V/t., besorgte, hat besorgt* — **تهیه کردن**

Ich fahre einkaufen. Soll ich für dich etwas besorgen? — برای خرید می‌روم. چیزی می‌خواهی برایت تهیه کنم؟

0367 **beteiligen** [bə'tailig(ə)n] *V/refl., + Präp. (an), beteiligte, hat beteiligt* — **شرکت کردن**

Möchtest du dich an dem Spiel beteiligen? — می‌خواهی در بازی شرکت کنی؟

0368 **gelingen** [gə'liŋən] *V/i., gelang, ist gelungen* — **موفق شدن**

Es ist mir nicht gelungen, den Fehler zu finden. — موفق نشدم اشتباه را پیدا کنم.

0369 **gewöhnen** [gə'vø:nən] *V/refl., + Präp. (an), gewöhnte, hat gewöhnt* — **عادت کردن**

An meine neue Brille habe ich mich schnell gewöhnt. — خیلی زود به عینک تازه‌ام عادت کردم.

0370 **Handlung** ['handluŋ] *f, -, -en* — **رفتار**

War Ihnen nicht klar, welche Folgen Ihre Handlung haben könnte? — نمی‌دانستید رفتار شما چه عواقبی خواهد داشت؟

0371 **können** ['kœnən] *V/t., Mod. V., konnte, hat gekonnt* — **قادر بودن؛ توانستن؛ اجازه داشتن؛ بلد بودن**

Er kann einfach alles. — هر کاری را راحت می‌تواند انجام دهد.

Wenn Sie Zeit haben, können Sie mich morgen besuchen. — فردا اگر وقت داشتید، می‌توانید به دیدنم بیایید؟

Kann ich Ihnen einen Kaffee anbieten? — می‌توانم یک فنجان قهوه به شما تعارف کنم؟

0372 **machen** ['max(ə)n] *V/t., machte, hat gemacht* — **درست کردن؛ انجام دادن؛ کردن؛ شدن**

Wer macht heute das Abendessen? — چه کسی امشب شام درست می کند؟

Diese Arbeit kann ich selbst machen. — این کار را خودم می‌توانم انجام دهم.

Mit dem Geschenk hast du mir eine große Freude gemacht. — با این هدیه مرا خیلی خوشحال کردی.

Den Schrank habe ich machen lassen. — این گنجه را دادم ساختند.

Wissen Sie, wie das gemacht wird? — می‌دانید این کار چگونه انجام می‌شود؟

Mach schnell! — زود باش!

Das macht 12,40 €. — می‌شود ۱۲/۴۰ یورو.

0373 **Mühe** ['my:ə] *f, -, -n* — **سعی، زحمت**

Gib dir Mühe, dann klappt es auch. — اگر سعی کنی، همه چیز خوب پیش خواهد رفت.

0374 **Plan** [pla:n] *m, -(e)s, Pläne* — **طرح؛ نقشه**

Der neue Finanzplan muss vom Chef noch genehmigt werden. — طرح مالی جدید را باید رئیس تصویب کند.

Hast du einen Plan des Grundstücks? — نقشه‌ی زمین را داری؟

0375 **planen** ['pla:nən] *V/t., i., plante, hat geplant* — **طراحی کردن**

Die Arbeit ist gut geplant worden. — کار، خوب طراحی شده است.

0376 **probieren** [pro'bi:rən] *V/i., probierte, hat probiert* — **امتحان کردن**

Probier du mal! Ich kann die Tür nicht öffnen. — تو امتحان کن! من نمی‌توانم در را باز کنم.

0377 **Tätigkeit** ['tɛ:tiçkait] *f, -, -en* — **فعالیت**

Für mich ist Putzen die unangenehmste Tätigkeit. — از نظر من، نظافت ناخوشایندترین کار است.

0378 **teilnehmen** ['tailne:mən] *V/i., + Präp. (an), nahm teil, hat teilgenommen* — **شرکت کردن**

Diesen Winter nehme ich wieder an einem Skikurs teil. — این زمستان باز هم در دوره‌ی آموزش اسکی شرکت می کنم.

0379 **tun** [tu:n] *V/t., i., tat, hat getan* — **انجام دادن؛ کردن؛ وانمود کردن**

Im Geschäft war viel zu tun. — در دفتر، کلی کار بود که باید انجام می‌شد.

Was tust du in deiner Freizeit? — در اوقات فراغتت چه می کنی؟

Ich habe mir wehgetan. — خودم را زخمی کردم.

Er ist gar nicht müde. Er tut nur so. — اصلاً خسته نیست. فقط این‌طور وانمود می کند.

0380 **üben** ['y:b(ə)n] *V/t., übte, hat geübt* — **تمرین کردن**

Sie muss noch ein bisschen üben. Dann kann sie bald gut schwimmen. — باید کمی تمرین کند. بعد خیلی زود می‌تواند شنا کند.

0381 **vermeiden** [fɛə*'maid(ə)n] *V/t., vermied, hat vermieden* — **جلوگیری کردن، خودداری کردن**

Der Unfall hätte vermieden werden können. — از این تصادف می‌شد جلوگیری کرد.

2.3 Tun (allgemein) انجام دادن (کلی)

0382 **versuchen** [fɛə*'zu:x(ə)n] *V/t., versuchte, hat versucht* — **سعی کردن**
Ich habe es versucht, aber ich kann die Kiste nicht alleine tragen.
سعی کردم، ولی نمی‌توانم تنهایی جعبه را ببرم.

0383 **verwechseln** [fɛə*'vɛks(ə)ln] *V/t., verwechselte, hat verwechselt* — **اشتباه گرفتن**
Du hast die beiden Flaschen verwechselt.
دو بطری را با هم اشتباه گرفتی.

0384 **vorhaben** ['fo:ə*ha:b(ə)n] *V/i., hatte vor, hat vorgehabt* — **برنامه داشتن**
Was habt ihr am Wochenende vor?
آخر هفته چه برنامه‌ای دارید؟

0385 **Werk** [vɛrk] *n, -(e)s, -e* — **اثر**
Die bekanntesten Werke der Malerin sind in diesem Museum zu sehen.
مشهورترین آثار این هنرمند را در این موزه می‌توان دید.

0386 **winken** ['viŋk(ə)n] *V/i., winkte, hat gewunken* — **دست تکان دادن**
Er winkte, als der Zug abfuhr.
همان‌طور که قطار حرکت می‌کرد، دست تکان می‌داد.

2001-4000

0387 **aktiv** [ak'ti:f] *Adj.* — **فعّال**
Trotz ihres hohen Alters ist sie noch sehr aktiv.
به‌رغم سن و سال بالا، هنوز بسیار فعال است.

0388 **Aktivität** [aktivi'tɛ:t] *f, -, -en* — **فعالیت**
Wenn Sie Karriere machen wollen, müssen Sie mehr Aktivität zeigen.
اگر می‌خواهید پیشرفت کنید، باید فعالیت بیشتری نشان دهید.

0389 **Angewohnheit** ['angəvo:nhait] *f, -, -en* — **عادت**
Sie hat die Angewohnheit, während des Essens zu lesen.
عادت دارد حین صرف غذا مطالعه کند.

0390 **anstrengen** ['anʃtrɛŋən] *V/t.,refl., strengte an, hat angestrengt* — **خسته کردن؛ تلاش کردن**
Der Nachtdienst strengt ihn sehr an.
نوبت کاری شبانه، او را خیلی خسته می‌کند.
Du musst dich mehr anstrengen, sonst schaffst du es nicht.
باید بیشتر تلاش کنی؛ وگرنه موفق نمی‌شوی.

2.3 Tun (allgemein) — انجام دادن (کلی)

0391 **Anstrengung** ['anʃtrɛŋuŋ] *f, -, -en* — **تلاش**

Die Anstrengung hat sich gelohnt. — این تلاش ارزشش را داشت.

0392 **aushalten** ['aushalt(ə)n] *V/t., hielt aus, hat ausgehalten* — **تحمل کردن**

Was für eine Hitze heute! Das kann man ja kaum aushalten. — امروز واقعاً گرم است! اصلاً نمی‌شود تحملش کرد.

0393 **beabsichtigen** [bə'apziçtig(ə)n] *V/t., beabsichtigte, hat beabsichtigt* — **قصدداشتن**

Klaus und Bernd beabsichtigen, gemeinsam eine Wohnung zu mieten. — کلاوس و برن قصد دارند آپارتمانی باهم اجاره کنند.

0394 **beachten** [bə'axt(ə)n] *V/t, beachtete, hat beachtet* — **اعتنا کردن**

Sein Befehl wurde nicht beachtet. — به دستور او اعتنا نشد.

0395 **befassen** [bə'fas(ə)n] *V/refl., + Präp. (mit), befasste, hat befasst* — **پرداختن؛ مشغول بودن**

Mit diesem Thema befasse ich mich schon seit Jahren. — سال‌ها است که به این موضوع می‌پردازم.

0396 **Bemühung** [bə'my:uŋ] *f, -, -en* — **زحمت**

Vielen Dank für Ihre Bemühungen! — از زحمت‌های شما بسیار سپاسگزارم!

0397 **Durchführung** ['durçfy:ruŋ] *f, -, kein Pl.* — **اجرا**

Die Durchführung des Plans war schwieriger als alle gedacht hatten. — اجرای این نقشه سخت‌تر از آن بود که همه فکر می‌کردند.

0398 **durchsetzen** ['durçzɛts(ə)n] *V/t., setzte durch, hat durchgesetzt* — **قبولاندن**

Ich habe meinen Vorschlag durchsetzen können. — پیشنهادم را قبولاندم.

0399 **mühsam** ['my:za:m] *Adj.* — **دشوار**

Die Arbeit war mühsam, aber sie hat sich gelohnt. — کار دشوار بود، ولی ارزش داشت.

0400 **organisieren** [ɔrgani'zi:rən] *V/t., organisierte, hat organisiert* — **سازماندهی کردن**

Die Feier war gut organisiert worden. — جشن، خوب سازماندهی شده بود.

2.3 Tun (allgemein) انجام دادن (کلی)

0401 **Planung** ['pla:nuŋ] *f, -, -en*
Der Bau ist noch in der Planung. Die Arbeiten beginnen erst nächstes Jahr.

طراحی؛ برنامه‌ریزی
ساختمان در مرحله‌ی طراحی است. کارها تازه از سال آینده آغاز می‌شود.

0402 **realisieren** [reali'zi:rən] *V/t., realisierte, hat realisiert*
Dieser Plan lässt sich nicht realisieren.

عملی کردن
این نقشه را نمی‌شود عملی کرد.

0403 **schaffen** ['ʃaf(ə)n] *V/t., schaffte, hat geschafft*
Es tut mir leid, aber wir haben den Termin nicht mehr geschafft.

رعایت کردن
متأسفم، ولی ما نمی‌توانیم این قرار را رعایت کنیم.

0404 **Teilnehmer** ['tailne:mə*] *m, -s, -*
Teilnehmerin ['tailne:mərin] *f, -, -nen*
Der Kurs hat 18 Teilnehmer.

شرکت‌کننده
این دوره‌ی آموزشی، ۱۸ شرکت‌کننده دارد.

0405 **Überwindung** [y:bə*'vinduŋ] *f, -, kein Pl.*
Es kostet mich große Überwindung, zu ihm freundlich zu sein.

سختی
برایم خیلی سخت است که با او صمیمی باشم.

0406 **unternehmen** [untə*'ne:mən] *V/t., unternahm, hat unternommen*
Was wollen wir morgen unternehmen?

انجام دادن
فردا می‌خواهیم چه کاری انجام بدهیم؟

0407 **Versuch** [fɛə*'zu:x] *m, -(e)s, -e*
Lass uns noch einen Versuch machen. Vielleicht schaffen wir es doch allein.

سعی، تلاش
بگذار یک بار دیگر هم سعی کنیم. شاید بتوانیم به‌تنهایی انجامش دهیم.

0408 **vornehmen** ['fo:ə*ne:mən] *V/refl., nahm vor, hat vorgenommen*
Sie hat sich vorgenommen, in Zukunft langsamer zu fahren.

تصمیم گرفتن
تصمیم گرفته است در آینده آرام‌تر رانندگی کند.

0409 **zustande (zu Stande) kommen (bringen)** [tsu'ʃtandə kɔmən]
Bei dem Gespräch ist keine Einigung zustande gekommen.
Sie will selbst ein Regal bauen, aber ich glaube nicht, dass sie das zustande bringt.

حاصل شدن؛ موفق شدن
در مذاکره هیچ توافقی حاصل نشد.
خودش می‌خواهد قفسه‌ای بسازد؛ ولی فکر نمی‌کنم موفق شود.

2.4 Bewegung und Ruhe حرکت و استراحت

1-2000

0410 **abwesend** ['apve:zənt] *Adj., keine Komp.* — **غیاب؛ غایب**
Hat jemand angerufen, während ich abwesend war? — کسی در غیاب من تلفن نکرد؟

0411 **anwesend** ['anve:zənt] *Adj., keine Komp.* — **حاضر**
Ist Frau Sommer anwesend? — خانم زومر حاضر است؟

0412 **Aufenthalt** ['aufənthalt] *m, -(e)s, -e* — **اقامت**
Unser Aufenthalt in London war leider viel zu kurz. — متأسفانه، اقامت ما در لندن خیلی کوتاه بود.

0413 **ausruhen** ['ausru:(ə)n] *V/refl., ruhte aus, hat ausgeruht* — **استراحت کردن**
Ruh dich nach dieser langen Fahrt erst einmal aus! — پس از این سفر طولانی، اول از همه کمی استراحت کن!

0414 **beeilen** [bə'ail(ə)n] *V/refl., beeilte, hat beeilt* — **عجله کردن**
Bitte beeil dich! Wir haben keine Zeit. — عجله کن! وقت نداریم.

0415 **befinden** [bə'fin(ə)n] *V/refl., befand, hat befunden* — **بودن**
Wo befindet sich hier im Haus die Toilette? — توالت این خانه کجا است؟

0416 **bleiben** [blaib(ə)n] *V/i., blieb, ist geblieben* — **ماندن، باقی ماندن**
Bleib doch noch zum Essen! — برای غذا بمان دیگر!
Bleiben Sie ruhig! Es ist nichts passiert. — آرام بمانید! هیچ اتفاقی نیفتاده است.
Dafür bleibt mir keine Zeit. — برای این کار وقت دیگری ندارم.

0417 **da sein** ['da: zain] *V/i., war da, ist da gewesen* — **(حاضر) بودن**
Es ist niemand da. — هیچ کسی اینجا (حاضر) نیست.

0418 **Eile** ['ailə] *f, -, kein Pl.* — **عجله**
Ich muss jetzt gehen, ich bin in Eile. — همین الآن، باید بروم؛ عجله دارم.
Sie können den Brief später schicken. Das hat keine Eile. — می‌توانید نامه را بعد بفرستید. هیچ عجله‌ای نیست.

2.4 Bewegung und Ruhe — حرکت و استراحت

0419 **eilig** ['ailiç°] *Adj.* — **عجله داشتن، فوری بودن**

Dieser Auftrag ist eilig. — این کار فوری است.

Hast du es eilig, oder können wir noch einen Kaffee trinken? — عجله داری یا می‌توانیم یک فنجان دیگر قهوه بنوشیم؟

0420 **fahren** ['fa:rən] *V/i., fuhr, ist gefahren* — **(سواره) رفتن**

Sie ist mit dem Fahrrad in die Stadt gefahren. — با دوچرخه به شهر رفت.

0421 **gehen** ['ge:(ə)n] *V/i., ging, ist gegangen* — **(پیاده) رفتن؛ شدن؛ بودن**

Wir sind zu Fuß nach Hause gegangen. — پیاده به خانه رفتیم.

Ich gehe heute Nachmittag Tennis spielen. — بعدازظهر تنیس بازی می‌کنم.

Die Klingel geht nicht. — دستگیره کار نمی‌کند.

Das geht nicht, das ist zu kompliziert. — امکان ندارد، خیلی سخت است.

Es geht ihm ganz gut. — حالش کاملاً خوب است.

Worum geht es? — موضوع چیست؟

0422 **hinsetzen** ['hizεts(ə)n] *V/refl., setzte hin, hat hingesetzt* — **نشستن**

Dort ist eine Bank, dort können wir uns hinsetzen. — آنجا نیمکت است؛ می‌توانیم بنشینیم.

0423 **kommen** ['kɔmən] *V/i., kam, ist gekommen* — **آمدن**

Wann bist du gekommen? — کی آمدی؟

Es ist Wasser im Keller. Woher kommt das? — در زیرزمین آب است؛ از کجا می‌آید؟

0424 **laufen** ['lauf(ə)n] *V/i., lief, ist gelaufen* — **دویدن؛ رفتن؛ بودن**

Er lief so schnell, wie er konnte. — تا آنجا که می‌توانست، سریع دوید.

Lass uns laufen! Es sind nur ein bis zwei Kilometer. — بگذار پیاده بروم! فقط یکی دو کیلومتر راه است.

Wie läuft das Geschäft? — کار و کاسبی چطور است؟

0425 **liegen** ['li:g(ə)n] *V/i., lag, hat gelegen* — **دراز کشیدن؛ بودن**

Sie liegt im Bett, weil sie krank ist. — در رختخواب دراز کشیده است، چون بیمار است.

Wo liegt die Tageszeitung? — روزنامه کجا است؟

2.4 Bewegung und Ruhe حرکت و استراحت

0426 **rennen** ['rɛnən] *V/i., rannte, ist gerannt* — **دویدن**
Warum rennst du so schnell? — چرا این‌قدر تند می‌دوی؟

0427 **Schritt** [ʃrit] *m, -(e)s, -e* — **قدم**
Wir waren ein paar Schritte gegangen, da fing es an zu regnen. — چند قدمی راه رفته بودیم که باران شروع شد.

0428 **setzen** ['zɛts(ə)n] *V/t, refl., setzte, hat gesetzt* — **نشاندن؛ نشستن**
Bitte setz das Kind auf seinen Stuhl! — لطفاً بچه را روی صندلی‌اش بنشان!
Bitte setzen Sie sich doch! — لطفاً بنشینید!

0429 **sitzen** ['zits(ə)n] *V/i., saß, hat gesessen* — **نشستن**
Wir saßen draußen auf der Terrasse. — بیرون در ایوان نشستیم.

0430 **springen** ['ʃpriŋən] *V/i., sprang, ist gesprungen* — **پریدن**
Wir mussten über einen Bach springen. — باید از روی جوی آب می‌پریدیم.

0431 **Sprung** [ʃpruŋ] *m, -(e)s, Sprünge* — **پرش**
Beim Sprung über den Zaun hat er sich verletzt. — هنگام پرش از روی نرده مجروح شد.

0432 **stehen** ['ʃte:(ə)n] *V/i., stand, hat gestanden* — **ایستادن؛ بودن؛ آمدن**
Die Leute standen vor der Tür und warteten. — مردم جلوی در ایستاده بودند و انتظار می‌کشیدند.
Wo stehen die Weingläser? — گیلاس‌های شراب کجا است؟
In der Zeitung steht, dass das Wetter besser wird. — در روزنامه آمده است که هوا بهتر می‌شود.

0433 **Sturz** [ʃturts] *m, -es, Stürze* — **سقوط**
Beim Sturz hat er sich den Arm gebrochen. — هنگام سقوط، دستش شکست.

0434 **stürzen** ['ʃtyrts(ə)n] *V/i., stürzte, ist gestürzt* — **افتادن**
Sie ist von der Leiter gestürzt. — از نردبان افتاد.

0435 **treten** ['tre:t(ə)n] *V/t., i., tritt, hat/ist getreten* — **لگد زدن؛ لگد کردن**
Sie hat den Hund getreten. — به سگ لگد زد.
Er ist mir auf den Fuß getreten. — پایم را لگد کرد.

2.4 Bewegung und Ruhe حرکت و استراحت

0436	**warten** ['vart(ə)n] *V/i., + Präp. (auf), wartete, hat gewartet* Hast du lange auf mich gewartet?	**منتظر ماندن** خیلی منتظرم ماندی؟

2001-4000

0437	**Abwesenheit** ['apve:z(ə)nhait] *f, -, kein Pl.* Ich weiß davon nichts. Die Sache wurde während meiner Abwesenheit beschlossen.	**غیبت** در این‌باره هیچ اطلاعی ندارم. در غیاب من تصمیم گرفتند.
0438	**anlehnen** ['anle:nən] *V/t., refl., lehnte an, hat angelehnt* Lehn dich nicht an die Wand an! Sie ist schmutzig.	**تکیه دادن** به دیوار تکیه نده! کثیف است.
0439	**Anwesenheit** ['anve:z(ə)nhait] *f., -, kein Pl.* Bitte gehen Sie! Ihre Anwesenheit wird nicht gewünscht.	**حضور** لطفاً بروید! حضور شما خوشایند نیست.
0440	**aufstehen** ['aufʃte:(ə)n] *V/i., stand auf, ist aufgestanden* Wann bist du heute aufgestanden?	**بلند شدن** امروز چه‌وقت بلند شدی؟
0441	**ausrutschen** ['ausrutʃ(ə)n] *V/i., rutschte aus, ist ausgerutscht* Vorsicht, rutschen Sie nicht aus! Der Boden ist glatt.	**لیز خوردن** مواظب باشید، لیز نخورید. زمین لغزنده است.
0442	**fallen** ['fal(ə)n] *V/i., fiel, ist gefallen* Die Tasse ist vom Tisch gefallen.	**افتادن** فنجان از روی میز افتاد.
0443	**klettern** ['klɛtə*n] *V/i., kletterte, ist geklettert* Er kann wie ein Affe klettern.	**چهار دست و پا بالا رفتن** می‌تواند مثل میمون چهار دست و پا بالا برود.
0444	**kriechen** ['kri:ç(ə)n] *V/i., kroch, ist gekrochen* Er kroch unter die Bank, um das Geldstück zu suchen.	**خزیدن** به زیر نیمکت خزید تا سکه را پیدا کند.
0445	**nähern** ['nɛ:ə*n] *V/refl., näherte, hat genähert* Wir nähern uns langsam dem Ziel.	**نزدیک شدن** آرام آرام به مقصد نزدیک می‌شویم.

2.4 Bewegung und Ruhe حرکت و استراحت

0446 **schleichen** ['ʃlaiç(ə)n] *V/i., schlich, ist geschlichen* — **یواشکی رفتن**
Sie schlich leise in ihr Zimmer. — بی‌سروصدا و یواشکی به اتاقش رفت.

0447 **überqueren** [y:bə*'kve:rən] *V/t., überquerte, hat überquert* — **عبور کردن**
Pass auf, wenn du die Straße überquerst! — وقتی از خیابان عبور می‌کنی، مراقب باش!

0448 **umdrehen** ['umdre:(ə)n] *V/t., refl., drehte um, hat umgedreht* — **چرخاندن؛ برگشتن**
Das Fleisch muss beim Braten öfters umgedreht werden. — گوشت را باید هنگام سرخ کردن چندین بار چرخاند.
Als sie sich umdrehte, sah sie ihn. — وقتی برگشت، او را دید.

0449 **verschwinden** [fɛə*'ʃvind(ə)n] *V/i., verschwand, ist verschwunden* — **ناپدید شدن**
Unsere Katze ist seit Tagen verschwunden. — گربه‌ی ما از چندین روز پیش ناپدید شده است.

0450 **vorbeigehen** [fo:ə*'baige:(ə)n] *V/i.,+ Präp. (an, bei) ging vorbei, ist vorbeigegangen* — **رد شدن؛ سر زدن**
Er ist gerade an mir vorbeigegangen. — همین الآن از کنارم رد شد.
Geh bitte nach der Arbeit beim Bäcker vorbei und bring Kuchen mit. — لطفاً بعد از کار، سری به نانوایی بزن و شیرینی بیاور.

0451 **weggehen** ['vɛkge:(ə)n] *V/i., ging weg, ist weggegangen* — **بیرون رفتن**
Sie ist schon früh weggegangen. — صبح زود بیرون رفت.

0452 **weitergehen** ['vaitə*ge:(ə)n] *V/i., ging weiter, ist weitergegangen* — **ادامه دادن**
Dann wurde der Weg so schlecht, dass wir nicht weitergehen konnten. — مسیر چنان بد شد که نتوانستیم به راه ادامه بدهیم.

0453 **zurückgehen** [tsu'rykge:(ə)n] *V/i., ging zurück, ist zurückgegangen* — **برگشتن**
Ich bin müde, lass uns zum Hotel zurückgehen. — خسته‌ام؛ اجازه بده به هتل برگردیم.

0454 **zurückkehren** [tsu'rykke:rən] *V/i., kehrte zurück, ist zurückgekehrt* — **برگشتن، بازگشتن**
Wann kehrt ihr von der Reise zurück? — کی از مسافرت برمی‌گردی؟

2.5 Bewegungen von Dingen und Lebewesen — حرکت اشیا و جانداران

1-2000

0455 **bewegen** [bə'veːg(ə)n] *V/t., refl., bewegte, hat bewegt* — **حرکت دادن؛ حرکت کردن**

Mir tut der Arm weh, wenn ich ihn bewege. — دستم را که حرکت می‌دهم، درد می‌گیرد.

Die Hose ist viel zu eng. Ich kann mich kaum bewegen. — شلوار خیلی تنگ است. نمی‌توانم حرکت کنم.

0456 **bringen** ['briŋən] *V/t., brachte, hat gebracht* — **آوردن؛ داشتن**

Bring bitte das Geschirr in die Küche! — لطفاً ظرف‌ها را به آشپزخانه ببر!

Bringst du mich morgen zum Flughafen? — فردا مرا به فرودگاه می‌بری؟

Was bringt das Fernsehen heute? — تلویزیون امروز چه برنامه‌ای دارد؟

0457 **drehen** ['dreː(ə)n] *V/t., drehte, hat gedreht* — **چرخاندن**

Wenn man den Schalter nach rechts dreht, wird das Licht stärker. — اگر سوئیچ را به راست بچرخانی، نور بیشتر می‌شود.

0458 **holen** ['hoːl(ə)n] *V/t., holte, hat geholt* — **برداشتن**

Wenn du Hunger hast, hol dir etwas aus dem Kühlschrank. — اگر گرسنه هستی، چیزی از یخچال بردار.

0459 **hängen** ['hɛŋən] *V/t., hängte, hat gehängt* — **آویزان کردن**

Häng bitte die Kleider in den Schrank! — لطفاً لباس‌ها را در گنجه آویزان کن!

0460 **hängen** ['hɛŋən] *V/i., hing, hat gehangen* — **آویزان بودن**

Gestern hing der Mantel noch da. — دیروز پالتو هنوز آنجا آویزان بود.

0461 **rollen** ['rɔl(ə)n] *V/t., i., rollte, hat gerollt* — **غلتاندن؛ آمدن**

Der Stein ist zu schwer zum Tragen, aber man kann ihn rollen. — سنگ آنقدر سنگین بود که نمی‌شد حمل کرد، ولی می‌توانی آن را بغلتانی.

Vorsicht, der Ball rollt auf die Straße. — مراقب باش، توپ به خیابان آمد.

0462 **schicken** ['ʃik(ə)n] *V/t., schickte, hat geschickt* — **فرستادن**

Ich habe dir ein Paket geschickt. — بسته‌ای برایت فرستادم.

2.5 Bewegungen von Dingen und Lebewesen

حرکت اشیا و جانداران

0463 **schieben** ['ʃiːb(ə)n] *V/t., schob, hat geschoben* — **هل دادن، با دست بردن**

Ich musste das Fahrrad nach Hause schieben, weil ein Reifen kaputt war.

مجبور بودم تا خانه دوچرخه را با دست ببرم، چون یک چرخش پنچر بود.

0464 **stellen** ['ʃtɛl(ə)n] *V/t., stellte, hat gestellt* — **گذاشتن**

Stell bitte noch Weingläser auf den Tisch.

لطفاً گیلاس‌های شراب بیشتری را روی میز بگذار.

0465 **tragen** ['traːg(ə)n] *V/t., trug, hat getragen* — **حمل کردن**

Kannst du bitte die Tasche tragen?

می‌شود لطفاً کیف را حمل کنی؟

0466 **wenden** ['vɛnd(ə)n] *V/t., wendete, hat gewendet* — **دور زدن**

Ich kann den Wagen hier nicht wenden. Die Straße ist zu eng.

نمی‌توانم با ماشین اینجا دور بزنم. خیابان خیلی باریک است.

0467 **werfen** ['vɛrf(ə)n] *V/t., warf, hat geworfen* — **انداختن**

Sie warf Steine ins Wasser.

او سنگ‌ها را به داخل آب می‌انداخت.

2001-4000

0468 **schleppen** ['ʃlɛp(ə)n] *V/t., schleppte, hat geschleppt* — **کشیدن (و با خود بردن)**

Diesen Sack kann ich alleine schleppen.

تنهایی می‌توانم این ساک را بکشم.

0469 **schütteln** ['ʃyt(ə)ln] *V/t., schüttelte, hat geschüttelt* — **تکان دادن**

„Nein", sagte er und schüttelte den Kopf.

گفت «نه»؛ و سرش را تکان داد.

0470 **Transport** [trans'pɔrt] *m, -(e)s, -e* — **حمل‌ونقل**

Der Transport mit der Bahn ist am sichersten.

حمل‌ونقل با قطار، مطمئن‌ترین راه است.

0471 **treiben** ['traib(ə)n] *V/t., i., trieb, hat getrieben* — **راندن؛ کشیده شدن**

Sie treibt die Kühe in den Stall.

گاوها را به اصطبل می‌راند.

Das Boot trieb ohne Besatzung auf dem Meer.

قایق بدون خدمه به وسط دریا کشیده شد.

2.6 Geben und Nehmen — داد و ستد

1-2000

0472 **anbieten** ['anbi:t(ə)n] *V/t., bot an, hat angeboten* — **تعارف کردن**

Sie hat mir einen Kaffee angeboten. — یک فنجان قهوه به من تعارف کرد.

0473 **annehmen** ['anne:mən] *V/t., nahm an, hat angenommen* — **دریافت کردن**

Würden Sie bitte meine Post annehmen, wenn ich nicht da bin? — می‌شود لطفاً وقتی نیستم، بسته‌ی پستی‌ام را دریافت کنید؟

0474 **behalten** [bə'halt(ə)n] *V/t., behielt, hat behalten* — **نگه داشتن**

Du kannst die Zeitschrift behalten, ich habe sie schon gelesen. — می‌توانی مجلّه را برای خودت نگه داری؛ آن را خوانده‌ام.

0475 **bekommen** [bə'kɔmən] *V/t., bekam, hat bekommen* — **دریافت کردن**

Heute habe ich Ihren Brief bekommen. — امروز نامه‌ی شما را دریافت کردم.

0476 **bieten** ['bi:t(ə)n] *V/t., bot, hat geboten* — **پیشنهاد کردن**

Er hat mir viel Geld geboten, aber ich will das Bild nicht verkaufen. — پول زیادی به من پیشنهاد کرد، ولی نمی‌خواهم تابلو را بفروشم.

0477 **brauchen** ['braux(ə)n] *V/t., brauchte, hat gebraucht* — **احتیاج داشتن**

Brauchst du das Auto morgen? — فردا به ماشین احتیاج داری؟

0478 **danken** ['daŋk(ə)n] *V/t., dankte, hat gedankt* — **تشکر کردن**

Ich danke Ihnen für Ihre Hilfe. — از کمک شما متشکرم.

0479 **empfangen** [ɛm'pfaŋən] *V/t., empfing, hat empfangen* — **دریافت کردن**

Das Telegramm haben wir empfangen. — تلگراف را دریافت کردیم.

0480 **erhalten** [ɛə*'halt(ə)n] *V/t., erhielt, hat erhalten* — **گرفتن**

Das Geld haben wir erhalten. — پول را گرفتیم.

0481 **geben** ['ge:b(ə)n] *V/t., gab, hat gegeben* — **دادن**

Gib mir bitte meine Tasche! — لطفاً کیفم را بده!

2.6 Geben und Nehmen — داد و ستد

0482 **Geschenk** [gəˈʃɛŋk] *n, -s, -e* — **هدیه**
Du musst das Geschenk noch schön einpacken! — باید هدیه را قشنگ بسته‌بندی کنی!

0483 **haben** [ˈha:b(ə)n] *V/t., hatte, hat gehabt* — **داشتن**
Sie haben eine Tochter und einen Sohn. — آنها یک دختر و یک پسر دارند.
Hast du Angst? — می‌ترسی؟

0484 **nehmen** [ˈne:mən] *V/t.,nahm, hat genommen* — **برداشتن**
Er nahm die Teller aus dem Schrank. — بشقاب را از گنجه برداشت.
Ich nehme das Menü Nr. 3. — من غذای شماره‌ی ۳ را می‌برم.
Nehmen Sie doch noch etwas Fleisch! — لطفاً کمی بیشر گوشت بردارید!

0485 **schenken** [ˈʃɛŋk(ə)n] *V/t., schenkte, hat geschenkt* — **هدیه دادن**
Was schenkst du deiner Schwester zum Geburtstag? — روز تولد خواهرت، چه هدیه‌ای به او می‌دهی؟

0486 **tauschen** [ˈtauʃ(ə)n] *V/t., + Präp. (gegen), tauschte, hat getauscht* — **عوض کردن، مشترک استفاده کردن**
Ich tausche meine Kleider mit einer Freundin. — من لباس‌هایم را با (لباس‌های) دوستم عوض می‌کنم.

0487 **teilen** [ˈtail(ə)n] *V/t., + Präp. (mit), teilte, hat geteilt* — **تقسیم کردن**
Wir haben den Kuchen in 12 Stücke geteilt. — شیرینی را به ۱۲ تکه تقسیم کردیم.

0488 **verteilen** [fɛə*ˈtail(ə)n] *V/t., verteilte, hat veteilt* — **تقسیم کردن**
Das Geld wurde gerecht verteilt. — پول عادلانه تقسیم شد.

0489 **verzichten** [fɛə*ˈtsiçt(ə)n] *V/i., + Präp. (auf), verzichtete, hat verzichtet* — **صرف‌نظر کردن**
Wenn wir das Auto kaufen, müssen wir auf die Reise verzichten. — اگر ماشین را بخریم، باید از مسافرت صرف‌نظر کنیم.

2.6 Geben und Nehmen — داد و ستد

2001-4000

0490	**abgeben** ['apge:b(ə)n] *V/t., + Präp. (an, bei, in), gab ab, hat abgegeben* Bitte geben Sie den Brief an der Rezeption ab.	**تحویل دادن** لطفاً نامه را به پذیرش تحویل دهید.
0491	**abgeben** *V/t., + Präp. (von)* Kannst du mir von den Broten eines abgeben?	**دادن** می‌توانی یکی از آن نان‌ها به من بدهی؟
0492	**aufteilen** ['auftail(ə)n] *V/t., + Präp. (unter, auf), teilte auf, hat aufgeteilt* Das Geld wurde aufgeteilt.	**تقسیم کردن** پول تقسیم شد.
0493	**benötigen** [bə'nø:tig(ə)n] *V/t., benötigte, hat benötigt* Der Kranke benötigt Ruhe.	**احتیاج داشتن، نیاز داشتن** بیمار به آرامش نیاز دارد.
0494	**kriegen** ['kri:g(ə)n] *V/t., kriegte, hat gekriegt* Das Gehalt kriegen Sie am Monatsende.	**دریافت کردن، گرفتن** حقوق‌اتان را آخر ماه می گیرید.
0495	**reichen** ['raiç(ə)n] *V/t., i., reichte, hat gereicht* Kannst du mir bitte die Butter reichen? Das Brot reicht nicht.	**دادن؛ کافی بودن** می‌توانی لطفاً کره را به من بدهی؟ نان کافی نیست.
0496	**übergeben** [y:bə*'ge:b(ə)n] *V/t., übergab, hat übergeben* Sie übergab ihm die Blumen.	**دادن** گل‌ها را به او داد.
0497	**überlassen** [y:bə*'las(ə)n] *V/t., überließ, hat überlassen* Sie hat mir das Radio für 50,- € überlassen.	**(تحویل) دادن** رادیو را به‌قیمت ۵۰ یورو به من (تحویل) داد.
0498	**übernehmen** [y:bə*'ne:mən] *V/t., übernahm, hat übernommen* Kannst du meine Arbeit übernehmen? Ich muss heute früher gehen.	**انجام دادن، برعهده گرفتن** می‌توانی کار مرا انجام بدهی؟ امروز باید زود بروم.

2.6 Geben und Nehmen داد و ستد

0499 **überreichen** [y:bə*'raiç(ə)n] *V/t., überreichte, hat überreicht*
Dem Sieger wurde ein Pokal überreicht.

اعطا کردن
جام به برنده اعطا شد.

0500 **umtauschen** ['umtauʃ(ə)n] *V/t., tauschte um, hat umgetauscht*
Kann ich die Ware umtauschen?

تعویض کردن
می‌توانم کالا را تعویض کنم؟

0501 **verleihen** [fɛə*'lai(ə)n] *V/t., + Pärp. (an), verlieh, hat verliehen*
Mein Auto verleihe ich an niemanden.

قرض دادن، امانت دادن
ماشینم را به کسی امانت نمی‌دهم.

0502 **verweigern** [fɛə*'vaigə*n] *V/t., verweigerte, hat verweigert*
Sie verweigerte die Antwort.

خودداری کردن
از دادن پاسخ خودداری کرد.

0503 **wegnehmen** ['vɛkne:mən] *V/t., nahm weg, hat weggenommen*
Hast du meinen Kugelschreiber weggenommen?

برداشتن
خودکارم را تو برداشته‌ای؟

0504 **zurückgeben** [tsu'rykge:b(ə)n] *V/t., gab zurück, hat zurückgegeben*
Du kannst mein Fahrrad haben, aber du musst es mir morgen zurückgeben.

پس دادن
می‌توانی دوچرخه‌ام را برداری، ولی فردا باید آن را به من پس بدهی.

2.7 Umgang mit Dingen und Lebewesen — رفتار با اشیا و جانداران

1-2000

0505 **abmachen** ['apmax(ə)n] *V/t., machte ab, hat abgemacht* — **برداشتن**
Bitte machen Sie das Preisschild ab! — لطفاً برچسب قیمت را بردارید!

0506 **ändern** ['ɛndə*n] *V/t., refl., änderte, hat geändert* — **تغییر کردن**
Das Gesetz wurde geändert. — قانون تغییر پیدا کرد.
Meine Adresse hat sich geändert. — نشانی من تغییر کرده است.

0507 **Änderung** ['ɛndəruŋ] *f, -, -en* — **تغییر**
Mit der Änderung des Vertrags war sie einverstanden. — با تغییر قرارداد موافق بود.

0508 **anwenden** ['anvɛnd(ə)n] *V/t., wendete an, hat angewendet* — **به‌کار بردن**
Weißt du, wie man dieses Mittel anwendet? — می‌دانی این وسیله را چطور به‌کار می‌برند؟

0509 **aufhalten** ['aufhalt(ə)n] *V/t., hielt auf, hat aufgehalten* — **باز نگه‌داشتن، باز کردن**
Sie hielt der Kundin die Tür auf. — در را برای مشتری باز کرد.

0510 **aufhören** ['aufhø:rən] *V/t., + Präp. (mit), hörte auf, hat aufgehört.* — **دست کشیدن**
Wann hörst du mit der Arbeit auf? — کی از کار دست می‌کشی؟

0511 **aufräumen** ['aufrɔimən] *V/t., räumte auf, hat aufgeräumt* — **نظافت کردن**
Der Keller muss unbedingt aufgeräumt werden. — زیرزمین حتماً باید نظافت شود.

0512 **benutzen** [bə'nuts(ə)n] *V/t., benutzte, hat benutzt* — **استفاده کردن**
Darf ich mal Ihr Telefon benutzen? — می‌توانم از تلفن شما استفاده کنم؟

0513 **bereit (sein)** [bə'rait] *Adj., keine Komp.* — **آماده**
Bist du bereit mitzumachen? — برای همکاری آماده‌ای؟

0514 **berühren** [bə'ry:rən] *V/t., berührte, hat berührt* — **دست زدن**
Sie dürfen das Bild ansehen, aber nicht berühren. — می‌توانید تصویر را تماشا کنید، ولی اجازه ندارید به آن دست بزنید.

0515 **biegen** ['bi:g(ə)n] *V/t., bog, hat gebogen* — **خم کردن**

Wenn du den Ast noch mehr biegst, bricht er ab. — اگر شاخه را بیشتر خم کنی، می‌شکند.

0516 **brechen** ['brɛç(ə)n] *V/t., i., brach, hat/ist gebrochen* — **شکستن**

Er hat die Schokolade in vier Teile gebrochen. — شکلات را به چهار بخش شکست.

Das Bein ist gebrochen. — پا شکسته است.

0517 **drücken** ['dryk(ə)n] *V/t., i.+ Präp. (auf), drückte, hat gedrückt* — **فشار دادن**

Die Maschine stoppt, wenn man (auf) diesen Knopf drückt. — اگر این دکمه را فشار بدهی، ماشین متوقف می‌شود.

0518 **dulden** ['duld(ə)n] *V/t., duldete, hat geduldet* — **تحمل کردن**

Er duldet es nicht, dass jemand seinen Schreibtisch aufräumt. — تحمل نمی‌کند کسی میز تحریرش را نظافت کند.

0519 **durcheinander** [durçai'nandə*] *Adv.* — **درهم و برهم**

Warum sind die ganzen Kleider durcheinander? — چرا همه‌ی لباس‌ها درهم و برهم است؟

0520 **ersetzen** [ɛə*'zɛts(ə)n] *V/t., ersetzte, hat ersetzt* — **جایگزین کردن؛ جبران کردن**

Leder ist durch kein anderes Material zu ersetzen. — هیچ ماده‌ای را نمی‌توان جایگزین چرم کرد.

Die Versicherung wird den Schaden ersetzen. — بیمه، خسارت‌ها را جبران خواهد کرد.

0521 **fangen** ['faŋən] *V/t., fing, hat gefangen* — **گرفتن**

Sie hat gestern drei Fische gefangen. — دیروز سه ماهی گرفت.

Er fing den Ball mit einer Hand. — توپ را با یک دست گرفت.

0522 **fassen** ['fas(ə)n] *V/t., i., fasste, hat gefasst* — **گرفتن؛ گنجایش داشتن**

Sie fasste das Kind fest an der Hand. — دست بچه را محکم گرفت.

Der Tank fasst über 80 Liter. — مخزن بیش از ۸۰ لیتر گنجایش دارد.

0523 **festhalten** ['fɛsthalt(ə)n] *V/t., i., + Präp. (an), refl. hielt, hat gehalten* — **نگه داشتن؛ پایبند ماندن**

Bitte halten Sie Ihren Hund fest! — لطفاً سگ خود را نگه دارید!

Sie hielt an ihrem Plan fest. — به طرحش پایبند است.

Bitte halten Sie sich während der Fahrt gut fest. — لطفاً هنگام حرکت، خود را خوب نگه دارید.

0524 **finden** ['find(ə)n] *V/t., fand, hat gefunden* — **پیدا کردن**

Ich kann meine Autoschlüssel nicht finden. — نمی‌توانم کلیدهای اتومبیلم را پیدا کنم.

0525 **führen** ['fy:rən] *V/t., führte, hat geführt* — **بردن؛ اداره کردن**

Morgen führe ich dich durch die Stadt und zeige dir alles. — فردا تو را به شهر می‌برم و همه چیز را به تو نشان می‌دهم.

Seit dem Tode seiner Frau führt er die Firma allein. — از زمان مرگ همسرش، به‌تنهایی شرکت را اداره می کند.

0526 **Führung** ['fy:ruŋ] *f, -, -en* — **تور؛ مدیریت**

Um 14.00 Uhr gibt es eine Führung durch das Schloss. — ساعت ۱۴ توری در داخل قصر انجام می‌شود.

Er alleine ist für die Führung des Geschäfts verantwortlich. — او به‌تنهایی مسئول اداره‌ی شرکت است.

0527 **füllen** ['fylən] *V/t., füllte, hat gefüllt* — **پر کردن**

Er füllte die Gläser mit Saft. — لیوان‌ها را با آب‌میوه پر کرد.

0528 **gebrauchen** [gə'braux(ə)n] *V/t., + Präp. (für), gebrauchte, hat gebraucht* — **استفاده کردن**

Wofür gebraucht man das Werkzeug? — از این ابزار برای چه کاری استفاده می‌شود؟

0529 **Gebrauch** [gə'braux] *m, -s, kein Pl.* — **استفاده**

Vor dem Gebrauch muss die Flasche geschüttelt werden. — پیش از استفاده باید بطری را تکان داد.

0530 **Gewohnheit** [gə'vo:nhait] *f, -, -en* — **عادت**

Unsere Katze hat die Gewohnheit, im Bücherregal zu schlafen. — گربه‌ی ما عادت دارد در قفسه‌ی کتاب بخوابد.

0531 **gießen** ['gi:s(ə)n] *V/t., goss, hat gegossen* — **آب دادن**

Die Blumen müssen dringend gegossen werden. — باید فوراً به گل‌ها آب داد.

0532 **graben** ['gra:b(ə)n] *V/t., i., grub, hat gegraben*

Er ist im Garten und gräbt Löcher für die neuen Bäume.

کندن

او در باغ است و برای درخت‌های جدید، گودال می‌کند.

0533 **halten** ['halt(ə)n] *V/t., hielt, hat gehalten*

Kannst du bitte kurz die Tasche halten? Ich möchte meine Jacke ausziehen.

نگه داشتن

می‌توانی یک لحظه کیف را نگه داری؟ می‌خواهم ژاکتم را دربیاورم.

0534 **heben** ['he:b(ə)n] *V/t., hob, hat gehoben*

Er hob das Kind auf seinen Arm.

بالا بردن

بچه را روی دستش بالا گرفت.

0535 **hindern** ['hındə*n] *V/t., + Präp. (an), hinderte, hat gehindert*

Ich konnte ihn nicht hindern, den Teppich zu kaufen.

جلوی ... گرفتن، جلوگیری کردن، مانع شدن

نتوانستم جلوی او را بگیرم تا قالی را نخرد.

0536 **kaputt** [ka'put] *Adj., -er, am -esten*

Das Türschloss ist kaputt.

خراب

قفل در خراب است.

0537 **kleben** ['kle:b(ə)n] *V/t., i., klebte, hat geklebt*

Vergiss nicht, eine Briefmarke auf die Karte zu kleben.

Die Briefmarke klebt nicht richtig.

چسباندن؛ چسبیدن

فراموش نکن روی کارت (پستال) تمبر بچسبانی.

تمبر درست نمی‌چسبد.

0538 **Kontrolle** [kɔn'trɔlə] *f, -, -n*

Fahr langsamer! Hier gibt es oft Geschwindigkeitskontrollen.

کنترل، نظارت

آرام‌تر رانندگی کن! اینجا اغلب کنترل سرعت است.

0539 **kratzen** ['krats(ə)n] *V/t., i., refl., + Präp. (an), kratzte, hat gekratzt*

Au, die Katze hat mich gekratzt.

Ich habe mich an einem alten Nagel gekratzt.

پنجول کشیدن؛ خراشیدن

آخ، گربه مرا پنجول کشید.

میخی قدیمی پوست مرا خراشید.

0540 **kümmern** ['kymə*n] *V/refl., + Präp. (um), kümmerte, hat gekümmert*

Ich kümmere mich um die Heizung, damit sie richtig funktioniert.

نگهداری کردن

از شوفاژ نگهداری می‌کنم تا درست کار کند.

2.7 Umgang mit Dingen und Lebewesen — رفتار با اشیا و جانداران

0541 **kürzen** ['kyrts(ə)n] *V/t., kürzte, hat gekürzt* — **کوتاه کردن**

Der Rock muss gekürzt werden — دامن باید کوتاه شود.

0542 **lassen** ['las(ə)n] *V/t., i., Mod. V., refl., ließ, hat gelassen* — **رها کردن؛ گذاشتن؛ دادن**

Lass das! Ich mag das nicht. — ولش کن! دوستش ندارم.

Er wurde nicht in Ruhe gelassen. — او را آرام نگذاشتند.

Lass mir das Bild, dann gebe ich dir das andere. — عکس را به من بده، تا عکس دیگری به تو بدهم.

Ich habe die Maschine reparieren lassen. — اتومبیل را دادم تعمیر کنند.

Die Sachen lassen sich verbrennen. — این مواد، سوختنی است.

0543 **legen** ['le:g(ə)n] *V/t., refl., legte, hat gelegt* — **گذاشتن؛ دراز کشیدن**

Ich habe die Post auf den Schreibtisch gelegt. — نامه‌ها را روی میز تحریر گذاشتم.

Der Hund legte sich unter den Tisch. — سگ زیر میز دراز کشید.

0544 **leihen** ['lai(ə)n] *V/t., i., lieh, hat geliehen* — **قرض دادن؛ قرض گرفتن**

Ich habe dem Nachbarn die Bohrmaschine geliehen. — مته‌ی برقی را به همسایه قرض داده‌ام.

Ich habe mir eine Bohrmaschine (aus)geliehen. — مته‌ی برقی را قرض گرفته‌ام.

0545 **leiten** ['lait(ə)n] *V/t., leitete, hat geleitet* — **مدیریت کردن؛ بردن**

Frau Jensch leitet diese Abteilung. — خانم ینش این بخش را مدیریت می‌کند.

Die Autos wurden über eine Hilfsbrücke geleitet. — اتومبیل‌ها را از طریق یک پل موقت برده‌اند.

0546 **mahlen** ['ma:l(ə)n] *V/t., mahlte, hat gemahlt* — **آسیاب کردن**

Du must erst Kaffee mahlen. — اول باید قهوه را آسیاب کنی.

0547 **mischen** ['miʃ(ə)n] *V/t., mischte, hat gemischt* — **مخلوط کردن**

Ich mische den Saft immer mit etwas Wasser. — همیشه آب‌میوه را با کمی آب مخلوط می‌کنم.

2.7 Umgang mit Dingen und Lebewesen — رفتار با اشیا و جانداران

0548 **öffnen** ['œfnən] *V/t. i., refl., öffnete, hat geöffnet* — **باز کردن**
Öffne bitte die Dose! — لطفاً قوطی را باز کن!
Wann öffnet die Post? — پستخانه کی باز می‌شود؟
Die Tür öffnet sich automatisch. — در، خودکار باز می‌شود.

0549 **pflegen** ['pfle:g(ə)n] *V/t., pflegte, hat gepflegt* — **پرستاری کردن؛ نگهداری کردن**
Wer pflegt euren kranken Vater? — از پدر بیمار شما چه کسی پرستاری می کند؟
Den Garten pflegt meine Frau. — زنم از باغ نگهداری می کند.

0550 **Pflege** ['pfle:gə] *f, -, kein Pl.* — **نگهداری**
Die Pflege des Gartens kostet viel Zeit. — نگهداری از باغ خیلی وقت می گیرد.

0551 **prüfen** ['pry:f(ə)n] *V/t., prüfte, hat geprüft* — **بررسی کردن**
Hast du die Rechnung geprüft? — صورت‌حساب را بررسی کردی؟

0552 **reiben** ['raib(ə)n] *V/t., refl., rieb, hat gerieben* — **رنده کردن؛ مالیدن**
Die Kartoffeln müssen gerieben werden. — سیب‌زمینی‌ها باید رنده شوند.
Der Hund reibt sich sein Fell am Baum — سگ پوستش را به درخت می‌مالد.

0553 **sammeln** ['zam(ə)ln] *V/t., sammelte, hat gesammelt* — **جمع کردن**
Die Pilze habe ich im Wald gesammelt. — قارچ‌ها را در جنگل جمع کردم.
Er sammelt Briefmarken. — تمبر جمع می کند.

0554 **Sammlung** ['zamluŋ] *f, -, -en* — **مجموعه**
Er besitzt eine wertvolle Bildersammlung. — مجموعه تصاویر ارزشمندی دارد.

0555 **schaffen** ['ʃaf(ə)n] *V/t., schaffte, hat geschafft* — **انجام دادن**
Heute haben wir fast alles geschafft. — امروز تقریباً همه‌ی کارها را انجام دادیم.

0556 **schlagen** ['ʃla:g(ə)n] *V/t., i., refl., schlug, hat geschlagen* — **بستن؛ ضربه زدن؛ کتک‌کاری کردن**
Sie schlug die Tür zu und ging. — در را بست و رفت.
Er schlug mit der Faust gegen die Tür. — با مشت بر در کوبید.
Die Kinder schlugen sich. — بچه‌ها باهم کتک‌کاری کردند.

2.7 Umgang mit Dingen und Lebewesen — رفتار با اشیا و جانداران

0557 **schließen** ['ʃli:s(ə)n] *V/t., i., refl., schloss, hat geschlossen*	**بستن؛ بسته شدن**
Bitte schließen Sie die Tür!	لطفاً در را ببند!
Die Tür schließt schlecht.	در بد بسته می‌شود.
Die Geschäfte schließen um 18.30 Uhr.	مغازه‌ها ساعت ۱۸/۳۰ می‌بندند.
Abends schließen sich die Blüten dieser Blume.	شب‌ها، گل‌های این گیاه بسته می‌شوند.
0558 **schneiden** ['ʃnaid(ə)n] *V/t., i., refl., schnitt, hat geschnitten*	**بریدن**
Soll ich den Käse schneiden?	پنیر را ببرم؟
Die Schere schneidet gut.	قیچی خوب می‌برد.
Ich habe mich (mir) in den Finger geschnitten.	انگشتم را بریدم.
0559 **schützen** ['ʃyts(ə)n] *V/t., i., refl., + Präp. (vor, gegen)*	**محافظت کردن؛ محافظ بودن**
Du musst dich besser vor Erkältung schützen.	باید در برابر سرماخوردگی بهتر از خودت محافظت کنی.
Die Jacke schützt (mich) gut vor Wind.	ژاکت محافظ خوبی در برابر باد است.
0560 **Schwierigkeit** ['ʃvi:riçkait] *f, -, -en*	**مشکل**
Es gibt noch Schwierigkeiten, aber wir schaffen es trotzdem.	هنوز مشکلاتی وجود دارد، ولی به هر حال از عهده‌اش برمی‌آییم.
0561 **stechen** ['ʃtɛç(ə)n] *V/t., i., stach, hat gestochen*	**نیش زدن؛ گزیدن**
Ich bin von einer Biene gestochen worden.	زنبوری مرا نیش زد.
Vorsicht, die Pflanze sticht!	مراقب باشید، این گیاه می‌گزد!
0562 **stecken** ['ʃtɛk(ə)n] *V/t., + Präp. (in, an, auf) steckte, hat gesteckt*	**گذاشتن**
Den Ausweis habe ich in deine Handtasche gesteckt.	کارت شناسایی را در کیفت گذاشتم.
0563 **stören** ['ʃtø:rən] *V/t., störte, hat gestört*	**مزاحم شدن**
Sie wurde dauernd durch das Telefon gestört.	تماس‌های تلفنی دائم مزاحم او می‌شد.

2.7 Umgang mit Dingen und Lebewesen — رفتار با اشیا و جانداران

0564 **stoßen** ['ʃtoːs(ə)n] *V/t., i., refl., stieß, hat gestoßen* — **ضربه زدن؛ برخورد کردن؛ ضرب دیدن**

Sie stieß ihn in den Rücken. — به پشت او ضربه‌ای زد.

Ich bin mit dem Kopf gegen eine Glastür gestoßen. — با سر به در شیشه‌ای برخورد کردم.

Ich habe mich am Knie gestoßen. — زانویم ضرب دید.

0565 **suchen** ['zuːx(ə)n] *V/t., suchte, hat gesucht* — **گشتن**

Sie sucht eine neue Stelle. — دنبال کار جدیدی می‌گردد.

Ich suche meine Brille. Hast du sie gesehen? — دنبال عینکم می‌گردم. آن را ندیدی؟

0566 **Suche** ['zuːxə] *f, -, kein Pl.* — **جست‌وجو**

Die Suche nach einem Hotelzimmer kostete uns zwei Stunden. — جست‌وجو برای اتاق هتل، دو ساعت وقت ما را گرفت.

0567 **treffen** ['trɛf(ə)n] *V/t., i., rzp., traf, hat getroffen* — **ضربه خوردن؛ ملاقات کردن؛ دیدن**

Er wurde von einem Schlag ins Gesicht getroffen. — ضربه‌ای به صورتش خورد.

Ich treffe Uwe morgen. — فردا اُوه را ملاقات می‌کنم.

Wir treffen uns jeden Tag. — هرروز همدیگر را می‌بینیم.

0568 **trennen** ['trɛnən] *V/t., refl., rzp., trennte, hat getrennt* — **جدا کردن؛ جدا شدن**

Der Fluss trennt die beiden Länder. — رودخانه، دو کشور را جدا می‌کند.

Es ist besser, wenn wir uns trennen. — بهتر است از هم جدا شویم.

Sie haben sich vor kurzem getrennt. — به‌تازگی از هم جدا شده‌اند.

0569 **verändern** [fɛə*'ɛndə*n] *V/t., refl.* — **تغییر دادن؛ تغییر کردن**

Sie haben die ganze Wohnung verändert und neu eingeräumt. — همه‌ی آپارتمان را تغییر دادند و دوباره مرتب کردند.

Er hat sich stark verändert. — خیلی تغییر کرده است.

0570 **Verantwortung** [fɛə*'antvɔrtuŋ] *f, -, kein Pl.* — **مسئولیت**

Sie allein(e) haben die Verantwortung für die Entscheidung. — شما به‌تنهایی مسئول این تصمیم هستید.

0571 **verhindern** [fɛə*'hinɛndə*n] *V/t., verhinderte, hat verhindert* — **جلوگیری کردن**

Den Streit konnte ich nicht verhindern. — نتوانستم از دعوا جلوگیری کنم.

2.7 Umgang mit Dingen und Lebewesen — رفتار با اشیا و جانداران

0572	**verlieren** [fɛə*'li:rən] *V/t., verlor, hat verloren* Er hat seine Kreditkarte verloren.	**گم کردن** کارت اعتباری خود را گم کرده است.
0573	**versorgen** [fɛə*'zɔr(ə)n] *V/t., versorgte, hat versorgt* Mein Mann ist im Stall und versorgt die Tiere.	**مراقبت کردن** شوهرم در اصطبل است و از حیوانات مراقبت می‌کند.
0574	**versprechen** [fɛə*'ʃprɛç(ə)n] *V/t., versprach, hat versprochen* Mir wurde ein höherer Lohn versprochen.	**قول دادن** به من قول حقوق بالاتر دادند.
0575	**Versprechen** [fɛə*'ʃprɛç(ə)n] *n, -s, -* Er gab mir das Versprechen, niemandem etwas zu erzählen.	**قول** به من قول داد به هیچ کس نگوید.
0576	**verstecken** [fɛə*'ʃtɛk(ə)n] *V/t., i., refl., + Präp. (vor, bei, in, u.a.), versteckte, hat versteckt* Die Schokolade habe ich vor den Kindern versteckt. Die Katze hat sich auf dem Dachboden versteckt.	**قایم کردن؛ پنهان شدن** شکلات را از دست بچه‌ها قایم کردم. گربه خودش را در اتاق زیرشیروانی پنهان کرد.
0577	**verwenden** [fɛə*'vɛnd(ə)n] *V/t., verwendete, hat verwendet* Den Rest des Fleisches verwende ich für das Abendessen.	**استفاده کردن** باقیمانده‌ی گوشت را برای شام استفاده می‌کنم.
0578	**Verwendung** [fɛə*'vɛnduŋ] *f, -, -en* Möchtest du das alte Geschirr haben? Ich habe keine Verwendung mehr dafür.	**استفاده** این ظرف‌ها را می‌خواهی؟ دیگر هیچ استفاده‌ای برای من ندارند.
0579	**vorbereiten** ['fo:ə*bərait(ə)n] *V/t., refl., + Präp. (auf), bereitete vor, hat vorbereitet* Die Arbeiten müssen gut vorbereitet werden. Er hat sich gut auf die Prüfung vorbereitet.	**تدارک کردن؛ آماده کردن** تدارک کارها باید خوب داده شود. خودش را برای امتحان، خوب آماده کرده است.
0580	**Vorbereitung** ['fo:ə*bəraituŋ] *f, -, -en* Die Vorbereitung für das Fest dauerte drei Tage.	**تدارک** تدارک جشن، سه روز طول کشید.

0581 **Vorsicht** [fo:ə*ziçt] *f, -, kein Pl.* — **توجه، هشدار، احتیاط، مراقبت**

Vorsicht! Die Leiter steht nicht fest. — مراقب باشید! نردبان محکم نیست.

0582 **vorsichtig** [fo:ə*ziçtiç°] *Adj.* — **مراقب**

Wenn Sie vorsichtig sind, kann Ihnen nichts passieren. — اگر مراقب باشید، هیچ اتفاقی برای شما نمی‌افتد.

0583 **warnen** ['varnən] *V/t., warnte, hat gewarnt* — **هشدار دادن**

Ich habe ihn vor Dieben gewarnt, aber er war trotzdem unvorsichtig. — درباره‌ی دزدها به او هشدار دادم، با همه‌ی اینها بی‌مبالات بود.

0584 **Warnung** ['varnuŋ] *f, -, -en* — **هشدار**

Im Radio habe ich eine Sturmwarnung gehört. — هشدار طوفان را از رادیو شنیدم.

0585 **wechseln** ['vɛks(ə)ln] *V/t., i., wechselte, hat gewechselt* — **تعویض کردن؛ تغییر کردن؛ خُرد کردن**

Bei dieser Lampe muss die Glühbirne gewechselt werden. — لامپ این چراغ باید تعویض شود.

Das Wetter wechselt ständig. — (وضعیت) هوا دایم تغییر می کند.

Könnten Sie mir 100,- € wechseln? — می‌توانی ۱۰۰ یورو را برای من خرد کنید؟

0586 **wickeln** ['vik(ə)ln] *V/t., refl., wickelte, hat gewickelt* — **عوض کردن؛ پیچیدن**

Ich muss das Baby noch wickeln. — باید زیر بچه را عوض کنم.

Er wickelt sich einen dicken Schal um den Hals. — شال کلفتی دور گردنش پیچید.

0587 **wiegen** ['vi:g(ə)n] *V/t., i., wog, hat gewogen* — **وزن کردن؛ وزن داشتن**

Hast du den Koffer gewogen? — چمدان را وزن کردی؟

Ich bin 1,65 m groß und wiege 55 Kilogramm. — ۱/۶۵ متر قد و ۵۵ کیلو وزن دارم.

0588 **ziehen** ['tsi:(ə)n] *V/t., i., zog, hat (ist) gezogen* — **کشیدن**

Der Wagen wurde von zwei Pferden gezogen. — ارابه را دو اسب کشیدند.

0589 **zumachen** ['tsu:ma:x(ə)n] *V/t., i., machte zu, hat zugemacht* — **بستن**

Mach bitte das Fenster zu! — لطفاً پنجره را ببند!

Beeil dich, die Geschäfte machen bald zu! — عجله کن، مغازه‌ها الآن می‌بندند!

2.7 Umgang mit Dingen und Lebewesen — رفتار با اشیا و جانداران

2001-4000

0590 **abschalten** ['apʃalt(ə)n] *V/t., schaltete ab, hat abgeschaltet* — **قطع کردن**
Die Elektriker haben den Strom abgeschaltet. — برقکارها برق را قطع کردند.

0591 **abschneiden** ['apʃnaid(ə)n] *V/t., + Präp. (von), schnitt ab, hat abgeschnitten* — **بریدن**
Wenn die Jeans zu lang sind, kannst du sie unten abschneiden. — اگر شلوار جین بلند است، می‌توانی آن را از پایین کوتاه کنی.

0592 **anschalten** ['anʃalt(ə)n] *V/t., schaltete an, hat angeschaltet* — **روشن کردن**
Hast du den Backofen schon angeschaltet? — فر را روشن کرده‌ای؟

0593 **anzünden** ['antsynd(ə)n] *V/t., zündete an, hat angezündet* — **آتش زدن**
Die Leute glauben, dass er sein Haus selbst angezündet hat. — مردم فکر می‌کنند خودش خانه‌اش را آتش زده است.

0594 **aufbauen** ['aufbau(ə)n] *V/t., baute auf, hat aufgebaut* — **ساختن**
Das Rathaus wurde nach dem Krieg neu aufgebaut. — ساختمان شهرداری پس از جنگ دوباره ساخته شد.

0595 **aufgeben** ['aufge:b(ə)n] *V/t., i., gab auf, hat aufgegeben* — **تحویل دادن؛ انصراف دادن**
Gib bitte den Brief bei der Post auf! — لطفاً نامه را به پست تحویل بده!
Der Läufer gab erschöpft auf. — دونده، کاملاً خسته انصراف داد.

0596 **aufheben** ['aufhe:b(ə)n] *V/t., hob auf, hat aufgehoben* — **نگه داشتن؛ برداشتن**
Die Rechnungen müssen 10 Jahre aufgehoben werden. — صورت‌حساب‌ها باید ۱۰ سال نگه داشته شوند.
Er hob seinen Mantel vom Boden auf. — پالتویش را از زمین برداشت.

0597 **aufmachen** ['aufmax(ə)n] *V/t, i., machte auf, hat aufgemacht* — **باز کردن**
Machst du bitte die Flasche auf? — می‌شود لطفاً بطری را باز کنی؟
Wann macht der Supermarkt auf? — سوپرمارکت کی باز می‌شود؟

0598 **aufstellen** ['aufʃtɛl(ə)n] *V/t., stellte auf, hat aufgestellt*
چیدن؛ برپا کردن
Die Stühle sollen in einer Reihe aufgestellt werden.
صندلی‌ها باید در یک ردیف چیده شود.
Wir hatten das Zelt direkt am Strand aufgestellt.
چادر را درست کنار ساحل برپا کردیم.

0599 **auseinandernehmen** [ausai'nandə*ne:mən] *V/t., nahm auseinander, hat auseinandergenommen*
(از هم) باز کردن
Den Schrank kann man ganz auseinandernehmen.
گنجه باید کاملاً از هم باز شود.

0600 **ausschalten** ['ausʃalt(ə)n] *V/t., schaltete aus, hat ausgeschaltet*
خاموش کردن؛ بستن
Hast du die Heizung ausgeschaltet?
شوفاژ را خاموش کردی؟

0601 **beaufsichtigen** [bə'aufziçtig(ə)n] *V/t., beaufsichtigte, hat beaufsichtigt*
مراقبت کردن، نگهداری کردن
Die Kinder werden morgens von ihrer Oma beaufsichtigt.
صبح‌ها مادربزرگ از بچه‌ها مراقبت می‌کند.

0602 **bedecken** [bə'dɛk(ə)n] *V/t., bedeckte, hat bedeckt*
پوشاندن
Das Tischtuch bedeckt nicht den ganzen Tisch.
رومیزی، همه‌ی میز را نمی‌پوشاند.

0603 **befestigen** [bə'fɛstig(ə)n] *V/t., befestigte, hat befestigt*
متصل کردن، وصل کردن
An dieser Wand lässt sich kein Regal befestigen.
به این دیوار نمی‌توان هیچ قفسه‌ای وصل کرد.

0604 **beherrschen** [bəhɛrʃ(ə)n] *V/t., refl., beherrschte, hat beherrscht*
حکومت کردن؛ بلد بودن؛ بر خود مسلط بودن
Das Land wird von einem König beherrscht.
پادشاهی بر این کشور حکومت می‌کند.
Welche Fremdsprachen beherrschen Sie?
کدام زبان‌های خارجی را خوب بلدید؟
Bitte bleib ruhig und beherrsch dich!
لطفاً آرام بمان و بر خودت مسلط باش!

0605 **berücksichtigen** [bə'rykziçtig(ə)n] *V/t., berücksichtigte, hat berücksichtigt*
درنظر داشتن، توجه داشتن
Sie braucht noch viel Ruhe. Man muss berücksichtigen, dass sie sehr krank war.
هنوز به آرامش زیادی احتیاج دارد. باید درنظر داشت که خیلی بیمار بود.

2.7 Umgang mit Dingen und Lebewesen — رفتار با اشیا و جانداران

0606 **Berührung** [bə'ry:uŋ] *f, -, -en* — **تماس**

Er hat seine Hand verbrannt. Jede Berührung tut weh.

دستش سوخته است. با کوچک‌ترین تماسی دردش می‌آید.

0607 **beschädigen** [bə'ʃɛ:dig(ə)n] *V/t., beschädigte, hat beschädigt* — **خسارت زدن**

Das Tor ist beschädigt worden.

درِ حیاط خسارت دیده است.

0608 **beseitigen** [bə'zaitig(ə)n] *V/t., beseitigte, hat beseitigt* — **جمع کردن؛ پاک کردن**

Nach dem Picknick haben wir alle Abfälle beseitigt.

بعد از پیک‌نیک، همه‌ی زباله‌ها را جمع کردیم.

0609 **betreuen** [bə'trɔi(ə)n] *V/t., betreute, hat betreut* — **رسیدگی کردن**

Meine Mutter betreut unser Haus, wenn wir längere Zeit nicht da sind.

هر وقت مدتی از خانه بیرون هستیم، مادرم به خانه‌ی ما رسیدگی می کند.

0610 **bewähren** [bə'vɛ:r(ə)n] *V/refl., bewährte, hat bewährt* — **باارزش بودن**

Unsere Waschmaschine hat sich bewährt, sie ist schon 12 Jahre alt und läuft noch gut.

ماشین لباسشویی ما باارزش است؛ ۱۲ سال از خریدش می گذرد و هنوز خوب کار می‌کند.

0611 **bilden** ['bild(ə)n] *V/t., refl., bildete, hat gebildet* — **درست کردن؛ درست شدن، ایجاد شدن**

Die Kinder bildeten einen Kreis.

بچه‌ها دایره‌ای درست کردند.

Auf dem Wasser bildete sich verdächtiger Schaum.

روی آب، کفی مشکوک ایجاد شد.

0612 **blasen** ['blaz(ə)n] *V/t., i., blies, hat geblasen* — **دمیدن؛ برخورد کردن**

Die Maschine bläst frische Luft in den Tunnel.

ماشین هوای تازه را به تونل می‌دمد.

Der Wind bläst mir ins Gesicht.

باد به صورتم می‌خورد.

0613 **einbeziehen** ['ainbətsi:(ə)n] *V/t., + Präp. (in), bezog ein, hat einbezogen* — **شرکت دادن**

Das Problem lässt sich nur gemeinsam lösen, deshalb müssen alle in die Diskussion einbezogen werden.

مسئله را فقط باهم می‌توان حل کرد؛ بنابراین، همه را باید در بحث وارد کرد.

0614 **einschalten** ['ainʃalt(ə)n] *V/t., schaltete ein, hat eingeschaltet* — **روشن کردن**

Wer hat das Radio eingeschaltet?

چه کسی رادیو را روشن کرده است؟

0615 **entfernen** [ɛnt'fɛrnən] *V/t., entfernte, hat entfernt* — **پاک کردن**
Diese Flecken lassen sich nicht entfernen. — این لکه‌ها را نمی‌شود پاک کرد.

0616 **enthalten** [ɛnt'halt(ə)n] *V/t., enthielt, hat enthalten* — **داشتن؛ شامل بودن**
Wie viel Stück enthält die Packung? — هر بسته چند قطعه دارد؟

0617 **erhöhen** [ɛə*'hø:(ə)n] *V/t, erhöhte, hat erhöht* — **افزایش دادن**
Die Postgebühren wurden erhöht. — هزینه‌های پست افزایش یافت.

0618 **Erhöhung** [ɛə*'hø:uŋ] *f, -, -en* — **افزایش**
Die Erhöhung der Benzinpreise wurde zurückgenommen. — افزایش قیمت بنزین منتفی شد.

0619 **ermöglichen** [ɛə*'mø:kliç(ə)n] *V/t., ermöglichte, hat ermöglicht* — **ممکن کردن**
Der neue Motor ermöglicht eine höhere Geschwindigkeit. — با موتور جدید، سرعت بالاتر ممکن می‌شود.

0620 **erreichen** [ɛə*'raiç(ə)n] *V/t., erreichte, hat erreicht* — **رسیدن؛ تماس گرفتن**
Das oberste Fach kann ich mit der Hand nicht erreichen. — دستم به قفسه‌ی بالایی نمی‌رسد.
Sie können mich unter dieser Nummer erreichen. — با این شماره می‌توانید با من تماس بگیرید.
Hast du erreicht, was du wolltest? — به آنچه می‌خواستی، رسیدی؟
Beeil dich, sonst erreichst du den Bus nicht mehr! — عجله کن، وگرنه به اتوبوس نمی‌رسی!

0621 **erwischen** [ɛə*'viʃ(ə)n] *V/t., erwischte, hat erwischt* — **گیر انداختن؛ رسیدن؛ گیر آوردن**
Der Dieb wurde erwischt. — دزد گیر افتاد.
Hast du den Zug noch erwischt? — به قطار رسیدی؟
Ich habe noch einen Pullover erwischt. Sonst waren fast alle verkauft. — یک پولیور گیر آوردم. بیشتر آنها قبلاً فروخته شده بود.

0622 **falten** ['falt(ə)n] *V/t., faltete, hat gefaltet* — **تا کردن**
Er faltete die Zeitung und steckte sie in seine Tasche. — روزنامه را تا کرد و در کیفش گذاشت.

0623 **festmachen** ['fɛstmax(ə)n] *V/t., machte fest, hat festgemacht* — **محکم کردن، ثابت کردن**
Die Bretter kann man so nicht festmachen. — تخته‌ها را نمی‌توان این جوری محکم کرد.

0624 **fördern** ['fœrdə*n] *V/t., förderte, hat gefördert* — **بالا بردن، افزایش دادن**
Durch mehr Werbung soll der Verkauf gefördert werden.
با تبلیغ بیشتر باید فروش را بالا برد.

0625 **Förderung** ['fœrdəruŋ] *f, -, kein Pl.* — **کمک، حمایت**
Es gibt an unserer Schule jetzt Kurse zur Förderung der schlechteren Schüler.
در مدرسه‌ی ما کلاس‌هایی برای کمک به شاگردان ضعیف وجود دارد.

0626 **Gestaltung** [gə'ʃtaltuŋ] *f, -, -en* — **طراحی، آرایش، چیدمان**
Die Gestaltung des Gartens ist wirklich schön.
طراحی باغ خیلی قشنگ است.

0627 **heimlich** ['haimliç°] *Adj.* — **پنهانی، مخفیانه**
Die Schüler rauchen heimlich auf den Toiletten.
دانش‌آموزان مخفیانه در توالت‌ها سیگار می‌کشند.

0628 **hinzufügen** [hin'tsu:fy:g(ə)n] *V/t., fügte hinzu, hat hinzugefügt* — **اضافه کردن، افزودن**
Die Soße schmeckt gut, vielleicht solltest du noch etwas Sahne hinzufügen.
سس خوشمزه است، شاید کمی خامه باید به آن اضافه کنی.

0629 **klopfen** ['klɔpf(ə)n] *V/t., klopfte, hat geklopft* — **در زدن**
Hörst du? Jemand klopft an die Tür.
شنیدی؟ کسی در می‌زند.

0630 **läuten** ['lɔit(ə)n] *V/i., läutete, hat geläutet* — **زنگ زدن**
Es läutet. Machst du bitte die Tür auf?
زنگ می‌زنند. لطفاً در را باز می‌کنی؟

0631 **lösen** ['lø:z(ə)n] *V/t., löste, hat gelöst* — **باز کردن**
Der Knoten ist zu fest, ich kann ihn nicht lösen.
گره خیلی محکم است؛ نمی‌توانم بازش کنم.

0632 **nachahmen** ['na:xa:mən] *V/t.* — **تقلید کردن**
Klaus kann gut malen. Auf einigen Bildern ahmt er van Gogh nach.
کلاوس بلد است خوب نقاشی کند. در چند تابلو از ون‌گوگ تقلید می‌کند.

0633 **nachgeben** ['na:xge:b(ə)n] *V/i., gab nach, hat nachgegeben* — **تسلیم شدن**
Sie verteidigte ihre Rechte und gab nicht nach.
از حقش دفاع کرد و تسلیم نشد.

0634 **nähen** ['nɛ:(ə)n] *V/t., nähte, hat genäht* — **دوختن**

Sie näht alle ihre Kleider selbst. — همه‌ی لباس‌هایش را خودش می‌دوزد.

0635 **regeln** ['re:g(ə)ln] *V/t., regelte, hat geregelt* — **سروسامان دادن، منظم کردن**

Diese Sache muss schnell geregelt werden. — این کار باید به‌سرعت سروسامان داده شود.

0636 **reißen** ['rais(ə)n] *V/t., i., + Präp. (an, um, weg, u.a.), riss, hat (ist) gerissen* — **کندن؛ پاره شدن؛ کشیدن و بردن**

Der Sturm riss das Zelt um. — طوفان چادر را کند.

Der Dieb hat ihr die Tasche weggerissen. — دزد کیف را کشید و برد.

Achtung, das Seil reißt! — مراقب باش، طناب دارد پاره می‌شود!

0637 **rühren** ['ry:rən] *V/t., rührte, hat gerührt* — **تکان دادن**

Vorsicht, die Farbe muss vor dem Gebrauch gut gerührt werden! — دقت کن، رنگ را باید قبل از استفاده خوب تکان داد!

0638 **sägen** ['zɛ:g(ə)n] *V/t., sägte, hat gesägt* — **بریدن**

Er hat das Holz mit der Hand gesägt, nicht mit der Maschine. — چوب را با دست برید، نه با دستگاه.

0639 **schimpfen** ['ʃimpf(ə)n] *V/i., + Präp. (auf, über), schimpfte, hat geschimpft* — **گله کردن**

Der Gast schimpfte über den schlechten Service im Restaurant. — مهمان از پذیرایی بد رستوران گله می کرد.

0640 **senken** ['zɛŋk(ə)n] *V/t., senkte, hat gesenkt* — **(به‌جایی) انداختن**

Der Kran senkte das Boot ins Wasser. — جرثقیل، قایق را به داخل آب انداخت.

0641 **steigern** ['ʃtaigə*n] *V/t., steigerte, hat gesteigert* — **زیاد کردن**

Der Zug steigerte seine Geschwindigkeit immer mehr. — قطار سرعتش را دائم زیادتر می کرد.

0642 **Störung** ['ʃtø:ruŋ] *f, -, -en* — **مزاحمت؛ اختلال**

Entschuldigen Sie bitte die Störung. — لطفاً مزاحمت را ببخشید!

Wegen einer Störung konnte er kein Fernsehbild empfangen. — به‌خاطر اختلال نتوانست تصویر تلویزیون را بگیرد.

0643 **streichen** ['ʃtraiç(ə)n] *V/t., strich, hat gestrichen* — **رنگ کردن**

Die Fenster müssen gestrichen werden. — پنجره‌ها را باید رنگ کرد.

0644 **stützen** ['ʃtyts(ə)n] *V/t., refl., + Präp. (auf), stützte, hat gestützt* — **محکم کردن؛ تکیه دادن**

Die Äste des Apfelbaumes müssen gestützt werden. — شاخه‌های درخت سیب باید محکم شوند.

Er stützt sich auf einen Stock. — به عصا تکیه می‌کند.

0645 **Trennung** ['trɛnuŋ] *f, -, -en* — **جدایی**

Die Trennung von seiner Familie machte ihn sehr traurig. — جدایی از خانواده‌اش او را خیلی غمگین کرد.

0646 **trocknen** ['trɔknən] *V/t., i., trocknete, hat getrocknet* — **خشک کردن؛ خشک شدن**

Du musst noch deine Haare trocknen. — هنوز باید موهایت را خشک کنی.

Die Farbe trocknet schnell. — رنگ، سریع خشک می‌شود.

0647 **überprüfen** [y:bə*'pry:f(ə)n] *V/t., überprüfte, hat überprüft* — **بررسی کردن**

Das kann nicht stimmen. Bitte überprüfen Sie die Rechnung noch einmal! — امکان ندارد درست باشد. لطفاً صورت‌حساب را دوباره بررسی کنید!

0648 **Überprüfung** [y:bə*'pry:fuŋ] *f, -, -en* — **بررسی**

Bei der Überprüfung der Rechnung wurden einige Fehler festgestellt. — هنگام بررسی صورت‌حساب، چند اشتباه پیدا شد.

0649 **überraschen** [y:bə*'raʃ(ə)n] *V/t., überraschte, hat überrascht* — **غافلگیر کردن**

Wir waren überrascht, dass wir nicht kontrolliert wurden. — از اینکه ما را بازرسی نکردند، غافلگیر شدیم.

Ich überraschte meine Tochter, als sie heimlich eine Zigarette rauchte. — دخترم را درحالی‌که داشت پنهانی سیگار می‌کشید، غافلگیر کردم.

0650 **Überraschung** [y:bə*'raʃuŋ] *f, -, -en* — **سورپریز، اتفاق غیرمنتظره**

Ich habe eine große Überraschung für dich. — سورپریز بزرگی برای شما دارم.

0651 **übersehen** [y:bə*'ze:(ə)n] *V/t., übersah, hat übersehen* — **ندیدن، نادیده گرفتن، غفلت کردن**

Du hast übersehen, dass die Ampel rot war. — ندیدی که چراغ قرمز بود.

0652 **umgehen** [um'ge:(ə)n] *V/t., umging, hat umgangen* — **نادیده گرفتن**

Diese Vorschrift kann man nicht ohne weiteres umgehen. — این مقررات را نمی‌توان به‌راحتی نادیده گرفت.

0653 **umgehen** [um'ge:(ə)n] *V/i., + Präp. (mit), ging um, ist umgegangen* — **رفتار کردن**

Sie kann sehr gut mit Pferden umgehen. — خوب بلد است با اسب‌ها رفتار کند.

0654 **umrühren** ['umry:rən] *V/t., rührte um, hat umgerührt* — **هم زدن**

Die Suppe muss ständig umgerührt werden. — سوپ باید دائم هم زده شود.

0655 **unterbrechen** [untə*'brεç(ə)n] *V/t., unterbrach, hat (ist) unterbrochen* — **قطع کردن**

Plötzlich war das Telefongespräch unterbrochen. — ناگهان گفت‌وگوی تلفنی قطع شد.

0656 **unterlassen** [untə*'las(ə)n] *V/t., unterließ, hat unterlassen* — **متوقف کردن**

Unterlassen Sie die laute Musik, sonst werde ich mich beschweren! — این موسیقی بلند را متوقف کنید، وگرنه شکایت می‌کنم!

0657 **unterstützen** [untə*'ʃtyts(ə)n] *V/t., unterstützte, hat unterstützt* — **حمایت مالی کردن**

Gerd muss seine Eltern unterstützen, weil sie zu wenig Rente bekommen. — «گرد» باید از پدر و مادرش حمایت مالی کند، چون حقوق بازنشستگی آنها خیلی کم است.

0658 **Unterstützung** [untə*'ʃtytsuŋ] *f, -, -en* — **حمایت**

Er bat um Unterstützung für seinen Plan. — درخواست حمایت برای نقشه‌اش کرد.

0659 **unvorsichtig** ['unfo:ə*ziçtiç°] *Adj.* — **بی‌دقت**

Er ist ein unvorsichtiger Fahrer, er fährt so wild. — راننده‌ی بی‌دقتی است، خیلی وحشیانه رانندگی می‌کند.

0660 **verbergen** [fεə*'bεrg(ə)n] *V/t., refl., verbarg, hat verborgen* — **پنهان کردن؛ پنهان شدن**

Verbirgst du ein Geheimnis vor mir? — رازی را از من پنهان می‌کنی؟

Die Tiere verbargen sich bis zum Abend im Wald. — حیوانات تا شب خود را در جنگل پنهان کردند.

2.7 Umgang mit Dingen und Lebewesen

رفتار با اشیا و جانداران

0661 **verbessern** [fɛə*'bɛsə*n] *V/t., refl., verbesserte, hat verbessert*
Die Fehler habe ich alle verbessert.
Die Qualität der Produkte hat sich im letzten Jahr verbessert.

تصحیح کردن؛ بهتر شدن
همه‌ی اشتباه‌ها را تصحیح کردم.
کیفیت محصول‌ها در سال گذشته بهتر شد.

0662 **verbinden** [fɛə*'bind(ə)n] *V/t., verband, hat verbunden*
Der Kanal verbindet zwei Flüsse.
Dieser Plan ist mit sehr viel Arbeit verbunden.

مرتبط کردن؛ مستلزم بودن
کانال، دو رودخانه را به هم مرتبط می‌کند.
این طرح مستلزم، کار زیاد است.

0663 **verbrennen** [fɛə*'brɛnən] *V/t., i., verbrannte, hat (ist) verbrannt*
Nach einem Streit hat sie alle Briefe von ihm verbrannt.

سوزاندن
بعد از دعوا همه‌ی نامه‌های او را سوزاند.

0664 **vergießen** [fɛə*'giːs(ə)n] *V/t., vergoß, hat vergossen*
- Woher kommt der Fleck auf dem Tisch?
- Monika hat Kaffee vergossen.

ریختن
- چه‌چیزی باعث شد میز لک شود؟
- مونیکا قهوه ریخته است.

0665 **vermitteln** [fɛə*'mit(ə)ln] *V/t., vermittelte, hat vermittelt*
Sie hat ihm eine Stelle vermittelt.

فراهم کردن، کمک کردن
کمکش کرد تا کاری پیدا کند.

0666 **vernachlässigen** [fɛə*'naːxlɛsig(ə)n] *V/t., vernachlässigte, hat vernachlässigt*
Ich finde, dass du deinen Hund vernachlässigst.

اهمال کردن
فکر می‌کنم در مورد سگ خودت اهمال می‌کنی.

0667 **versäumen** [fɛə*'zɔɪmən] *V/t., versäumte, hat versäumt*
Diese Chance hast du leider versäumt.

از دست دادن
متأسفانه این فرصت را از دست دادی.

0668 **verstärken** [fɛə*'ʃtɛrk(ə)n] *V/t., refl., verstärkte, hat verstärkt*
Die Wand muss verstärkt werden, sonst stürzt das Haus ein.
Die Fußballmannschaft verstärkte sich mit einem neuen Spieler.

تقویت کردن؛ تقویت شدن
دیوار باید تقویت شود، وگرنه خانه می‌ریزد.
تیم فوتبال با یک بازیکن جدید تقویت شد.

0669 **verwandeln** [fɛə*'vand(ə)ln] *V/t., refl., verwandelte, hat verwandelt* — **تبدیل کردن؛ تغییر کردن**

Das alte Haus wurde fast in einen Neubau verwandelt. — خانه‌ی قدیمی تقریباً به ساختمانی جدید تبدیل شده است.

Seit ihrer Krankheit hat sie sich vollkommen verwandelt. — از زمان بیماری کاملاً تغییر کرده است.

0670 **verwirklichen** [fɛə*'virkliç(ə)n] *V/t., verwirklichte, hat verwirklicht* — **عملی کردن؛ تحقق بخشیدن**

Er hat gute Ideen, aber er kann sie nicht verwirklichen. — ایده‌های خوبی دارد، ولی نمی‌تواند آنها را عملی کند.

0671 **Verwirklichung** [fɛə*'virkliçuŋ] *f, -, -en* — **تحقق**

Die Reise war für ihn die Verwirklichung eines Traums. — این سفر برای او، تحقق رؤیایش بود.

0672 **verwöhnen** [fɛə'vø:nən] *V/t., verwöhnte, hat verwöhnt* — **لوس کردن**

Sie verwöhnt ihre Katze. — گربه‌اش را لوس می‌کند.

0673 **wagen** ['va:g(ə)n] *V/t., refl., wagte, hat gewagt* — **جرأت کردن**

Er wagt nicht, ihr zu widersprechen. — جرأت نمی‌کند با او مخالفت کند.

Sie wagt sich nachts nicht allein durch den Park. — جرأت نمی‌کند شب‌ها تنهایی در پارک راه برود.

0674 **wehren** ['ve:rən] *V/refl., + Präp. (gegen), wehrte, hat gewehrt* — **دفاع کردن**

Er wehrte sich gegen die Vorwürfe. — دربرابر اتهامات از خودش دفاع کرد.

0675 **zerbrechen** [tsɛə*'brɛç(ə)n] *V/t., i., zerbrach, hat (ist) zerbrochen* — **شکستن**

-Wer hat das Glas zerbrochen? — - چه کسی لیوان را شکست؟

-Niemand, es ist in der Spülmaschine von selbst zerbrochen. — - هیچ‌کس؛ خودش در ماشین ظرفشویی شکست.

0676 **zerreißen** [tsɛə*'rais(ə)n] *V/t., zerriss, hat zerrissen* — **پاره کردن**

Die unscharfen Fotos kannst du zerreißen und wegwerfen. — عکس‌های مات را می‌توانی پاره کنی و دور بریزی.

0677 **zudecken** ['tsu:dɛk(ə)n] *V/t., deckte zu, hat zugedeckt* — **روی کسی را پوشاندن**

Er deckte das schlafende Kind zu. — روی بچه‌ی در حال خواب را پوشاند.

2.7 Umgang mit Dingen und Lebewesen
رفتار با اشیا و جانداران

0678 **zulassen** ['tsu:las(ə)n] *V/t., ließ zu, hat zugelassen* — **مجاز دانستن، مجاز بودن**
Ausnahmen werden nicht zugelassen! — استثنا مجاز نیست!

---

zusammenlegen
0679 [tsu'zamənle:g(ə)n] *V/t., legte zusammen, hat zusammengelegt* — **تا کردن؛ جمع کردن**
Leg den Pullover zusammen und dann in den Schrank! — پولیور را تا کن و بعد در گنجه بگذار!

2.8 Lernen und Wissen یادگیری و دانش

1-2000

0680 **aufschreiben** ['aufʃraib(ə)n] *V/t., schrieb auf, hat aufgeschrieben* — **یادداشت کردن**
Das muss ich (mir) aufschreiben, damit ich es nicht vergesse. — باید این را یادداشت کنم تا یادم نرود.

0681 **bedeuten** [bə'dɔit(ə)n] *V/i., bedeutete, hat bedeutet* — **به معنی ... بودن**
Was bedeutet dieses Wort? — معنای این واژه چیست؟

0682 **Bedeutung** [bə'dɔituŋ] *f, -, -en* — **معنی**
Dieses Wort hat mehrere Bedeutungen. — این واژه چندین معنی دارد.

0683 **Begabung** [bə'ga:buŋ] *f, -, -en* — **استعداد**
Sie malt gerne, aber ich finde, sie hat keine besondere Begabung dafür. — نقاشی را دوست دارد، ولی فکر نمی‌کنم استعداد خاصی برای این کار داشته باشد.

0684 **Begriff** [bə'grif] *m, -(e)s, -e* — **اصطلاح**
Mein Arzt verwendet oft medizinische Begriffe, die ich nicht verstehe. — پزشکم اغلب اصطلاحات پزشکی به‌کار می‌برد که من نمی‌فهمم.

0685 **Beispiel** ['baiʃpi:l] *n, -s,-e* — **مثال**
Er erklärte das Problem anhand eines Beispiels. — مسئله را با مثالی توضیح داد.

0686 **Bibliothek** [biblio'te:k] *f, -,-en* — **کتابخانه**
Das Buch habe ich in der Bibliothek ausgeliehen. — کتاب را از کتابخانه قرض گرفتم.

0687 **Bildung** ['bilduŋ] *f, -, kein Pl.* — **تحصیل**
Er ist nicht dumm, aber ihm fehlt eine allgemeine Bildung. — او احمق نیست، ولی فاقد تحصیلات عمومی است.

0688 **Buch** [bu:x] *n, -(e)s, Bücher* — **کتاب**
Ich lese gerade ein interessantes Buch. — دارم کتاب جالبی می‌خوانم.

0689 **Buchstabe** ['bu:xʃta:bə] *m, -n, -n* — **حرف**
Dieses Wort hat neun Buchstaben. — این واژه ۹ حرف دارد.

0690 **Fach** [fax] *n, -(e)s, Fächer* — **رشته‌ی تحصیلی**
Sie weiß noch nicht, welches Fach sie studieren möchte. — هنوز نمی‌داند می‌خواهد در چه رشته‌ی تحصیلی درس بخواند.

2.8 Lernen und Wissen — یادگیری و دانش

0691 **fähig** ['fɛːiç°] *Adj.* — **توانا، قادر**
Mit 80 Jahren ist er noch fähig, Gartenarbeit zu machen.
با هشتاد سال سن، هنوز می‌تواند در باغ کار کند.

0692 **Fähigkeit** ['fɛːiçkait] *f, -, -en* — **توانایی**
Sie hat angeblich die Fähigkeit, die Zukunft vorauszusagen.
ظاهراً توانایی پیشگویی آینده را دارد.

0693 **Forschung** ['fɔrʃuŋ] *f, -, -en* — **پژوهش**
Die medizinische Forschung hat noch kein Mittel gegen Krebs gefunden.
در پژوهش‌های پزشکی هنوز درمانی برای سرطان پیدا نشده است.

0694 **Fortschritt** ['fɔrtʃrit] *m, -(e)s, -e* — **پیشرفت**
Sie macht beim Lernen gute Fortschritte.
در یادگیری خوب پیشرفت کرده است.

0695 **Germanistik** [gɛrma'nistik] *f, -, kein Pl.* — **زبان و ادبیات آلمانی**
In Japan und Korea hat die Germanistik eine lange Tradition.
در ژاپن و کره، یادگیری زبان و ادبیات آلمانی پیشینه‌ای طولانی دارد.

0696 **Geschichte** [gə'ʃiçtə] *f, -, kein Pl.* — **تاریخ**
Er studierte Deutsch und Geschichte.
آلمانی و تاریخ تحصیل کرد.

0697 **geschichtlich** [gə'ʃiçtliç] *Adj.* — **تاریخی**
Unser geschichtliches Wissen über die Steinzeit ist sehr gering.
دانش تاریخی ما درباره‌ی عصر حجر بسیار محدود است.

0698 **Korrektur** [kɔrɛk'tuːə*] *f, -,-en* — **تصحیح**
Bei der Korrektur des Briefes habe ich keine Fehler entdeckt.
هنگام تصحیح نامه، هیچ اشتباهی پیدا نکردم.

0699 **korrigieren** [kɔri'giːrən] *V/t., korrigierte, hat korrigiert* — **تصحیح کردن**
Bitte korrigieren Sie den Brief und bringen Sie ihn dann zur Post.
لطفاً نامه را تصحیح کنید و بعد به اداره‌ی پست ببرید.

0700 **lehren** ['leːrən] *V/t., lehrte, hat gelehrt* — **تدریس کردن، درس دادن**
Sie lehrt Physik an der Universität.
در دانشگاه فیزیک درس می‌دهد.

2.8 Lernen und Wissen یادگیری و دانش

0701 **Lehrer** ['le:rə*] *m, -s, -* **Lehrerin** ['le:rərin] *f -, nen* — **معلم، مربی**
Er ist ein sehr guter Lehrer. Die Schüler mögen ihn. — معلم بسیار خوبی است، دانش‌آموزان او را دوست دارند.

0702 **lernen** ['lɛrnən] *V/t., lernte, hat gelernt* — **یاد گرفتن**
Sie hat in der Schule Spanisch gelernt. — در مدرسه، زبان اسپانیایی یاد گرفته است.

0703 **lesen** ['le:z(ə)n] *V/t., las, hat gelesen* — **خواندن**
Er liest gerade Zeitung. — دارد روزنامه می‌خواند.

0704 **Methode** [me'to:də] *f, -, -n* — **روش**
Es gibt verschiedene Methoden, eine Sprache zu lernen. — برای یادگیری زبان، شیوه‌های مختلفی وجود دارد.

0705 **Naturwissenschaft** [na'tu:ə*vis(ə)nʃaft] *f, -, -en* — **علوم طبیعی**
Mein Bruder interessiert sich für Naturwissenschaft. — برادرم به علوم طبیعی علاقه دارد.

0706 **Probe** ['pro:bə] *f, -, -n* — **دوره‌ی آزمایشی، آزمایش**
Nach der Probezeit wurde er fest angestellt. — بعد از دوره‌ی آزمایشی استخدام رسمی می‌شود.

0707 **rechnen** ['rɛçnən] *V/t., i., rechnete, hat gerechnet* — **محاسبه کردن؛ حساب کردن**
Diese Aufgabe kann ich nicht im Kopf rechnen. — این مسئله را نمی‌توانم ذهنی محاسبه کنم.
Sie kann schnell rechnen. — می‌تواند سریع حساب کند.

0708 **Rechnung** ['rɛçnuŋ] *f, -, -en* — **محاسبه**
Komplizierte Rechnungen mache ich mit dem Taschenrechner. — محاسبه‌های پیچیده را با ماشین حساب انجام می‌دهم.

0709 **schwer** ['ʃve:ə*] *Adj.* — **سخت**
Deutsch gilt als schwere Sprache. — آلمانی، زبان سختی است.

0710 **schwierig** ['ʃvi:riç°] *Adj.* — **دشوار، سخت**
Die meisten Prufüngsfragen waren nicht schwierig. — بیشتر سؤال‌های امتحان دشوار نبودند.

0711 **Seite** ['zaitə] *f, -, -n* — **صفحه**
Das Buch hat 251 Seiten. — کتاب ۲۵۱ صفحه دارد.

2.8 Lernen und Wissen — یادگیری و دانش

0712 **Theorie** [teo'riː] *f, -, -n* — **نظریه**

Über die Entstehung der Erde gibt es verschiedene Theorien.

درباره‌ی پیدایش زمین، نظریه‌های گوناگونی وجود دارد.

0713 **wissen** ['vis(ə)n] *V/i., + Präp. (von, über), wusste, hat gewusst* — **دانستن**

Ich weiß nicht, wo er wohnt.

نمی‌دانم کجا زندگی می‌کند.

0714 **Wissen** ['vis(ə)n] *n, -s, kein Pl.* — **دانش، آگاهی**

Sie hat auf diesem Gebiet ein großes Wissen.

او در این زمینه، دانش زیادی دارد.

0715 **Wissenschaft** ['vis(ə)nʃaft] *f, -, -en* — **علم**

Philosophie ist die älteste Wissenschaft.

فلسفه، کهن‌ترین علم است.

0716 **Wissenschaftler** ['vis(ə)nʃaftlə*] *m, -s, -* **Wissenschaftlerin** ['vis(ə)nʃaftlərin] *f, -, -nen* — **دانشمند، پژوهشگر**

An unserem Institut arbeiten sechs Wissenschaftler und Wissenschaftlerinnen.

در مؤسسه‌ی ما شش پژوهشگر کار می‌کنند.

0717 **wissenschaftlich** ['vis(ə)nʃaftliç] *Adj.* — **علمی**

Über die Ursachen von Krebs gibt es viele wissenschaftliche Untersuchungen.

درباره‌ی علل سرطان، بررسی‌های علمی زیادی وجود دارد.

0718 **Zeichen** ['tsaiç(ə)n] *n, -s, -* — **نشانه، علامت، نماد**

'$' ist das Zeichen für Dollar.

«$» نشانه‌ی دلار است.

0719 **Zeile** ['tsailə] *f, -, -n* — **سطر، خط**

Das Gedicht hat sieben Zeilen.

شعر، هفت سطر دارد.

0720 **Überlegung** [yːbə*'leːguŋ] *f, -, -en* — **فکر، تأمل**

Er hat ohne Überlegung gehandelt.

بدون فکر عمل کرد.

2001-4000

0721 **Band** [bant] *m, -(e)s, Bände* — **جلد**

Dieses Lexikon besteht aus fünf Bänden.

این فرهنگ، پنج جلدی است.

0722 **besichtigen** [bəˈziçtig(ə)n] *V/t., besichtigte, hat besichtigt* — **دیدار کردن، بازدید کردن**
Das Museum kann man nur vormittags besichtigen. — فقط صبح‌ها می‌توان از موزه دیدار کرد.

0723 **Biologie** [bioloˈgi:] *f, -, kein Pl.* — **زیست‌شناسی**
Sie studiert im 3. Semester Biologie. — در ترم سوم زیست‌شناسی تحصیل می‌کند.

0724 **Blatt** [blat] *n, -(e)s, die Blätter* — **برگ**
Kannst du mir bitte ein Blatt Papier geben? — می‌شود لطفاً یک برگ کاغذ به من بدهی؟

0725 **Block** [blɔk] *m, -s, die Blöcke* — **دسته**
Bringe mir bitte einen Block Papier aus dem Schreibwarengeschäft mit. — لطفاً یک دسته کاغذ از فروشگاه لوازم‌التحریر برای من بیاور.

0726 **Buchhandlung** [ˈbu:xhandluŋ] *f, -, -en* — **کتابفروشی**
In dieser Buchhandlung kann man auch Zeitschriften kaufen. — در این کتابفروشی مجلّات هم می‌توان خرید.

0727 **Bücherei** [by:çəˈrai] *f, -, -en* — **کتابخانه**
Das Buch habe ich in der Stadtbücherei ausgeliehen. — این کتاب را از کتابخانه‌ی شهر قرض گرفتم.

0728 **Chemie** [çe:ˈmi:] *f, -, kein Pl.* — **شیمی**
In der Schule war Chemie mein Lieblingsfach. — در مدرسه، شیمی درس مورد علاقه‌ام بود.

0729 **chemisch** [ˈçe:miʃ] *Adj.* — **شیمیایی**
H_2O ist die chemische Formel für Wasser. — H_2O فرمول شیمیایی آب است.

0730 **entdecken** [ɛntˈdɛk(ə)n] *V/t., entdeckte, hat entdeckt* — **کشف کردن**
1492 hat Kolumbus Amerika entdeckt. — ۱۴۹۲ کلمب، آمریکا را کشف کرد.

0731 **Entdeckung** [ɛntˈdɛkuŋ] *f, -, -en* — **کشف**
Das 15. Jahrhundert war das Zeitalter der großen Entdekungsreisen. — سده‌ی پانزدهم، دوره‌ی سفر برای کشفیات بزرگ بود.

0732 **Erdkunde** [ˈe:ə*tkundə] *f, -, kein Pl.* — **جغرافی**
Er ist Lehrer für Deutsch und Erdkunde. — او آموزگار زبان آلمانی و جغرافی است.

0733 **Erforschung** [ɛɘ*fɔrʃuŋ] *f, -, -en* — **تحقیق**
Bei der Erforschung der Höhle wurden Zeichnungen aus der Steinzeit entdeckt.
هنگام تحقیق در غار، نقاشی‌هایی از دوره‌ی حجر کشف شد.

0734 **Fachmann** ['faxman] *m, -(e)s, Fachmänner/meist: Fachleute* — **متخصص، کارشناس**
Fachfrau ['fachfrau] *f, -, -en*
Diese Arbeit muss von einem Fachmann gemacht werden.
این کار را باید متخصص انجام دهد.

0735 **Formel** ['fɔrm(ə)l] *f, -, -n* — **فرمول**
Die chemische Formel für Wasser ist H_2O.
H_2O فرمول شیمیایی آب است.

0736 **Forscher** ['fɔrʃə*] *m, -s,* - **Forscherin** ['fɔrʃərin] *f, -, -nen* — **پژوهشگر، محقق**
Die beiden Forscher bekamen für ihre Arbeiten einen Preis.
هر دو پژوهشگر برای کارهای خود جایزه‌ای گرفتند.

0737 **fortschrittlich** ['fɔrtʃritliç] *Adj.* — **مدرن؛ متجدد**
Die Kinder an dieser Schule werden sehr fortschrittlich erzogen.
بچه‌ها در این مدرسه خیلی مدرن تربیت می‌شوند.

0738 **Geographie** [geogra'fi:] *f, -, kein Pl.* — **جغرافیا**
Geographie ist ein interessantes Fach.
جغرافیا، رشته‌ی جالبی است.

0739 **historisch** [his'to:riʃ] *Adj.* — **تاریخی**
Bei den Bauarbeiten wurden historische Gräber entdeckt.
ضمن کارهای ساختمانی، تعدادی گور تاریخی کشف شد.

0740 **imstande sein, auch (im Stande)** [im'ʃtsndə] *war imstande, ist imstande gewesen* — **قادر (بودن)، توانستن**
Die Forscher waren imstande, alle chemischen Elemente genau zu bestimmen.
پژوهشگران توانستند همه‌ی عناصر شیمیایی را دقیق شناسایی کنند.

0741 **konkret** [kɔn'kre:t] *Adj., -er, am -esten* — **مشخص**
Sie hat noch keine konkreten Vorschläge gemacht.
هنوز پیشنهاد مشخصی نداده است.

0742 **Konzentration** [kɔntsɛntra'tsjo:n] *f, -, kein Pl.* — **تمرکز**
Der Text ist schwierig. Das Lesen erfordert hohe Konzentration.
متن دشوار است. خواندن آن به تمرکز زیادی نیاز دارد.

2.8 Lernen und Wissen یادگیری و دانش

0743 **konzentrieren** [kɔntsɛn'tri:rən] *V/t., refl., konzentrierte, hat konzentriert* — **تمرکز کردن**
Stör mich nicht! Ich muss mich konzentrieren. — مزاحم من نشو! باید تمرکز کنم.

0744 **Notiz** [no'ti:ts] *f, -, -en* — **یادداشت**
Ich habe mir während des Gesprächs einige Notizen gemacht. — حین گفت‌وگو یادداشت‌هایی برداشتم.

0745 **Philosophie** [filozo'fi:] *f, -, kein Pl.* — **فلسفه**
Herr Dr. Kranz ist kein Arzt, er ist Doktor der Philosophie. — آقای دکتر کرانتس پزشک نیست، دکتر فلسفه است.

0746 **Physik** [fy'zik] *f, -, kein Pl.* — **فیزیک**
Mein Bruder studiert Physik und Mathematik. — برادرم فیزیک و ریاضیات می‌خواند.

0747 **Praxis** ['praksis] *f, -, kein Pl.* — **تجربه، تمرین**
Sie hat in ihrem Beruf noch wenig Praxis. — در کارش هنوز کم‌تجربه است.

0748 **Symbol** [zym'bo:l] *n, -s, -e* — **نماد، سمبل**
Das x ist das Symbol für Multiplikation in der Mathematik. — × نماد ضرب در ریاضی است.

0749 **Tabelle** [ta'bɛlə] *f, -, -en* — **جدول، نمودار**
Die genauen Daten finden Sie in der Tabelle. — اطلاعات دقیق را در جدول پیدا می کنید.

0750 **These** ['te:zə] *f, -, -n* — **نظریه؛ تز**
Die Thesen von Prof. Fuchs wurden ausführlich diskutiert. — درباره‌ی فرضیه‌های پرفسور فوکس به‌طور کامل بحث شد.

0751 **Überblick** ['y:bə*blik] *m, -s, kein Pl.* — **مرور**
Das Buch beginnt mit einem allgemeinen Überblick über die Geschichte des 19. Jahrhunderts. — کتاب با مروری کلی درباره‌ی تاریخ سده‌ی نوزدهم شروع می‌شود.

0752 **übersetzen** ['y:bə*'zɛts(ə)n] *V/t., übersetzte, hat übersetzt* — **ترجمه کردن**
Ich kann leider kein Englisch. Könnten Sie mir den Brief übersetzen? — متأسفانه انگلیسی بلد نیستم. ممکن است نامه را برایم ترجمه کنید؟

0753 **Übersetzung** ['y:bə*'zɛtsuŋ] *f, -, -en* — **ترجمه**
Für das Buch gibt es leider noch keine deutsche Übersetzung. — متأسفانه هنوز ترجمه‌ی آلمانی این کتاب موجود نیست.

0754	**unbekannt** ['unbəkant] *Adj., -er, am -esten* Sein Vorname ist Horst, sein Nachname ist mir unbekannt.	**ناشناخته** اسم کوچک او هورست است، نام خانوادگی‌اش را نمی‌دانم.
0755	**untersuchen** [untə*'zu:x(ə)n] *V/t., untersuchte, hat untersucht* Die Ursache des Unglücks wurde nicht sorgfältig untersucht.	**بررسی کردن، تحقیق کردن** علت سانحه هنوز دقیق بررسی نشده است.
0756	**Untersuchung** [untə*'zu:xuŋ] *f, -, -en* Das Ergebnis der Untersuchung war negativ.	**آزمایش، تحقیق** جواب آزمایش منفی بود.
0757	**Verfasser** [fɛə*'fasə*] *m, -s, -* **Verfasserin** [fɛə*'fasərin] *f, -, -nen* Ich kenne nur den Titel des Buches, den Namen der Verfasserin habe ich vergessen.	**مؤلف، نویسنده** فقط عنوان کتاب را می‌دانم، نام نویسنده‌اش را فراموش کرده‌ام.
0758	**Verständnis** [fɛə*'ʃtɛntnis] *n, -ses, kein Pl.* Er zeigte viel Verständnis für meine schwierige Situation.	**تفاهم، درک (متقابل)** در مورد موقعیت دشوار من، تفاهم زیادی نشان داد.
0759	**vorlesen** ['fo:ə*le:z(ə)n] *V/t., las vor, hat vorgelesen* Ich lese den Kindern jeden Abend eine Geschichte vor.	**خواندن** هر شب برای بچه‌ها داستان می‌خوانم.

3.1 Allgemeines کلیات

1-2000

0760 **Antwort** ['antvɔrt] *f, -, -en* **جواب، پاسخ**
Auf diese Frage weiß ich keine Antwort.
پاسخی برای این پرسش ندارم.

0761 **antworten** ['antvɔrt(ə)n] *V/i., + Präp. (auf), antwortete, hat geantwortet* **جواب دادن، پاسخ دادن**
Ich werde Ihnen schriftlich antworten.
مکتوب به شما جواب می‌دهم.

0762 **laut** [laut] *Adj., -er, am -esten* **بلند**
Jens hat eine sehr laute Stimme.
صدای ینس خیلی بلند است.

0763 **leise** ['laizə] *Adj., -r, am -sten* **آهسته، آرام**
Er spricht so leise, dass wir ihn kaum verstehen können.
چنان آهسته صحبت می کند که حرفش را نمی‌فهمیم.

0764 **ruhig** ['ru:iç°] *Adj.* **آرام**
Obwohl sie sehr ärgerlich war, blieb sie ruhig.
هرچند خیلی عصبانی بود، آرام ماند.

0765 **schweigen** ['ʃvaig(ə)n] *V/i., schwieg, hat geschwiegen* **سکوت کردن**
Der Angeklagte schwieg, als der Richter ihn fragte.
وقتی قاضی از متهم سؤال کرد، متهم سکوت کرد.

0766 **Sprache** ['ʃpra:xə] *f, -, -n* **زبان**
Sie spricht drei verschiedene Sprachen.
به سه زبان مختلف حرف می‌زد.

0767 **still** [ʃtil] *Adj.* **ساکت**
Warum bist du heute so still?
چرا امروز اینقدر ساکتی؟

0768 **Wort** [vɔrt] *n, -es, -e (Wörter)* **کلمه، واژه**
Dieser Satz hat fünf Wörter.
این جمله پنج کلمه دارد.
Sie kann komplizierte Dinge mit einfachen Worten erklären.
می‌تواند مسائل پیچیده را با واژه‌های ساده بیان کند.

0769 **wörtlich** ['vœrtliç] *Adj.* **تحت‌اللفظی، واژه‌به‌واژه**
Diesen Text habe ich wörtlich übersetzt.
این متن را تحت‌اللفظی ترجمه کردم.

3.1 Allgemeines — کلیات

0770 **zuhören** ['tsu:hø:rən] *V/i., hörte zu, hat zugehört* — **گوش دادن**
Was hat sie gesagt? Ich habe nicht zugehört. — چه گفت؟ به او گوش نمی‌کردم.

2001-4000

0771 **Anfrage** ['anfra:gə] *f, -, -n* — **تقاضا**
Auf meine Anfrage bei der Botschaft habe ich noch keine Antwort bekommen. — به تقاضای من از سفارت هنوز هیچ پاسخی داده نشده است.

0772 **anhören** ['anhø:rən] *V/i., refl., hörte an, hat angehört* — **گوش فرادادن**
Er hört sich ein Konzert im Radio an. — به کنسرتی در رادیو گوش می‌دهد.

0773 **Aussprache** ['ausʃpra:xə] *f, -, kein Pl.* — **تلفظ**
Die französische Aussprache ist für Deutsche sehr schwer. — تلفظ زبان فرانسوی برای آلمانی‌ها بسیار دشوار است.

0774 **aussprechen** ['ausʃprɛç(ə)n] *V/t., sprach aus, hat ausgesprochen* — **تلفظ شدن**
Wie wird Ihr Name ausgesprochen? — اسم شما چگونه تلفظ می‌شود؟

0775 **buchstabieren** [bu:xʃta'bi:rən] *V/t., buchstabierte, hat buchstabiert* — **هجی کردن**
Wie schreibt man das? Bitte buchstabieren Sie! — این را چطور می‌نویسند؟ لطفاً هجی کنید!

0776 **Kommentar** [kɔmɛn'ta:*] *m, -s,-e* — **تفسیر**
Der Kommentar in der Zeitung entspricht meiner Meinung. — تفسیر روزنامه، مطابق نظر من است.

0777 **Laut** [laut] *m, -es, -e* — **صدا**
Es war völlig still. Man hörte keinen Laut. — کاملاً ساکت بود. هیچ صدایی شنیده نمی‌شد.

0778 **schweigsam** ['ʃvaikza:m] *Adj.* — **ساکت، آرام**
Er war den ganzen Abend sehr schweigsam. — همه‌ی شب خیلی ساکت بود.

0779 **Verständigung** [fɛə*'ʃtɛndiguŋ] *f, -, kein Pl.* — **مکالمه، گفت‌وگو**
Die Verständigung am Telefon war sehr schlecht. — تلفنی هیچ چیز نمی‌شد فهمید.

0780 **verständlich** [fɛə*'ʃtɛndliç] *Adj.* **قابل فهم، قابل درک**

Ihre Aussprache ist schwer verständlich. تلفظ او را سخت می‌توان فهمید.

0781 **Witz** [vits] *m, -es, -e* **لطیفه**

Mein Kollege erzählt gerne Witze. همکارم دوست دارد لطیفه تعریف کند.

3.2 Sprechen گفتار

1-2000

0782 **Ausdruck** ['ausdruk] *m, -s, Ausdrücke* — **عبارت**

Dieser Ausdruck ist sehr passend. — این عبارت کاملاً مناسب است.

0783 **Aussage** ['ausza:gə] *f, -, -en* — **اظهارات**

Vor Gericht machten die Zeugen verschiedene Aussagen. — شاهدان پیش از دادگاه اظهارات متفاوتی کردند.

0784 **bemerken** [bə'mɛrk(ə)n] *V/t., bemerkte, hat bemerkt* — **گفتن؛ اظهارنظر کردن**

„Dieses Bild gefällt mir gut", bemerkte sie. — گفت: «از این تصویر خیلی خوشم می‌آید.»

0785 **Bemerkung** [bə'mɛrkuŋ] *f, -, -en* — **تذکر؛ اظهارنظر**

Deine Bemerkung hat ihn beleidigt. — تذکر تو او را رنجاند.

0786 **erzählen** [ɛə*'tsɛ:l(ə)n] *V/t., erzählte, hat erzählt* — **تعریف کردن، گفتن**

Was hat sie dir über Frank erzählt? — درباره‌ی فرانک به تو چه گفت؟

0787 **Gespräch** [gə'ʃpɛ:ç] *n, -s, -e* — **گفت‌وگو، مکالمه**

Ich hatte heute ein langes Gespräch mit unserem Chef. — امروز گفت‌وگویی طولانی با رئیس‌امان داشتم.

0788 **mitteilen** ['mittail(ə)n] *V/t., teilte mit, hat mitgeteilt* — **خبر دادن**

Den Angestellten wurde mitgeteilt, dass die Firma verkauft wird. — به کارمندان خبر داده شد که شرکت فروخته خواهد شد.

0789 **Mitteilung** ['mittailuŋ] *f, -,-en* — **خبر**

Wir bekamen die Mitteilung, dass Irene schwer verletzt ist. — خبردار شدم که ایرنه به‌شدت مجروح شده است.

0790 **Muttersprache** ['mutə*ʃpra:xə] *f, -, -en* — **زبان مادری**

Ihre Muttersprache ist Deutsch, aber sie ist Italienerin. — زبان مادری او آلمانی است، ولی خودش ایتالیایی است.

0791 **reden** ['re:d(ə)n] *V/i., + Präp. (über, von, mit), redete, hat geredet* — **حرف زدن**

Über diese Sache kann man mit ihr nicht reden. — درباره‌ی این موضوع نمی‌شود با او حرف زد.

0792 **rufen** ['ru:f(ə)n] *V/t., i., + Präp. (nach, zu), rief, hat gerufen* — **خبر کردن؛ صدا کردن**

Wir müssen einen Arzt rufen. — باید پزشک خبر کنیم.

Sie rief laut nach ihrem Hund. — بلند سگش را صدا می‌کرد.

0793 **sagen** ['za:g(ə)n] *V/t., sagte, hat gesagt* — **گفتن**

Er sagt niemandem, wie alt er ist. — به کسی نمی‌گوید چند ساله است.

0794 **Satz** [zats] *m, -es, Sätze* — **جمله**

Das Buch ist in einfachen und kurzen Sätzen geschrieben. — کتاب را با جمله‌های ساده و کوتاه نوشته‌اند.

0795 **sprechen** ['ʃprɛç(ə)n] *V/t., i., + Präp. (von, über), sprach, hat gesprochen* — **صحبت کردن، حرف زدن**

Sie spricht drei Fremdsprachen. — به سه زبان خارجی حرف می‌زند.

Er spricht sehr undeutlich. — خیلی گنگ صحبت می‌کند.

0796 **Stimme** ['ʃtimə] *f, -, -n* — **صدا**

Am Telefon klingt deine Stimme ganz anders. — پشت تلفن صدایت کاملاً متفاوت به‌نظر می‌رسد.

0797 **wiederholen** ['vi:də*ho:l(ə)n] *V/t., wiederholte, hat wiederholt* — **تکرار کردن**

Bitte wiederholen Sie den letzten Satz! — لطفاً جمله‌ی آخر را تکرار کنید!

2001-4000

0798 **Äußerung** ['ɔisəruŋ] *f, -, -en* — **گفته**

Diese unvorsichtige Äußerung hat ihm geschadet. — این گفته‌ی از روی بی‌مبالاتی، ضرر زیادی به او زد.

0799 **ankündigen** ['ankyndig(ə)n] *V/t., kündigte an, hat angekündigt* — **اعلام کردن**

Herr Schröder hat für morgen seinen Besuch angekündigt. — آقای شرودر اعلام کرده است که فردا برای دیدار می‌آید.

0800 **Anmerkung** ['anmɛrkuŋ] *f, -, -en* — **توضیح**

Zu dem Vertrag habe ich noch einige Anmerkungen. — درمورد این قرارداد چند توضیح دیگر دارم.

0801	**ausdrücken** ['ausdryk(ə)n] *V/t., refl., drückte aus, hat ausgedrückt* Das ist ein Missverständnis. Ich habe mich wohl nicht richtig ausgedrückt.	**منظور خود را بیان کردن** سوءتفاهم شده است. فکر می‌کنم منظورم را درست بیان نکرده‌ام.
0802	**bekanntgeben** [bə'kantge:b(ə)n] *V/t., gab bekannt, hat bekanntgegeben* Das Wahlergebnis wird morgen bekanntgegeben.	**اعلام کردن** نتیجه‌ی انتخابات، فردا اعلام می‌شود.
0803	**benachrichtigen** [bə'na:xriçtig(ə)n] *V/t., benachrichtigte, hat benachrichtigt* Herr Weber hatte einen Unfall. Bitte benachrichtigen Sie seine Frau.	**خبر دادن، اطلاع دادن** آقای وبر تصادف کرده است. لطفاً به همسرشان خبر بدهید.
0804	**besprechen** [bə'ʃprɛç(ə)n] *V/t., besprach, hat besprochen* Das müssen Sie mit Frau Bartels besprechen.	**صحبت کردن** در این مورد باید با خانم بارتلس صحبت کنید.
0805	**Besprechung** [bə'ʃprɛçuŋ] *f, -, -en* Bitte rufen Sie später an. Frau Seel ist in einer Besprechung.	**جلسه؛ گفت‌وگو** لطفاً بعد تماس بگیرید. خانم زل در جلسه است.
0806	**betonen** [bə'to:nən] *V/t., betonte, hat betont* Das Wort wird auf der ersten Silbe betont.	**تأکید کردن، تکیه کردن** تکیه روی هجای اوّل این واژه است.
0807	**erwähnen** [ɛə*'vɛ:nən] *V/t., erwähnte, hat erwähnt* Er hat ihren Namen nicht erwähnt.	**گفتن، ذکر کردن** اسم او را نگفت.
0808	**flüstern** ['flystə*n] *V/t., i., flüsterte, hat geflüstert* Sie flüsterte leise seinen Namen. In der Bibliothek darf man nur flüstern.	**درگوشی حرف زدن، درگوشی گفتن** زن درگوشی اسم مرد را گفت. در کتابخانه فقط می‌شود درگوشی حرف زد.
0809	**hinzufügen** [hin'tsu:fy:g(ə)n] *V/t., fügte hinzu, hat hinzugefügt* Frau Wirtz hat alles Notwendige gesagt. Es gibt nichts hinzuzufügen.	**اضافه کردن** خانم ویرتس همه‌ی مسائل ضروری را گفت. دیگر حرفی برای اضافه کردن نیست.

0810 **murmeln** ['murm(ə)ln] *V/t., murmelte, hat gemurmelt* — **زیر لب گفتن**
Er murmelte einige Worte, die ich nicht verstanden habe.
زیر لب چند کلمه‌ای گفت که من نفهمیدم.

0811 **mündlich** ['myntliç] *Adj., keine Komp.* — **شفاهی**
Die mündliche Prüfung findet in Raum 124 statt.
امتحان شفاهی در اتاق ۱۲۴ برگزار می‌شود.

0812 **schildern** ['ʃildə*n] *V/t., schilderte, hat geschildert* — **توصیف کردن**
Der Zeuge konnte den Unfall genau schildern.
شاهد توانست تصادف را دقیق توصیف کند.

0813 **Schilderung** ['ʃildəruŋ] *f, -, -en* — **توصیف، شرح**
Bitte geben Sie eine genaue Schilderung des Vorfalls.
لطفاً شرح کاملی درباره‌ی این حادثه بدهید.

0814 **Schrei** [ʃrai] *m, -(e)s, -e* — **فریاد، جیغ**
Ich hörte Schreie und Hilferufe.
صدای فریادها و درخواست کمک را می‌شنیدم.

0815 **schreien** ['ʃrai(ə)n] *V/t., i., schrie, hat geschrien* — **فریاد زدن، داد کشیدن، جیغ زدن**
Als er Susi sah, schrie er laut ihren Namen.
همین که سوزی را دید، نامش را بلند فریاد زد.
Er schrie vor Schmerz.
از درد داد می‌کشید.

0816 **Unterredung** [untə*'re:duŋ] *f, -, -en* — **گفت‌وگو**
Mit dem neuen Kunden hatte ich eine lange Unterredung.
با مشتری جدید مدتی طولانی گفت‌وگو کردم.

0817 **vereinbaren** [fɛə*'ainba:rən] *V/t., vereinbarte, hat vereinbart* — **قرار گذاشتن**
Wir haben für Freitag, 16.00 Uhr, einen Termin vereinbart.
برای جمعه، ساعت ۱۶، قرار ملاقات گذاشتیم.

0818 **Vereinbarung** [fɛə*'ainba:ruŋ] *f, -, -en* — **توافق**
Zwischen Österreich und der Bundesrepublik gibt es neue Vereinbarungen über den Grenzverkehr.
بین اتریش و جمهوری فدرال آلمان، توافق‌های تازه‌ای درباره‌ی عبور و مرور از مرز وجود دارد.

0819 **Wiederholung** [vi:də*'ho:luŋ] *f, -, -en* **تکرار**
Eine Wiederholung der Sendung gibt es morgen Vormittag.
تکرار برنامه فردا صبح است.

3.3 Schreiben und Lesen نوشتن و خواندن

1-2000

0820 **schreiben** ['ʃraib(ə)n] *V/t., i., schrieb, hat geschrieben* — **نوشتن**

Ich will heute Abend einen Brief schreiben. — امروز عصر می‌خواهم نامه‌ای بنویسم.

Über dieses Thema wird zzt. viel in den Zeitungen geschrieben. — این روزها درباره‌ی این موضوع در روزنامه‌ها زیاد می‌نویسند.

0821 **Schrift** [ʃrift] *f, -, -en* — **نوشته؛ خط**

Er kennt alle Schriften dieser Autorin. — همه‌ی نوشته‌های این نویسنده را می‌شناسد.

Deine (Hand-)schrift kann ich nicht lesen. — (دست) خط تو را نمی‌توانم بخوانم.

0822 **Zettel** ['tsɛt(ə)l] *m, -s, -* — **برگه**

Ich habe dir auf einen Zettel geschrieben, was du einkaufen sollst. — روی برگه‌ای برایت نوشتم چه بخری.

2001-4000

0823 **Bleistift** ['blaiʃtift] *m, -(e)s-, -e* — **مداد**

Kannst du mir einen Bleistift oder einen Kugelschreiber geben? — می‌شود مداد یا خودکاری به من قرض بدهی؟

0824 **lauten** ['laut(ə)n] *V/i., lautete, hat gelautet* — **بودن**

Wie lautet ihre Adresse? — نشانی شما چیست؟

0825 **Rechtschreibung** ['rɛçtʃraibuŋ] *f, -, kein Pl.* — **املا؛ درست‌نویسی**

Er hat Schwierigkeiten mit der Rechtschreibung. — در املا مشکل دارد.

0826 **schriftlich** ['ʃriftliç] *Adj., keine Komp.* — **کتبی**

Diesen Vertrag müssen Sie schriftlich kündigen. — انصراف از این قرارداد باید کتبی انجام شود.

0827 **unlesbar** ['unle:sba:*] *Adj.* — **ناخوانا**

Der letzte Teil des Briefes ist unlesbar. — بخش آخر این نامه ناخوانا است.

3.4 Auskunft اطلاعات

1-2000

0828 **Auskunft** ['auskunft] *f, -, Auskünfte* — **اطلاعات**

Ich kann Ihnen leider keine genaue Auskunft geben. — متأسفانه نمی‌توانم هیچ اطلاعات دقیقی به شما بدهم.

0829 **berichten** [bə'riçt(ə)n] *V/t., i., + Präp. (von, über), berichtete, hat berichtet* — **خبر دادن؛ تعریف کردن**

Er hat mir alle Einzelheiten des Gesprächs berichtet. — همه‌ی جزئیات گفت‌وگو را به من گفت.

Sie hat mir von ihrem Urlaub berichtet. — تعطیلاتش را برایم تعریف کرد.

0830 **beschreiben** [bə'ʃraib(ə)n] *V/t., beschrieb, hat beschrieben* — **توضیح دادن**

Können Sie mir bitte den Weg zum Bahnhof beschreiben? — می‌شود راه ایستگاه راه‌آهن را به من توضیح بدهید؟

0831 **Beschreibung** [bə'ʃraibuŋ] *f, -, -en* — **توصیف**

Die Zeugin konnte eine genaue Beschreibung des Täters geben. — شاهد توانست مجرم را دقیق توصیف کند.

0832 **erklären** [ɛə*'klɛ:rən] *V/t., erklärte, hat erklärt* — **توضیح دادن، شرح دادن**

Der Lehrer hat mir die Bedeutung des Wortes erklärt. — معلم معنی این کلمه را برایم توضیح داد.

0833 **Erklärung** [ɛə*'klɛ:ruŋ] *f, -, -en* — **توضیح**

Für den Flugzeugabsturz gibt es bis jetzt keine Erklärung. — درمورد سقوط هواپیما تاکنون هیچ توضیحی وجود ندارد.

0834 **Information** [infɔrma'tsjo:n] *f, -, -en* — **اطلاعات**

Diese Information ist streng geheim! — این اطلاعات بی‌نهایت محرمانه است!

0835 **informieren** [infɔr'mi:rən] *V/t., refl., informierte, hat informiert* — **مطلع کردن، اطلاع کسب کردن**

Bitte informieren Sie mich über die Ergebnisse des Gesprächs. — لطفاً مرا از نتایج گفت‌وگو مطلع کنید.

Auf der Messe habe ich mich über neue Computer informiert. — در نمایشگاه، درباره‌ی رایانه‌های جدید اطلاعاتی کسب کردم.

0836 **los (sein)** [lo:s zain] *war los, ist los gewesen* — **شلوغ (بودن)**

Abends ist im Stadtzentrum nicht viel los. — شب‌ها مرکز شهر خیلی شلوغ نیست.

3.4 Auskunft — اطلاعات

0837 **melden** ['mɛld(ə)n] *V/t., refl., meldete, hat gemeldet* — **خبر دادن؛ تماس گرفتن**

Das müssen wir dem Chef melden. — باید دراین‌باره به رئیس خبر بدهیم.

Nach der Ankunft melde ich mich sofort. — بلافاصله پس از ورود، با تو تماس می‌گیرم.

0838 **Nachricht** ['na'xriçt] *f, -, -en* — **خبر، پیام**

Aus dem Unglücksgebiet gibt es keine neuen Nachrichten. — از منطقه‌ی مصیبت‌زده هیچ خبر جدیدی نیست.

0839 **Neuigkeit** ['nɔiiçkait] *f, -, -en* — **خبر جدید**

Ich habe zwei Stunden mit Bernd telefoniert. Er wusste viele Neuigkeiten. — دو ساعت تلفنی با برند صحبت کردم. خبرهای جدید زیادی داشت.

0840 **Rat** [ra:t] *m, -(e)s, Ratschläge* — **راهنمایی**

Jochen hat mir gute Ratschläge für den Autokauf gegeben. — یوخن درمورد خرید خودرو، مرا خوب راهنمایی کرد.

0841 **raten** ['ra:t(ə)n] *V/t., riet, hat geraten* — **توصیه کردن**

Ich rate Ihnen, das Angebot anzunehmen. — توصیه می‌کنم پیشنهاد را بپذیرید.

0842 **zeigen** ['tsaig(ə)n] *V/t., zeigte, hat gezeigt* — **نشان دادن**

Maria hat mir ihre neue Wohnung gezeigt. — ماریا آپارتمان جدیدش را به من نشان داد.

Können Sie mir zeigen, wie die Maschine funktioniert? — می‌شود به من نشان دهید این ماشین چطور کار می‌کند؟

2001-4000

0843 **beantworten** [bə'antvɔrt(ə)n] *V/t., beantwortete, hat beantwortet* — **جواب دادن**

Die Prüfung war sehr schwer. Viele Fragen konnte ich nicht beantworten. — امتحان خیلی سخت بود. خیلی از سؤال‌ها را نتوانستم جواب بدهم.

0844 **beraten** [bə'ra:t(ə)n] *V/t., i., +Präp. (über), beriet, hat beraten* — **راهنمایی کردن، بحث کردن، مشورت کردن**

Der Verkäufer hat mich gut beraten. — فروشنده مرا خوب راهنمایی کرد.

Über die neuen Vorschläge haben wir lange beraten. — درباره‌ی پیشنهادهای جدید، مدت‌ها بحث کردیم.

3.4 Auskunft — اطلاعات

0845 **Bescheid (+ geben, bekommen, sagen, wissen, u.a.)** [bə'ʃait] *m, -(e)s, -e* — **خبر دادن، به‌اطلاع رساندن**

Über unsere Entscheidung geben wir Ihnen bald Bescheid. — به‌زودی تصمیم خود را به‌اطلاع شما می‌رسانیم.

0846 **erkundigen** [ɛə*'kundig(ə)n] *V/refl., erkundigte, hat erkundigt* — **پرسیدن**

Werner hat sich erkundigt, wie es dir geht. — ورنر از حال تو می‌پرسید.

0847 **Tipp** [tip] *m, -s, -s* — **راهنمایی**

Er hat mir einen guten Tipp gegeben. — راهنمایی خوبی به من کرد.

0848 **unterrichten** [untə*'riçt(ə)n] *V/t., refl., + Präp. (über), unterrichtete, hat unterrichtet* — **مطلع شدن؛ یاد گرفتن**

Wir sind über die neuen Vorschriften unterrichtet worden. — از قوانین جدید مطلع شده‌ایم.

Ich muss mich über den Sachverhalt noch unterrichten. — باید این مسئله را یاد بگیرم.

0849 **verraten** [fɛə*'ra:t(ə)n] *V/t., verriet, hat verraten* — **فاش کردن**

Meine Kollegin hat mir verraten, dass sie kündigen will. — همکارم برایم فاش کرد که قصد دارد استعفا بدهد.

3.5 Meinungsäußerung بیان عقیده

1-2000

0850 **allerdings** ['alə*'diŋs] *Adv.* — **اما، اگرچه**
Ich komme morgen vorbei, allerdings habe ich wenig Zeit.
فردا سر می‌زنم؛ اما وقت زیادی ندارم.

0851 **andererseits** ['andərə*zaits] *Adv.* — **از سوی دیگر**
Einerseits ist die Wohnung sehr schön, andererseits finde ich sie sehr laut.
از یک‌طرف آپارتمان خیلی قشنگ است؛ از سوی دیگر به نظرم خیلی شلوغ است.

0852 **Ansicht** ['anziçt] *f, -, -en* — **نظر**
Ich kann ihn nicht leiden, er hat komische Ansichten.
نمی‌توانم وجودش را تحمل کنم، عقاید عجیبی دارد.

0853 **begründen** [bə'grynd(ə)n] *V/t., begründete, hat begründet* — **دلیل آوردن، توجیه کردن**
Der Minister hat seinen Rücktritt mit Krankheit begründet.
وزیر برای استعفایش بیماری را دلیل آورد.

0854 **Begründung** [bə'grynduŋ] *f, -, -en* — **دلیل، توجیه**
Für ihre Verspätung gab sie keine Begründung.
برای تأخیرش هیچ دلیلی ارائه نکرد.

0855 **beurteilen** [bə'urtail(ə)n] *V/t., beurteilte, hat beurteilt* — **تعیین کردن؛ نظر دادن، داوری کردن**
Den Wert dieses Bildes kann nur ein Fachmann beurteilen.
فقط کارشناس می‌تواند درباره‌ی ارزش این تابلو نظر بدهد.

0856 **Diskussion** [disku'sjo:n] *f, -, -en* — **بحث**
Über die neuen Steuergesetze gab es lange Diskussionen.
تا مدت‌ها درباره‌ی قوانین جدید بحث بود.

0857 **einerseits** ['ainə*zaits] *Adv.* — **از یک سو**
Einerseits sind die Nachbarn sehr nett, andererseits möchte ich lieber ganz einsam wohnen.
از یک سو همسایه‌ها خیلی مهربان هستند؛ از دیگر سو، من بیشتر ترجیح می‌دهم کاملاً تنها زندگی کنم.

0858 **empfehlen** [ɛm'pfe:l(ə)n] *V/t., empfahl, hat empfohlen* — **معرفی کردن؛ توجیه کردن**
Können Sie mir einen guten Arzt empfehlen?
می‌شود پزشک خوبی را به من معرفی کنید؟

3.5 Meinungsäußerung — بیان عقیده

0859 **feststellen** ['fɛstʃtɛl(ə)n] *V/t., i., stellte fest, hat festgestellt* — **فهمیدن، متوجه شدن**

Erst als es regnete, stellte ich fest, dass ich meinen Schirm vergessen hatte. — بعد از اینکه باران آمد، فهمیدم چترم را فراموش کردم.

Ich möchte feststellen, dass ich von Anfang an gegen den Plan war. — می‌خواهم بگویم من از همان اول هم با این طرح مخالف بودم.

0860 **meinen** ['mainən] *V/t., i., meinte, hat gemeint* — **منظور داشتن، عقیده داشتن**

Nicht das linke, sondern das rechte Auto meine ich. — منظورم خودروی سمت چپی نیست، بلکه خودرو سمت راستی است.

Ich meine, dass unsere Regierung endlich zurücktreten sollte. — به‌عقیده‌ی من حکومت ما باید درنهایت استعفا می‌کرد.

0861 **Meinung** ['mainuŋ] *f, -, -en* — **نظر، عقیده**

In dieser Sache habe ich eine andere Meinung als du. — در این زمینه نظرم متفاوت از نظر تو است.

0862 **Standpunkt** ['ʃtantpuŋkt] *m, -(e)s, -e* — **نظر**

Ich stehe auf dem Standpunkt, dass Neuwahlen die beste Lösung für die Regierungskrise sind. — من بر این عقیده‌ام که انتخابات جدید، بهترین راه‌حل برای بحران حکومت است.

0863 **überreden** [y:bə*'re:d(ə)n] *V/t., überredete, hat überredet* — **متقاعدکردن**

Wir haben sie überredet, am Wochenende mitzufahren. — متقاعدش کردیم، آخر هفته با ما بیاید.

0864 **überzeugen** [y:bə*'tsɔig(ə)n] *V/t., refl., überzeugte, hat überzeugt* — **قانع کردن؛ مطمئن شدن**

Ihre Argumente haben mich nicht überzeugt. — دلایل شما مرا قانع نکرد.

Ich habe mich überzeugt, dass Vera die Wahrheit sagt. — مطمئن شدم ورا حقیقت را می‌گوید.

0865 **wesentlich** ['ve:z(ə)ntliç] *Adj.* — **اساسی**

Das neue Programm der Regierung führte zu keiner wesentlichen Verbesserung der wirtschaftlichen Lage. — برنامه‌ی جدید دولت به بهبود اساسی وضعیت اقتصادی منجر نشد.

3.5 Meinungsäußerung بیان عقیده

2001-4000

0866 **Argument** [argu'mɛnt] *n, -(e)s, -e* — **دلیل**

Es gibt viele Argumente gegen die neuen Sozialgesetze.
دلایل زیادی در مخالفت با قوانین اجتماعی جدید وجود دارد.

0867 **Auffassung** ['auffasuŋ] *f, -, -en* — **عقیده**

Sogar in der Regierung gibt es verschiedene Auffassungen über das neue Programm.
حتی در دولت نیز عقاید مختلفی دربارهٔ برنامهٔ جدید وجود دارد.

0868 **bezeichnen** [bə'tsaiçnən] *V/t., bezeichnete, hat bezeichnet* — **نامیدن**

Die Regierungspolitik kann man als unsozial bezeichnen.
سیاست دولت را می‌توان ضداجتماعی نامید.

0869 **diskutieren** [disku'ti:rən] *V/t.,+ Präp. (über), diskutierte, hat diskutiert* — **بحث کردن**

Wir haben Ihren Vorschlag ausführlich diskutiert.
ما دربارهٔ پیشنهاد شما مفصل بحث کردیم.

0870 **Einstellung** ['ainʃtɛluŋ] *f, -, -en* — **موضع، نگرش**

Ihre politische Einstellung kenne ich nicht.
موضع سیاسی او را نمی‌دانم.

0871 **gewissermaßen** [gəvisə*'ma:s(ə)n] *Adv.* — **تاحدودی؛ می‌توان گفت، در واقع**

Er ist gewissermaßen der heimliche Chef der Partei.
می‌توان گفت که او رهبر پنهان حزب است.

0872 **ohnehin** [o:nə'hin] *Adv.* — **در هر حال**

Wir können uns in Hamburg treffen, ich bin nächste Woche ohnehin dort.
می‌توانیم همدیگر را در هامبورگ ببینیم، چون من در هر حال هفتهٔ آینده آنجا هستم.

0873 **sachlich** ['zaxliç] *Adj.* — **واقع‌گرایانه، عینی**

Die Diskussion war sehr sachlich.
بحث خیلی واقع‌گرایانه بود.

0874 **selbstverständlich** ['zɛlpstfɛə*'ʃtɛntliç] *Adv.* — **حتماً**

Selbstverständlich fahre ich dich nach Hause. Das ist doch klar.
حتماً تو را به خانه می‌برم. این که معلوم است.

3.5 Meinungsäußerung — بیان عقیده

0875 **sowieso** [zovi'zo:] *Adv.* — **به هر حال**

Ich nehme deinen Brief mit. Ich muss sowieso zur Post.

نامه‌ات را با خودم می‌برم. به هر حال باید به اداره‌ی پست بروم.

0876 **sozusagen** [zo:tsu'za:g(ə)n] *Adv.* — **به‌اصطلاح**

Sie ist sozusagen die Mutter unseres Vereins, sie kümmert sich um alles.

او به‌اصطلاح مادر باشگاه ما است؛ به همه‌ی کارها رسیدگی می‌کند.

0877 **Stellungnahme** ['ʃtɛluŋna:mə] *f, -, -en* — **اظهارنظر، پاسخ، واکنش**

Zu den Vorwürfen der Opposition gibt es immer noch keine Stellungnahme der Regierung.

هنوز دولت به اتهام‌های جناح مخالف هیچ پاسخی نداده است.

0878 **Überzeugung** [y:bə*'tsɔiguŋ] *f, -, -en* — **ایمان، اعتقاد راسخ**

,,Ich bin der festen Überzeugung, dass wir auf dem richtigen Weg sind“, sagte der Regierungschef.

رئیس دولت گفت: «اعتقاد راسخ دارم که در مسیر درست گام برمی‌داریم.»

0879 **unerwartet** ['unɛə*vartət] *Adj.* — **غیرمنتظره**

Der Rücktritt des Ministers kam unerwartet.

استعفای وزیر غیرمنتظره بود.

0880 **ungewöhnlich** ['ungəvø:nliç] *Adj.* — **غیرعادی**

Die Lösung des Problems ist ungewöhnlich, aber erfolgreich.

راه‌حل مسئله غیرعادی، ولی موفقیت‌آمیز است.

0881 **Urteil** ['urtail] *n, -s, -e* — **عقیده، قضاوت، برآورد**

Das Urteil in der Presse über die neuen Steuergesetze war sehr negativ.

عقیده‌ی روزنامه‌ها درباره‌ی قانون مالیات جدید بسیار منفی بود.

0882 **verurteilen** [fɛə*'urtail(ə)n] *V/t., verurteilte, hat verurteilt* — **محکوم کردن**

Alle Parteien im Parlament haben die politischen Morde verurteilt.

این جنایت‌های سیاسی را تمامی احزاب مجلس محکوم کردند.

3.6 Zustimmung und Ablehnung — پذیرش و رد

1-2000

0883	**ablehnen** ['aple:nən] *V/t., lehnte ab, hat abgelehnt*	**نپذیرفتن؛ ردکردن**
	Ihre Einladung zum Essen muss ich leider ablehnen.	متأسفانه مجبورم دعوت شما به شام را نپذیرم.
	Die Lohnforderungen der Gewerkschaft wurden von den Arbeitgebern abgelehnt.	درخواست‌های سندیکا برای افزایش حقوق را کارفرمایان رد کردند.
0884	**Ablehnung** ['aple:nuŋ] *f, -, -en*	**رد؛ مخالفت**
	Die Gründe für die Ablehnung meines Antrags verstehe ich nicht.	دلایل رد درخواستم را نمی‌فهمم.
0885	**Bedenken** [bədɛŋk(ə)n] *n, -s, -*	**تردید**
	Ich habe Bedenken, ob Frau Bess für diesen Posten geeignet ist.	تردید دارم خانم بِس برای سمت جدید مناسب است یا نه.
0886	**Beschwerde** [bə'ʃve:ə*də] *f, -, -n*	**شکایت، اعتراض**
	Gegen den Bau der neuen Straße gibt es viele Beschwerden.	در مخالفت با احداث جاده‌ی جدید، شکایت‌های زیادی وجود دارد.
0887	**beschweren** [bə'ʃve:rən] *V/refl., beschwerte, hat beschwert*	**شکایت کردن**
	Ich habe mich bei meinem Wohnungsnachbarn wegen seiner lauten Musik beschwert.	به همسایه‌ام به‌خاطر صدای بلند موسیقی‌اش شکایت کردم.
0888	**dennoch** ['dɛnɔx] *Adv.*	**با این حال، امّا، به‌رغم، باوجود**
	Er ist kein Fachmann, dennoch hat er versucht, die Heizung selbst zu reparieren.	او متخصص نیست، ولی سعی می‌کرد شوفاژ را خودش تعمیر کند.
0889	**doch** [dɔx] *Adv.*	**با وجود این**
	Sie ist stark erkältet und doch geht sie zur Arbeit.	به‌شدت سرما خورده است؛ با وجود این، سر کار می‌رود.
	-Bist du nicht eingeladen?	- تو دعوت نشده‌ای؟!
	-Doch!	- چرا، شده‌ام.
0890	**egal** [e'ga:l] *Adv.*	**فرقی (نداشتن)، تفاوت (نداشتن)، یکسان (بودن)، علی‌السّویه (بودن)، بی‌تفاوت**
	Mir ist egal, was du anziehst.	برایم فرقی ندارد، چه لباسی می‌پوشی.

3.6 Zustimmung und Ablehnung — پذیرش و رد

0891 **einig sein** ['ainiç°] *Adv.* — **هم‌نظر بودن، هم‌عقیده بودن**

Wir streiten selten, meistens sind wir uns einig. — به‌ندرت با هم دعوا می‌کنیم، اغلب هم‌عقیده‌ایم.

0892 **einverstanden** ['ainfɛə*'ʃtand(ə)n] *Adv.* — **موافق**

Ich bin mit deinem Vorschlag einverstanden. — با پیشنهادت موافقم.

0893 **falsch** [falʃ] *Adj., keine Komp.* — **اشتباه، غلط، نادرست**

Wir sind falsch gefahren, wir hätten links abbiegen müssen. — اشتباه رفتیم؛ قرار بود سمت چپ بپیچیم.

Sie hat mir eine falsche Adresse gegeben. — به من نشانی غلط داد.

0894 **gegen** ['ge:g(ə)n] *Präp.* — **مخالف، موافق نبودن**

Ich bin gegen die neuen Arbeitszeiten. — با ساعت‌های جدید کار موافق نیستم.

0895 **ja** [ja:] *Adv.* — **بله، آره**

- Bleibst du zu Hause? — - در خانه می‌مانی؟

- Ja. — - بله.

0896 **lieber** ['li:bə*] *Adv.* — **ترجیح**

Willst du mitgehen oder lieber noch bleiben? — می‌آیی یا ترجیح می‌دهی بمانی؟

0897 **meinetwegen** ['mainət've:g(ə)n] *Adv.* — **حتماً، مخالفتی ندارم، برایم فرقی ندارد، اهمیتی نمی‌دهم**

- Kann ich morgen dein Auto haben? — - می‌توانم ماشینت را فردا بردارم؟

- Meinetwegen! — - حتماً!

0898 **nein** [nain] *Adv.* — **نه**

- Sind Sie morgen im Büro? — - فردا در دفتر هستید؟

- Nein, leider nicht. — - نه، متأسفانه نیستم.

0899 **nicht** [niçt] *Adv.* — **نـ (حرف نفی)**

Frau Behrens kenne ich nicht. — خانم برنس را نمی‌شناسم.

Ich lache nicht über dich, sondern über den Hund dort. — به تو نمی‌خندم؛ به آن سگ می‌خندم.

0900 **richtig** ['riçtiç°] *Adj.* — **درست، صحیح**

Die Antwort ist richtig. — جواب درست است.

3.6 Zustimmung und Ablehnung
پذیرش و رد

0901 **Sinn** [zin] *m, -(e)s, kein Pl.* — **فایده؛ معنی**

Es hat keinen Sinn, bei diesem Regen weiterzuarbeiten. — فایده ندارد که زیر این باران به کار ادامه بدهیم.

Den Sinn des Textes verstehe ich nicht. — معنی این متن را نمی‌فهمم.

0902 **unbedingt** ['unbədiŋt] *Adj.* — **لازم، ضروری؛ حتماً**

Ein Visum ist eine unbedingte Voraussetzung für eine Reise nach China. — ویزا شرط لازم برای سفر به چین است.

Ich muss unbedingt noch Brot für das Wochenende kaufen. — برای تعطیلات آخر هفته حتماً باید نان بخرم.

0903 **Wahl** [vaːl] *f, -,-en* — **چاره، انتخاب**

Das muss ich tun, ich habe keine andere Wahl. — باید این کار را بکنم؛ چاره‌ی دیگری ندارم.

0904 **wählen** ['vɛːl(ə)n] *V/t., i., wählte, hat gewählt* — **انتخاب کردن**

Wir haben das richtige Restaurant gewählt. Das Essen war gut. — رستوران درست را انتخاب کردیم. غذا خوب بود.

Ich kann zwischen drei Angeboten wählen. — از بین سه پیشنهاد، یکی را می‌توانم انتخاب کنم.

0905 **widersprechen** [vidə*ʃprɛç(ə)n] *V/i., widersprach, hat widersprochen* — **مخالفت کردن**

Das ist falsch, da muss ich widersprechen. — این نادرست است؛ ناگزیرم با شما مخالفت کنم.

0906 **zugeben** ['tsu:ge:b(ə)n] *V/t., gab zu, hat zugegeben* — **قبول کردن، اعتراف کردن**

Ute hat zugegeben, einen Fehler gemacht zu haben. — اوته قبول کرد اشتباه کرده است.

0907 **Zustimmung** ['tsu:ʃtimuŋ] *f, -, kein Pl.* — **موافقت**

In der Geschäftsleitung fand sein Plan sofort Zustimmung — مدیریت بی‌درنگ با نقشه‌ی او موافقت کرد.

2001-4000

0908 **anerkennen** ['anɛə*kɛnən] *V/t., erkannte an, hat anerkannt* — **پذیرفتن**

Man muss anerkennen, dass sie ihre Arbeit sehr gut macht. — باید پذیرفت که کارش را خیلی خوب انجام می‌دهد.

3.6 Zustimmung und Ablehnung — پذیرش و رد

0909 **ausnahmsweise** ['ausna:msvaizə] *Adv.* — **استثنائاً**

Wir haben heute ausnahmsweise früher Feierabend.

امروز استثنائاً زودتر تعطیل می‌کنیم.

0910 **bedenken** [bə'dəŋk(ə)n] *V/t., bedachte, hat bedacht* — **فهمیدن، متوجه شدن**

Ich habe nicht bedacht, dass es schon so spät ist. Ich muss unbedingt gehen.

نفهمیدم این قدر دیر شد. باید بروم.

0911 **bestreiten** [bə'ʃtrait(ə)n] *V/t., bestritt, hat bestritten* — **حاشا کردن، انکار کردن**

Sie bestreitet, dass sie die Schreibmaschine kaputt gemacht hat.

انکار کرد که ماشین تحریر را خراب کرده است.

0912 **Einigung** ['ainiguŋ] *f, -, kein Pl.* — **توافق**

Über diesen Punkt gibt es noch keine Einigung.

در این زمینه هنوز هیچ توافقی وجود ندارد.

0913 **erwidern** [ɛə*vi:də*n] *V/i., erwiderte, hat erwidert* — **جواب دادن، پاسخ دادن، واکنش نشان دادن**

Auf meine Frage hat sie nichts erwidert.

به سؤال من جواب نداد.

0914 **gleichgütig** ['glaiçgyltiç°] *Adj.* — **بی‌تفاوت**

- Willst du Kaffee oder Tee?

- Das ist mir gleichgültig.

- قهوه می‌خواهی یا چای؟

- فرقی نمی‌کند.

0915 **keinesfalls** ['kainəs'fals] *Adv.* — **به‌هیچ‌وجه، تحت هیچ شرایطی**

Wir sind keinesfalls vor 17.00 Uhr fertig.

ما به‌هیچ‌وجه پیش از ساعت ۱۷ آماده نیستیم.

0916 **Klage** ['kla:gə] *f, -, -en* — **گله، شکایت**

- Gefällt Ihnen das Hotel?

- Ja, wir haben keine Klagen.

- از هتل خوشتان می‌آید؟

- بله، هیچ شکایتی نداریم.

0917 **klar** ['kla:*] *Adj.* — **قاطع؛ معلوم (است)، البته**

Diese Frage verlangt eine klare Entscheidung.

این مسئله به تصمیمی قاطع نیاز دارد.

- Machst du mit?

-Ja klar.

- همراهی می‌کنی؟

- بله، البته.

0918 **Kompromiss** [kɔmpro'mis] *m, -es, -e* — **مصالحه**

Er ist nicht bereit, einen Kompromiss zu machen.

حاضر نیست مصالحه کند.

3.6 Zustimmung und Ablehnung — پذیرش و رد

0919 **Protest** [pro'tɛst] *m, -es, -e* — **اعتراض**

Gegen das neue Gesetz gab es heftige Proteste.

در برابر قانون جدید، اعتراض‌های زیادی شد.

0920 **protestieren** [protɛs'tiːrən] *V/i., protestierte, hat protestiert* — **اعتراض کردن**

Die Studenten protestieren gegen die Kürzungen im Bildungsbereich.

دانشجویان به کاهش هزینه‌ها در بخش آموزش اعتراض می‌کنند.

0921 **Übereinkunft** [yːbə*'ainkunft] *f, -, Übereinkünfte* — **توافق**

Im Büro gibt es eine Übereinkunft, nicht zu rauchen.

توافق شده است در اداره سیگار نکشیم.

0922 **übereinstimmen** [yːbə*'ainʃtimən] *V/i., stimmte überein, hat übereingestimmt* — **توافق داشتن**

Wir stimmen in unseren politischen Ansichten überein.

درباره‌ی عقاید سیاسی خود توافق داریم.

0923 **unrecht** ['unrɛçt] *Adj., keine Komp.* — **نادرست، اشتباه**

Sie will nicht zugeben, dass sie unrecht hat.

نمی‌خواهد بپذیرد اشتباه کرده است.

0924 **Vorwurf** ['foːə*vurf] *m, -(e)s, Vorwürfe* — **سرزنش**

Er hat mir Vorwürfe gemacht, weil ich zu spät gekommen bin.

برای تأخیرم، سرزنشم کرد.

3.7 Gewissheit und Zweifel — یقین و تردید

1-2000

0925 **angeblich** ['ange:pliç] *Adj., keine Komp.* — **ظاهراً**
Sie ist angeblich krank. — ظاهراً بیمار است.

0926 **Annahme** ['anna:mə] *f, -, -n* — **حدس، فرض**
Sicher bin ich nicht, das ist nur eine Annahme. — مطمئن نیستم؛ فقط حدس است.

0927 **annehmen** ['anne:mən] *V/t., nahm an, hat angenommen* — **حدس زدن،احساس کردن**
Ich nehme an, dass es gleich regnet. — احساس می‌کنم هر آن باران ببارد.

0928 **anscheinend** ['anʃainənt] *Adv.* — **گویا**
Frank meldet sich nicht am Telefon. Er ist anscheinend nicht zu Hause. — فرانک گوشی را برنمی‌دارد. گویا خانه نیست.

0929 **behaupten** [bə'haupt(ə)n] *V/t., behauptete, hat behauptet* — **ادعا کردن**
Er behauptet, dass er davon nichts gewusst hat. — ادعا می‌کند دراین‌باره چیزی نمی‌دانست.

0930 **bestimmt** [bə'ʃtimt] *Adv.* — **حتماً**
Ich werde bestimmt anrufen. — حتماً تلفن می‌کنم.

0931 **bestätigen** [bə'ʃtɛ:tig(ə)n] *V/t., bestätigte, hat bestätigt* — **تأیید کردن**
Die Zeugin hat seine Aussage bestätigt. — شاهد دلیل او را تأیید کرد.

0932 **deutlich** ['dɔitliç] *Adj.* — **واضح**
Man kann ihn gut verstehen. Er spricht sehr deutlich. — حرف او را می‌توان فهمید. خیلی واضح حرف می‌کند.

0933 **eindeutig** ['aindɔitiç°] *Adj.* — **به‌وضوح**
Ihre Antwort war eindeutig ‚nein'. — پاسخ او به‌وضوح «نه» بود.

0934 **Eindruck** ['aindruk] *m, -s, Eindrücke* — **برداشت، نظر، خیال، فکر**
Ich habe den Eindruck, dass dir das Essen nicht schmeckt. — به‌نظرم از غذا خوشت نمی‌آید.

3.7 Gewissheit und Zweifel — یقین و تردید

0935 **entscheiden** [ɛnt'ʃaid(ə)n] *V/t., refl., entschied, hat entschieden* — **تصمیم گرفتن**

Ich kann selbst entscheiden, wann ich mit der Arbeit beginne. — خودم می‌توانم تصمیم بگیرم کی کار را شروع کنم.

Sie kann sich nicht entscheiden, welchen Pullover sie kaufen möchte. — نمی‌تواند تصمیم بگیرد کدام پولیور را بخرد.

0936 **Entscheidung** [ɛnt'ʃaiduŋ] *f, -, -en* — **تصمیم**

Die Entscheidung war richtig, den Vertrag zu kündigen. — تصمیم به فسخ قرارداد، درست بود.

0937 **eventuell** [evɛntu'ɛl] *Adj., keine Komp.* — **شاید**

Susanne bringt eventuell ihre Schwester mit. — شاید سوزانه خواهرش را با خودش بیاورد.

0938 **Frage** ['fra:gə] *f, -, -n* — **سؤال**

Er hat die Frage richtig beantwortet. — به سؤال، درست جواب داد.

0939 **fragen** ['fra:g(ə)n] *V/t., i., refl., fragte, hat gefragt* — **پرسیدن، تقاضا کردن، ساختن**

Er hat mich gefragt, ob ich ihn nach Hause bringen kann. — از من پرسید می‌توانم او را به خانه ببرم.

Der Kunde hat nach dem Liefertermin gefragt. — مشتری پرسید چه وقت ارسال خواهد شد.

Ich frage mich, wie wir das schaffen sollen. — از خودم می‌پرسم چطور از عهده‌ی این کار برمی‌آییم.

0940 **gelten** ['gɛlt(ə)n] *V/t., galt, hat gegolten* — **اعتبار داشتن؛ بودن؛ معتبر بودن**

Der Pass gilt fünf Jahre. — گذرنامه پنج سال اعتبار دارد.

Sie gilt als zuverlässig. — او قابل اعتماد است.

0941 **gewiss** [gə'vis] *Adj.* — **آشکار؛ حتمی، حتماً**

Er hat eine gewisse Ähnlichkeit mit seinem Vater. — شباهت آشکاری به پدرش دارد.

Der Tod ist jedem Menschen gewiss. — مرگ برای هر کسی حتمی است.

Er ist gewiss noch nicht fertig, er braucht immer viel Zeit. — حتماً هنوز آماده نیست، همیشه وقت زیادی می‌خواهد.

0942 **glauben** ['glaub(ə)n] *V/t., i., glaubte, hat geglaubt* — **فکر کردن؛ اعتقاد داشتن**

Ich glaube, ihr Nachname ist Weber. — فکر می‌کنم نام فامیل او وبر است.

Er glaubt an eine bessere Zukunft. — به آینده‌ای بهتر اعتقاد دارد.

3.7 Gewissheit und Zweifel — یقین و تردید

0943 **hoffentlich** ['hɔf(ə)ntliç] *Adv.* — **امیدوارم**
Hoffentlich wird er bald gesund. — امیدوارم زود خوب شود.

0944 **irren** ['irən] *V/refl., irrte, hat geirrt* — **اشتباه کردن، به‌خطا بودن**
Sie irren sich, in Mühldorf gibt es keinen Bahnhof. — اشتباه می‌کنید؛ در مولدورف ایستگاه راه‌آهن نیست.

0945 **Irrtum** ['irtu:m] *m, -s, Irrtümer* — **اشتباه، خطا**
-Sie haben mir den falschen Zimmerschlüssel gegeben. — - به من کلید اشتباه داده‌اید.
-Verzeihung, das war ein Irrtum. — - ببخشید، اشتباه شد.

0946 **klappen** ['klap(ə)n] *V/i., klappte, hat geklappt* — **انجام شدن**
Es gab keine Schwierigkeiten, alles hat geklappt. — مشکلی نبود، همه‌ی کارها انجام شد.

0947 **können** ['kœnən] *Mod.V/i., konnte, hat gekonnt* — **ممکن بودن**
Sei nicht traurig, das Wetter kann morgen schon besser sein. — ناراحت نباش؛ فردا ممکن است هوا بهتر شود.

0948 **leugnen** ['lɔignən] *V/t., leugnete, hat geleugnet* — **انکار کردن**
Der Angeklagte leugnete seine Schuld. — متهم جرم خود را انکار می‌کرد.

0949 **möglich** ['mø:kliç] *Adj., keine Komp.* — **ممکن**
Es ist möglich, dass er gelogen hat. — ممکن است دروغ گفته باشد.
- Ich möchte Frau Simon sprechen. — - می‌خواهم با خانم زیمون صحبت کنم.
- Das ist leider nicht möglich, sie ist heute verreist. — - متأسفانه ممکن نیست؛ امروز به مسافرت رفته است.

0950 **möglicherweise** [mø:kliçə*'vaizə] *Adv.* — **احتمالاً، شاید**
Möglicherweise komme ich heute später nach Hause. — امروز احتمالاً دیر از خانه می‌آیم.

0951 **Möglichkeit** ['mø:kliçkait] *f, -, -en* — **امکان**
Ich sehe keine Möglichkeit, ihm zu helfen. — هیچ امکانی برای کمک به او نمی‌بینم.

0952 **müssen** ['mys(ə)n] *Mod.V., musste, hat gemusst* — **به‌احتمال زیاد، باید**
Ingrid und Sven sind ständig zusammen, sie müssen verliebt sein. — اینگرید و زون اغلب با هم هستند؛ باید عاشق هم باشند.

3.7 Gewissheit und Zweifel — یقین و تردید

0953 **scheinbar** ['ʃainba:*] *Adj., keine Komp.* — **ظاهراً**
Sie hat mich gegrüßt. Scheinbar kennt sie mich. — به من سلام کرد. ظاهراً مرا می‌شناسد.

0954 **scheinen** ['ʃainən] *(+ zu + Inf.), schien, kein Perf.* — **به‌نظر رسیدن**
Es scheint keine andere Lösung für dieses Problem zu geben. — به‌نظر می‌رسد راه‌حل دیگری برای این مسئله وجود ندارد.

0955 **sicher** ['ziçə*] *Adj.* — **مطمئن؛ حتماً**
Ich bin sicher, dass ich die Prüfung bestehe. — مطمئن هستم در امتحان قبول می‌شوم.
Sie ist immer noch nicht da, sicher hat sie den Termin vergessen. — هنوز نیامده، حتماً قرار ملاقات را فراموش کرده است.

0956 **Sicherheit** ['ziçə*hait] *f, -, -en* — **مسلماً**
Du kannst ihn so spät nicht mehr anrufen, mit Sicherheit schläft er schon. — نمی‌توانی این قدر دیر به او تلفن بکنی؛ مسلماً خواب است.

0957 **Tatsache** ['ta:tzaxə] *f, -, -en* — **واقعیت**
Das sind Tatsachen, die man nicht leugnen kann. — اینها واقعیت‌هایی است که نمی‌توانیم انکار کنیم.

0958 **tatsächlich** ['ta:tzɛxliç] *Adv.* — **واقعاً**
Willst du bei diesem Wetter tatsächlich spazieren gehen? — واقعاً در این هوا می‌خواهی پیاده‌روی کنی؟
Ich wollte es erst nicht glauben, aber sie haben tatsächlich sieben Töchter. — اوایل باورم نمی‌شد؛ ولی واقعاً آنها هفت دختر دارند.

0959 **vermuten** [fɛə*'mu:t(ə)n] *V/t., vermutete, hat vermutet* — **حدس زدن**
Die Polizei vermutet, dass der Mann ermordet wurde. — پلیس حدس می‌زند که مرد، به‌قتل رسیده است.

0960 **vielleicht** [fi'laiçt] *Adv.* — **شاید**
Fragen Sie Herrn Busch. Vielleicht weiß er Bescheid. — از آقای بوش بپرسید. شاید خبر داشته باشد.

0961 **voraussichtlich** [fo'rausziçtliç] *Adj., keine Komp.* — **به‌احتمال زیاد**
Voraussichtlich wird es heute Nacht sehr kalt werden. — به‌احتمال زیاد امشب هوا خیلی سرد خواهد شد.

3.7 Gewissheit und Zweifel — یقین و تردید

0962 **wahrscheinlich** [va:*'ʃainliç] *Adj.* — **احتمالاً**

Es geht mir nicht gut. Wahrscheinlich bekomme ich eine Erkältung. — حالم خوب نیست. احتمالاً دارم سرما می‌خورم.

0963 **wohl** [vo:l] *Adv.* — **لابد**

Frau Pelz fährt ein teures Auto. Sie verdient wohl gut. — خانم پلتس اتومبیل گرانی می‌راند. لابد حقوق خوبی می گیرد.

0964 **zögern** ['tsø:gə*n] *V/i.* — **درنگ کردن**

Er zögerte einen Moment, bevor er antwortete. — پیش از آنکه جواب دهد، لحظه‌ای درنگ کرد.

0965 **Zweifel** ['tsvaif(ə)l] *m, -s, -* — **تردید، شک**

Es besteht kein Zweifel, dass er an dem Unfall schuld war. — تردیدی نیست که او در تصادف مقصر بوده است.

2001-4000

0966 **Ahnung** ['a:nuŋ] *f, -, -en* — **اطلاع**

Ich hatte keine Ahnung, dass Kurt verheiratet ist. — ابداً اطلاع نداشتم کورت ازدواج کرده است.

0967 **ausschließen** ['ausʃli:s(ə)n] *V/t., schloss aus, hat ausgeschlossen* — **نادیده گرفتن، درنظر نگرفتن**

Man kann nicht ausschließen, dass er bei der Operation stirbt. — نمی‌توان نادیده گرفت که او حین عمل جراحی ممکن است بمیرد.

0968 **Behauptung** [bə'hauptuŋ] *f, -, -en* — **ادعا**

Kannst du deine Behauptung beweisen? — می‌توانی ادعایت را اثبات کنی؟

0969 **Beweis** [bə'vais] *m, -es, -e* — **مدرک**

Vermutlich war er der Täter, aber es gibt keine Beweise. — احتمالاً او مجرم است، ولی هیچ مدرکی وجود ندارد.

0970 **beweisen** [bə'vaiz(ə)n] *V/t., bewies, hat bewiesen* — **اثبات کردن**

Können Sie beweisen, dass Sie am 3. August den ganzen Tag zu Hause waren? — می‌توانید اثبات کنید در سوم اوت تمام روز در خانه بوده‌اید؟

0971 **bezweifeln** [bə'tsvaif(ə)ln] *V/t., bezweifelte, hat bezweifelt* — **شک داشتن**

Ich bezweifle, dass er für die Arbeit kräftig genug ist. — شک دارم که او برای این کار به‌اندازه‌ی کافی قوی باشد.

0972 **entschließen** [ɛnt'ʃli:s(ə)n] *V/refl., entschloss, hat entschlossen* — **تصمیم گرفتن**

Ich habe mich entschlossen, mit dem Rauchen aufzuhören. — تصمیم گرفته‌ام سیگار نکشم.

0973 **erraten** [ɛə*'ra:t(ə)n] *V/t., erriet, hat erraten* — **حدس زدن**

Er hat die Lösung des Tests nicht gewusst, aber erraten. — جواب آزمون را نمی‌دانست، ولی حدس زد.

0974 **geheim** [gə'haim] *Adj.* — **مخفی**

Die Papiere sind an einem geheimen Ort versteckt. — مدارک در مکانی مخفی پنهان است.

0975 **Geheimnis** [gə'haimnis] *n, -ses, -se* — **سِر، راز**

Sie hat Staatsgeheimnisse an eine Zeitung verraten. — او اسرار دولتی را برای روزنامه‌ای فاش کرده است.

0976 **klären** ['klɛ:rən] *V/t., klärte, hat geklärt* — **توضیح دادن، روشن کردن**

Ich glaube, diese Fragen lassen sich schnell klären. — فکر می‌کنم این مسائل را بتوان سریع توضیح داد.

0977 **offenbar** ['ɔf(ə)nba:*] *Adv.* — **گویا، ظاهراً**

Unter seiner alten Telefonnummer kann man ihn nicht erreichen. Er ist offenbar umgezogen. — با شماره‌ای که او به ما داد نمی‌توانیم به او دسترسی پیدا کنیم، ظاهراً از آنجا اسباب‌کشی کرده است.

0978 **offensichtlich** ['ɔf(ə)nziçtliç] *Adj.* — **از قرار معلوم**

Rainer hat schlechte Laune, er hat sich offensichtlich über etwas geärgert. — راینر بداخلاق است؛ از قرار معلوم از چیزی عصبانی شده است.

0979 **raten** ['ra:t(ə)n] *V/t., riet, hat geraten* — **توصیه کردن**

Zu dieser langen Reise kann ich dir nicht raten. — نمی‌توانم توصیه کنم به این سفر طولانی بروی.

0980 **sicherlich** ['ziçərliç] *Adv.* — **قطعاً**

- Warum ruft Rüdiger nicht an? — - چرا رودیگر تلفن نمی‌کند؟
- Das hat er sicherlich vergessen. — - قطعاً فراموش کرده است.

3.7 Gewissheit und Zweifel — یقین و تردید

0981 **so genannt** ['zo:gənant] *Adj., keine Komp.* — **کذایی**

Seine so genannte Cousine ist in Wahrheit seine Freundin. — این دخترعموی کذایی درواقع دوست‌دختر او است.

0982 **wirklich** ['virkliç] *Adj., keine Komp.* — **واقعی، حقیقی**

Ein wirklicher Freund hätte dir in dieser Situation geholfen. — در چنین موقعیتی هر دوست واقعی به تو کمک می‌کرد.

Hast du wirklich geglaubt, dass sie dir alles erzählt hat? — واقعاً فکر می‌کنی همه‌ی ماجرا را برایت تعریف کرده است؟

0983 **Wirklichkeit** ['virkliçkait] *f, -, kein Pl.* — **واقعیت، حقیقت**

Seine Freunde nennen ihn Teddy, in Wirklichkeit heißt er Theodor. — دوستانش او را تدی صدا می‌زنند، ولی درواقع اسم او تئودُر است.

0984 **Wunder** ['vundə*] *n, -s, -* — **تعجب**

Du bist viel zu dunn angezogen, kein Wunder, dass du frierst. — لباس خیلی نازکی پوشیده‌ای؛ تعجب ندارد که یخ زده‌ای.

Es wäre ein Wunder, wenn er pünktlich nach Hause käme. — عجیب بود اگر سروقت به خانه می‌آمد.

0985 **zweifellos** ['tsvaif(ə)llo:s] *Adv.* — **بی‌تردید**

Wien ist zweifellos eine interessante Stadt. — وین بی‌تردید شهر جالبی است.

0986 **zweifeln** ['tsvaif(ə)ln] *V/t., + Präp. (an)* — **شک داشتن**

Ich zweifle daran, dass sich das Auto noch reparieren lässt. — شک دارم دیگر بتوان این خودرو را تعمیر کرد.

3.8 Positive Wertung und Neutralität — ارزیابی مثبت و بی‌طرف

1-2000

0987	**bewundern** [bə'*vundə*n] *V/t., bewunderte, hat bewundert* Er wird von seinen Mitschülern bewundert, weil er ein guter Sportler ist.	**تحسین کردن** همکلاسی‌هایش او را تحسین می‌کنند، چون ورزشکار خوبی است.
0988	**echt** [ɛçt] *Adj.* Er hat sich wie ein echter Freund verhalten. Der Schmuck ist echt.	**حقیقی، واقعی، اصل** مثل دوستی واقعی رفتار کرد. این جواهر اصل است.
0989	**einfach** ['ainfax] *Adj.* Die Erklärung ist sehr einfach. Das Haus ist einfach toll.	**ساده؛ کاملاً، فوق‌العاده** توضیح خیلی ساده است. خانه فوق‌العاده عالی است.
0990	**für** [fy:ə*] *Präp.* Die Mehrheit ist für das neue Gesetz.	**موافق** اکثریت موافق قانون جدید هستند.
0991	**gefallen** [gə'fal(ə)n] *V/i., gefiel, hat gefallen* Der Film hat mir gut gefallen.	**خوش آمدن** خیلی از فیلم خوشم آمد.
0992	**günstig** ['gynstiç°] *Adj.* Ich musste nicht viel bezahlen, die Schreibmaschine war eine günstige Gelegenheit.	**مناسب** لازم نبود پول زیادی بپردازم؛ قیمت ماشین‌تحریر مناسب بود.
0993	**gut** [gu:t] *Adj., besser, am besten* Er ist ein guter Handwerker. Es geht mir gut. Ich bekomme ein gutes Gehalt.	**خوب** او صنعتگر خوبی است. حالم خوب است. حقوق خوبی دریافت می‌کنم.
0994	**halten** ['halt(ə)n] *V/t., + Präp. (für), hielt, hat gehalten* Ich halte sie für sehr intelligent.	**به‌نظر رسیدن** از نظر من، او خیلی باهوش است.
0995	**herrlich** ['hɛrliç] *Adj.* Wir hatten im Urlaub herrliches Wetter.	**عالی** در طول تعطیلات ما، هوا عالی بود.

3.8 Positive Wertung und Neutralität — ارزیابی مثبت و بی‌طرف

0996 **immerhin** [imə*hin] *Adv.* — **دست‌کم، حداقل**

Er ist ein schlechter Fahrer, aber immerhin fährt er langsam. — راننده‌ی بدی است، ولی دست‌کم آرام می‌راند.

0997 **interessant** [int(ə)rɛ'sant] *Adj., -er, am -esten* — **جالب**

Er hat mir eine interessante Geschichte erzählt. — برایم داستان جالبی تعریف کرد.

0998 **Lob** [lo:p] *n, -(e)s, kein Pl.* — **تعریف، تمجید**

Dieses Lob hat sie wirklich verdient. — واقعاً استحقاق این تعریف را داشت.

0999 **loben** ['lo:b(ə)n] *V/t., lobte, hat gelobt* — **تعریف کردن**

Für seine erfolgreiche Arbeit wurde er von der Chefin gelobt. — به‌خاطر کار موفقیت‌آمیزش رئیس از او تعریف کرد.

1000 **lohnen** ['lo:nən] *V/refl., lohnte, hat gelohnt* — **ارزشمند بودن**

Das Geschäft hat sich gelohnt. — معامله ارزشمند بود.

1001 **lustig** ['lustiç°] *Adj.* — **بامزه؛ سرگرم‌کننده، خنده‌دار**

Der Film war sehr lustig. — فیلم خیلی خنده‌داری بود.

1002 **mögen** ['mø:g(ə)n] *Mod.V., V/t., i., mochte, hat gemocht* — **دوست داشتن، خواستن**

Ich mag heute nicht fernsehen. — امروز نمی‌خواهم تلویزیون تماشا کنم.

Blumen mag ich sehr. — گل‌ها را خیلی دوست دارم.

Ich möchte gern ein Kotelett essen. — دوست دارم کتلت بخورم.

1003 **normal** [nɔr'ma:l] *Adj.* — **معمولی، عادی**

Sie fuhr mit normaler Geschwindigkeit. — با سرعت معمولی می‌راند.

1004 **nötig** ['nø:tiç°] *Adj.* — **لازم**

- Soll ich dich zum Flughafen bringen? — - تو را به فرودگاه برسانم؟

- Nein danke, das ist nicht nötig. — - نه، متشکرم؛ لازم نیست.

1005 **notwendig** ['no:tvɛndiç°] *Adj.* — **ضروری**

Die Reparatur war sehr teuer, aber leider notwendig. — تعمیر خیلی گران تمام شد، ولی متأسفانه ضروری بود.

3.8 Positive Wertung und Neutralität — ارزیابی مثبت و بی‌طرف

1006	**nutzen (nützen)** ['nuts(ə)n ['nytsən]] *V/t., i., nutzte, hat genutzt*	**استفاده کردن؛ کمک کردن**
	Sie hat ihre Chancen genutzt.	از فرصت‌هایش استفاده کرد.
	Sein gutes Zeugnis hat ihm bei der Stellensuche viel genutzt.	نمرات خوبش، کمک زیادی در پیدا کردن شغل به او کرد.
1007	**nützlich** ['nytsliç] *Adj.*	**مفید**
	Dieses Werkzeug ist sehr nützlich.	این ابزار خیلی مفید است.
1008	**nutzlos** ['nutslo:s] *Adj. -er, am -esten*	**بی‌فایده**
	Er kauft viele nutzlose Dinge.	وسایل بی‌فایده‌ی زیادی می‌خرد.
1009	**passend** ['pas(ə)nt] *Adj.*	**مناسب**
	Seine Kleidung war für die Feier nicht passend.	لباس او برای جشن مناسب نبود.
1010	**positiv** ['po:zitif] *Adj.*	**مثبت**
	Die Testergebnisse waren sehr positiv.	نتایج آزمایش خیلی مثبت بود.
1011	**prima** ['pri:ma] *Adj., indekl.*	**عالی**
	Das Essen schmeckte prima.	مزه‌ی غذا عالی بود.
1012	**recht** [rɛçt] *sein, Recht (+ bekommen, haben, geben)*	**رضایت‌بخش؛ حق، درست**
	Das ist mir recht.	برای من رضایت‌بخش است.
	Du kommst gerade recht, das Essen ist fertig.	درست به‌موقع آمدی؛ غذا آماده است.
1013	**richtig** ['riçtiç°] *Adj.*	**درست، مناسب، صحیح**
	Das ist die richtige Wohnung für uns.	این همان آپارتمان مناسب برای ما است.
	Haben Sie bisher alles richtig verstanden?	تا اینجا، آیا همه چیز را درست فهمیدید؟
1014	**stehen** ['ʃte:(ə)n] *V/i., stand, hat gestanden*	**آمدن**
	Das Hemd steht dir gut.	این پیراهن خیلی به تو می‌آید.
1015	**spannend** ['ʃpanənt] *Adj.*	**هیجان‌انگیز**
	Der Roman ist recht spannend.	این رمان حسابی هیجان‌انگیز است.
1016	**sympathisch** [zym'pa:tiʃ] *Adj.*	**دوست‌داشتنی**
	Die meisten Leute finden ihn sympathisch.	به نظر بیشتر مردم او دوست‌داشتنی است.

3.8 Positive Wertung und Neutralität — ارزیابی مثبت و بی‌طرف

1017 **Vorteil** ['fo:ə*tail] *m, -s, -e* — **امتیاز**
Nutzen Sie die Vorteile unserer Sonderangebote. — از امتیازات حراج ما برخوردار شوید.

1018 **vorziehen** ['fo:ə*tsi:(ə)n] *V/t., zog vor, hat vorgezogen* — **ترجیح دادن**
Dieser Wein ist nicht schlecht, aber ich ziehe einen süßeren vor. — این شراب بد نیست، ولی من شراب شیرین‌تر را ترجیح می‌دهم.

1019 **wahr** [va:*] *Adj.* — **حقیقی، واقعی**
Ist es wahr, dass du keinen Fernsehapparat hast? — حقیقت دارد که تلویزیون نداری؟
Was ist der wahre Grund für deine Abreise? — دلیل واقعی رفتنت چیست؟

1020 **Wahrheit** ['va:*hait] *f, -, -en* — **حقیقت**
Sie hat nicht die Wahrheit gesagt. — حقیقت را نگفت.

1021 **wichtig** ['viçtiç°] *Adj.* — **مهم**
Der Termin ist sehr wichtig. — قرار ملاقات، خیلی مهم است.

1022 **Widerspruch** ['vi:də*ʃprux] *m, -s, Widersprüche* — **مخالفت**
Gegen die Entscheidung gab es keinen Widerspruch. — با این تصمیم هیچ مخالفتی وجود نداشت.

1023 **wundern** ['vundə*n] *V/refl., wunderte, hat gewundert* — **تعجب کردن**
Ich wundere mich (es wundert mich), dass sie es geschafft hat. — تعجب می‌کنم که او از عهده‌ی این کار برآمده است.

2001-4000

1024 **ausgezeichnet** ['ausgə'tsaiçnət] *Adj.* — **عالی**
Die Ausstellung war ausgezeichnet. — نمایشگاه عالی بود.

1025 **außergewöhnlich** ['ausə*gəvø:nliç] *Adj.* — **بیش از حد**
Er ist außergewöhnlich groß. — بیش از حد بلندقد است.

1026 **befriedigend** [bə'fri:dig(ə)nt] *Adj.* — **رضایت‌بخش، قانع کننده**
Für das Problem gibt es keine befriedigende Lösung. — برای این مسئله، هیچ راه حل قانع‌کننده‌ای وجود ندارد.

3.8 Positive Wertung und Neutralität

ارزیابی مثبت و بی‌طرف

1027 **begeistern** [bə'gaistə*n] *V/t., refl., begeisterte, hat begeistert*
به‌هیجان آوردن؛ علاقه‌مند بودن
Die Vorstellung begeisterte das Publikum.
نمایش، تماشاگران را به‌هیجان آورد.
Ich kann mich für Sport nicht begeistern.
نمی‌توانم به ورزش علاقه‌مند شوم.

1028 **bevorzugen** [bə'fo:ə*tsu:g(ə)n] *V/t., bevorzugte, hat bevorzugt*
ترجیح دادن
Sie bevorzugt starke Zigaretten.
سیگارهای قوی را ترجیح می‌دهد.

1029 **eignen** ['aignən] *V/refl., eignete, hat geeignet*
مناسب بودن
Diese Schuhe eignen sich nicht zum Tanzen.
این کفش‌ها مناسب رقصیدن نیست.

1030 **erstaunlich** [εə*'ʃtaunliç] *Adj.*
عجیب، فوق‌العاده
Seine Eltern sind erstaunlich jung.
پدر و مادرش فوق‌العاده جوان هستند.

1031 **erstklassig** ['ε:rstklasiç°] *Adj.*
درجه یک
Diese sportliche Leistung war erstklassig.
این موفقیت ورزشی درجه یک بود.

1032 **geeignet** [gə'aignət] *Adj.*
مناسب
Für diese harte Arbeit ist er nicht geeignet.
برای این کار سخت، مناسب نیست.

1033 **gewohnt** [gə'vo:nt] *Adj.*
عادت
Ich bin gewohnt, früh aufzustehen.
عادت دارم زود بیدار شوم.

1034 **hervorragend** [hεə*'fo:ə*ra:g(ə)nt] *Adj.*
عالی
Zum Essen gab es einen hervorragenden Wein.
با غذا، شرابی عالی بود.

1035 **ideal** [ide'a:l] *Adj.*
بی‌نظیر، ایده‌آل
Das Wetter war ideal zum Schilaufen.
هوا برای اسکی بی‌نظیر بود.

1036 **jedenfalls** ['je:d(ə)nfals] *Adv.*
در هر حال
Ich glaube, Heiner ist wieder gesund, jedenfalls sieht er gut aus.
فکر می‌کنم حال هاینر باز هم خوب شده است، در هر حال خوب به‌نظر می‌رسد.

1037 **komisch** ['ko:miʃ] *Adj.*
عجیب؛ مسخره
Ich mag ihn nicht. Er ist ein komischer Mensch.
از او خوشم نمی‌آید. آدم عجیبی است.
Wir haben sehr gelacht. Die Situation war sehr komisch.
خیلی خندیدیم. وضعیت خیلی مسخره‌ای بود.

3.8 Positive Wertung und Neutralität — ارزیابی مثبت و بی‌طرف

1038 **korrekt** [kɔ'rɛkt] *Adj., -er, am -esten* — **صحیح**
Die Kontrolle an der Grenze war lästig, aber korrekt.
بازدید مرزی، ناراحت‌کننده بود، ولی درست انجام شد.

1039 **neutral** [nɔi'tra:l] *Adj.* — **بی‌طرف**
Viele Zuschauer fanden, dass der Schiedsrichter nicht neutral war.
بسیاری از تماشاگران معتقد بودند که داور بی‌طرف نبود.

1040 **objektiv** [ɔpjɛk'ti:f] *Adj.* — **منصف**
Die Prüfer waren objektiv.
امتحان‌کنندگان منصف بودند.

1041 **perfekt** [pɛr'fɛkt] *Adj., -er, am -esten* — **بی‌نقص**
Die Veranstaltung war perfekt organisiert.
مراسم بی‌نقص برنامه‌ریزی شده بود.

1042 **praktisch** ['praktiʃ] *Adj.* — **به‌دردبخور**
Die neue Küchenmaschine ist sehr praktisch.
دستگاه مخلوط‌کن جدید، بسیار به‌دردبخور است.

1043 **sinnvoll** ['zinfɔl] *Adj.* — **بهتر، مناسب**
Es ist sinnvoll, noch etwas zu warten.
بهتر است کمی بیشتر صبر کنیم.

1044 **stimmen** ['ʃtimən] *V/i., stimmte, hat gestimmt* — **درست بودن**
Das Datum auf der Quittung stimmt nicht.
تاریخ روی صورت‌حساب درست نیست.

1045 **vertraut** [fɛə*'traut] *Adj., -er, am -esten* — **آشنا**
Sie ist mit der Bedienung der Maschine vertraut.
با نحوه‌ی استفاده از ماشین آشنا است.

1046 **Vorbild** ['fo:ə*'bilt] *n, -(e)s, -er* — **سرمشق، الگو**
Sein erfolgreicher Bruder war immer sein Vorbild.
برادر موفقاش همیشه سرمشق او بود.

1047 **wunderbar** ['vundə*ba:*] *Adj.* — **بی‌نظیر**
Der Sänger hat eine wunderbare Stimme.
خواننده، صدایی بی‌نظیر دارد.

3.9 Negative Wertung ارزیابی منفی

1-2000

1048 **kompliziert** [kɔmpliː'tsiːə*t] *Adj. -er, am -esten* — **پیچیده، سخت**
Diese grammatische Regel ist kompliziert. — این قاعده‌ی دستوری، پیچیده است.

1049 **Kritik** [kri'tiːk] *f, -, -en* — **انتقاد**
Diese Kritik hat er nicht verdient. — مستحق این انتقاد نبود.

1050 **kritisch** ['kriːtiʃ] *Adj.* — **انتقادی**
Der Reporter stellte kritische Fragen. — خبرنگار، سؤال‌های انتقادی می‌کرد.

1051 **Mangel** ['maŋ(ə)l] *m, .-s, Mängel* — **نقص**
Das Kleid war billiger, weil es einige kleine Mängel hatte. — این لباس ارزان‌تر بود، چون چند نقص کوچک داشت.

1052 **merkwürdig** ['mɛrkvyrdiç°] *Adj.* — **عجیب**
Ich finde es merkwürdig, wie sie sich benimmt. — به‌نظر من، رفتارش عجیب است.

1053 **Nachteil** ['naːxtail] *m, -s, -e* — **اشکال، دردسر؛ ضعف، نقص، عیب**
Durch sein Alter hat er Nachteile bei der Stellensuche. — سن او برای پیدا کردن کار، برایش دردسرساز است.

1054 **Problem** [proː'bleːm] *n, -s, -e* — **مشکل**
Er hat persönliche Probleme. — مشکلات شخصی دارد.

1055 **schade** ['ʃaːdə] *Adv.* — **حیف**
Es ist schade, dass du keine Zeit hast. — حیف که وقت نداری.

1056 **schlecht** [ʃlɛçt] *Adj, -er, am -esten* — **بد، ضعیف**
Sie ist eine schlechte Schülerin. — دانش‌آموز ضعیفی است.

1057 **schlimm** [ʃlim] *Adj.* — **بد**
Er hat eine schlimme Krankheit. — بیماری بدی دارد.

1058 **unmöglich** [un'møːkliç] *Adj.* — **غیرقابل‌تحمل، غیرممکن**
Wenn sie Alkohol getrunken hat, hat sie ein unmögliches Benehmen. — هر وقت مشروب می‌خورد، رفتارش غیرقابل‌تحمل است.
Die Idee ist gut, aber unmöglich zu verwirklichen. — ایده خوب است، ولی عملی نیست.

3.9 Negative Wertung ارزیابی منفی

1059 **Unsinn** ['unzin] *m, -s, kein Pl.* **چرند**
Red doch nicht so einen Unsinn! این همه چرند نگو!

1060 **vergeblich** [fɛə*'ge:pliç] *Adj.* **بیهوده**
Ich habe vergeblich versucht, ihn anzurufen. بیهوده سعی کردم به او تلفن کنم.

2001-4000

1061 **furchtbar** ['furçtba:*] *Adj.* **خیلی؛ وحشتناک**
Ich finde den Mantel furchtbar hässlich. به‌نظرم این پالتو خیلی زشت است.
-Meine Schwester ist letzte Woche tödlich verunglückt. -خواهرم هفته‌ی پیش تصادف وحشتناکی کرد.
-Das ist ja furchtbar. -اینکه وحشتناک است.

1062 **gering** [gə'riŋ] *Adj.* **کم**
Meine Englischkenntnisse sind gering. دانش من از زبان انگلیسی کم است.

1063 **langweilig** ['laŋvailiç°] *Adj.* **کسل‌کننده، کسالت‌آور**
Der Film war langweilig فیلم کسالت‌آور بود.

1064 **mangeln** ['maŋ(ə)ln] *V/i., mangelte, hat gemangelt* **نداشتن**
Für diese Aufgabe mangelt es ihm an Erfahrung. برای انجام این وظیفه تجربه ندارد.

1065 **peinlich** ['painliç] *Adj.* **خجالت**
Es war ihr peinlich, nach der Toilette zu fragen. خجالت می‌کشید، جای توالت را بپرسد.

1066 **schrecklich** ['ʃrɛkliç] *Adj.* **حسابی؛ وحشتناک**
Ich habe einen schrecklichen Durst. حسابی تشنه‌ام.
In Mittelamerika gab es ein schreckliches Unwetter. در امریکای مرکزی، طوفان وحشتناکی بود.

1067 **seltsam** ['zɛltza:m] *Adj.* **عجیب و غریب**
Sie hat seltsame Freunde. دوستان عجیب و غریبی دارد.

1068 **unnütz** ['unnyts] *Adj., -er, am -esten* **بیهوده**
Mach dir doch keine unnützen Sorgen. نیازی نیست اینقدر نگران باشی.

3.9 Negative Wertung ارزیابی منفی

1069 **vergebens** [fɛə*'ge:b(ə)ns] *Adv.* **بی‌فایده**

Sie haben sich viel Mühe gegeben, aber es war alles vergebens. خیلی به دردسر افتادند، ولی بی‌فایده بود.

3.10 Wunsch, Bitte, Auftrag آرزو، درخواست، سفارش

1-2000

1070 **auffordern** ['auffɔrdə*n] *V/t., forderte auf, hat aufgefordert* — **خواستن**
Sie forderte uns auf, im Wartezimmer Platz zu nehmen. — از ما خواست در اتاق انتظار بنشینیم.

1071 **befehlen** [bə'fe:l(ə)n] *V/t., befahl, hat befohlen* — **دستور دادن**
Ich lasse mir von dir nichts befehlen. — من از تو دستور نمی‌گیرم.

1072 **Bitte** ['bitə] *f, -, -en* — **خواهش، درخواست**
Ich habe eine Bitte. Könnten Sie das Fenster schließen? — یک خواهش دارم. می‌شود لطف کنید و پنجره را ببندید؟

1073 **bitten** ['bit(ə)n] *V/t., i., + Präp. (um) bat, hat gebeten* — **خواهش کردن، خواستن**
Wir müssen jemanden um Hilfe bitten. — باید از کسی بخواهیم به ما کمک کند.

1074 **dürfen** ['dyrf(ə)n] *Mod. V/i., durfte, hat gedurft* — **اجازه داشتن**
Darf ich bitte Ihr Telefon benutzen? — اجازه دارم از تلفن شما استفاده کنم؟

1075 **erlauben** [ɛə*'laub(ə)n] *V/t., erlaubte, hat erlaubt* — **اجازه‌دادن**
Der Arzt hat mir erlaubt, wieder zu arbeiten. — پزشک به من اجازه داد دوباره کار کنم.

1076 **Erlaubnis** [ɛə*'laubnis] *f, -, kein Pl.* — **اجازه**
Dafür brauchen Sie die Erlaubnis des Chefs. — برای این کار به اجازه‌ی رئیس نیاز دارید.

1077 **fordern** ['fɔrdə*n] *V/t., forderte, hat gefordert* — **خواستن، مطالبه کردن**
Der Preis, den sie fordert, ist zu hoch. — بهایی که او می‌خواهد، خیلی بالا است.

1078 **Forderung** ['fɔrdəruŋ] *f, -, -en* — **خواست**
Die Forderungen der Opposition wurden im Parlament abgelehnt. — با خواست‌های جناح مخالف در مجلس مخالفت شد.

1079 **möglichst** ['mø:kliçst] *Adv.* — **هرچه**
Bitte schreiben Sie die Briefe möglichst schnell! — لطفاً هرچه سریع‌تر نامه‌ها را بنویسید!

3.10 Wunsch, Bitte, Auftrag آرزو، درخواست، سفارش

1080 **müssen** ['mys(ə)n] *Mod. V/i., musste, hat gemusst* — **بایستن**

Diese Woche muss ich Samstag arbeiten. — این هفته باید شنبه کار کنم.

Du musst nicht so viel rauchen. — نباید این همه سیگار بکشی.

Man müsste mehr Zeit haben. — باید فرصت بیشتری داشت.

1081 **sollen** ['zɔl(ə)n] *Mod. V/i., sollte, hat gesollt* — **بایستن**

Du sollst den Tisch decken, hat sie gesagt. — گفت تو باید میز را بچینی.

Hör auf! Das sollst du nicht machen. — دست بردار! نباید این کار را بکنی.

1082 **verlangen** [fɛə*'laŋ(ə)n] *V/t., verlangte, hat verlangt* — **درخواست کردن، تقاضا کردن، خواهش کردن**

Ich verlange, dass der Schaden von Ihnen bezahlt wird. — از شما خواهش می‌کنم خسارت را بپردازید.

Diese Arbeit verlangt viel Geduld. — این کار، حوصله‌ی زیادی می‌خواهد.

1083 **Vorschlag** ['fo:ə*ʃla:k] *m, -(e)s, Vorschläge* — **پیشنهاد**

Er hat einen interessanten Vorschlag gemacht. — پیشنهاد جالبی داد.

1084 **vorschlagen** ['fo:ə*ʃla:g(ə)n] *V/t., schlug vor, hat vorgeschlagen* — **پیشنهاد کردن**

Ich schlage vor, dass wir uns in meinem Büro treffen. — پیشنهاد می‌کنم در دفتر کارم همدیگر را ببینیم.

1085 **weigern** ['vaigə*n] *V/refl., weigerte, hat geweigert* — **خودداری کردن**

Er weigerte sich, dem Polizisten seinen Führerschein zu zeigen. — از ارائه‌ی گواهینامه‌اش به پلیس خودداری کرد.

1086 **wollen** ['vɔl(ə)n] *Mod. V., V/t., i., wollte, hat gewollt* — **خواستن**

Ich will gerne mit ihm sprechen, wenn du das wünschst. — اگر بخواهی، با کمال میل با او صحبت می‌کنم.

1087 **Wunsch** [vunʃ] *m, -es, Wünsche* — **درخواست، خواسته**

Diesen Wunsch kann ich Ihnen leider nicht erfüllen. — متأسفانه این درخواست شما را نمی‌توانم برآورده کنم.

1088 **wünschen** ['vynʃ(ə)n] *V/t., refl., wünschte, hat gewünscht* — **آرزو کردن**

Ich wünsche dir viel Glück! — برایت آرزوی موفقیت فراوان می‌کنم!

3.10 Wunsch, Bitte, Auftrag آرزو، درخواست، سفارش

2001-4000

1089 **anordnen** ['anɔrdnən] *V/t., ordnete an, hat angeordnet* — **مقرر کردن، برقرار کردن**

Wegen der schlechten Luft wurde in Hamburg ein Fahrverbot für Autos angeordnet.

به‌دلیل هوای بد در هامبورگ ممنوعیت عبور و مرور خودروها برقرار شد.

1090 **Anregung** ['anre:guŋ] *f, -, -en* — **پیشنهاد، فکر**

Haben Sie eine Idee? Wir sind für jede Anregung dankbar.

ایده‌ای دارید؟ ما از هر پیشنهادی استقبال می‌کنیم.

1091 **beauftragen** [bə'auftra:g(ə)n] *V/t., beauftragte, hat beauftragt* — **سفارش دادن**

-Willst du die Garage selber bauen?

-Nein, ich habe eine Firma beauftragt.

- خودت می‌خواهی پارکینگ بسازی؟

- نه، به شرکتی سفارش داده‌ام.

1092 **bestimmen** [bə'ʃtimən] *V/t., bestimmte, hat bestimmt* — **تعیین کردن، تصمیم گرفتن**

Das bestimmt der Chef alleine.

دراین‌باره فقط خود رئیس تصمیم می‌گیرد.

1093 **drängen** ['drɛŋən] *V/t., i., drängt, hat gedrängt* — **وادار کردن، اصرار کردن**

Er drängte mich, noch zu bleiben.

مرا وادار کرد باز هم بمانم.

Die Kinder drängten, einen Spaziergang zu machen.

بچه‌ها اصرار کردند به گردش برویم.

1094 **erfüllen** [ɛə*'fyl(ə)n] *V/t., erfüllte, hat erfüllt* — **برآورده کردن**

Leider kann ich Ihre Bitte nicht erfüllen.

متأسفانه نمی‌توانم خواسته‌ی شما را برآورده کنم.

1095 **freiwillig** ['fraiviligᵒ] *Adj.* — **به‌خواست خود**

Unsere Kinder gehen nie freiwillig ins Bett.

بچه‌های ما هیچ‌وقت به‌خواست خود به رختخواب نمی‌روند.

1096 **gehorchen** [gə'hɔrç(ə)n] *V/t., gehorchte, hat gehorcht* — **اطاعت کردن**

Der Hund ist lieb, aber er gehorcht nicht.

این سگ دوست‌داشتنی است، ولی اطاعت نمی‌کند.

1097 **gestatten** [gə'ʃtat(ə)n] *V/t., gestattete, hat gestattet* — **اجازه دادن**

Gestatten Sie, dass ich rauche?

اجازه می‌دهید سیگار بکشم؟

3.10 Wunsch, Bitte, Auftrag آرزو، درخواست، سفارش

1098 **veranlassen** [fɛə*'anlas(ə)n] *V/t., veranlasste, hat veranlasst*
باعث شدن
Ich habe veranlasst, dass die Türen neu gestrichen werden.
من باعث شدم درها را دوباره رنگ کنند.

1099 **verbieten** [fɛə*'biːt(ə)n] *V/t., verbot, hat verboten*
ممنوع کردن
Dieser Film ist für Jugendliche unter 18 verboten worden.
این فیلم برای افراد زیر ۱۸ سال ممنوع است.

1100 **verpflichten** [fɛə*'pfilçt(ə)n] *V/t., refl., verpflichtete, hat verpflichtet*
موظف کردن، متعهد شدن، قول دادن
Sein Beruf als Arzt verpflichtet ihn, jedem Verletzten zu helfen.
کارش در مقام پزشک او را موظف می‌کند به مجروحان کمک کند.
Ich habe mich verpflichtet, darüber zu schweigen.
قول دادم در این‌باره سکوت کنم.

3.11 Höflichkeitsformeln, Ausrufe, Floskeln — تعارف‌ها، شگفتی‌ها، تکیه کلام

1-2000

1101 **auf Wiedersehen** [auf'vi:də*se:(ə)n] — **به‌امید دیدار، خداحافظ**
Auf Wiedersehen bis morgen, Frau Schröder! — خانم شرودر، به‌امید دیدار، تا فردا!

1102 **bitte** ['bitə] *Adv.* — **خواهش می‌کنم**
- Danke sehr! — خیلی ممنون!
- Bitte! — خواهش می‌کنم!
- Darf ich Ihnen helfen? — اجازه دارم به شما کمک کنم؟
- Ja bitte! — بله، خواهش می‌کنم!

1103 **Dank** [daŋk] *m, -(e)s, kein Pl.* — **تشکر**
Vielen Dank für Ihren Brief. — از نامه‌ی شما بسیار متشکرم.

1104 **danken** ['daŋk(ə)n] *V., i., + Präp. (für), dankte, hat gedankt* — **تشکر کردن**
Ich danke Ihnen für Ihre Hilfe. — از کمک شما متشکرم.

1105 **Frau** [frau] *f, -, -en* — **خانم**
Guten Tag, Frau Volkers! Wie geht es Ihnen? — روزبه‌خیر، خانم فولکرس! حال شما چطور است؟

1106 **Fräulein** ['frɔilain] *n , -s, - (veraltet)* — **دوشیزه**
Guten Abend, Fräulein Welz! — عصربه‌خیر، دوشیزه ولتس!

1107 **geehrt** [gə'e:ə*t] — **محترم**
Sehr geehrte Frau Weber, . . . (Anrede in einem Brief) — خانم وبر محترم ... (خطاب در نامه)

1108 **Glückwunsch** ['glykvunʃ] *m, -(e)s, Glückwünsche* — **تبریک**
Herzlichen Glückwunsch zum Geburtstag! — تولدت مبارک!

1109 **gratulieren** [gratu'li:r(ə)n] *V., i., gratulierte, hat gratuliert* — **تبریک گفتن**
Wir gratulieren dir zur bestandenen Prüfung! — قبولی در امتحان را به شما تبریک می‌گوییم!

1110 **guten Abend** ['gu:t(ə)n 'a:b(ə)nt] — **شب‌به‌خیر، عصربه‌خیر**
Guten Abend, Herr Pelz! — شب‌به‌خیر، آقای پلتس!

3.11 Höflichkeitsformeln, Ausrufe, Floskeln — تعارف‌ها، شگفتی‌ها، تکیه کلام

1111 **guten Morgen** ['gu:t(ə)n 'mɔə*g(ə)n] — **صبح‌به‌خیر**
Guten Morgen! — سلام! صبح‌به‌خیر!

1112 **guten Tag** ['gu:t(ə)n'ta:k] — **سلام، روزبه‌خیر**
Guten Tag, Herbert! — روزبه‌خیر، هربرت!

1113 **Herr** [hεə*] *m, -n, -en* — **آقا**
Guten Morgen, Herr Albers! Wie geht's? — صبح‌به‌خیر آقای آلبرس! حال شما چطور است؟

1114 **ich wünsche Ihnen . . .** [iç 'vynʃe i:nən] — **آرزو می کنم ...**
ich wünsche Ihnen viel Erfolg bei den Verhandlungen! — آرزو می‌کنم در مذاکرات بسیار موفق باشید!

1115 **willkommen** [vil'kɔmən] *Adj.* — **خوش آمدید**
Willkommen in unserem Haus! — به خانه‌ی ما خوش آمدید!

2001-4000

1116 **Achtung** ['axtuŋ] *f, -, kein Pl.* — **توجه، مواظب باش**
Achtung Stufe! Pass auf! — مواظب باش، پله! دقت کن!

1117 **Grüß Gott** [gry:s 'gɔt] *(süddt.)* — **روزبه‌خیر، سلام**
Grüß Gott, Frau Berner! — سلام، خانم برنر!

1118 **herzlich** ['hεrtsliç] *Adj.* — **صمیمانه**
Herzlichen Dank für das schöne Geschenk! — تشکر صمیمانه از بابت هدیه‌ی زیبا!

1119 **leidtun** ['laittu:n] — **متأسف بودن**
Es tut mir leid, dass ich zu Spät komme. — متأسفم که دیر آمدم.

1120 **Verzeihung** [fεə*'tsaiuŋ] *f, -, kein Pl.* — **ببخشید، معذرت**
Verzeihung! Können Sie mir sagen, wie spät es ist? — ببخشید! می‌شود بگویید ساعت چند است؟

1121 **Wie geht es Ihnen?/ Wie geht's?** [vi:'ge:tεs'i:nən/-:'gets] — **حال شما چطور است؟**
-Wie geht es Ihnen, Frau Simmer? — -حال شما چطور است خانم زیمر؟
-Gut! — -خوب!

4.1 Identifizierung هویت

1-2000

1122 **erwachsen** [ɛə*'vaks(ə)n] *Adj.* — **بزرگسال**
Er hat zwei erwachsene Kinder. — دو فرزند بزرگسال دارد.

1123 **Erwachsene** [ɛə*'vaks(ə)nə] *m/f, -n, -n* — **(فرد) بزرگسال**
Der Eintritt kostet für Erwachsene 4,- € für Kinder die Hälfte. — ورودیه‌ی بزرگسالان ۴ یورو و کودکان نصف آن است.

1124 **Familienname** [fa'mi:ljənna:mə] *m, -ns, -n* — **نام خانوادگی**
Ihr Familienname ist Wenzel. — نام خانوادگی او ونتسل است.

1125 **Frau** [frau] *f, -, -en* — **زن**
In unserer Abteilung arbeiten vier Männer und drei Frauen. — در بخش ما چهار مرد و سه زن کار می‌کنند.

1126 **heißen** ['hais(ə)n] *V/i., hieß, hat geheißen* — **نامیدن**
Ich heiße Petra, und wie heißt du? — اسم من پترا است، اسم تو چیست؟

1127 **Jugendliche** ['ju:g(ə)ntliçə] *m/f, -n, -n* — **جوانان**
Die Arbeitslosigkeit bei Jugendlichen ist recht hoch. — بیکاری بین جوانان واقعاً زیاد است.

1128 **Junge** ['juŋə] *m, -n, -n* — **پسر**
Vera hat letzte Woche ihr Kind bekommen, es ist ein Junge. — ورا هفته‌ی پیش بچه‌اش را به‌دنیا آورد، پسر است.

1129 **Kind** [kint] *n, -es, -er* — **فرزند**
Wir haben zwei Kinder. — ما دو فرزند داریم.

1130 **Mann** [man] *m, -(e)s, Männer* — **مرد**
Den Beruf ‚Automechaniker' lernen heute nicht nur Männer, sondern auch einige Frauen. — امروز نه تنها مردان، بلکه زنان هم شغل «مکانیکی» را یاد می‌گیرند.

1131 **Mensch** [mɛnʃ] *m, -en, -en* — **نفر**
Auf der Erde leben ca. 6 Milliarden Menschen. — جمعیت دنیا حدود ۶ میلیارد نفر است.

1132 **menschlich** ['mɛnʃliç] *Adj.* — **انسانی**
Fehler zu machen, ist menschlich. — انسان جایزالخطا است.

4.1 Identifizierung هویت

1133 **Mädchen** ['mɛːtçən] *n, -s, -* **دختر**

In unserer Klasse gibt es nur Mädchen, keine Jungen.
در کلاس ما فقط دختران هستند و پسر نیست.

1134 **Name** ['naːmə] *m, -ns, -n* **اسم**

Kennst du seinen Namen?
اسم او را می‌دانی؟

1135 **nennen** ['nɛnən] *V/t., nannte, hat genannt* **نامیدن، صدا زدن**

Sie heißt Ursula, aber genannt wird sie Uschi.
نامش اورزولا است، ولی او را اوشی صدا می‌زنند.

1136 **Pass** [pas] *m, -es, Pässe* **گذرنامه**

An der Grenze muss man seinen Pass zeigen.
سر مرز باید گذرنامه‌ات را نشان بدهی.

1137 **persönlich** [pɛr'zøːnliç] *Adj.* **شخصاً**

Wir haben mehrere Male miteinander telefoniert, aber wir kennen uns nicht persönlich.
ما چندین بار تلفنی با هم صحبت کرده‌ایم، ولی شخصاً همدیگر را نمی‌شناسیم.

1138 **Vorname** ['foːə°naːmə] *m, -ns, -n* **اسم کوچک**

Sie hat drei Vornamen.
سه اسم کوچک دارد.

1139 **Zuname** ['tsuːnaːmə] *m, -ns, -n* **نام خانوادگی**

Wie ist Ihr Zuname? Meyer?
نام خانوادگی شما چیست؟ مایر؟

2001-4000

1140 **Baby** ['beːbi] *n, -s, -s* **نوزاد**

Als Baby war er ziemlich dick.
در دوران نوزادی نسبتاً چاق بود.

1141 **Dame** ['daːmə] *f, -, -n* **خانم**

Sehr geehrte Damen und Herren, ich bitte um Ihre Aufmerksamkeit.
خانم‌ها و آقایان! خواهش می‌کنم توجّه بفرمایید.

1142 **Geschlecht** [gə'ʃlɛçt] *n, -(e)s, -er* **جنسیت**

Bei der Berufswahl gibt es auch heute noch große Unterschiede zwischen den Geschlechtern.
در انتخاب شغل، هنوز هم تفاوت‌های زیادی بین جنسیت‌ها وجود دارد.

1143 **Herr** [hɛə] *m, -n, -en* **آقا**

Kennen Sie den Herrn in dem hellen Anzug?
آن آقا با کت‌وشلوار روشن را می‌شناسید؟

4.1 Identifizierung هویت

1144 **Lebenslauf** ['le:b(ə)nslauf] *m, -(e)s, Lebensläufe* — **زندگی‌نامه، رزومه، کارنامک**

Für die Bewerbung muss der Lebenslauf handschriftlich geschrieben werden.

برای تقاضا باید زندگی‌نامه به خط خود فرد نوشته شود.

1145 **männlich** ['mɛnliç] *Adj.* — **مردانه**

Er hat eine sehr männliche Stimme.

صدای بسیار مردانه‌ای دارد.

1146 **Person** [pɛr'zo:n] *f, -, -en* — **نفر**

Wie viele Personen kommen zu deiner Geburtstagsfeier?

چند نفر به جشن تولد تو می‌آیند؟

1147 **Rasse** ['rasə] *f, -, -n* — **نژاد**

Leider gibt es immer wieder Rassenkonflikte.

متأسفانه باز هم درگیری‌های نژادی وجود دارد.

1148 **Titel** ['ti:t(ə)l] *m, -s, -* — **عنوان، لقب**

Frau Prof. Dr. Scholz möchte mit ihrem Titel angesprochen werden.

خانم پروفسور دکتر شولتس دوست دارند ایشان را با عنوان خطاب کنند.

1149 **weiblich** ['vaipliç] *Adj.* — **زنانه**

Sie hat eine weibliche Figur.

ظاهری زنانه دارد.

4.2 Familie und Verwandtschaft خانواده و خویشاوندی

1-2000

1150 **Angehörige** ['angəhø:rigə] *m/f, -n, -n* — **خویشاوند**
Der Verstorbene hatte keine Angehörigen. — متوفی، خویشاوندی نداشت.

1151 **Bruder** ['bru:də*] *m, -s, Brüder* — **برادر**
Mein Bruder lebt in Kanada. — برادرم در کانادا زندگی می‌کند.

1152 **Ehe** ['e:ə] *f, -, -n* — **ازدواج**
In Deutschland wird zurzeit jede dritte Ehe geschieden. — در آلمان یک‌سوم ازدواج‌ها به طلاق منجر می‌شود.

1153 **Ehefrau** ['e:əfrau] *f, -, -en* — **زن، همسر**
Seine Ehefrau ist in Italien geboren. — زن او در ایتالیا به‌دنیا آمد.

1154 **Ehemann** ['e:əman] *m, -(e)s, Ehemänner* — **شوهر، همسر**
Ich habe meinen Ehemann schon als Kind gekannt. — شوهرم را از موقعی که بچه بودیم، می‌شناختم.

1155 **Ehepaar** ['e:əpa:*] *n, -(e)s, -e* — **زوج، زن و شوهر**
Wir sind mit einem dänischen Ehepaar befreundet. — ما با یک زوج دانمارکی دوست هستیم.

1156 **Eltern** ['ɛltə*n] *nur Pl.* — **پدر و مادر، والدین**
Er wohnt mit 30 Jahren immer noch bei seinen Eltern. — با سی سال سن هنوز با پدر و مادرش زندگی می‌کند.

1157 **Familie** [fa'mi:ljə] *f, -, -n* — **خانواده**
Sie hat eine große Familie. — خانواده‌ی بزرگی دارد.

1158 **Geschwister** [gə'ʃvistə*] *nur Pl.* — **خواهر و برادر**
Ich habe keine Geschwister. — من، خواهر و برادر ندارم؛ تنها فرزندم.

1159 **heiraten** ['haira:t(ə)n] *V/t., heiratete, hat geheiratet* — **ازدواج کردن**
Er hat seine Jugendfreundin geheiratet. — با دوست دوره‌ی کودکی خود ازدواج کرد.

1160 **Kuss** [kus] *m, -es, Küsse* — **بوسه**
Sie gab ihm zum Abschied einen Kuss. — هنگام خداحافظی، بوسه‌ای به او داد.

4.2 Familie und Verwandtschaft — خانواده و خویشاوندی

1161 **küssen** ['kys(ə)n] *V/t., küsste, hat geküsst* — **بوسیدن**
Das Kind mag nicht gerne geküsst werden. — بچه زیاد دوست ندارد او را ببوسند.

1162 **Mutter** ['mutə*] *f, -, Mütter* — **مادر**
Sie telefoniert täglich mit ihrer Mutter. — هر روز به مادرش تلفن می‌کند.

1163 **Onkel** ['ɔŋk(ə)l] *m, , -s, -* — **عمو، دایی**
Ich habe meinen Onkel lange nicht gesehen. — مدت‌ها است که عمویم را ندیده‌ام.

1164 **Paar** [pa:*] *n, -(e)s, -e* — **زوج**
Auf der Feier waren fast nur Paare. — در جشن تقریباً فقط زوج‌ها بودند.

1165 **Schwester** ['ʃvɛstə*] *f, -, -n* — **خواهر**
Sie sieht ihrer Schwester sehr ähnlich. — خیلی شبیه خواهرش است.

1166 **Sohn** [zo:n] *m, -(e)s, Söhne* — **پسر**
Sie möchte, dass ihr Sohn Ingenieur wird. — دوست دارد پسرش مهندس شود.

1167 **Tante** ['tantə] *f, -, -n* — **عمه، خاله**
Meine Tante ist noch sehr jung. — عمه‌ام هنوز خیلی جوان است.

1168 **Tochter** ['tɔxtə*] *f, -, Töchter* — **دختر**
Ihre Tochter geht noch zur Schule. — دختر آنها هنوز به مدرسه می‌رود.

1169 **Vater** ['fa:tə*] *m, -s, Väter* — **پدر**
Er ist mit 60 Jahren noch einmal Vater geworden. — در شصت سالگی، دوباره پدر شده است.

1170 **verwandt** [fɛə*'vant] *Adj., keine Komp.* — **خویشاوند**
Wir sind miteinander verwandt. — ما باهم خویشاوندیم.

1171 **Verwandte** [fɛə*'vantə] *m/f, -n, -n* — **(فرد) خویشاوند**
Bei der Familienfeier haben sich viele Verwandte getroffen. — در جشن خانوادگی، با اقوام زیادی ملاقات کردیم.

4.2 Familie und Verwandtschaft خانواده و خویشاوندی

2001-4000

1172 **Braut** [braut] *f, -, Bräute* — **عروس**
Seine Braut ist älter als er. — عروس او بزرگ‌تر از خودش است.

1173 **Bräutigam** ['brɔitigam] *m, -s, -e* — **داماد**
Der Bräutigam war bei der Hochzeit sehr nervös. — در مراسم عروسی داماد خیلی عصبی بود.

1174 **Enkel** ['ɛŋk(ə)l] *m, -s, -* **Enkelin** ['ɛŋkəlin] *f, -, -nen* — **نوه (پسر)، نوه (دختر)**
Der Großvater geht mit seinem Enkel oft in den Zoo. — پدربزرگ با نوه‌اش اغلب به باغ‌وحش می‌رود.

1175 **erziehen** [ɛə*'tsi:(ə)n] *V/t., erzog, hat erzogen* — **تربیت کردن**
Sie erziehen ihr Kind sehr frei. — فرزندشان را خیلی آزاد تربیت می کنند.

1176 **Erziehung** [ɛə*'tsi:uŋ] *f, -, kein Pl.* — **تربیت**
Sie hat viele Bücher über Kindererziehung gelesen. — درباره‌ی تربیت کودک، کتاب‌های زیادی خوانده است.

1177 **Großeltern** ['gro:sɛltə*n] *nur Pl.* — **پدربزرگ و مادربزرگ**
Unsere Tochter verbrachte die Ferien bei ihren Großeltern. — دختر ما تعطیلات‌اش را پیش پدربزرگ و مادربزرگ‌اش گذراند.

1178 **Großmutter** ['gro:smutə*] *f, -, Großmütter* — **مادربزرگ**
Meine Großmutter ist vor fünf Jahren gestorben. — مادربزرگ من پنج سال پیش مُرد.

1179 **Großvater** ['gro:sfa:tə*] *m, -s, Großväter* — **پدربزرگ**
Ihr Großvater ist 73 Jahre alt. — پدربزرگ آنها ۷۳ ساله است.

1180 **Hochzeit** ['hɔxtsait] *f, -, -en* — **عروسی**
Unsere Hochzeit haben wir in einem Restaurant gefeiert. — عروسی خودمان را در رستورانی جشن گرفتیم.

1181 **Kusine** ['kuzi:nə] *f, -, -n (auch: Cousine)* — **دخترعمو/دختردایی/دخترخاله/دخترعمه**
Meine Kusine habe ich seit Jahren nicht gesehen. — دخترعمویم را از سال‌ها پیش ندیده‌ام.

4.2 Familie und Verwandtschaft — خانواده و خویشاوندی

1182 **ledig** ['le:diç°] *Adj., keine Komp.* — **مجرد**
Petra ist immer noch ledig. — پترا هنوز هم مجرد است.

1183 **Neffe** ['nɛfə] *m, -n, -n* — **برادرزاده/ خواهرزاده، پسر برادر/ پسر خواهر**
Mein Neffe und ich verstehen uns gut. — من و برادرزاده‌ام حرف همدیگر را خوب می‌فهمیم.

1184 **Nichte** ['niçtə] *f, -, -n* — **برادرزاده/ خواهرزاده، دختر برادر/ دختر خواهر**
Meine Nichte lebt in Mailand. — برادرزاده‌ام در میلان زندگی می‌کند.

1185 **scheiden** ['ʃaid(ə)n] *V/refl., rzp., schied, hat geschieden* — **طلاق گرفتن**
Wir werden uns scheiden lassen. — می‌خواهیم از هم طلاق بگیریم.

1186 **Schwager** ['ʃva:gə*] *m, -s, Schwäger* **Schwägerin** ['ʃvɛ:gərin] *f -, -nen* — **باجناق؛ جاری؛ برادرزن/ برادرشوهر/ شوهرخواهر/ خواهر زن/ خواهرشوهر/ زن‌برادر**
Mit meinem Schwager bin ich zusammen zur Schule gegangen. — با باجناقم به یک مدرسه می‌رفتم.

1187 **Schwiegereltern** ['ʃvi:gə*ɛltə*n] *nur Pl.* — **والدین همسر**
Meine Schwiegereltern finde ich nicht sehr sympathisch. — والدین همسرم به‌نظر من خیلی مهربان نیستند.

1188 **Trauung** ['trauuŋ] *f, -, -en* — **(مراسم) ازدواج**
Die Trauung ist am nächsten Freitag. — مراسم ازدواج جمعه‌ی آینده است.

1189 **verloben** [fɛə*'lo:b(ə)n] *V/refl., verlobte, hat verlobt* — **نامزد کردن**
Brigitte und Uwe haben sich letzte Woche verlobt. — بریگیته و اوه، هفته‌ی گذشته باهم نامزد کردند.

1190 **Vetter (Cousin)** ['fɛtə* (ku'zɛ̃)] *m, -s, -n* — **پسرعمو/ پسردایی/ پسرعمه/ پسر خاله**
Ich bin mit meinem Vetter zusammen aufgewachsen. — من با پسرعمویم بزرگ شده‌ام.

1191 **Witwe** ['vitvə] *f, -, -n* **Witwer** ['vitvə] *m, -s, -* — **بیوه**
Sie ist schon seit vielen Jahren Witwe. — سال‌های زیادی است که بیوه است.

4.3 Soziale Bindungen — پیوندهای اجتماعی

1-2000

1192 **Bekannte** [bə'kantə] *m/f, -n, -n* — **آشنا**
Frau Renken ist eine alte Bekannte von mir.
خانم رنکن، آشنای قدیمی من است.

1193 **fremd** ['frɛmt] *Adj.* — **غریب، ناآشنا**
Ich bin von einer fremden Person gefragt worden, ob in unserem Haus ein Herr Zech wohnt.
غریبه‌ای از من پرسید که در ساختمان ما آقای تسش زندگی می‌کند یا نه.

1194 **Fremde** [frɛmdə] *m/f, -n, -n* — **(فرد) غریبه**
Unser Hund bellt sofort, wenn ein Fremder auf unser Grundstück kommt.
اگر غریبه‌ای به زمین ما بیاید، سگ ما فوراً پارس می‌کند.

1195 **Freund** ['frɔint] *m, -es, -e* **Freundin** ['frɔindin] *f, -, -nen* — **دوست**
Elmar spielt draußen mit seinen Freunden.
المار بیرون با دوستانش بازی می‌کند.

1196 **Freundschaft** ['frɔintʃaft] *f, -, -en* — **دوستی**
Du musst dich nicht bedanken. Das habe ich aus Freundschaft getan.
از من نباید تشکر کنی. این کار را به‌خاطر دوستی انجام دادم.

1197 **Gesellschaft** [gə'zɛlʃaft] *f, -, -en* — **جامعه، حضور، انجمن**
In unserer Gesellschaft gibt es eine sehr kleine und reiche Oberschicht.
در جامعه‌ی ما طبقه‌ای بسیار کوچک و ثروتمند وجود دارد.
Ich fühle mich in seiner Gesellschaft nicht wohl.
در حضور او احساس خوبی ندارم.
Ich bin Mitglied der „Deutsch-Arabischen Gesellschaft".
من عضو «انجمن آلمانی‌ها و اعراب» هستم.

1198 **Partner** ['partnə*] *m, -s, -* **Partnerin** ['partnərin] *f, -, -nen* — **شریک، همسر**
Frau Janßen ist meine Geschäftspartnerin.
خانم یانسن شریک کاری من است.
Sie ist ohne ihren Partner zur Feier gekommen.
بدون همسرش به جشن آمد.

1199 **Pflicht** [pfliçt] *f, -, -en* — **وظیفه**
Es ist meine Pflicht, Ihnen zu helfen.
وظیفه‌ی من است که به شما کمک کنم.

1200 **privat** [pri'va:t] *Adj. -er, am -esten* — **خصوصی**
Privat ist er ein anderer Mensch als im Betrieb.
در زندگی خصوصی، آدم متفاوتی از محل کار است.

4.3 Soziale Bindungen پیوندهای اجتماعی

2001-4000

1201 **abhängen** ['aphɛŋən] *V/i., + Präp. (von), hing ab, hat abgehangen*
Es hängt vom Wetter ab, wann wir das Haus streichen.

بستگی داشتن
اینکه کی خانه را رنگ کنیم، به هوا بستگی دارد.

1202 **abhängig** ['aphɛŋiç°] *Adj.*
Sie ist finanziell von ihren Eltern abhängig.

وابسته
از نظر مالی به والدینش وابسته است.

1203 **angehören** ['angəhø:r(ə)n] *V/i., gehörte an, hat angehört*
Sie gehören beide demselben Sportverein an.

عضو بودن
هر دو عضو یک باشگاه ورزشی هستند.

1204 **Feind** [faint] *m, -es, -e* **Feindin** ['faindin] *f, -, -nen*
Die meisten Leute mögen ihn nicht, aber wirkliche Feinde hat er sicher nicht.

دشمن
بیشتر مردم او را دوست ندارند، ولی مسلماً دشمن واقعی ندارد.

1205 **freundschaftlich** ['frɔintʃaftliç] *Adj.*
Zwischen Frankreich und der Bundesrepublik gibt es eine freundschaftliche Beziehung.

دوستانه
بین فرانسه و جمهوری فدرال آلمان، روابطی دوستانه برقرار است.

1206 **gesellschaftlich** [gə'zɛlʃaftliç] *Adj., keine Komp.*
Die Arbeitslosigkeit ist ein wichtiges gesellschaftliches Problem.

اجتماعی
بیکاری مشکل اجتماعی مهمی است.

1207 **Kamerad** [kamə'ra:t] *m, -en, -en* **Kameradin** [kamə'ra:din] *f, -, -nen*
Georg und ich sind Schulkameraden.

همکلاسی
من و گئورک همکلاسی هستیم.

4.4 Berufe مشاغل

1-2000

1208 **Angestellte** ['angəʃtɛltə] *m/f, -n, -n* — **کارمند (غیردولتی)**
Sie arbeitet als Büroangestellte bei Helmers & Co. — کارمند دفتر هلمر و شرکا است.

1209 **Arbeiter** ['arbaita*] *m, -s, -*
Arbeiterin ['arbaitərin] *f, -, -nen* — **کارگر**
Die Arbeiter werden morgens mit einem Kleinbus zur Baustelle gebracht. — صبح‌ها کارگران را با مینی‌بوس به کارگاه ساختمانی می‌آورند.

1210 **Bäcker** ['bɛkə*] *m, -s, -* **Bäckerin** ['bɛkərin] *f, -, -nen* — **نانوا**
Der Bäcker in der Holzstraße backt die besten Brötchen. — نانوای خیابان هولتس، بهترین نانک را می‌پزد.

1211 **Bauer** ['bauə*] *m, -n, -n* **Bauerin** ['bɔiərin] *f, -, -nen* — **کشاورز**
Frische Milch kaufe ich direkt beim Bauern. — شیر تازه را مستقیم از کشاورزان می‌خرم.

1212 **Beamte** [bə'amtə] *m, -n, -n* **Beamtin** [bə'amtin] *f, -, -nen* — **کارمند (دولتی)**
Er arbeitet als Beamter bei der Post. — او کارمند اداره‌ی پست است.

1213 **Beruf** [bə'ru:f] *m, -(e)s, -e* — **شغل**
Was sind Sie von Beruf? — شغل شما چیست؟، چه کاره‌اید؟

1214 **beruflich** [bə'ru:fliç] *Adj, keine Komp.* — **از نظر شغلی**
Sie ist beruflich sehr erfolgreich. — از نظر شغلی بسیار موفق است.

1215 **berufstätig** [bə'ru:fstɛ:tiç°] *Adj., keine Komp.* — **شاغل**
Die Eltern von Sven sind beide berufstätig. — پدر و مادر سون هر دو شاغل‌اند.

1216 **Hausfrau** ['hausfrau] *f, -, -en* — **خانه‌دار**
Meine Mutter war immer Hausfrau. — مادرم همیشه خانه‌دار بود.

1217 **Ingenieur** [inʒen'jø:ə*] *m, -s, -e*
Ingenieurin [inʒen'jø:rin] *f, -, -en* — **مهندس**
Sie studiert an einer Fachhochschule, um Ingenieurin zu werden. — در دانشگاه تحصیل می‌کند تا مهندس شود.

4.4 Berufe مشاغل

1218 **Meister** ['maistə*] *m, -s, -* **Meisterin** ['maistərin] *f, -, -nen* — **استادکار**

Unser Sohn ist Automechaniker. Nächstes Jahr will er seine Meisterprüfung machen.

پسر ما مکانیک خودرو است. سال آینده می‌خواهد امتحان استادکاری بدهد.

1219 **Politiker** [po'li:tikə*] *m, -s, -* **Politikerin** [po'li:tikərin] *f, -, -nen* — **سیاستمدار**

Sie ist seit zehn Jahren Politikerin.

ده سال است که سیاستمدار است.

1220 **Sekretär** [zekre'tɛ:ə*] *m, -s, -e* **Sekretärin** [zekre'tɛ:rin] *f, -, nen* — **منشی**

Sie sucht eine interessante Stelle als Sekretärin.

به‌دنبال کاری جالب به‌عنوان منشی می‌گردد.

1221 **Techniker** ['tɛçnikə*] *m, -s, -* **Technikerin** ['tɛçnikərin] *f, -, nen* — **تکنسین**

Besprechen Sie dieses Problem bitte mit unserem Techniker. Er kennt die Maschine genau.

لطفاً درباره‌ی این مسئله با کارشناس ما صحبت کنید. او همه چیز را درباره‌ی این ماشین می‌داند.

1222 **Verkäufer** [fɛə*'kɔifə*] *m, -s, -* **Verkäuferin** [fɛə*'kɔifərin] *f, -, nen* — **فروشنده**

Der Verkäufer war freundlich und hat mich gut bedient.

فروشنده مهربان بود و به من خیلی کمک کرد.

2001-4000

1223 **Architekt** [arçi'tɛkt] *m, -en* **Architektin** [arçi'tɛktin] *f, -nen* — **(مهندس) معمار**

Wir haben unser Haus von einen Architekten planen lassen.

سفارش کشیدن نقشه‌ی خانه‌ی خود را به یک مهندس معمار دادیم.

1224 **Assistent** [asis'tɛnt] *m, -en, -en* **Assistentin** [asis'tɛntin] *f, -, -nen* — **معاون**

Unser Chef hat seit Januar einen neuen Assistenten.

رئیس ما از ژانویه معاون جدیدی دارد.

1225 **Dolmetscher** ['dɔlmɛtʃə*] *m, -s, -* **Dolmetscherin** ['dɔlmɛtʃərin] *f, -, -nen* — **مترجم (شفاهی)**

Sie ist Dolmetscherin für Spanisch.

او مترجم اسپانیولی است.

1226 **Fleischer** ['flaiʃə*] *m, -s, -* **Fleischerin** ['flaiʃərin] *f, -, -nen* — **قصّاب**

Der Fleischer in der Gaststraße macht ausgezeichnete Wurst.

قصّاب خیابان گاست، کالباس‌های فوق‌العاده‌ای درست می‌کند.

1227 **Friseur** [fri'zø:ə*] *m, -s, -e* **Friseuse** [fri'zø:zə] *f, -, -n*

سلمانی

Ich lasse meine Haare immer bei demselben Friseur schneiden.

من همیشه موهایم را پیش یک سلمانی کوتاه می‌کنم.

1228 **Geschäftsmann** [gə'ʃɛftsman] *m, -(e)s, -männer* **Geschäftsfrau** [gə'ʃɛftsfrau] *f, -, -en*

بازرگان، تاجر

Auch ihre Freunde wundern sich, aber Sabine ist eine erfolgreiche Geschäftsfrau geworden.

حتی دوستانش هم تعجب می‌کنند، ولی زابینه تاجر موفقی شده است.

1229 **Handwerker** ['hantvɛrkə*] *m, -s, -* **Handwerkerin** ['hantvɛrkərin] *f, -, -nen*

صنعتگر

Gute Handwerker sind heutzutage schwer zu bekommen.

صنعتگران خوب را امروزه به‌سختی می‌توان پیدا کرد.

1230 **Journalist** [ʒurna'list] *m, -en, -en* **Journalistin** [ʒurna'listin] *f, -, -nen*

روزنامه‌نگار

Er ist freier Journalist und arbeitet für verschiedene Zeitungen.

روزنامه‌نگار مستقلی است و برای روزنامه‌های مختلف کار می‌کند.

1231 **Manager** ['mɛnɛdʒə*] *m, -s, -* **Managerin** ['mɛnɛdʒərin] *f, -, -nen*

مدیر

Er ist Manager in einer Metallwarenfabrik.

مدیر کارخانه‌ی فلزسازی است.

1232 **Mechaniker** [mə'ça:nikə*] *m, -s, -* **Mechanikerin** [mə'ça:nikərin] *f, -, -nen*

مکانیک

Unsere Firma sucht einen Mechaniker.

شرکت ما به‌دنبال مکانیک می‌گردد.

1233 **Metzger** ['mɛtsgə*] *m, -s, -* **Metzgerin** ['mɛtsgərin] *f, -, -nen*

گوشت‌فروش

Der Metzger im Supermarkt verkauft gutes Fleisch.

گوشت‌فروش سوپرمارکت گوشت خوبی می‌فروشد.

1234 **Rentner** ['rɛntnə*] *m, -s, -* **Rentnerin** ['rɛntnərin] *f, -, -nen*

بازنشسته

Wegen einer Berufskrankheit ist er schon mit 54 Jahren Rentner geworden.

به‌خاطر بیماری شغلی، در ۵۴ سالگی بازنشسته شد.

4.4 Berufe مشاغل

1235 **Schneider** ['ʃnaidə*] *m, -s, -*
Schneiderin ['ʃnaidərin] *f, -, -nen*

خیّاط

- Wo hast du diesen Anzug gekauft?
- Er ist nicht gekauft. Ich habe ihn von einem Schneider machen lassen.

- این کت‌وشلوار را از کجا خریدی؟
- نخریدم. خیاط برایم دوخت.

1236 **Unternehmer** [untə*'ne:mə*] *m, -s,* -**Unternehmerin** [untə*'ne:mərin] *f, -, -nen*

کارخانه‌دار

Sie ist Unternehmerin. Ihr gehört die Maschinenfabrik Cordes.

کارخانه‌دار است. شرکت ماشین‌سازی کردس مال او است.

1237 **Vertreter** [fɛə*'tre:tə*] *m, -s, -*
Vertreterin [fɛə*'tre:tərin] *f, -, -nen*

نماینده

Als Handelsvertreter ist er sehr viel mit dem Auto unterwegs.

در سمت نماینده‌ی تجاری، زیاد با ماشین مسافرت می‌کند.

1238 **Wirt** [virt] *m, -(e)s, -e* **Wirtin** ['virtin] *f, -, -nen*

صاحب رستوران

Die Wirtin der neuen Gaststätte ist sehr freundlich.

صاحب رستوران جدید خیلی بامحبت است.

4.5 Soziale Position موقعیت اجتماعی

1-2000

1239 **Ansehen** ['anze:(ə)n] *n, -s, kein Pl.* **وجهه**
Der Bürgermeister genießt bei fast allen Bürgern der Stadt ein hohes Ansehen.
شهردار در میان تقریباً همه‌ی مردم شهر، وجهه‌ی خوبی دارد

1240 **arm** [arm] *Adj., ärmer, am ärmsten* **فقیر**
Er ist nicht arm geworden, aber er hat durch seine letzten Geschäfte viel Geld verloren.
فقیر نشده است، بلکه به‌دلیل آخرین کارهای تجاری‌اش پول زیادی را ازدست داد.

1241 **reich** [raiç] *Adj.* **ثروتمند**
Reich kann man in meinem Beruf nicht werden, aber ich verdiene recht gut.
در حرفه‌ی من کسی نمی‌تواند ثروتمند شود، ولی واقعاً درآمد من خوب است.

2001-4000

1242 **Abstieg** ['apʃti:k] *m, -s, -e* **اُفت**
Der wirtschaftliche Abstieg der Firma begann eigentlich schon vor fünf Jahren.
اُفت اقتصادی شرکت درواقع از پنج سال پیش آغاز شد.

1243 **Aufstieg** ['aufʃti:k] *m, -s, -e* **ترقی، پیشرفت**
Ihr steiler beruflicher Aufstieg wurde von vielen bewundert.
پیشرفت شدید کاری او، بسیاری را شگفت‌زده کرد.

1244 **Autorität** [auto:ri'tɛ:t] *f, -, -en* **صاحب‌نظر**
In seinem Fach ist er eine Autorität, die alle anerkennen.
در رشته‌اش همه او را صاحب‌نظر می‌دانند.

1245 **Ehre** ['e:rə] *f, -, kein Pl.* **آبرو**
Es hat seine Ehre verletzt, dass er auf der Feier keine Rede halten durfte.
احساساتش جریحه‌دار شد؛ چون اجازه ندادند در جشن سخنرانی کند.

1246 **Elend** ['e:lɛnt] *n, -s, kein Pl.* **فقر، فلاکت**
Soziales Elend ist oft die Folge von langer Arbeitslosigkeit.
فقر اغلب پیامد بیکاری درازمدّت است.

1247 **individuell** [individu'ɛl] *Adj.* **فردی**
Jeder Antrag wird individuell geprüft.
هر درخواستی به‌صورت فردی بررسی می‌شود.

4.5 Soziale Position — موقعیت اجتماعی

1248 **Rang** [raŋ] *m, -es, Ränge* — **درجه**

Er ist beim Militär und hat dort einen recht hohen Rang.

در ارتش است و درجه‌ی بسیار بالایی دارد.

1249 **Status** ['ʃtaːtus] *m, -, kein Pl.* — **جایگاه**

Er verdient gut, aber als Vertreter ist sein sozialer Status nicht sehr hoch.

درآمد خوبی دارد، ولی به‌عنوان فروشنده، موقعیت اجتماعی او خیلی بالا نیست.

4.6 Positives und neutrales Sozialverhalten

رفتار اجتماعی مثبت و معمولی

1-2000

1250 **abmachen** ['apmax(ə)n] *V/t., machte ab, hat abgemacht* — **قرار گذاشتن**

Wir haben abgemacht, uns morgen wieder zu treffen. — قرار گذاشته‌ایم فردا همدیگر را ملاقات کنیم.

1251 **bedanken** [bə'daŋk(ə)n] *V/refl., bedankte, hat bedankt* — **تشکر کردن**

Ich bedanke mich für Ihr Angebot. — از پیشنهاد شما متشکرم.

1252 **begegnen** [bə'ge:gn(ə)n] *V/i., begegnete, ist begegnet* — **برخورد کردن، مواجه شدن، دیدن**

Ich bin ihr im Flur begegnet. — در راهرو او را دیدم.

1253 **begrüßen** [bə'gry:s(ə)n] *V/t., begrüßte, hat begrüßt* — **خوشامد گفتن**

Sie begrüßte alle ihre Gäste persönlich. — شخصاً به همه‌ی میهمانانش خوشامد گفت.

1254 **behandeln** [bə'hand(ə)ln] *V/t., behandelte, hat behandelt* — **رفتار کردن**

Warum behandelst du den Postboten so besonders freundlich? — چرا اینقدر با پستچی مهربانانه رفتار می‌کنی؟

1255 **benehmen** [bə'ne:mən] *V/refl., benahm, hat benommen* — **رفتار کردن**

Obwohl der Kunde sehr freundlich war, benahm sich der Verkäufer sehr unhöflich. — با آنکه رفتار مشتری خیلی دوستانه بود، فروشنده بسیار بی‌ادبانه رفتار کرد.

1256 **beruhigen** [bə'ru:ig(ə)n] *V/t., refl., beruhigte, hat beruhigt* — **آرام کردن**

Der Vater versucht das weinende Kind zu beruhigen. — پدر سعی کرد بچه‌ی گریان را آرام کند.

Nach dem Schreck hat sie sich sehr schnell beruhigt. — خیلی زود بعد از وحشت آرام گرفت.

1257 **Einfluss** ['ainflus] *m, -es, Einflüsse* — **تأثیر**

Sie hat großen Einfluss auf die Entscheidung. — تأثیر زیادی بر این تصمیم دارد.

4.6 Positives und neutrales Sozialverhalten

رفتار اجتماعی مثبت و معمولی

1258 **entschuldigen** [ɛnt'ʃuldig(ə)n] *V/t., refl., entschuldigte, hat entschuldigt* — **معذرت خواستن**

Entschuldigen Sie, dass ich Ihnen erst jetzt schreibe. — معذرت می‌خواهم از اینکه تابه‌حال برایتان نامه ننوشتم.

Sie hat sich für ihren Irrtum entschuldigt. — از بابت اشتباهش معذرت خواست.

1259 **Entschuldigung** [ɛnt'ʃuldiguŋ] *f, -, -en* — **عذر**

Für dein Verhalten gibt es keine Entschuldigung. — هیچ عذری برای رفتارت پذیرفته نیست.

1260 **erwarten** [ɛə*'vart(ə)n] *V/t., erwartete, hat erwartet* — **منتظر بودن**

Ich erwarte seit Wochen eine Antwort auf mein Schreiben. — از هفته‌ها پیش منتظر جواب نامه‌ام هستم.

1261 **freundlich** ['frɔintliç] *Adj.* — **مهربان**

Sei freundlich zu Horst, auch wenn du ihn nicht magst. — با هورست مهربان باش، حتی اگر دوستش نداری.

1262 **Gruß** [gru:s] *m, -es, Grüße* — **سلام**

Bestell Klaus herzliche Grüße von mir! — سلام مرا خیلی به کلاوس برسان!

1263 **grüßen** ['gry:s(ə)n] *V/t., grüßte, hat gegrüßt* — **سلام رساندن**

Grüße deinen Bruder von mir! — سلام مرا به برادرت برسان!

1264 **helfen** ['hɛlf(ə)n] *V/i., half, hat geholfen* — **کمک کردن**

Ich helfe dir beim Aufräumen. — در نظافت به تو کمک می‌کنم.

1265 **Hilfe** ['hilfə] *f, -, kein Pl.* — **کمک**

Sie hat es ohne fremde Hilfe geschafft. — بدون کمک دیگران این کار را انجام داد.

Brauchst du Hilfe? — به کمک احتیاج داری؟

1266 **höflich** [hø:fliç] *Adj.* — **مؤدبانه**

In diesem Geschäft wird man sehr höflich bedient. — در این مغازه خیلی مؤدبانه برخورد می‌کنند.

1267 **Rücksicht** ['rykziçt] *f, -, -en* — **توجه**

Die Autofahrer sollten mehr Rücksicht auf die Fußgänger nehmen. — رانندگان خودروها باید توجه بیشتری به عابران پیاده کنند.

4.6 Positives und neutrales Sozialverhalten — رفتار اجتماعی مثبت و معمولی

1268 **treu** [trɔi] *Adj., -er, am -esten* — **وفادار**

Sie ist eine sehr treue Freundin. — دوست بسیار وفاداری است.

1269 **verhalten** [fɛə*'halt(ə)n] *V/refl., verhielt, hat verhalten* — **رفتار کردن**

Alle waren aufgeregt, nur Ruth verhielt sich sehr ruhig. — همه هیجان‌زده بودند؛ فقط روت خیلی آرام رفتار کرد.

1270 **Verhalten** [] *n, -s, kein Pl.* — **رفتار**

Fast alle Kollegen finden sein Verhalten merkwürdig. — تقریباً همه‌ی همکاران، رفتار او را عجیب می‌دانند.

1271 **vertrauen** [fɛə*'trau(ə)n] *V/i., + Präp. (auf), vertraute, hat vertraut* — **اعتماد کردن**

Er ist zwar etwas komisch, aber man kann ihm vertrauen. — کمی عجیب و غریب است، ولی می‌توان به او اعتماد کرد.

1272 **Vertrauen** [] *n, -s, kein Pl.* — **اعتماد**

Sie hat leider kein Vertrauen zu mir. — متأسفانه هیچ اعتمادی به من ندارد.

2001-4000

1273 **achten** ['axt(ə)n] *V/t., i., + Präp. (auf)* — **احترام گذاشتن، توجه کردن**

Alle achten ihn wegen seiner langen Berufserfahrung. — همه به‌دلیل تجربه‌ی زیادش به او احترام می‌گذارند.

Bitte achten Sie genau auf die Spielregeln. — لطفاً به قوانین بازی دقیق توجه کنید.

1274 **beeindrucken** [bə'aindruk(ə)n] *V/t., beeindruckte, hat beeindruckt* — **تحت تأثیر قرار دادن**

Ihre klugen Augen haben mich beeindruckt. — چشمان هوشمند او مرا تحت تأثیر قرار داد.

1275 **beeinflussen** [bə'ainflus(ə)n] *V/t., beeinflusste, hat beeinflusst* — **تأثیر داشتن**

Seine Eltern haben ihn bei der Berufswahl stark beeinflusst. — پدر و مادرش در تصمیم او برای انتخاب شغل بسیار تأثیر داشتند.

1276 **begleiten** [bə'glait(ə)n] *V/t., begleitete, hat begleitet* — **همراهی کردن**

Ich gehe noch etwas spazieren. Willst du mich nicht begleiten? — می‌روم پیاده‌روی کنم. می‌خواهی مرا همراهی کنی؟

4.6 Positives und neutrales Sozialverhalten — رفتار اجتماعی مثبت و معمولی

1277 **beschützen** [bə'ʃyts(ə)n] *V/t., beschützte, hat beschützt* — **محافظت کردن**

Die Polizei musste den Politiker vor den Demonstranten beschützen.

پلیس باید سیاستمدار را دربرابر تظاهرکنندگان محافظت می‌کرد.

1278 **Brauch** [braux] *m, -(e)s, Bräuche* — **رسم**

Die Hochzeit wurde nach altem Brauch gefeiert.

ازدواج را بنابر رسم قدیمی جشن گرفتند.

1279 **ertragen** [ɛə*'tra:g(ə)n] *V/t., ertrug, hat ertragen* — **تحمل کردن**

Ihr dummes Gerede ist schwer zu ertragen.

به‌سختی می‌توان وراجی احمقانه‌ی او را تحمل کرد.

1280 **gefallen lassen** [gə'fal(ə)n] *V/refl., ließ gefallen, hat gefallen lassen* — **پذیرفتن، تن دادن**

Warum lässt du dir gefallen, dass er immer nur Schlechtes über dich erzählt?

چرا می‌پذیری که او درباره‌ی تو این همه بدگویی کند؟

1281 **Gelächter** [gə'lɛçtə*] *n, -s, kein Pl.* — **قهقهه**

Die Versprechungen des Politikers beantworteten die Zuhörer mit Gelächter.

شنوندگان با قهقهه به وعده‌های سیاستمدار پاسخ دادند.

1282 **passiv** ['pasif] *Adj.* — **غیرفعال**

Seit vielen Jahren ist er nur noch passives Mitglied im Sportverein.

از سال‌ها پیش فقط عضو غیرفعال باشگاه ورزشی است.

1283 **Respekt** [re'spɛkt] *m, -(e)s, kein Pl.* — **احترام**

Die Kinder haben wenig Respekt vor ihrem neuen Lehrer.

بچه‌ها به معلم جدیدشان کم احترام می‌گذارند.

1284 **respektieren** [respɛk'ti:r(ə)n] *V/t., respektierte, hat respektiert* — **احترام گذاشتن**

Ich finde deine Entscheidung nicht richtig, aber ich respektiere sie.

به‌نظر من تصمیم تو درست نیست، ولی به آن احترام می‌گذارم.

1285 **Scherz** [ʃɛə*ts] *m, -es, -e* — **شوخی**

Sei doch nicht beleidigt! Das war doch nur ein Scherz.

ناراحت نشو! فقط شوخی بود.

1286 **vertragen** [fɛə*'tra:g(ə)n] *V/t., refl., vertrug, hat vertragen* — **تحمل کردن، در صلح و صفا زندگی کردن**

Er kann keine Kritik vertragen.

نمی‌تواند هیچ انتقادی را تحمل کند.

Mit seiner Schwester verträgt er sich sehr gut.

با خواهرش در صلح و صفا زندگی می‌کند.

1287 **verzeihen** [fɛə*'tsai(ə)n] *V/t., verzieh, hat verziehen*

بخشیدن

Verzeihen Sie bitte die Störung!

لطفاً این مزاحمت را ببخشید!

4.7 Negatives Sozialverhalten — رفتار اجتماعی منفی

1-2000

1288 **ärgern** ['ɛrgə*n] *V/t. , refl., + Präp. (über), ärgerte, hat geärgert* — **عصبانی کردن؛ عصبانی شدن**

Es macht ihr Spaß, ihren kleinen Bruder zu ärgern. — دوست دارد برادر کوچکش را عصبانی کند.

Es hat keinen Zweck, sich über das schlechte Wetter zu ärgern. — از هوای بد عصبانی شدن فایده‌ای ندارد.

1289 **drohen** ['dro:(ə)n] *V/i., drohte, hat gedroht* — **تهدید کردن**

Der Chef drohte, ihm zu kündigen. — رئیس تهدید کرد او را اخراج می‌کند.

1290 **enttäuschen** [ɛnt'tɔiʃ(ə)n] *V/t., enttäuschte, hat enttäuscht* — **ناراحت کردن**

Sein Verhalten hat mich sehr enttäuscht. — رفتارش واقعاً مرا ناراحت کرد.

1291 **erschrecken** [ɛə*'ʃrɛk(ə)n] *V/t., erschreckte, hat erschreckt* — **ترساندن**

Man kann ihn leicht erschrecken. — به‌آسانی می‌توان او را ترساند.

1292 **erschrecken** [] *V/i., erschrak, ist erschrocken* — **ترسیدن**

Ich bin sehr erschrocken, wie krank er aussah. — واقعاً ترسیدم وقتی دیدم چقدر مریض است.

1293 **Lüge** ['ly:gə] *f, -, -n* — **دروغ**

Das ist eine Lüge. Ich weiß, dass das nicht wahr ist. — دروغ است. می‌دانم حقیقت ندارد.

1294 **lügen** ['ly:g(ə)n] *V/i., log, hat gelogen* — **دروغ گفتن**

Du bist doch gar nicht krank. Warum lügst du? — تو که اصلاً مریض نیستی. چرا دروغ می‌گویی؟

1295 **Misstrauen** ['mistrau(ə)n] *n, -s, kein Pl.* — **بد بینی**

Das Misstrauen gegen die Regierung wächst ständig. — بدبینی نسبت به حکومت دائماً افزایش می‌یابد.

1296 **Streit** [ʃtrait] *m, -(e)s, kein Pl.* — **دعوا**

Was ist die Ursache eures Streites? — دلیل دعوای شما چیست؟

4.7 Negatives Sozialverhalten

رفتار اجتماعی منفی

1297 **streiten** ['ʃtrait(ə)n] *V/refl., stritt, hat gestritten* — **دعوا کردن**

Ich habe keine Lust, mich mit dir zu streiten. — نمی‌خواهم با تو دعوا کنم.

2001-4000

1298 **aggressiv** [agrɛ'si:f] *Adj.* — **پرخاشگر**

Warum bist du so aggressiv? Habe ich dir etwas getan? — چرا این همه پرخاشگری؟ کار بدی با تو کرده‌ام؟

1299 **Auseinandersetzung** [ausai'nandə*zɛtsuŋ] *f, -, -en* — **درگیری**

Über das neue Strafrecht gab es starke Auseinandersetzungen zwischen den politischen Parteien. — درگیری‌های شدیدی بین احزاب سیاسی درباره‌ی قانون کیفری جدید وجود داشت.

1300 **beleidigen** [bə'laidig(ə)n] *V/t., beleidigte, hat beleidigt* — **آزار رساندن، توهین کردن**

Warum bist du so komisch zu mir? Habe ich dich beleidigt? — چرا با من اینقدر عجیب رفتار می‌کنی؟ آزاری به تو رسانده‌ام؟

1301 **Beleidigung** [bə'laidiguŋ] *f, -, -en* — **توهین**

Diese Bemerkung ist eine Beleidiglung. — این تذکر، توهین است.

1302 **fluchen** ['flu:x(ə)n] *V/i., + Präp. (über, auf), fluchte, hat geflucht* — **لعنت فرستادن**

Sie fluchte über ihr Auto, das nicht starten wollte. — به ماشینش، که روشن نمی‌شد، لعنت فرستاد.

1303 **Trick** [trik] *m, -s, -s* — **کلک**

Pass auf, er kennt viele Tricks. — مراقب باش، کلک‌های زیادی بلد است.

1304 **unfreundlich** ['unfrɔintliç] *Adj.* — **سرسنگین**

Obwohl ich immer höflich war, ist sie unfreundlich zu mir. — بااینکه همیشه با او مؤدبانه رفتار کرده‌ام، با من سرسنگین است.

1305 **unhöflich** ['unhø:fliç] *Adj.* — **بی‌ادب**

Der Kellner war sehr unhöflich. — پیشخدمت خیلی بی‌ادب بود.

4.7 Negatives Sozialverhalten — رفتار اجتماعی منفی

1306 **verlassen** [fɛə*'las(ə)n] *V/t., refl., + Präp. (auf), verließ, hat verlassen* — **ترک کردن، حساب کردن**

Sie verließ den Raum, ohne sich zu verabschieden. — بی‌آنکه خداحافظی کند، رفت.

Auf Karin kann man sich verlassen, wenn sie etwas versprochen hat. — اگر کارین قول بدهد، می‌توانی روی آن حساب کنی.

1307 **Vorurteil** ['foːə*uə*tail] *n, -s, -e* — **پیش‌داوری**

Auch in unserem Betrieb gibt es gegen Frauen mit Männerberufen immer noch Vorurteile. — در حرفه‌ی ما هنوز هم درباره‌ی زنان پیش‌داوری می‌شود.

1-2000

1308 **abholen** ['apho:l(ə)n] *V/t., holte ab, hat abgeholt* — **به‌دنبال کسی رفتن**

Könntest du mich bitte vom Busbahnhof abholen? — می‌توانی لطفاً در ایستگاه اتوبوس به‌دنبالم بیایی؟

1309 **besuchen** [bə'zu:x(ə)n] *V/t., besuchte, hat besucht* — **به‌دیدار رفتن، دیدار کردن، سرزدن**

Ihr habt uns lange nicht besucht. Wann kommt ihr mal? — مدت‌ها است که به ما سرنزده‌اید. کی پیش ما می‌آیید؟

1310 **Besuch** [bə'zu:x] *m , -(e)s, -e* — **مهمان**

Nächste Woche haben wir Besuch. — هفته‌ی آینده مهمان داریم.

1311 **einladen** ['ainla:d(ə)n] *V/t., lud ein, hat eingeladen* — **دعوت کردن**

Wir sind zur Hochzeitsfeier von Gerd und Carola eingeladen. — از ما برای جشن عروسی گرد و کارولا دعوت شده است.

1312 **feiern** ['faiə*n] *V/t., feierte, hat gefeiert* — **جشن گرفتن**

Der 60. Geburtstag meiner Mutter wurde kräftig gefeiert. — شصتمین سالروز تولد مادرم درست و حسابی جشن گرفته شد.

1313 **Fest** [fɛst] *n, -(e)s, -e* — **جشن**

Unser Sportverein veranstaltet jedes Jahr ein großes Sommerfest. — در باشگاه ورزشی ما هر سال جشن تابستانی بزرگی برپا می‌شود.

1314 **Gast** [gast] *m, -es, Gäste* — **مهمان**

Weil wir sehr viel Besuch haben, haben wir ein Gästezimmer eingerichtet. — چون خیلی مهمان داریم، اتاقی برای مهمان‌ها درست کرده‌ایم.

1315 **Leute** ['lɔitə] *nur Pl.* — **مردم**

Viele Leute blieben stehen und hörten den Straßenmusikern zu. — مردم زیادی ایستاده بودند و به نوازندگان خیابانی گوش می‌دادند.

1316 **Mitglied** ['mitgli:t] *n, -(e)s, -er* — **عضو**

Der Jahresbeitrag für jedes Vereinsmitglied beträgt 50.- € — مبلغ سالانه برای هر عضو باشگاه ۵۰ یورو است.

4.8 Kontakte und Veranstaltungen — ارتباط‌ها و رویدادها

1317 **Nachbar** ['naxba:*] *m, -n, -n* — **همسایه**
Nachbarin ['naxba:rin] *f, -, -nen*
Unsere Nachbarn haben ihr Haus verkauft — همسایه‌های ما خانه‌اشان را فروختند.

1318 **Party** ['pa:*ti] *f, -, -s* — **جشن، مهمانی**
Dieses Jahr findet meine Geburtstagsparty im Garten statt. — امسال جشن تولد من در باغ برگزار می‌شود.

1319 **treffen** ['trɛf(ə)n] *V/t., rzp., traf, hat getroffen* — **برخورد کردن؛ قرار گذاشتن**
Ich habe ihn zufällig auf der Post getroffen. — تصادفی در اداره‌ی پست با او برخورد کردم.
Wo wollen wir uns treffen? — کجا قرار بگذاریم؟

1320 **unterhalten** [untə*'halt(ə)n] *V/t., refl., unterhielt, hat unterhalten* — **سرگرم کردن؛ گفت‌وگو کردن**
Der Künstler konnte sein Publikum gut unterhalten. — هنرمند توانست تماشاگرانش را خوب سرگرم کند.
Worüber habt ihr euch unterhalten? — درباره‌ی چه موضوعی باهم گفت‌وگو می‌کردید؟

1321 **Verein** [fɛə*'ain] *m, -s, -e* — **باشگاه**
Bist du Mitglied in einem Sportverein? — عضو باشگاه ورزشی هستی؟

2001-4000

1322 **empfangen** [ɛm'pfaŋən] *V/t., empfing, hat empfangen* — **استقبال کردن**
Sie hat alle ihre Gäste persönlich empfangen. — شخصاً از همه‌ی مهمان‌هایش استقبال کرد.

1323 **Gastgeber** ['gastge:bə*] *m, -s, -* — **میزبان**
Gastgeberin ['gastge:bərin] *f, -, -nen*
Er ist ein guter Gastgeber. — میزبان خوبی است.

1324 **kennen lernen** ['kɛnən lɛrnən] *V/t., rzp., lernte kennen, hat kennen gelernt* — **آشنا شدن**
- Wo hast du ihn kennen gelernt? — - کجا با او آشنا شدی؟
- Wir haben uns beim Tanzen kennen gelernt. — - هنگام رقص باهم آشنا شدیم.

4.8 Kontakte und Veranstaltungen

ارتباط‌ها و رویدادها

1325 **Klub** [klup] *m, -s, -s* — **باشگاه**
Sie ist Mitglied in einem Schachklub. — عضو باشگاه شطرنج است.

1326 **Kontakt** [kɔn'takt] *m, -(e)s, -e* — **ارتباط**
Wir haben schon seit Jahren keinen Kontakt mehr miteinander. — از سال‌ها پیش، ارتباطی با هم نداشتیم.

1327 **stattfinden** ['ʃtatfind(ə)n] *V/i., fand statt, hat stattgefunden* — **برگزار شدن**
Die Veranstaltung findet nur bei gutem Wetter statt. — مسابقه فقط درصورت خوب‌بودن هوا برگزار می‌شود.

1328 **Treffen** ['trɛf(ə)n] *n, -s, -* — **دیدار**
Der Geburtstag meiner Urgroßmutter ist immer ein großes Familientreffen. — جشن تولد مادر مادربزرگم همیشه باعث می‌شود همه دورهم جمع شوند.

1329 **Verabredung** [fɛə*'apre:duŋ] *f, -, -en* — **قرار**
- Wollen wir morgen zusammen essen gehen? — - فردا برویم بیرون غذا بخوریم؟.
- Tut mir leid, ich habe schon eine Verabredung. — - متأسفم، من قرار دارم.

1330 **verabschieden** [fɛə*'apʃi:d(ə)n] *V/t., refl., verabschiedete, hat verabschiedet* — **خداحافظی کردن**
Er verabschiedete seinen Besuch an der Haustür. — جلوی در با مهمانش خداحافظی کرد.
Er verließ den Raum, ohne sich zu verabschieden. — بدون خداحافظی رفت.

1331 **veranstalten** [fɛə*'anʃtalt(ə)n] *V/t., veranstaltete, hat veranstaltet* — **برگزار کردن**
Sie will zu ihrem 30. Geburtstag ein großes Fest veranstalten. — می‌خواهد به‌مناسبت سی‌امین سالروز تولدش جشن بزرگی بگیرد.

1332 **Veranstaltung** [fɛə*'anʃtaltuŋ] *f, -, -en* — **مسابقه**
Die Veranstaltung findet im Lessing-Saal statt und beginnt um 20.00 Uhr. — مسابقه ساعت ۲۰ در تالار لسینگ برگزار می‌شود.

1333 **Versammlung** [fɛə*'zamluŋ] *f, -, -en* — **گردهمایی**
Der alte Vorsitzende wurde auf der Versammlung wiedergewählt. — رئیس قبلی دوباره در گردهمایی انتخاب شد.

1334 **vorbeikommen** [foːə*ˈbaikɔmən] *V/i., kam vorbei, ist vorbeigekommen* — **سر زدن**

Ich will mir ein Buch von dir ausleihen. Kann ich heute Abend kurz bei dir vorbeikommen?

می‌خواهم کتابی از تو امانت بگیرم. می‌توانم امشب سری به تو بزنم؟

1335 **vorstellen** [ˈfoːə*ʃtɛl(ə)n] *V/t., refl., stellte vor, hat vorgestellt* — **معرفی کردن**

Vera hat uns ihren Mann vorgestellt.

ورا شوهرش را به ما معرفی کرد.

Darf ich mich vorstellen? Mein Name ist Urban.

اجازه می‌دهید خودم را معرفی کنم؟ اسم من اُوربان است.

4.9 Schicksal und Zufall سرنوشت و اتفاق

1-2000

1336 **brennen** ['brɛnən] *V/i., brannte, hat gebrannt* — **سوختن، آتش گرفتن**
Nach dem Unfall brannte das ganze Auto. — بعد از تصادف، خودرو آتش گرفت.

1337 **Chance** ['ʃã:sə] *f, -, -n* — **بخت، شانس**
Trotz vieler Torchancen hat unsere Mannschaft das Spiel verloren. — با وجود شانس زیاد گل، تیم ما بازی را باخت.

1338 **Ereignis** [ɛə*'aignis] *n , -ses, -se* — **رخداد**
Der Besuch des Präsidenten ist für die Stadt ein großes Ereignis. — دیدار رئیس‌جمهور برای این شهر رخدادی بزرگ است.

1339 **erleben** [ɛə*'le:b(ə)n] *V/t., erlebte, hat erlebt* — **دیدن**
Die Geburt seines ersten Sohnes hat er nicht mehr erlebt. — تولد پسر اولش را دیگر ندید.

1340 **Feuer** ['fɔiə*] *n, -s, -* — **آتش**
Im Wald ist Feuermachen verboten. — آتش روشن کردن در جنگل ممنوع است.

1341 **Gefahr** [gə'fa:*] *f, -, -en* — **خطر**
Noch ist das Hochwasser keine Gefahr für die Stadt, aber es steigt ständig. — سیل برای شهر هنوز خطرناک نیست، ولی سطح آب دائماً افزایش می‌یابد.

1342 **gefährlich** [gə'fɛ:ə*liç] *Adj.* — **خطرناک**
Pass auf, da vorne ist eine gefährliche Kurve. — مراقب باش! آن جلو پیچ خطرناک است.

1343 **Gelegenheit** [gə'le:g(ə)nhait] *f, -, -en* — **موقعیت**
Ich hatte noch keine Gelegenheit, mit ihm zu sprechen. — هنوز موقعیت نداشتم با او صحبت کنم.

1344 **geschehen** [gə'ʃe:(ə)n] *V/i., geschah, ist geschehen* — **اتفاق افتادن**
Der Überfall geschah um 12.00 Uhr. — سرقت ساعت ۱۲ اتفاق افتاد.

1345 **Not** [no:t] *f, -, kein Pl.* — **نیاز**
Er behauptet, dass er aus Not gestohlen habe. — ادعا می‌کند از سر نیاز دزدی کرده است.

4.9 Schicksal und Zufall — سرنوشت و اتفاق

1346 **Opfer** ['ɔpfə*] *n, -s, -* — **قربانی**
Der Flugzeugabsturz forderte 142 Todesopfer. — سقوط هواپیما ۱۴۲ قربانی گرفت.

1347 **passieren** [pa'si:rən] *V/i., passierte, ist passiert* — **رُخ دادن**
Fahr bitte vorsichtiger, sonst passiert noch ein Unfall. — لطفاً بااحتیاط بیشتر رانندگی کن، وگرنه تصادف می‌کنی.

1348 **Pech** [pɛç] *n, -s, kein Pl.* — **بدشانسی**
Es ist nicht ihre Schuld, sie hat nur Pech gehabt. — تقصیر او نیست؛ فقط بدشانسی آورد.

1349 **retten** ['rɛt(ə)n] *V/t., refl., rettete, hat gerettet* — **نجات دادن**
Das Kind konnte aus dem Wasser gerettet werden. — بچه را توانستند از آب نجات دهند.
Alle Personen konnten sich aus dem brennenden Bus retten. — تمام افراد توانستند خود را از داخل اتوبوس درحال سوختن نجات دهند.

1350 **Schaden** ['ʃa:d(ə)n] *m, -s, Schäden* — **خسارت**
Durch den Sturm gab es am Dach einige Schäden. — طوفان خساراتی به سقف وارد آورد.

1351 **Situation** [zitua'tsjo:n] *f, -, -en* — **موقعیت**
Die wirtschaftliche Situation im Lande ist zur Zeit gut. — موقعیت اقتصادی کشور در حال حاضر خوب است.

1352 **Unglück** ['unglyk] *n, -s, -e* — **سانحه**
Bei dem Zugunglück gab es viele Verletzte, aber keine Toten. — در سانحه‌ی قطار خیلی‌ها مجروح شدند، ولی کسی کشته نشد.

1353 **Zufall** ['tsu:fal] *m, -s, Zufälle* — **اتفاق؛ تصادف**
Durch Zufall habe ich meinen Schlüssel wiedergefunden. — اتفاقی کلیدم را دوباره پیدا کردم.

1354 **zufällig** ['tsu:fɛliç°] *Adj., keine Komp.* — **اتفاقی**
Meine Freundin ist zufällig am gleichen Tag wie ich geboren. — دوست‌دختر من اتفاقی در همان روز تولد من به دنیا آمده است.

2001-4000

1355 **Ausweg** ['ausve:k] *m, -s, -e* — **راه‌حل**
Er sah keinen anderen Ausweg als den Selbstmord. — هیچ راه‌حلی جز خودکشی نمی‌دید.

4.9 Schicksal und Zufall — سرنوشت و اتفاق

1356 **Brand** [brant] *m, -es, Brände* — **آتش‌سوزی**
Die Fabrik wurde durch einen Brand zerstört. — کارخانه به‌دلیل آتش‌سوزی ویران شد.

1357 **ereignen** [ɛə*'aignən] *V/refl., ereignete, hat ereignet* — **اتفاق افتادن**
Der Unfall ereignete sich bei Nebel. — تصادف به‌هنگام مه اتفاق افتاد.

1358 **Explosion** [ɛksplo'zjoːn] *f, -, -en* — **انفجار**
Bei der Explosion wurde niemand getötet. — هنگام انفجار کسی کشته نشد.

1359 **Flamme** ['flamə] *f, -, -n* — **شعله**
Die Flammen des Waldbrands waren z.T. über 10 Meter hoch. — شعله‌های آتش‌سوزی جنگل در برخی موارد بیش از ۱۰ متر ارتفاع داشت.

1360 **Gewinner** [gə'vinə*] *m, -s, -*
Gewinnerin [gə'vinərin] *f, -, -nen* — **برنده**
Die Namen der Gewinner wurden in der Zeitung veröffentlicht. — اسامی برندگان در روزنامه منتشر شد.

1361 **glücklicherweise** ['glykliçə*vaizə] *Adv.* — **خوشبختانه**
Glücklicherweise wurde sie nur leicht verletzt. — خوشبختانه جراحتش سطحی بود.

1362 **Lage** ['laːgə] *f, -, -n* — **وضعیت**
Was würdest du in meiner Lage tun? — تو در وضعیت من چه می‌کردی؟

1363 **Notfall** ['noːtfal] *m, -(e)s, Notfälle* — **وضعیت اضطراری**
Im Notfall können Sie mich unter dieser Nummer erreichen. — در وضعیت اضطراری می‌توانید با این شماره با من تماس بگیرید.

1364 **Rettung** ['rɛtuŋ] *f, -, -en* — **نجات**
Die Rettung kam für die vermissten Seeleute in letzter Sekunde. — نجات دریانوردان مفقود شده در آخرین ثانیه انجام شد.

1365 **Risiko** [riːziko] *n, -s, Risiken* — **ریسک، خطر**
Dieses Geschäft ist nicht ohne wirtschaftliches Risiko. — این کار بدون ریسک اقتصادی نیست.

1366 **riskieren** [ris'kiːrən] *V/t., riskierte, hat riskiert* — **خطر کردن**
Wenn du nichts riskierst, kannst du auch nichts gewinnen. — اگر خطر نکنی، موفقیتی به‌دست نمی‌آوری.

4.9 Schicksal und Zufall — سرنوشت و اتفاق

1367 **scheitern** ['ʃaitə*n] *V/i., scheiterte, ist gescheitert* — **شکست خوردن**

Nach vielen vergeblichen Versuchen musste er zugeben, dass sein Plan gescheitert ist.

پس از تلاش‌های بیهوده‌ی بسیار مجبور شد بپذیرد که طرحش شکست خورده است.

1368 **zusammenbrechen** [tsu'zamənbrɛç(ə)n] *V/i., brach zusammen, ist zusammengebrochen* — **از حال رفتن**

Der Läufer war so erschöpft, dass er nach dem Lauf zusamrnenbrach.

دونده چنان خسته بود که پس از مسابقه‌ی دو از حال رفت.

5.1 Haus und Wohnung — خانه و آپارتمان

1-2000

1369 **abschließen** ['apʃli:s(ə)n] *V/t., schloss ab, hat abgeschlossen* — **قفل کردن**

Die Haustür wird jeden Abend um 22.00 Uhr abgeschlossen. — در جلویی خانه هر شب رأس ساعت ۲۲ قفل می‌شود.

1370 **Ausgang** ['ausgaŋ] *m, -s, Ausgänge* — **راه خروج**

Der Saal hat drei Ausgänge. — تالار سه راه خروج دارد.

1371 **Boden** ['bo:d(ə)n] *m, -s, Böden* — **کف، زمین؛ اتاق زیرشیروانی**

Die Koffer stehen oben auf dem Boden (Dachboden). — چمدان‌ها در اتاق زیرشیروانی است.

Die Tasse ist mir auf den Boden (Fußboden) gefallen. — فنجان روی زمین افتاد.

1372 **Dach** [dax] *n, -(e)s, Dächer* — **سقف**

Das Dach muss repariert werden, es ist nicht dicht. — سقف باید تعمیر شود؛ چکه می‌کند.

1373 **Eingang** ['aingaŋ] *m, -s, Eingänge* — **ورودی، مدخل، راه ورود**

Das Haus hat nur einen Eingang. — خانه فقط یک ورودی دارد.

1374 **Erdgeschoss** ['e:ə*tgəʃɔs] *n, -es, -e* — **طبقه‌ی همکف**

Im Erdgeschoss des Hauses ist eine Wohnung zu vermieten. — در طبقه‌ی همکف خانه آپارتمانی برای اجاره وجود دارد.

1375 **Fenster** ['fɛnstə*] *n, -s, -* — **پنجره**

Stell die Pflanzen näher ans Fenster, sie brauchen mehr Licht! — گیاهان را به پنجره نزدیک‌تر کن؛ به نور بیشتر احتیاج دارند!

1376 **Fußboden** ['fu:sbo:d(ə)n] *m, -s, Fußböden* — **کف (زمین)**

In allen Räumen liegen Teppiche auf den Fußböden. — در همه‌ی اتاق‌ها فرش روی کف زمین است.

1377 **Garage** [ga'ra:ʒə] *f, -, -n* — **پارکینگ**

Das Auto steht in der Garage. — خودرو در پارکینگ است.

1378 **Garten** ['gart(ə)n] *m, -s, Gärten* — **باغچه؛ حیاط**

Zum Haus gehört ein großer Garten. — خانه باغچه‌ی بزرگی دارد.

5.1 Haus und Wohnung خانه و آپارتمان

1379 **Haus** [haus] *n, -es, Häuser* — **خانه**
In dieser Gegend dürfen keine neuen Häuser gebaut werden — در این حوالی ساخت خانه‌های جدید مجاز نیست.

1380 **Heizung** ['haitsuŋ] *f, -, -en* — **شوفاژ**
Es ist so kalt hier. Funktioniert die Heizung nicht? — اینجا خیلی سرد است. شوفاژ کار نمی‌کند؟

1381 **Keller** ['kɛlə*] *m, -s, -* — **زیرزمین**
Unser Keller ist leider sehr feucht. — متأسفانه زیرزمین ما خیلی مرطوب است.

1382 **klingeln** ['kliŋ(ə)ln] *V/i., klingelte, hat geklingelt* — **زنگ زدن**
Hast du nicht gehört? Es hat geklingelt. — نشنیدی زنگ زدند؟

1383 **Küche** ['kyçə] *f, -, -n* — **آشپزخانه**
Er ist in der Küche und wäscht ab. — او در آشپزخانه است و دارد تمیز می‌کند.

1384 **Mauer** ['mauə*] *f, -, -n* — **دیوار**
Die beiden Grundstücke sind durch eine Mauer getrennt. — هر دو قطعه زمین با دیواری از هم تفکیک شده است.

1385 **Miete** ['mi:tə] *f, -, -n* — **اجاره**
Unsere Wohnung kostet 720,- € Miete Pro Monat. — اجاره‌ی آپارتمان ما ۷۲۰ یورو در ماه است.

1386 **mieten** ['mi:t(ə)n] *V/t., mietete, hat gemietet* — **اجاره کردن**
Im Urlaub haben wir uns ein Ferienhaus gemietet. — در تعطیلات برای خودمان خانه‌ای اجاره کردیم.

1387 **Mieter** ['mi:tə*] *m, -s, -* **Mieterin** ['mi:tərin] *f, -, -nen* — **مستأجر**
Alle Mieter müssen abwechselnd den Hausflur reinigen. — همه‌ی مستأجران باید به نوبت راهروی خانه را تمیز کنند.

1388 **Raum** [raum] *m, -(e)s, Räume* — **اتاق**
Wie viele Räume hat die Wohnung? — آپارتمان چند اتاق دارد؟

1389 **Steckdose** ['ʃtɛkdo:zə] *f, -, -n* — **پریز**
Gibt es im Bad keine Steckdose? Ich habe einen elektrischen Rasierapparat. — در حمام پریز نیست؟ ریش‌تراش من برقی است.

5.1 Haus und Wohnung — خانه و آپارتمان

1390 **Stecker** ['ʃtɛkə*] *m, -s, -* — **دوشاخه**
Der Stecker an der Waschmaschine ist kaputt. — دوشاخه‌ی لباسشویی خراب است.

1391 **Stock** [ʃtɔk] *m, -(e)s, kein Pl.* — **طبقه**
Wir wohnen im dritten Stock. — در طبقه‌ی سوم زندگی می کنیم.

1392 **Stockwerk** ['ʃtɔkvɛrk] *n, -(e)s, -e* — **طبقه**
Das Haus hat 34 Stockwerke. — خانه ۳۴ طبقه دارد.

1393 **Toilette** [toa'lɛtə] *f, -, -n* — **توالت**
Die Toilette ist besetzt. — توالت اشغال است.

1394 **Treppe** ['trɛpə] *f, -, -n* — **پله**
Unsere Kellertreppe ist sehr steil. — شیب پله‌های زیرزمین ما خیلی زیاد است.

1395 **Tür** [ty:ə*] *f, -, -en* — **در**
Bitte mach die Tür zu! Es wird kalt. — لطفاً در را ببند! هوا سرد می‌شود.

1396 **Wand** [vant] *f, -, Wände* — **دیوار**
Die Wände im Wohnzimmer sind weiß gestrichen. — دیوارهای اتاق نشیمن سفید رنگ شده است.

1397 **WC** [ve:'tse:] *-(s), -(s)* — **توالت**
Das WC ist links neben dem Eingang. — توالت دست چپ کنار در ورودی است.

1398 **wohnen** ['vo:nən] *V/i., wohnte, hat gewohnt* — **زندگی کردن، ساکن بودن**
In diesem Haus wohnen meine Eltern seit über 20 Jahren. — بیش از بیست سال است که پدر و مادرم در این خانه زندگی می کنند.

1399 **Wohnung** ['vo:nuŋ] *f, -, -en* — **آپارتمان**
Er hat eine Wohnung in der Innenstadt. — در داخل شهر آپارتمان است.

1400 **Zimmer** ['tsimə*] *n, -s, -* — **اتاق**
Heike ist im Zimmer nebenan. — هایکه در اتاق کناری است.

5.1 Haus und Wohnung — خانه و آپارتمان

2001-4000

1401 **Aufzug** ['auftsu:k] *m, -(e)s, Aufzüge* — **آسانسور، آسان‌بر**
Wir müssen die Treppe benutzen. Der Aufzug ist kaputt.
باید از پله استفاده کنیم؛ آسان‌بر خراب است.

1402 **Balkon** [bal'kɔŋ] *m, -s, -e* — **بالکن**
Die Wohnung hat leider keinen Balkon.
متأسفانه، آپارتمان بالکن ندارد.

1403 **bauen** ['bau(ə)n] *V/t., baute, hat gebaut* — **ساختن**
Das Haus ist 1952 gebaut worden.
خانه در سال ۱۹۵۲ ساخته شد.

1404 **Decke** ['dɛkə] *f, -, -n* — **سقف**
Der Raum war völlig leer, nur eine Lampe hing an der Decke.
اتاق کاملاً خالی بود؛ و فقط یک لامپ به سقف آویزان بود.

1405 **Durchgang** ['durçgaŋ] *m, -s, Durchgänge* — **راهرو**
Hier können wir nicht weitergehen. Der Durchgang ist versperrt.
از اینجا دیگر جلوتر نمی‌توانیم برویم؛ راهرو مسدود است.

1406 **einziehen** ['aintsi:(ə)n] *V/i., zog ein, ist eingezogen* — **(به جایی) اسباب‌کشی کردن**
Das Haus ist fast fertig. Nächste Woche können wir einziehen.
خانه تقریباً آماده است. هفته‌ی آینده می‌توانیم اسباب‌کشی کنیم.

1407 **Etage** [e'ta:ʒə] *f, -, -n* — **طبقه**
In der vierten Etage ist eine Wohnung frei.
یک آپارتمان در طبقه‌ی چهارم خالی است.

1408 **Esszimmer** ['ɛstsimə*] *n, -s, -* — **اتاق غذاخوری**
Ein Esszimmer brauchen wir nicht, die Küche ist groß genug.
به اتاق غذاخوری نیاز نداریم، آشپزخانه به اندازه‌ی کافی بزرگ است.

1409 **Fassade** [fa'sa:də] *f, -, -n* — **نما**
Die Fassade des Hauses sieht nicht mehr schön aus, sie muss gestrichen werden.
نمای خانه دیگر قشنگ به‌نظر نمی‌رسد؛ باید رنگ شود.

1410 **Haushalt** ['haushalt] *m, -s, -e* — **خانواده، اهل خانه**
Zu unserem Haushalt gehören fünf Personen.
خانواده‌ی ما پنج نفره است.

5.1 Haus und Wohnung — خانه و آپارتمان

1411 **heizen** ['haits(ə)n] *V/t., heizte, hat geheizt* — **گرم کردن**
Unser Haus wird mit Gas geheizt. — خانه‌ی ما با گاز گرم می‌شود.

1412 **Hof** [ho:f] *m, -(e)s, Höfe* — **حیاط**
Das Auto kannst du im Hof parken. — می‌توانی ماشین را در حیاط پارک کنی.

1413 **Lift** [lift] *m, -(e)s, -e* — **آسانسور، آسان‌بر**
Der Lift ist abends ab 10.00 Uhr außer Betrieb. — آسان‌بر بعد از ۱۰ شب کار نمی‌کند.

1414 **möbliert** [mø:'bli:ə*t] *Adj., keine Komp.* — **مبله**
Das Zimmer ist komplett möbliert. — اتاق کاملاً مبله است.

1415 **Neubau** ['nɔibau] *m ,-s, Neubauten* — **ساختمان نوساز**
Obwohl das Haus ein Neubau ist, sind die Wände in den Wohnungen feucht. — باآنکه خانه نوساز است، دیوار آپارتمان‌ها رطوبت دارد.

1416 **Saal** [za:l] *m, -(e)s, Säle* — **تالار، هال**
Die Veranstaltung findet im kleinen Saal statt. — مسابقه در تالار کوچک انجام می‌شود.

1417 **Scheibe** ['ʃaibə] *f, -, -n* — **شیشه**
Die Scheibe des Küchenfensters muss erneuert werden. — شیشه‌ی پنجره‌ی آشپزخانه باید دوباره انداخته شود.

1418 **Schlafzimmer** ['ʃla:ftsimə*] *n, -s, -* — **اتاق خواب**
Das Schlafzimmer ist so klein, dass wir keinen Kleiderschrank aufstellen können. — اتاق خواب آنقدر کوچک است که نمی‌توانیم گنجه‌ی لباس در آن بگذاریم.

1419 **Tor** [to:ə*] *n, -(e)s, -e* — **در اصلی**
Bitte schließen Sie das Hoftor! — لطفاً در اصلی حیاط را ببندید!

1420 **Untermieter** ['untə*mi:tə*] *m, -s, -*
Untermieterin ['untə*mi:tərin] *f, -, -nen* — **مستأجر**
Unsere Tochter wohnt als Untermieterin bei einer älteren Dame. — دخترم مستأجر خانم مسنی است.

1421 **vermieten** [fɛə*'mi:t(ə)n] *V/t., vermietete, hat vermietet* — **اجاره دادن**
Alle Wohnungen in diesem Haus sind vermietet. — در این خانه همه‌ی آپارتمان‌ها اجاره داده شده است.

1422 **Vermieter** [fɛə*'mi:tə*] *m, -s, -* **صاحبخانه، موجر**
Vermieterin [fɛə*'mi:tərin] *f, -, -nen*

Unsere Vermieterin verlangt ab nächsten Monat 5% mehr Miete.

صاحبخانه‌ی ما، ماه بعد ۵٪ اجاره را بالا می‌برد.

1423 **Wohnzimmer** ['vo:ntsimə*] *n, -s, -* **اتاق نشیمن**

Euer Wohnzimmer ist sehr gemütlich.

اتاق نشیمن شما خیلی راحت است.

1-2000

1424 **Bank** [bank] *f -, Bänke*
Die Bank, auf der du sitzt, ist über 80 Jahre alt.

نیمکت
نیمکتی که رویش نشسته‌ای، ۸۰ سال قدمت دارد.

1425 **Bett** [bɛt] *n, -es, -en*
Dieser Ferienort ist sehr beliebt. In der (Hoch-)Saison ist oft kein Bett mehr frei.

تختخواب
این مکان تعطیلات خیلی طرفدار دارد. در فصل مسافرت اغلب هیچ تختی خالی نیست.

1426 **Decke** ['dɛkə] *f, -, -n*
Heute Nacht brauchen wir zwei Decken. Es soll sehr kalt werden.

پتو
امشب به دو پتو نیاز داریم. هوا احتمالاً خیلی سرد می‌شود.

1427 **einrichten** ['ainriçt(ə)n] *V/t., richtete ein, hat eingerichtet*
Ihr Haus wurde von einer Innenarchitektin eingerichtet.

مبله کردن
خانه‌ی آنها را یک معمار داخلی مبله کرده است.

1428 **Einrichtung** ['ainriçtuŋ] *f, -, -n*
Die Einrichtung des Wohnzimmers scheint sehr teuer zu sein.

اثاث
به‌نظر می‌رسد اثاث اتاق نشیمن خیلی گران است.

1429 **Fach** [fax] *n, -(e)s, Fächer*
Der Küchenschrank ist sehr praktisch. Er hat viele Fächer.

کشو
کابینت خیلی به‌درد می‌خورد؛ خیلی کشو دارد.

1430 **Kühlschrank** ['ky:lʃrank] *m, -(e)s, Kühlschränke*
Stell die Milch bitte in den Kühlschrank!

یخچال
لطفاً شیر را در یخچال بگذار!

1431 **Lampe** ['lampə] *f, -, -n*
Es brennt noch Licht im Wohnzimmer. Mach bitte die Lampe aus!

لامپ
هنوز چراغ اتاق نشیمن روشن است. لطفاً لامپ را خاموش کن!

1432 **Möbel** ['mø:b(ə)l] *n, -s, -*
Seine Möbel sind sehr wertvoll.

مبل
مبل او خیلی قیمتی است.

1433 **Ofen** ['o:f(ə)n] *m, -s, Öfen*
Machst du das Feuer im Ofen an?

اجاق
اجاق را روشن می کنی؟

5.2 Einrichtung اثاثیه

1434 **Schrank** [ʃraŋk] *m, -(e)s, Schränke* **گنجه**

Im Schlafzimmer fehlt mir noch ein kleiner Schrank für Wäsche.

در اتاق خواب هنوز به یک گنجه‌ی کوچک برای لباس‌ها نیاز داریم.

1435 **Sessel** ['zɛs(ə)l] *m, -s, -* **صندلی (دسته‌دار)**

Deine Sessel finde ich sehr bequem.

به‌نظر من صندلی‌های تو خیلی راحت است.

1436 **Sitz** [zits] *m, -es, -e* **صندلی**

Die Sitze in diesem Kino sind sehr hart.

صندلی‌های این سینما خیلی سفت است.

1437 **Sofa** ['zo:fa] *n, -s, -s* **راحتی**

Sie machte auf dem Sofa einen kleinen Mittagsschlaf.

چرت کوچکی روی راحتی زد.

1438 **Stuhl** [ʃtu:l] *m, -(e)s, Stühle* **صندلی**

Wenn ich Gäste habe, reichen die Stühle oft nicht.

در اغلب مواردی که مهمان دارم، صندلی‌ها کافی نیست.

1439 **Teppich** ['tɛpiç] *m, -s, -e* **قالی**

Den Teppich finde ich zu bunt.

به‌نظر من این زیادی رنگارنگ است.

1440 **Tisch** [tiʃ] *m, -(e)s, -e* **میز**

An diesem Tisch können höchstens sechs Personen sitzen.

حداکثر شش نفر می‌توانند پشتِ این میز بنشینند.

2001-4000

1441 **Badewanne** ['ba:dəvanə] *f, -, -n* **وان**

In unserem Bad haben wir nur eine Dusche, keine Badewanne.

در حمام، دوش داریم، ولی وان نداریم.

1442 **bequem** [bə'kve:m] *Adj.* **راحت**

Dieser Sessel sieht nicht nur schön aus, er ist auch bequem.

این صندلی نه فقط قشنگ به‌نظر می‌رسد، بلکه راحت هم هست.

1443 **Couch** [kautʃ] *f, -, -es* **کاناپه**

Du kannst gerne bei uns übernachten und auf der Couch schlafen.

می‌توانی شب پیش ما بمانی و روی کاناپه بخوابی.

1444 **Garderobe** [gard(ə)'ro:bə] *f, -, -n* **رختکن**

Häng deinen Mantel bitte an die Garderobe!

لطفاً پالتویت را در رختکن آویزان کن!

1445 **Kissen** ['kis(ə)n] *n, -s, -* — **بالش**

Beim Schlafen brauche ich mindestens zwei Kopfkissen.

موقع خواب، حداقل به دو بالش احتیاج دارم.

1446 **Kleiderschrank** ['klaidə*ʃraŋk] *m, -(e)s, Kleiderschränke* — **گنجه‌ی لباس**

Der Kleiderschrank ist für den kleinen Raum eigentlich zu groß.

گنجه‌ی لباس برای این اتاق کوچک، بیش از اندازه بزرگ است.

1447 **Liege** ['li:gə] *f, -, -n* — **نیمکت تختخواب‌شو**

Wenn sie abends noch arbeiten muss, schläft sie auf einer Liege in ihrem Büro.

هر وقت مجبور می‌شود تا دیروقت کار کند، روی نیمکت تختخواب‌شویی در دفترکارش می‌خوابد.

1448 **Regal** [re'ga:l] *n, -s, -e* — **قفسه**

Das Buch steht ganz oben im Regal.

کتاب در قفسه‌ی بالایی است.

1449 **Schreibtisch** ['ʃraiptiʃ] *m, -(e)s, -e* — **میز تحریر**

Das Briefpapier liegt in der obersten Schublade des Schreibtischs.

نوشت‌افزار در بالاترین کشوی میزتحریر است.

1450 **Schublade** ['ʃu:pla:də] *f, -, -n* — **کشو**

Im Schrank ist kein Platz. Alle Schubladen sind voll.

در گنجه جا نیست. همه‌ی کشوها پر است.

1451 **Tischtuch** ['tiʃtu:x] *n , -(e)s, Tischtücher* — **رومیزی**

Auf dem Tischtuch ist ein großer Kaffeefleck.

یک لکه‌ی بزرگ قهوه روی رومیزی است.

1452 **Vorhang** ['fo:ə*haŋ] *m, -(e)s, Vorhänge* — **پرده**

Die Farbe der Vorhänge passt nicht zu den Möbeln.

رنگ پرده‌ها، با مبلمان جور در نمی‌آید.

5.3 Gebrauchsgegenstände کالاهای اساسی

1-2000

1453 **Ding** [diŋ] *n, -(e)s, -e* — **چیز**

- Hast du alles eingekauft?
- Nein, es fehlen noch ein paar Dinge.

- همه چیز را خریدی؟
- نه، چند چیز مانده است.

1454 **gebraucht** [gə'brauxt] *Adj., keine Komp.* — **دست دوم**

Die Waschmaschine haben wir gebraucht gekauft.

ماشین لباسشویی را دست دوم خریدیم.

1455 **Gegenstand** ['ge:g(ə)nʃtant] *m, -(e)s, Gegenstände* — **وسیله، اثاث**

Beim Umzug sind einige Gegenstände kaputtgegangen.

موقع اسباب‌کشی چند وسیله خراب شد.

1456 **Gerät** [gə'rɛ:t] *n, -(e)s, -e* — **دستگاه**

Dieses Küchengerät ist sehr praktisch.

این دستگاه مخلوط‌کن خیلی به‌دردبخور است.

1457 **Geschirr** [gə'ʃir] *n, -s, kein Pl.* — **ظرف‌ها**

Hilfst du mir, das Geschirr zu spülen?

در شستن ظرف‌ها به من کمک می‌کنی؟

1458 **Griff** [grif] *m, -(e)s, -e* — **دسته**

Vorsicht, der Griff der Pfanne ist heiß!

دقت کنید! دسته‌ی تابه داغ است.

1459 **Kette** ['kɛtə] *f, -, -n* — **زنجیر**

Das Tor ist mit einer Kette verschlossen.

درِ اصلی با زنجیر بسته شده است.

1460 **Kiste** ['kistə] *f, -, -n* — **جعبه**

Die Werkzeuge liegen alle in dieser Kiste.

همه‌ی ابزارها در این جعبه است.

1461 **Klingel** ['kliŋ(ə)l] *f, -, -n* — **زنگ**

Du musst klopfen, unsere Klingel funktioniert nicht.

باید در بزنی؛ زنگ ما کار نمی‌کند.

1462 **Messer** ['mɛsə*] *n, -s, -* — **کارد**

Mit diesem alten Messer kann man nicht mehr richtig schneiden.

با این کارد کهنه، نمی‌شود خوب برید.

1463 **Nadel** ['na:d(ə)l] *f, -, -n* — **سوزن**

Beim Nähen habe ich mir mit einer Nadel in den Finger gestochen.

موقع دوختن، سوزن به انگشتم فرو رفت.

1464 **Pfanne** ['pfanə] *f, -, -n* — **تابه**
Nimm die dunkle Pfanne, die ist besser zum Braten! — تابه‌ی تیره را بردار! برای سرخ کردن بهتر است.

1465 **Sache** ['zaxə] *f, -, -n* — **وسیله**
Deine Sachen habe ich in dein Zimmer gebracht. — وسایلت را به اتاقت آوردم.

1466 **Schachtel** ['ʃaxt(ə)l] *f, -, -n* — **پاکت**
Bring mir bitte eine Schachtel Zigaretten mit. — یک پاکت سیگار برایم بیاور.

1467 **Schere** ['ʃeːrə] *f, -, -n* — **قیچی**
Nimm diese Schere! Sie schneidet gut. — این قیچی را بردار! خوب می‌برد.

1468 **Schirm** [ʃirm] *m, -(e)s, -e* — **چتر**
Es wird bestimmt nicht regnen. Wir müssen keinen Schirm mitnehmen. — قطعاً باران نخواهد بارید. لازم نیست با خودمان چتر ببریم.

1469 **Schlüssel** ['ʃlys(ə)l] *m, -s, -* — **کلید**
Der Schlüssel steckt im Schloss. — کلید داخل قفل است.

1470 **Schraube** ['ʃraubə] *f, -, -n* — **پیچ**
Ich konnte das Rad nicht wechseln. Die Schrauben waren zu fest. — نتوانستم چرخ را تعویض کنم. پیچ‌ها خیلی سفت بودند.

1471 **Schüssel** ['ʃys(ə)l] *f, -, -n* — **کاسه**
Nimm die große Schüssel für den Salat. — کاسه‌ی بزرگ را برای سالاد بردار.

1472 **Spiegel** ['ʃpiːg(ə)l] *m, -s, -* — **آینه**
So ein Pech, ich habe den Spiegel zerbrochen. — عجب بدشانسی‌ای! آینه را شکستم.

1473 **Streichholz** ['ʃtraiçhɔlts] *n, -es, Streichhölzer* — **کبریت**
Meine Streichhölzer sind nass geworden. Hast du ein Feuerzeug? — کبریت‌هایم خیس شده‌اند. فندک داری؟

1474 **Tasche** ['taʃə] *f, -, -n* — **کیف**
Pass auf, die Tasche ist sehr schwer. — دقت کن! کیف خیلی سنگین است.

1475 **Taschentuch** ['taʃ(ə)ntuːx] *n, -(e)s, Taschentücher* — **دستمال**
Kannst du mir ein Papiertaschentuch geben? — می‌شود یک دستمال کاغذی به من بدهی؟

5.3 Gebrauchsgegenstände کالاهای اساسی

1476 **Tasse** ['tasə] *f, -, -n* — **فنجان**
Möchtest du eine Tasse Kaffee trinken? — یک فنجان چای میل داری؟

1477 **Teller** ['tɛlə*] *m, -s, -* — **بشقاب**
Möchtest du noch einen Teller Suppe? — یک بشقاب دیگر سوپ می‌خواهی؟

1478 **Topf** [tɔpf] *m, -es, Töpfe* — **قابلمه**
Wir haben den Topf ganz leer gegessen. — همه‌ی محتویات قابلمه را خوردیم.

1479 **Wäsche** ['vɛʃə] *f, -, kein Pl.* — **رخت چرک‌ها، لباس چرک‌ها**
Die Wäsche muss noch gewaschen werden. — لباس چرک‌ها را باید دوباره شست.

1480 **Werkzeug** ['vɛrktsɔik] *n, -s, -e* — **ابزار**
Ohne Spezialwerkzeuge lässt sich die Maschine nicht reparieren. — بدون ابزار مخصوص نمی‌توان ماشین را تعمیر کرد.

2001-4000

1481 **Besen** ['be:z(ə)n] *m, -s, -* — **جارو**
Der Besen ist zu hart, damit kann man nicht gut fegen. — جارو آنقدر سفت است که با آن نمی‌توان خوب جارو کرد.

1482 **Brieftasche** ['bri:ftaʃə] *f, -, -n* — **کیف دستی**
Weißt du, wo mein Führerschein ist? In der Brieftasche ist er nicht. — می‌دانی گواهینامه‌ام کجا است؟ در کیف دستی نیست.

1483 **Eimer** ['aimə*] *m, -s, -* — **سطل**
Holst du mir bitte einen Eimer frisches Wasser? — می‌شود لطف کنی و یک سطل آب تازه برایم بیاوری؟

1484 **Faden** ['fa:d(ə)n] *m, -s, Fäden* — **نخ**
Kannst du mir eine Nadel und einen Faden geben? An meinem Hemd ist ein Knopf lose. — می‌شود یک سوزن و نخ به من بدهی؟ دکمه‌ی پیراهنم افتاده است.

1485 **Feuerzeug** ['fɔiə*tsɔik] *n, -s, -e* — **فندک**
Dieses Feuerzeug kann man nicht füllen. — این فندک را نمی‌توان پر کرد.

1486 **Glühbirne** ['gly:birnə] *f, -, -n* — **لامپ**
In der Küchenlampe ist die Glühbirne kaputt. — لامپ چراغ آشپزخانه خراب است.

1487 **Grill** [gril] *m, -s, -s* — **کباب‌پز**

Auf dem Grill gebratenes Fleisch schmeckt besser. — گوشت کبابی روی کباب‌پز خوشمزه‌تر است.

1488 **Haken** ['ha:k(ə)n] *m, -s, -* — **جالباسی**

Du kannst deine Jacke dort an den Haken hängen. — می‌توانی ژاکتت را آنجا به جالباسی آویزان کنی.

1489 **Hammer** ['hamə*] *m, -s, Hämmer* — **چکش**

Dieser Hammer ist zu leicht. Damit kann man diesen dicken Nagel nicht in die Wand schlagen. — این چکش خیلی سبک است؛ با آن نمی‌توانی این میخ کلفت را به دیوار بکوبی.

1490 **Kalender** [ka'lɛndə*] *m, -s, -* — **تقویم**

-Welches Datum haben wir heute? — - امروز چندم است؟

-Das weiß ich auch nicht. Schau doch mal in deinen Kalender! — - من هم نمی‌دانم. تقویم را نگاه کن!

1491 **Kanne** ['kanə] *f, -, -n* — **قوری**

Ist noch Kaffee in der Kanne? — باز هم قهوه در قوری هست؟

1492 **Kasten** ['kast(ə)n] *m, -s, Kästen* — **جعبه**

Das ganze Werkzeug ist in dem braunen Holzkasten. — همه‌ی ابزارها در جعبه‌ی قهوه‌ای است.

1493 **Kerze** ['kɛrtsə] *f, -, -n* — **شمع**

Ich liebe es, abends bei Kerzenlicht zu essen. — شام خوردن با نور شمع را خیلی دوست دارم.

1494 **Kessel** ['kɛs(ə)l] *m, -s, -* — **کتری**

Nimm den Kessel vom Herd! Das Wasser kocht. — کتری را از روی اجاق بردار! آب دارد می‌جوشد.

1495 **Korb** [kɔrp] *m, -(e)s, Körbe* — **سبد**

Ein Korb ist zum Einkaufen praktischer als eine Tasche. — برای خرید، سبد مناسب‌تر از کیف است.

1496 **Leiter** ['laitə*] *f, -, -n* — **نردبان**

Um die Gardinen aufzuhängen, brauche ich die längere Leiter. — برای آویزان کردن پرده‌ها، به نردبان بلندتری احتیاج دارم.

1497 **Nagel** ['na:g(ə)l] *m, -s, Nägel* — **میخ**

Dieser Nagel ist zu schwach, um das Bild daran aufzuhängen. — این میخ ضعیف‌تر از آن است که بتوان تابلو را به آن آویزان کرد.

5.3 Gebrauchsgegenstände کالاهای اساسی

1498 **Papierkorb** [pa'pi:ə*kɔrp] *m, -(e)s, Papierkörbe* — **سبد کاغذ**

Die alten Zeitungen kannst du in den Papierkorb werfen.

می‌توانی روزنامه‌های قدیمی را در سبد کاغذ بیندازی.

1499 **Sack** [zak] *m, -(e)s, Säcke* — **ساک**

Pack die alten Kleider in einen Sack und bringe sie auf den Dachboden!

لباس‌های قدیمی را در ساک بگذار و آن را به اتاق زیرشیروانی ببر!

1500 **Schlauch** [ʃlaux] *m, -(e)s, Schläuche* — **شیلنگ**

Der Wasserschlauch ist zu kurz.

شیلنگ آب خیلی کوتاه است.

1501 **Spaten** ['ʃpa:t(ə)n] *m, -s, -* — **بیل**

Mit diesem Spaten kann man nicht gut graben. Er ist zu stumpf.

با این بیل نمی‌توان خوب زمین را کند. خیلی کند است.

1502 **Spielzeug** ['ʃpi:ltsɔik] *n, -s, -e* — **اسباب‌بازی**

Unsere Tochter mag technisches Spielzeug sehr gerne.

دختر ما اسباب‌بازی‌های فنی را خیلی دوست دارد.

1503 **Untertasse** ['untə*tasə] *f, -, -n* — **نعلبکی**

Die Untertassen und die Tassen passen nicht zusammen.

نعلبکی‌ها و فنجان‌ها باهم جور درنمی‌آیند.

1504 **Waage** ['va:gə] *f, -, -n* — **ترازو**

Diese Waage wiegt sehr genau.

این ترازو خیلی دقیق وزن می‌کند.

1505 **Waschlappen** ['vaʃlap(ə)n] *m, -s, -* — **لیف**

Ich wasche mich lieber mit einem Waschlappen als mit einem Schwamm.

ترجیح می‌دهم خودم را با لیف بشورم تا با ابر.

1506 **Wasserhahn** ['vasə*ha:n] *m, -(e)s, Wasserhähne* — **شیر**

Der Wasserhahn im Bad lässt sich nicht mehr aufdrehen.

شیر حمام را دیگر نمی‌توان باز کرد.

1507 **Wecker** ['vɛkə*] *m, -s, -* — **ساعت زنگ‌دار، ساعت شماطه‌دار**

Ohne Wecker konnte ich morgens nicht pünktlich aufstehen.

بدون ساعت زنگ‌دار نمی‌توانستم صبح‌ها سر وقت بیدار شوم.

5.4 Kleidung und Schmuck لباس و جواهرات

1-2000

1508 **anziehen** ['antsi:(ə)n] *V/t., refl., zog an, hat angezogen* **پوشیدن**
Unser Sohn kann sich jetzt selbst anziehen. حالا دیگر پسر ما خودش می‌تواند لباسش را بپوشد.

1509 **ausziehen** ['austsi:(ə)n] *V/t., refl., zog aus, hat ausgezogen* **درآوردن**
Zieh bitte die nassen Schuhe aus! لطفاً کفش‌های خیس‌ات را دربیاور!

1510 **Band** [bant] *n, -(e)s, Bänder* **روبان**
Bei der Arbeit binde ich mir meine Haare mit einem Band zusammen. موهایم را حین کار با روبانی به هم می‌بندم.

1511 **Bluse** ['blu:zə] *f, -, -n* **بلوز**
Diese Bluse passt nicht zu deinem Rock. این بلوز به دامن تو نمی‌آید.

1512 **Gürtel** ['gyrt(ə)l] *m, -s, -* **کمربند**
Ohne Gürtel kann ich die Hose nicht tragen. این شلوار را نمی‌توانم بدون کمربند بپوشم.

1513 **Hemd** [hɛmt] *n, -es, -en* **پیراهن**
Das Hemd ist am Hals zu eng. دور گردن پیراهن خیلی تنگ است.

1514 **Hose** ['ho:zə] *f, -, -n* **شلوار**
Die Hose muss kürzer gemacht werden. این شلوار باید کوتاه شود.

1515 **Hut** [hu:t] *m, -(e)s, Hüte* **کلاه**
Mit Hut siehst du komisch aus. با کلاه بامزه به‌نظر می‌رسی.

1516 **Jacke** ['jakə] *f, -, -n* **کاپشن**
Für den Winter ist diese Jacke nicht warm genug. این کاپشن برای زمستان به‌اندازه‌ی کافی گرم نیست.

1517 **Kleid** [klait] *n, -(e)s, -er* **لباس**
Das Kleid passt ausgezeichnet. این لباس کاملاً اندازه است.

1518 **Kleidung** ['klaiduŋ] *f, -, kein Pl.* **لباس**
Seine Kleidung ist unmodern. لباس او چندان امروزی نیست.

1519 **Knopf** [knɔpf] *m, -(e)s, Knöpfe* **دکمه**
An der Bluse fehlt ein Knopf. دکمه‌ی بلوز افتاده است.

5.4 Kleidung und Schmuck لباس و جواهرات

1520 **Leder** ['le:də*] *n, -s, kein Pl.* **چرم**
Die Jacke ist aus Leder. کاپشن، چرمی است.

1521 **Mantel** ['mant(ə)l] *m, -s, Mäntel* **پالتو**
Warum trägst du nur schwarze Mäntel? چرا فقط پالتوی سیاه می‌پوشی؟

1522 **Mode** ['mo:də] *f, -, -n* **مُد**
Die Mode wechselt heute schneller als früher. امروزه مد زودتر از قدیم تغییر می کند.

1523 **Mütze** ['mytsə] *f, -, -n* **کلاه**
Setz eine Mütze auf! Es ist kalt draußen. کلاه سرت بگذار! بیرون سرد است.

1524 **nackt** [nakt] *Adj, -er, am -esten* **برهنه، لخت**
Ich mag gerne nackt im Meer schwimmen. دوست دارم برهنه در دریا شنا کنم.

1525 **passen** ['pas(ə)n] *V/i., passte, hat gepasst* **اندازه بودن**
Die Hose passt mir nicht. شلوار اندازه‌ام نیست.

1526 **Pullover** [pu'lo:və*] *m, -s, -* **پولیور**
Dieser Pullover ist aus reiner Wolle. این پولیور از پشم خالص است.

1527 **Ring** [riŋ] *m, -(e)s, -e* **انگشتر، حلقه**
Vera trägt an vier Fingern Ringe. ورا در چهار انگشتش انگشتر دارد.

1528 **Rock** [rɔk] *m, -(e)s, Röcke* **دامن**
Dieses Jahr sind kurze Röcke modern. امسال دامن کوتاه مد است.

1529 **Schmuck** [ʃmuk] *m, -(e)s, kein Pl.* **جواهر**
Sie hat einen guten Geschmack bei der Wahl ihres Schmuckes. سلیقه‌ی خوبی در انتخاب جواهراتش دارد.

1530 **Schuh** [ʃu:] *m, -s, -e* **کفش**
In der Wohnung trage ich keine Schuhe, nur Hausschuhe. در آپارتمان کفش پا نمی‌کنم، بلکه فقط دمپایی می‌پوشم.

1531 **Socke** ['zɔkə] *f, -, -n* **جوراب**
Diese Schuhe kann ich nur mit dicken Socken tragen. این کفش‌ها را فقط با جوراب کلفت می‌توانم بپوشم.

1532 **Stoff** [ʃtɔf] *m, -(e)s, -e* **پارچه**
Ich mag helle Stoffe am liebsten. پارچه‌های روشن را بیشتر دوست دارم.

1533 **Strumpf** [ʃtrump] *m, -(e)s, Strümpfe* — **جوراب**

Die Farbe der Strümpfe passt nicht zu deinem Anzug. — رنگ جوراب با کت و شلوارت جور درنمی‌آید.

1534 **Tuch** [tu:x] *n, -(e)s, Tücher* — **دستمال گردن**

Weil er leicht Halsschmerzen bekommt, trägt er immer ein Halstuch. — چون خیلی راحت گلودرد می‌گیرد، همیشه دستمال گردن می‌بندد.

1535 **Uhr** [u:ə*] *f, -, -en* — **ساعت**

-Weißt du, wie spät es ist? — - می‌دانی ساعت چند است؟

-Nein, ich habe auch keine Uhr. — - نه، ساعت ندارم.

2001-4000

1536 **Absatz** ['apzats] *m, -es, Absätze* — **پاشنه**

Die Absätze der Schuhe sind kaputt. — پاشنه‌های کفش خراب است.

1537 **anprobieren** ['anprobi:rən] *V/t., probierte an, hat anprobiert* — **پرو کردن، امتحان کردن**

Sie können das Kleid natürlich anprobieren. — البته که می‌توانید لباس را پرو کنید.

1538 **Anzug** ['antsu:k] *m, -s, Anzüge* — **کت‌وشلوار**

Er trägt gerne dunkle Anzüge. — دوست دارد کت‌وشلوار تیره بپوشد.

1539 **Armbanduhr** ['armbantu:ə*] *f, -, -en* — **ساعت مچی**

Armbanduhren mag ich nicht, ich habe eine Taschenuhr. — از ساعت مچی خوشم نمی‌آید؛ ساعت جیبی دارم.

1540 **Ärmel** ['ɛrm(ə)l] *m, -s, -* — **آستین**

Im Ärmel deiner Jacke ist ein Loch. — آستین کاپشن تو سوراخ است.

1541 **Diamant** [dia'mant] *m, -en, -en* — **الماس**

An ihrer Halskette hängt ein kleiner Diamant. — یک الماس کوچک به گردنبندش آویزان است.

1542 **Handschuh** ['hantʃu:] *m, -(e)s, -e* — **دستکش**

Trotz der Kälte trägt sie nie Handschuhe. — به‌رغم سردی هوا، هیچ‌وقت دستکش دست نمی‌کند.

1543 **Handtasche** ['hanttaʃə] *f, -, -en* — **کیف‌دستی**

Das Geld ist in deiner Handtasche. — پول در کیف‌دستی تو است.

5.4 Kleidung und Schmuck — لباس و جواهرات

1544 **Jackett** [ʒa'kɛt] *n, -s, -s* — **کت**
Das Jackett des Anzugs kannst du noch tragen, aber die Hose sieht wirklich nicht mehr schön aus.
کتِ کت‌وشلوار را هنوز می‌توانی بپوشی، ولی شلوار دیگر کارش تمام است.

1545 **(Hals-) Kette** ['kɛtə] *f, -, -n* — **گردنبند**
Deine Halskette finde ich schön.
به‌نظر من، گردنبندت قشنگ است.

1546 **kleiden** ['klaid(ə)n] *V/t., refl., kleidete, hat gekleidet* — **پوشیدن**
Sie kleidet ihre Kinder wie Erwachsene. Sie selbst kleidet sich immer sehr bunt.
به بچه‌هایش مثل بزرگ‌ترها لباس می‌پوشاند. ولی خودش همیشه لباس رنگارنگ می‌پوشد.

1547 **Kleiderbügel** ['klaidə*by:g(ə)l] *m, -s, -* — **چوب‌رختی**
Häng bitte deinen Mantel auf den Kleiderbügel!
لطفاً پالتویت را به چوب‌رختی آویزان کن!

1548 **kostbar** ['kɔstba:*] *Adj.* — **گران‌قیمت**
Sie trägt kostbaren Schmuck.
جواهرات گران‌قیمت می‌اندازد.

1549 **Kragen** ['kra:g(ə)n] *m, -s, -* — **یقه**
Das Hemd kannst du nicht mehr anziehen. Der Kragen ist dreckig.
دیگر نمی‌توانی این پیراهن را بپوشی. یقه‌اش کثیف است.

1550 **Krawatte** [kra'vatə] *f, -, -n* — **کراوات**
Warum trägst du immer so unmoderne Krawatten?
چرا همیشه کراوات‌های خیلی قدیمی می‌زنی؟

1551 **Perle** ['pɛrlə] *f, -, -n* — **مروارید**
Ich habe keinen Schmuck, nur eine Perlenkette.
به‌جز یک دست گردنبند مروارید، جواهری ندارم.

1552 **Regenmantel** ['re:g(ə)nmant(əl)l] *m, -s, Regenmäntel* — **بارانی**
Trotz des Regenmantels bin ich ziemlich nass geworden.
بااینکه بارانی داشتم، کاملاً خیس شدم.

1553 **Reißverschluss** ['raisfɛə*ʃlus] *m, -es, -verschlüsse* — **زیپ**
Der Reißverschluss lässt sich nicht aufmachen.
زیپ باز نمی‌شود.

1554 **Stiefel** ['ʃti:f(ə)l] *m, -s, -* — **چکمه**
Zieh die Winterstiefel an. Es ist kalt.
چکمه‌های زمستانی بپوش. هوا سرد است.

1555 **umziehen** ['umtsi:(ə)n] *V/refl., zog um, hat umgezogen* — **لباس عوض کردن**

Nach der Arbeit ziehe ich mich immer sofort um.

همیشه بلافاصله بعد از کار لباس عوض می‌کنم.

1556 **Uniform** [uni'fɔrm] *f, -, -en* — **روپوش**

Unsere Tochter geht in eine Privatschule, in der die Kinder Schuluniformen tragen.

دختر ما به مدرسه‌ی خصوصی می‌رود؛ و در آنجا بچه‌ها روپوش مدرسه می‌پوشند.

1557 **Unterwäsche** ['untə*vɛʃə] *f, -, kein Pl.* — **لباس زیر**

Für diese kurze Reise nehme ich nicht viel mit. Nur etwas Unterwäsche, eine Hose und ein Hemd.

برای این سفر کوتاه وسایل زیادی نمی‌برم؛ فقط چند لباس زیر، یک شلوار و یک پیراهن.

5.5 Mahlzeiten und Restaurant — وعده‌های غذایی، رستوران

1-2000

1558 **backen** ['bak(ə)n] *V/t., backte, hat gebacken* — **پختن**

Er kann gute Kuchen backen. — بلد است کیک‌های خوبی بپزد.

1559 **bedienen** [bə'di:nən] *V/t., refl., bediente, hat bedient* — **پذیرایی کردن**

Bitte bedienen Sie sich selbst! — لطفاً از خودتان پذیرایی کنید!

In diesem Restaurant wird man schnell und freundlich bedient. — از مهمان‌ها در این رستوران سریع و دوستانه پذیرایی می‌کنند.

1560 **Bedienung** [bə'di:nuŋ] *f, -, -en* — **پیشخدمت؛ گارسن**

Sie arbeitet als Bedienung in einem Restaurant. — او پیشخدمت رستوران است.

Bedienung bitte! Ich warte schon 20 Minuten. — گارسن، لطفاً! ۲۰ دقیقه است که منتظرم!

1561 **bestellen** [bə'ʃtɛl(ə)n] *V/t., bestellte, hat bestellt* — **سفارش دادن**

Zum Nachtisch habe ich mir ein Eis bestellt. — برای دسرم بستنی سفارش دادم.

1562 **braten** ['bra:t(ə)n] *V/t., briet, hat gebraten* — **کباب کردن؛ سرخ کردن**

Du hast das Fleisch zu lange gebraten. Es ist ganz trocken. — گوشت را زیادی کباب کرده‌ای. کاملاً خشک است.

1563 **Café** [ka'fe:] *n, -s, -s* — **کافه**

-Wo wollen wir uns treffen?. — - کجا همدیگر را ببینیم؟

-Am besten im "Café Bauer". — - در «کافه باوئر» بهتر است.

1564 **Dose** ['do:zə] *f, -, -n* — **قوطی**

Das Gemüse schmeckt gut, obwohl es aus der Dose ist. — مزه‌ی سبزیجات خوب است، هرچند که بیرون از قوطی بوده است.

1565 **essen** ['ɛs(ə)n] *V/t., i., aß, hat gegessen* — **خوردن**

Unsere Kinder essen gerne Nudeln mit Soße. — بچه‌های ما خیلی دوست دارند ماکارونی را با سس بخورند.

Was wollen wir zu Mittag essen? — ناهار چه بخوریم؟

5.5 Mahlzeiten und Restaurant — وعده‌های غذایی، رستوران

1566 **Essen** ['ɛs(ə)n] *n, -s, -* — **غذا**

Ute hat mich heute Abend zum Essen eingeladen. — اوته امشب مرا برای غذا دعوت کرده است.

Das Essen war sehr gut. — غذا خیلی خوب بود.

1567 **frühstücken** ['fry:ʃtyk(ə)n] *V/i., frühstückte, hat gefrühstückt* — **صبحانه خوردن**

Ich frühstücke immer im Büro. — همیشه در اداره صبحانه می‌خورم.

1568 **Gabel** ['ga:b(ə)l] *f, -, -n* — **چنگال**

Unser Kind kann schon mit Messer und Gabel essen. — بچه‌ی ما از مدت‌ها پیش بلد است با کارد و چنگال غذا بخورد.

1569 **Hunger** ['huŋə*] *m, -s, kein Pl.* — **گرسنگی**

Ich habe großen Hunger. — خیلی گرسنه‌ام.

1570 **hungrig** ['huŋriç°] *Adj.* — **گرسنه**

Ich bin nicht sehr hungrig. — خیلی گرسنه نیستم.

1571 **Kellner** ['kɛlnə*] *m, -s, -* **Kellnerin** ['kɛlnərin] *f -, -nen* — **پیشخدمت**

Die Rechnung stimmt nicht. Der Kellner hat sicher falsch gerechnet. — صورت‌حساب درست نیست. پیشخدمت حتماً اشتباه حساب کرده است.

1572 **Koch** [kox] *m, -(e)s, Köche* **Köchin** ['kœçin] *f -, -nen* — **آشپز**

In diesem Restaurant arbeitet ein ausgezeichneter Koch. — آشپز خیلی خوبی در این رستوران کار می‌کند.

1573 **Löffel** ['lœf(ə)l] *m, -s, -* — **قاشق**

Die Suppe ist gut. Probier doch mal einen Löffel voll! — این سوپ خوب است. یک قاشق بچش!

1574 **Mahlzeit** ['ma:ltsait] *f, -, -en* — **غذا**

In diesem Restaurant gibt es warme Mahlzeiten nur bis 21.00 Uhr. — در این رستوران غذای گرم فقط تا ساعت ۲۱ وجود دارد.

1575 **Portion** [pɔr'tsjo:n] *f, -, -en* — **پُرس**

Das kann ich nicht alles essen. Die Portion ist viel zu groß. — همه‌ی غذا را نمی‌توانم بخورم. پرس آن خیلی بزرگ است.

1576 **probieren** [pro'bi:rən] *V/t., probierte, hat probiert* — **چشیدن، امتحان کردن**

Probier doch mal die Milch! Ich glaube, sie ist sauer. — این شیر را امتحان کن! فکر می‌کنم ترش است.

5.5 Mahlzeiten und Restaurant — وعده‌های غذایی، رستوران

1577 **Restaurant** [rɛsto'rã:] *n, -s, -s* — **رستوران**
Er geht zum Essen oft ins Restaurant.
اغلب در رستوران غذا می‌خورد.

1578 **satt** [zart] *Adj., -er, am -esten* — **سیر**
Ich kann nicht mehr essen. Ich bin satt.
دیگر نمی‌توانم بخورم. سیرم.

1579 **schmecken** ['ʃmɛk(ə)n] *V/i. + Präp. (nach), schmeckte, hat geschmeckt* — **مزه دادن**
Die Suppe schmeckt mir gut.
سوپ به‌نظر من مزه‌ی خوبی دارد.

1580 **Speisekarte** ['ʃpaizəkartə] *f, -, -n* — **منو، فهرست غذا**
Bitte bringen Sie mir die Speisekarte! Ich möchte etwas essen.
لطفاً فهرست غذا را برایم بیاورید! می‌خواهم چیزی برای خوردن انتخاب کنیم.

1581 **Trinkgeld** ['triŋkgɛlt] *n, -(e)s, -er* — **انعام**
Ich habe dem Kellner ein gutes Trinkgeld gegeben. Er war sehr freundlich.
انعام خوبی به پیشخدمت دادم. خیلی بامحبت بود.

2001-4000

1582 **Abendessen** ['a:bəntɛs(ə)n] *n, -s, -* — **شام**
Bleib doch noch! Ich habe ein Abendessen für uns vorbereitet.
بمان دیگر! برای خودمان شام درست کرده‌ام!

1583 **Appetit** [apə'ti:t] *m, -(e)s, kein Pl.* — **اشتها**
Ich habe großen Appetit auf ein Stück Kuchen.
خیلی دوست دارم یک تکه‌ی کیک بخورم.

1584 **Deckel** ['dɛk(ə)l] *m, -s, -* — **در**
Das Wasser kocht schneller, wenn du den Deckel auf den Topf tust.
اگر در قابلمه را بگذاری، آب سریع‌تر می‌جوشد.

1585 **Frühstück** ['fry:ʃtyk] *n, -s, kein Pl.* — **صبحانه**
Möchtest du ein Ei zum Frühstück?
برای صبحانه تخم‌مرغ میل داری؟

1586 **Gasthaus** ['gasthaus] *n, -es, Gasthäuser* — **مهمان‌خانه**
Im Nachbarort ist ein kleines Gasthaus, in dem man essen und übernachten kann.
این نزدیکی‌ها مهمان‌خانه‌ی کوچکی هست که می‌توان در آنجا غذا بخوری و شب را بمانی.

1587 **Gericht** [gə'riçt] *n, -(e)s, -e* — **غذا**

In der Kantine kann man mittags zwischen drei Gerichten wählen.
ظهرها می‌شود در سالن غذاخوری از بین سه غذا یکی را انتخاب کرد.

1588 **Imbiss** ['imbis] *m, -es, -e* — **لقمه، غذای میان‌وعده**

Ich habe Hunger. Lass uns schnell einen kleinen Imbiss nehmen.
گرسنه‌ام. بیا سریع یک لقمه‌ی کوچک بخوریم.

1589 **Konservendose** [kɔn'zɛrv(ə)ndo:zə] *f, -, -n* — **قوطی کنسرو**

Wo liegt der Öffner für Konservendosen?
در قوطی کنسروبازکن کجا است؟

1590 **Mittagessen** ['mita:kɛs(ə)n] *n, -s, -* — **ناهار**

zum Mittagsessen komme ich nach Hause.
برای ناهار به خانه می‌آیم.

1591 **Ober** ['o:bə*] *m, -s, -* — **پیشخدمت**

Herr Ober, bringen Sie mir bitte noch ein Bier!
آقای پیشخدمت! لطفاً یک آبجوی دیگر برای من بیاورید!

1592 **zubereiten** ['tsu:bərait(ə)n] *V/t., bereitete zu, hat zubereitet* — **تهیه، آماده کردن**

Dieses Essen ist schwer zuzubereiten.
تهیه این غذا بسیار سخت است.

1593 **Zubereitung** ['tsu:bəraituŋ] *f, -, -en* — **تهیه**

Das ist ein schnelles Gericht. Die Zubereitung dauert nur 20 Minuten.
این غذای سریعی است. تهیه‌ی آن فقط ۲۰ دقیقه طول می کشد.

1-2000

1594 **bitter** ['bitə*] *Adj.* **تلخ**

Der Obstsalat schmeckt etwas bitter. Am besten tust du etwas Zucker dazu.

سالاد میوه کمی تلخ است. بهتر است کمی شکر به آن اضافه کنی.

1595 **Braten** ['bra:t(ə)n] *m, -s, -* **کباب**

Der Braten ist noch nicht gar.

کباب هنوز نپخته است.

1596 **Brot** [bro:t] *n, -(e)s, -e* **نان**

Bring bitte frisches Brot vom Bäcker mit!

لطفاً نان تازه از نانوایی بگیر!

1597 **Butter** ['butə*] *f, -, kein Pl.* **کره**

Ohne Butter schmeckt das Brot nicht.

نان بدون کره مزه نمی‌دهد.

1598 **Ei** [ai] *n, -s, -er* **تخم‌مرغ**

Eier esse ich am liebsten hart gekocht.

خوردن تخم‌مرغ‌های سفت را ترجیح می‌دهم.

1599 **Eis** [ais] *n, -es, kein Pl.* **بستنی**

Schokoladeneis mag ich nicht.

بستنی شکلاتی دوست ندارم.

1600 **Fleisch** [flaiʃ] *n, -(e)s, kein Pl.* **گوشت**

Ist das Fleisch zart?

گوشت نرم است؟

1601 **frisch** [friʃ] *Adj., -er, am -esten* **تازه**

Im Winter gibt es hier wenig frisches Gemüse zu kaufen.

در زمستان تهیه‌ی سبزیجات تازه در اینجا مشکل است.

1602 **Gemüse** [gə'my:zə] *n, -s, kein Pl.* **سبزیجات**

Wir haben eigenes Gemüse im Garten.

ما خودمان در باغچه سبزیجات داریم.

1603 **Gewürz** [gə'vyrts] *n, -es, -e* **ادویه**

Pfeffer und die anderen Gewürze sind in der oberen Schublade.

فلفل و ادویه‌های دیگر در کشوی بالایی است.

1604 **haltbar** ['haltba:*] *Adj.* **قابل نگهداری**

Die Wurst muss heute gegessen werden. Sie ist nicht mehr lange haltbar.

کالباس باید همین امروز خورده شود. دیگر قابل نگهداری نیست.

5.6 Lebensmittel und Speisen خواروبار و غذا

1605 **Huhn** [hu:n] *n, -(e)s, Hühner* **مرغ**
Zum Mittagessen gab es Huhn mit Reis. ناهار مرغ و برنج داریم.

1606 **Käse** ['kɛ:zə] *m, -s, kein Pl.* **پنیر**
Möchtest du Wurst oder Käse aufs Brot? با نان، کالباس می‌خواهی یا پنیر؟

1607 **kochen** ['kox(ə)n] *V/t, i., kochte, hat gekocht* **پختن؛ جوشیدن**
- Ich habe keine Lust zu kochen. - حوصله‌ی پخت و پز ندارم!
- Lass uns essen gehen! - بیا برویم بیرون غذا بخوریم!
Kocht das Wasser schon? آب هنوز می‌جوشد؟

1608 **Kotelett** [kot(ə)'lɛt] *n, -s, -s* **کتلت**
Möchten Sie das Kotelett mit Reis oder Kartoffeln? با کتلت برنج می‌خواهید یا سیب‌زمینی؟

1609 **Kuchen** ['ku:x(ə)n] *m, -s, -* **کیک**
Nachmittags esse ich gerne ein Stück Kuchen. بعدازظهرها دوست دارم یک تکه کیک بخورم.

1610 **Lebensmittel** ['le:b(ə)nsmit(ə)l] *n, -s, -* **مواد غذایی، خواروبار**
Im Supermarkt sind viele Lebensmittel billiger. در سوپرمارکت، بسیاری از مواد غذایی ارزان‌تر است.

1611 **Margarine** [marga'ri:nə] *f, -, kein Pl.* **مارگارین**
Isst du lieber Margarine oder Butter? ترجیح می‌دهی مارگارین بخوری یا کره؟

1612 **Marmelade** [marmə'la:də] *f, -, -n* **مربا**
Morgens esse ich nur ein halbes Brötchen mit Marmelade, sonst nichts. همه‌ی چیزی که صبح می‌خورم، نصف نان ساندویچی با مربا است.

1613 **Mehl** [me:l] *n, -(e)s, kein Pl.* **آرد**
Ich kann keinen Kuchen backen. Es ist kein Mehl mehr da. نمی‌توانم کیک بپزم. دیگر آرد نداریم.

1614 **Pfeffer** ['pfɛfə*] *m, -s, kein Pl.* **فلفل**
Dieser Pfeffer ist besonders scharf. این فلفل خیلی تند است.

1615 **Reis** [rais] *m, -es, kein Pl.* **برنج**
Koch den Reis bitte nicht zu lange! Er wird sonst zu weich. برنج را بیش از حد نپز، وگرنه شفته می‌شود.

5.6 Lebensmittel und Speisen — خواروبار و غذا

1616 **Rezept** [re'tsɛpt] *n , -(e)s, -e* — **دستور پخت غذا**

Sie kann auch ohne Rezepte gut kochen. — بدون دستور پخت غذا هم می‌تواند خوب آشپزی کند.

1617 **Rindfleisch** ['rintflaiʃ] *n, -(e)s, kein Pl.* — **گوشت گوساله**

Für dieses Gericht braucht man 1 kg Rindfleisch. — برای این غذا به ۱ کیلوگرم گوشت گوساله نیاز است.

1618 **roh** [ro:] *Adj., -er, am -esten* — **خام**

Steaks schmecken am besten, wenn sie innen noch etwas roh sind. — استیک‌ها وقتی از داخل هنوز کمی خام هستند، مزه‌ی بهتری دارند.

1619 **Sahne** ['za:nə] *f, -, kein Pl.* — **خامه**

Möchtest du Sahne auf den Kuchen? — خامه‌ی روی کیک را دوست داری؟

1620 **Salz** [zalts] *n, -es, kein Pl.* — **نمک**

An der Suppe fehlt Salz. — این سوپ، نمک می‌خواهد.

1621 **Sauer** ['zauə*] *Adj., sau(e)rer, am -sten* — **ترش**

Die Milch kann man nicht mehr trinken. Sie ist sauer. — این شیر را دیگر نمی‌شود خورد. ترش است.

Ich esse gerne saure Äpfel. — سیب ترش دوست دارم.

1622 **scharf** [ʃarf] *Adj., schärfer, am schärfsten* — **تند**

Sei vorsichtig, die Soße ist ziemlich scharf. — مراقب باش؛ سس کمی تند است.

1623 **Schnitzel** ['ʃnits(ə)l] *n, -s, -* — **شنیتسل**

Wenn du das Schnitzel jetzt nicht magst, kannst du es ja später kalt essen. — اگر الآن شنیتسل میل نداری، بعداً می‌توانی آن را سرد بخوری.

1624 **Schweinefleisch** ['ʃvainəflaiʃ] *n, -(e)s, kein Pl.* — **گوشت خوک**

Das Schweinefleisch, das du gekauft hast, ist ziemlich fett. — گوشت خوکی که خریده بودی، کمی چرب است.

1625 **Soße** ['zo:sə] *f, -, -n* — **سس**

Ich esse Kartoffeln am liebsten mit Soße. — سیب‌زمینی را بیشتر با سس دوست دارم.

1626 **Suppe** ['zupə] *f, -, -n* — **سوپ**

Pass auf, die Suppe ist sehr heiß! — مراقب باش! سوپ خیلی داغ است!

1627 **süß** [zy:s] *Adj., -er, am -esten* — **شیرین**
Ich trinke gerne süßen Kaffee. — قهوه را شیرین دوست دارم.

1628 **Süßigkeit** ['zy:siçkait] *f, -, -en* — **آب‌نبات**
Das Kind isst zu viele Süßigkeiten. — این بچه بیش از حد آب‌نبات می‌خورد.

1629 **Wurst** [vurst] *f, -, Würste* — **سوسیس**
Diese Wurst kann man braten oder kochen. — این سوسیس را می‌شود کباب کرد یا پخت.

1630 **Zucker** ['tsukə*] *m, -s, kein Pl.* — **شکر**
-Wie möchtest du deinen Tee? — - دوست داری در چایت چه بریزی؟
-Mit Milch und Zucker. — - شیر و شکر.

2001-4000

1631 **Brötchen** ['brø:tçən] *n, -s, -* — **نانک**
Der Bäcker bringt uns jeden Morgen frische Brötchen. — نانوا هر صبح برای ما نانک تازه می‌آورد.

1632 **Fett** [fɛt] *n, -(e)s, kein Pl.* — **چربی**
Zu viel Fett schadet der Gesundheit. — چربی زیاد برای سلامتی زیان‌آور است.

1633 **fett** [fɛt] *Adj., -er, am -esten* — **چرب**
Die Wurst mag ich nicht. Sie ist mir zu fett. — سوسیس میل ندارم. برایم بیش از حد چرب است.

1634 **gar** [ga:*] *Adj. indekl.* — **پخته**
Wir können gleich essen. Die Kartoffeln sind in fünf Minuten gar. — الان می‌توانیم غذا بخوریم. سیب‌زمینی‌ها پنج دقیقه‌ای آماده می‌شود.

1635 **grillen** ['gril(ə)n] *V/t., grillte, hat gegrillt* — **کباب کردن**
Möchten Sie den Fisch gegrillt oder gebraten? — ماهی سرخ‌کرده دوست دارید یا کباب‌کرده؟

1636 **Honig** ['ho:niç] *m, -s, kein Pl.* — **عسل**
Abends trinkt er immer ein Glas Milch mit Honig. — عصرها همیشه یک لیوان شیر با عسل می‌خورد.

1637 **Kalbfleisch** ['kalpflaiʃ] *n, -(e)s, kein Pl.*	**گوشت گوساله**
Ich esse gerne Kalbfleisch, weil es nicht so fett ist.	گوشت گوساله می‌خواهم، چون خیلی چرب نیست.
1638 **Konfitüre** [kɔnfi'ty:rə] *f, -, -n*	**مربا**
Die Erdbeerkonfitüre habe ich selbst gemacht.	خودم مربای توت فرنگی را درست کرده‌ام.
1639 **mager** ['ma:gə*] *Adj.*	**کم‌چرب**
Fleisch, das zu mager ist, schmeckt meistens nicht.	گوشتی که کم‌چرب است، معمولاً خوشمزه نیست.
1640 **Scheibe** ['ʃaibə] *f, -, -n*	**برش ،تکه، قطعه**
Kannst du mir bitte noch eine Scheibe Wurst abschneiden?	می‌شود یک تکه‌ی دیگر کالباس برای من ببری؟
1641 **Schinken** ['ʃiŋk(ə)n] *m, -s, -*	**ژامبون**
Ich möchte 200 g rohen Schinken.	۲۰۰ گرم ژامبون دودی می‌خواهم.
1642 **Schnitte** ['ʃnitə] *f, -, -n*	**برش**
Für das 2. Frühstück im Büro nehme ich zwei Schnitten Brot mit.	برای چاشت صبح در اداره دو برش نان می‌برم.
1643 **Schokolade** [ʃoko'la:də] *f, -, -*	**شکلات**
Ich möchte noch ein Stück Schokolade.	یک تکه‌ی دیگر شکلات می‌خواهم.
1644 **Speck** [ʃpɛk] *m, -(e)s, kein Pl.*	**ژامبون خوک**
Gebratene Kartoffeln schmecken mit Speck am besten.	سیب‌زمینی سرخ‌شده با ژامبون خوک خوشمزه می‌شود.
1645 **Steak** [ste:k] *n, -s, -s*	**استیک**
Ich esse Steaks am liebsten, wenn sie noch etwas roh sind.	ترجیح می‌دهم استیک را موقعی که هنوز کمی خام است، بخورم.
1646 **Würstchen** ['vyrstçən] *n, -s, -*	**سوسیس**
Ich mache uns schnell ein paar heiße Würstchen als Imbiss	برای خودمان زود ساندویچ سوسیس داغ درست می‌کنم.
1647 **zäh** [tsɛ:] *Adj., -er, am -esten*	**ترد**
Der Braten ist zäh und trocken.	کباب ترد و خشک است.

1648 **zart** [tsa:*t] *Adj., -er, am -esten* **لطیف**

Du musst das Gemüse nicht lange kochen, es ist sehr zart.

این سبزیجات را نباید زیاد بپزی، خیلی لطیف است.

1649 **Zwiebel** ['tsvi:b(ə)l] *f, -, -n* **پیاز**

Zwiebeln esse ich nur gekocht oder gebraten.

پیاز را فقط وقتی که پخته شده باشد، می‌خورم.

5.7 Obst und Gemüse میوه‌ها و سبزیجات

1-2000

1650 **Apfel** ['apf(ə)l] *m, -s, Äpfel* — **سیب**

Aus den Äpfeln in unserem Garten machen wir Apfelsaft.

از سیب‌های باغچه‌ی خودمان آب سیب می‌گیریم.

1651 **Apfelsine** [apf(ə)l'zi:nə] *f, -, -n* — **پرتقال**

Diese Apfelsinen kommen aus Marokko.

این پرتقال‌ها را از مراکش آورده‌اند.

1652 **Birne** ['birnə] *f, -, -n* — **گلابی**

Zum Nachtisch gibt es gekochte Birnen.

برای دسر، گلابی پخته داریم.

1653 **Kartoffel** [kar'tɔf(ə)l] *f, -, -n* — **سیب‌زمینی**

Hilfst du mir, die Kartoffeln zu schälen?

در پوست کندن سیب‌زمینی‌ها به من کمک می‌کنی؟

1654 **Kirsche** ['kirʃə] *f, -, -n* — **گیلاس**

Alle Kirschen in unserem Garten haben die Vögel gefressen.

همه‌ی گیلاس‌های باغچه‌ی ما را پرنده‌ها خورده‌اند.

1655 **Nuss** [nus] *f, -, Nüsse* — **آجیل**

Ich habe einen Nusskuchen gebacken.

کیک مغزدار درست کرده‌ام.

1656 **Obst** [o:pst] *n, -es, kein Pl.* — **میوه**

Es gibt zur Zeit wenig frisches Obst zu kaufen.

در حال حاضر میوه‌ی تازه برای خرید زیاد نیست.

1657 **Orange** [o'rã:nʒə] *f, -, -n* — **پرتقال**

Morgens trinke ich gerne ein Glas Orangensaft.

صبح‌ها دوست دارم یک لیوان آب پرتقال بخورم.

1658 **Salat** [za'la:t] *m, -(e)s, -e* — **سالاد**

- Wie machst du die Salatsoße?
- Mit Sahne und Zitronensaft.

- سس سالاد را چطور درست می‌کنی؟
- با خامه و آبلیمو.

2001-4000

1659 **Banane** [ba'na:ne] *f, -, -n* — **موز**

Die Bananen sind jetzt sehr billig.

موز الآن خیلی ارزان است.

5.7 Obst und Gemüse میوه‌ها و سبزیجات

1660 **Bohne** ['bo:nə] *f, -, -n* **لوبیا**
Heute gibt es Bohnensuppe zum Mittagessen.
امروز ناهار خوراک لوبیا داریم.

1661 **Erbse** ['ɛə*psə] *f, -, -n* **نخود**
Als Gemüse koche ich Erbsen und Karotten.
برای سبزیجات، نخود را با هویج می‌پزم.

1662 **Erdbeere** ['ɛə*tbe:rə] *f, -, -n* **توت‌فرنگی**
Wenn die Erdbeeren billig sind, mache ich Erdbeermarmelade.
اگر توت‌فرنگی ارزان شود، مربای توت‌فرنگی درست می‌کنم.

1663 **Karotte** [ka'rɔtə] *f, -, -n* **هویج**
Weil der Sommer sehr feucht war, sind die Karotten nicht besonders groß geworden.
چون تابستان امسال هوا خیلی مرطوب بود، هویج‌ها خیلی بزرگ نشده‌اند.

1664 **Kohl** [ko:l] *m, -(e)s, kein Pl.* **کلم**
In unserer Gegend isst man viel Kohl.
در منطقه‌ی ما زیاد کلم می‌خورند.

1665 **Kopfsalat** ['kɔpfzala:t] *m, -(e)s, -* **کاهو**
Der Kopfsalat muss gut gewaschen werden.
کاهو را باید بادقت شست.

1666 **Möhre** ['mø:rə] *f, -, -n* **هویج؛ هویج‌فرنگی**
Schneidest du bitte die Möhren in Scheiben!
لطفاً هویج‌فرنگی‌ها را خرد کن!

1667 **reif** [raif] *Adj.* **رسیده**
Ich habe die Birnen probiert. Sie sind noch nicht reif.
گلابی را امتحان کردم. هنوز نرسیده است.

1668 **Zitrone** [tsi'tro:nə] *f, -, -n* **لیمو**
Tee trinke ich mit Zitrone und Zucker.
چای را با لیمو و شکر می‌خورم.

5.8 Trinken und Rauchen نوشیدن و استعمال دخانیات

1-2000

1669 **Alkohol** ['alkoho:l] *m, -s, kein Pl.* — **الکل**
Ich darf keinen Alkohol trinken. Ich muss noch Auto fahren. — نمی‌توانم الکل بنوشم. باید رانندگی کنم.

1670 **Bier** [bi:ə*] *n, -s, -e* — **آبجو**
Im Kühlschrank ist noch Bier. — در یخچال بازهم آبجو است.

1671 **Durst** [durst] *m, -es, kein Pl.* — **تشنگی**
-Möchtest du etwas trinken? — - می‌خواهی چیزی بنوشی؟
-Nein danke, ich habe keinen Durst. — - نه متشکرم؛ تشنه نیستم.

1672 **Flasche** ['flaʃə] *f, -, -n* — **بطری**
Wir haben nur noch eine Flasche Wein. — فقط یک بطری شراب داریم.

1673 **Getränk** [gə'trɛŋk] *n, -(e)s, -e* — **نوشیدنی**
Hast du für die Feier auch alkoholfreie Getränke gekauft? — نوشیدنی غیرالکلی هم برای جشن خریدی؟

1674 **Glas** [gla:s] *n, -es, Gläser* — **لیوان**
Möchtest du noch ein Glas Wein? — یک لیوان دیگر شراب میل داری؟

1675 **Kaffee** ['kafe] *m, -s, kein Pl.* — **قهوه**
Wenn ich abends Kaffee trinke, kann ich nicht schlafen. — شب‌ها که قهوه می‌خورم، خوابم نمی‌برد.

1676 **Milch** [milç] *f, -, kein Pl.* — **شیر**
Die Kinder trinken Milch zum Frühstück. — بچه‌ها برای صبحانه شیر می‌خورند.

1677 **rauchen** ['raux(ə)n] *V/t., i., rauchte, hat geraucht* — **کشیدن**
Sie raucht 30 Zigaretten am Tag. — روزی ۳۰ نخ سیگار می‌کشد.

1678 **Saft** [zaft] *m, -(e)s, Säfte* — **آب**
Ich habe frischen Orangensaft. Möchtest du ein Glas? — آب پرتقال تازه دارم. یک لیوان می‌خوری؟

1679 **Tabak** ['ta:bak] *m, -s, -e* — **توتون**
Welche Tabakmarke rauchst du? — چه توتونی می‌کشی؟

1680 **Tee** [te:] *m, -s, kein Pl.* — **چای**
Wir trinken mehr Tee als Kaffee. — بیشتر چای می‌خوریم تا قهوه.

1681 **trinken** ['triŋk(ə)n] *V/t., trank, hat getrunken* — **نوشیدن**

Was möchten Sie trinken? — چه میل دارید بنوشید؟

1682 **Wein** [vain] *m, -(e)s, -e* — **شراب**

Der Wein schmeckt gut, aber er ist zu warm. — شراب خوشمزه، ولی خیلی گرم است.

1683 **Zigarette** [tsiga'rɛtə] *f, -, -n* — **سیگار**

Er hat aufgehört, Zigaretten zu rauchen. — سیگار کشیدن را ترک کرده است.

1684 **Zigarre** [tsi'garə] *f, -, -n* — **سیگار برگ**

Manchmal rauche ich auch Zigarren. — گاهی سیگار برگ هم می‌کشم.

2001-4000

1685 **alkoholfrei** [alko'ho:lfrai] *Adj., keine Komp.* — **(نوشیدنی)بدون الکل، ملایم**

-Möchtest du auch ein Bier? — -آبجو هم میل داری؟

-Nein, lieber ein alkoholfreies Getränk. — -نه، نوشیدنی غیرالکلی را ترجیح می‌دهم

1686 **Bar** [ba:*] *f, -, -s* — **بار**

Die Bar hat bis 4.00 Uhr morgens geöffnet. — بار تا ساعت ۴ صبح باز است.

1687 **betrunken** [bə'truŋk(ə)n] *Adj.* — **مست**

Wenn er betrunken ist, wird er aggressiv. — هر وقت مست می‌کند، پرخاشگر می‌شود.

1688 **durstig** ['durstiç°] *Adj.* — **تشنه**

Hast du etwas zu trinken für mich? Ich bin sehr durstig. — چیزی داری بنوشم؟ من خیلی تشنه‌ام.

1689 **Kakao** [ka'ka:o] *m, -s, kein Pl.* — **کاکائو**

Bernd trinkt gerne warmen Kakao mit Sahne. — برند دوست دارد کاکائو گرم با خامه بنوشد.

1690 **Korken** ['kɔrk(ə)n] *m, -s, -* — **چوب‌پنبه**

Ich kann die Flasche nicht öffnen, weil der Korken so fest sitzt. — نمی‌توانم بطری را باز کنم، چون چوب‌پنبه خیلی محکم است.

5.8 Trinken und Rauchen نوشیدن و استعمال دخانیات

1691 **Mineralwasser** [minə'ra:lvasə*] *n, -s, kein Pl.* **آب‌معدنی**
Zum Essen trinke ich meistens Mineralwasser. معمولاً با غذا آب‌معدنی می‌خورم.

1692 **Pfeife** ['pfaifə] *f, -, -n* **پیپ**
Seit wann rauchst du Pfeife? از کی پیپ می‌کشی؟

1693 **Raucher** ['rauxə*] *m, -s, -* **Raucherin** ['rauxərin] *f, -, -nen* **سیگاری**
Sie ist eine starke Raucherin. سیگاری قهاری است.

5.9 Arzt und Krankenhaus پزشک و بیمارستان

1-2000

1694 **Apotheke** [apo'te:kə] *f, -, -n* — **داروخانه**

Weißt du, welche Apotheke z. Z. Nachtdienst hat? — می‌دانی امروز کدام داروخانه شیفت شب کار می‌کند؟

1695 **Arzt** [artst] *m, -es, Ärzte* **Ärztin** ['ɛrtstin] *f, -, -nen* — **پزشک**

Der Arzt meinte, dass ich mich ins Bett legen sollte. — پزشک گفت باید در رختخواب استراحت کنم.

1696 **Doktor** ['dɔktɔr] *m, -s, -en* **Doktorin** [dɔk'to:rin] *f, -, -nen* — **دکتر**

Der Doktor muss sofort kommen. — پزشک باید فوراً بیاید.

1697 **Gift** [gift] *n, -(e)s, -e* — **سم**

In unserem Garten verwenden wir keine Pflanzengifte. — ما در باغچه‌ی خودمان از سم برای گیاهان استفاده نمی‌کنیم.

1698 **heilen** ['hail(ə)n] *V/t., i., heilte, hat/(ist) geheilt* — **درمان شدن، خوب شدن**

Durch ein neues Medikament kann die Krankheit geheilt werden. — این بیماری را می‌توان با یک داروی جدید درمان کرد.

Die Verletzung ist schnell geheilt. — زخم سریع خوب شد.

1699 **Klinik** ['kli:nik] *f, -, -en* — **مرکز بالینی، کلینیک**

Er liegt in einer Universitätsklinik. — او در مرکز بالینی دانشگاه بستری است.

1700 **Kranke** ['kraŋkə] *m/f, -n, -n* — **بیمار**

Der Kranken geht es wieder besser. — حال بیمار بهتر است.

1701 **Krankenhaus** ['kraŋk(ə)nhaus] *n, -es, Krankenhäuser* — **بیمارستان**

Nächste Woche darf sie das Krankenhaus verlassen. — هفته‌ی آینده به او اجازه می‌دهند از بیمارستان مرخص شود.

1702 **Krankenschwester** ['kraŋk(ə)nʃvɛstə*] *f, -, -n* — **پرستار**

Auf der Unfallstation fehlen Krankenschwestern. — پرستار در بخش اورژانس تصادفات نیست.

1703 **Medikament** [medika'mɛnt] *n, -(e)s, -e* — **دارو**

Nimmst du Medikamente gegen die Erkältung? — برای سرماخوردگی دارو مصرف می‌کنی؟

1704 **Patient** [pa'tsjɛnt] *m, -en, -en* **Patientin** [pa'tsjɛntin] *f, -, -nen* — **بیمار**
Der neue Augenarzt hat sehr viele Patienten. — چشم‌پزشک جدید بیماران زیادی دارد.

1705 **Pflaster** ['pflastə*] *n, -s, -* — **چسب زخم**
Hast du ein Pflaster? Meine Wunde fängt wieder an zu bluten. — چسب زخم داری؟ باز هم زخم من دارد خونریزی می کند.

1706 **Salbe** ['zalbə] *f, -, -n* — **پماد**
Die Salbe, die du mir empfohlen hast, ist wirklich gut. — پمادی که به من پیشنهاد کردی، واقعاً خوب است.

1707 **Tablette** [ta'blɛtə] *f, -, -n* — **قرص**
Ich kann ohne Schlaftabletten nicht einschlafen. — بدون قرص خواب نمی‌توانم بخوابم.

1708 **Wartezimmer** ['vartətsimə*] *n, -s, -* — **اتاق انتظار**
Bitte setzen Sie sich kurz ins Wartezimmer! — لطفاً کمی در اتاق انتظار بنشینید!

1709 **Zahnarzt** ['tsa:nartst] *m, -es, Zahnärzte* **Zahnärztin** ['tsa:nartstin] *f, -, -nen* — **دندان‌پزشک**
Der Zahnarzt meinte, dass er zwei Zähne ziehen muss. — دندان‌پزشک گفت که باید دو دندان را بکشد.

2001-4000

1710 **Behandlung** [bə'handluŋ] *f, -, -en* — **درمان**
Trotz der langen Behandlung habe ich immer noch Rückenschmerzen. — باوجود درمان طولانی، هنوز هم پشتم درد می کند.

1711 **Chirurg** [çi'ruk] *m, -s, -en* **Chirurgin** [çi'rugin] *f, -, -nen* — **جراح**
Dr. Christ ist ein bekannter Herzchirurg. — دکتر کریست جراح قلب معروفی است.

1712 **Facharzt** ['faxartst] *m, -es, Fachärzte* — **پزشک متخصص**
In unserer Stadt fehlt ein Facharzt für Hals, Nasen und Ohren. — در شهر ما، پزشک متخصص گوش، حلق و بینی نیست.

5.9 Arzt und Krankenhaus پزشک و بیمارستان

1713 **Krankenkasse** ['kraŋk(ə)nkasə] *f, -, -n* — **بیمه‌ی درمانی**

Die Krankenkasse bezahlt die ganze Behandlung. — بیمه‌ی درمانی، همه‌ی هزینه‌ی درمان را می‌پردازد.

1714 **Krankenwagen** ['kraŋk(ə)nva:g(ə)n] *m, -s, -* — **آمبولانس**

Der Krankenwagen war sehr schnell an der Unfallstelle. — آمبولانس خیلی سریع در محل سانحه بود.

1715 **Kur** [ku:ə*] *f, -, -en* — **دوره‌ی درمانی**

Wohin fährst du zur Kur? — برای دوره‌ی درمانی کجا می‌روی؟

1716 **Medizin** [medi'tsi:n] *f, -, kein Pl.* — **دارو**

Die Medizin, die der Arzt verschrieben hat, hat geholfen. — دارویی که پزشک تجویز کرده بود، کمک کرد.

Die moderne Medizin wird heute von vielen als ‚Apparatemedizin' kritisiert. — امروزه خیلی‌ها از پزشکی جدید با عنوان «پزشکی فنی» انتقاد می‌کنند.

1717 **Mittel** ['mit(ə)l] *n, -s, -* — **درمان**

Gegen Schnupfen gibt es heute einige Mittel. — امروزه برای مقابله با سرماخوردگی چند درمان وجود دارد.

1718 **Operation** [opəra'tsjo:n] *f, -, -en* — **جراحی**

Nach der Operation ging es der Patientin nicht gut. — پس از جراحی، حال بیمار خوب نبود.

1719 **operieren** [opə'ri:rən] *V/t., operierte, hat operiert* — **جراحی کردن**

Der Schwerverletzte musste sofort operiert werden. — باید مجروح بلافاصله جراحی می‌شد.

1720 **Rauschgift** ['rauʃgift] *n, -(e)s, -e* — **ماده‌ی مخدر**

Leider nehmen immer mehr Jugendliche Rauschgift. — متأسفانه جوانان دائماً بیشتر ماده‌ی مخدر مصرف می‌کنند.

1721 **Sprechstunde** ['ʃprɛçʃtundə] *f, -, -n* — **وقت عیادت**

Morgens hat Dr. Behrens von 8.00-12.00 Uhr Sprechstunde. — ساعت کار دکتر برنس، صبح‌ها از ساعت ۸ تا ۱۲ است.

1722 **Spritze** ['ʃpritsə] *f, -, -n* — **آمپول**

Im Krankenhaus bekam ich täglich eine Spritze. — هر روز در بیمارستان یک آمپول به من می‌زدند.

1723 **Thermometer** [tɛrmo'me:tə*] *n, -s,* - — **درجه‌ی تب**

Ich möchte Fieber messen. Weißt du, wo das Thermometer ist?

می‌خواهم حرارت بدنم را اندازه بگیرم. می‌دانی درجه‌ی تب کجا است؟

1724 **verschreiben** [fɛə*'ʃraib(ə)n] *V/t., verschrieb, hat verschrieben* — **تجویز کردن**

Was für ein Mittel hat dir der Arzt verschrieben?

پزشک چه نوع دارویی برایت تجویز کرده است؟

1-2000

1725 **Angebot** ['angəbo:t] *n, -s, -e* — **پیشنهاد**

Das Angebot der Firma Jung ist am günstigsten.

پیشنهاد شرکت یونگ مناسب‌ترین پیشنهاد است.

1726 **Auftrag** ['auftra:k] *m, -s, Aufträge* — **سفارش**

Die Firma mit dem günstigsten Angebot bekommt den Auftrag.

شرکت با بهترین پیشنهاد، سفارش را دریافت می کند.

1727 **ausrechnen** ['ausrɛçnən] *V/i., rechnete aus, hat ausgerechnet* — **محاسبه کردن**

Können Sie mir ausrechnen, wieviel Quadratmeter Holz ich brauche?

می‌توانید برایم محاسبه کنید به چند متر مربع چوب نیاز دارم؟

1728 **Betrieb** [bə'tri:p] *m , -(e)s, -e* — **مؤسسه**

Unser Betrieb ist wirtschaftlich sehr gesund.

مؤسسه‌ی ما ازنظر اقتصادی بسیار سالم است.

1729 **Buchführung** ['bu:xfy:ruŋ] *f, -, -en* — **حسابداری**

Wir haben einige Fehler in der Buchführung entdeckt.

در حسابداری، اشتباه پیدا کرده‌ایم.

1730 **Fabrik** [fa'bri:k] *f, -,-en* — **کارخانه**

In unserer Fabrik wird die Produktion von Computern gesteuert.

در کارخانه‌ی ما، تولید با رایانه هدایت می‌شود.

1731 **Firma** ['firma] *f, -, Firmen* — **شرکت**

Die Firma Hertz und Sohn gibt es schon seit über 100 Jahren.

شرکت هرتس و پسران بیش از ۱۰۰ سال قدمت دارد.

1732 **Geschäft** [gə'ʃɛft] *n, -(e)s, -e* — **مغازه، معامله**

Wir müssen uns beeilen. Die Geschäfte schließen bald.

باید عجله کنیم. مغازه‌ها به‌زودی می‌بندند.

Peter will mein altes Auto kaufen, aber ich mache nicht gerne Geschäfte mit Freunden.

پتر می‌خواهد ماشین مرا بخرد، ولی من دوست ندارم با دوستان معامله کنم.

1733 **Industrie** [indus'tri:] *f, -, -n* — **صنعت**

Die Industrie klagt über die hohen Lohnkosten.

در صنعت، از هزینه‌های بالای دستمزد شکایت می کنند.

6.1 Allgemeines | کلیات

1734 **Konkurrenz** [kɔnku'rɛnts] *f, -, kein Pl.* — **رقابت**

Trotz starker Konkurrenz hat unsere Firma den Auftrag bekommen. — به‌رغم رقابت شدید، شرکت ما سفارش را دریافت کرد.

1735 **Kosten** ['kɔst(ə)n] *nur Pl.* — **هزینه**

Wegen gestiegener Kosten müssen die Preise erhöht werden. — قیمت‌ها باید به‌دلیل بالا رفتن هزینه‌ها افزایش یابد.

1736 **Lager** ['la:gə*] *n, -s, -* — **انبار**

Das eine Ersatzteil haben wir auf Lager, das andere bestellen wir. — یکی از لوازم یدکی را در انبار داریم؛ دیگری را سفارش می‌دهیم.

1737 **liefern** ['li:fə*n] *V/t., lieferte, hat geliefert* — **تحویل دادن، ارسال کردن، فرستادن**

Wir liefern schnell und pünktlich. — (کالا را) سریع و سر وقت ارسال می‌کنیم.

1738 **Produkt** [pro'dukt] *n, -s, -e* — **محصول**

Unsere Produkte sind zurzeit konkurrenzlos. — در حال حاضر محصولات ما رقیبی ندارد.

1739 **Produktion** [produk'tsjo:n] *f, -, kein Pl.* — **تولید**

Wegen der vielen Aufträge musste die Produktion erhöht werden. — به‌دلیل سفارش‌های زیاد، تولید باید افزایش داده می‌شد.

1740 **Rechnung** ['rɛçnuŋ] *f, -, en* — **صورت‌حساب**

Diese Rechnung muss bis zum 3.11. bezahlt werden. — تا سوم نوامبر این صورت‌حساب باید پرداخت شود.

1741 **senken** ['zɛŋk(ə)n] *V/t., senkte, hat gesenkt* — **کاهش دادن**

Die Preise für die alten Modelle wurden gesenkt. — قیمت مدل‌های قدیمی کاهش داده شد.

1742 **steigern** ['ʃtaigə*n] *V/t., steigerte, hat gesteigert* — **افزایش دادن، بالا بردن**

Die Firma konnte ihren Umsatz um 10% steigern. — شرکت موفق شد فروش خود را ۱۰٪ افزایش دهد.

1743 **Steuer** ['ʃtɔiə*] *f, -, -n* — **مالیات**

Zu diesem Betrag kommt noch die Umsatzsteuer dazu. — مالیات فروش نیز باید به این مبلغ اضافه شود.

1744 **Umsatz** ['umzats] *m, -es, Umsätze* — **فروش**

Der Umsatz ist um 20% gestiegen. — فروش ۲۰٪ افزایش پیدا کرده است.

6.1 Allgemeines کلیات

1745 **Unkosten** ['unkɔst(ə)n] *nur Pl.* **هزینه**
Trotz der Unkosten hat sich das Geschäft gelohnt.
به‌رغم هزینه‌ها، معامله ارزشمند بود.

1746 **Unternehmen** [untə*'ne:mən] *n, -s, -* **شرکت**
Die Unternehmen der Chemieindustrie haben gegen die neuen Wasserschutzgesetze protestiert.
شرکت‌های صنایع شیمیایی به قوانین جدید محافظت از آب‌ها اعتراض کردند.

1747 **Versicherung** [fɛə*'ziçəruŋ] *f, -, -en* **بیمه**
Eine Krankenversicherung ist in Deutschland für alle Studenten Pflicht.
بیمه‌ی درمان در آلمان برای همه‌ی دانشجویان الزامی است.

1748 **Werbung** ['vɛrbuŋ] *f, -, kein Pl.* **آگهی**
Für das neue Produkt wird in Presse und Fernsehen Werbung gemacht.
برای محصول جدید، در مطبوعات و تلویزیون تبلیغ می‌شود.

1749 **Wirtschaft** ['virtʃaft] *f, -, kein Pl.* **اقتصاد**
Die Regierung hofft auf eine gute Wirtschaftsentwicklung.
دولت به پیشرفت خوبی در بخش اقتصادی امیدوار است.

2001-4000

1750 **Abmachung** ['apmaxuŋ] *f, -, -en* **توافق**
Trotz unserer Abmachung will Ihre Firma die Waren nicht mehr umtauschen. Warum?
به‌رغم توافق ما، شرکت شما دیگر کالا را تعویض نمی‌کند. چرا؟

1751 **Bedarf** [bə'darf] *m, -(e)s, kein Pl.* **نیاز**
Der Bedarf an Kleinwagen nimmt ab.
نیاز به خودروهای کوچک کاهش می‌یابد.

1752 **Bilanz** [bi'lants] *f, -, -en* **تراز مالی**
Nach den Verlusten im letzten Jahr ist die Bilanz der Firma jetzt wieder positiv.
تراز شرکت پس از زیان‌های سال گذشته بار دیگر مثبت است.

1753 **Einnahme** ['ainna:mə] *f, -, -n* **عایدی، دریافتی**
Die Einnahmen sind in den letzten Wochen gesunken.
در هفته‌های اخیر عایدی‌ها کاهش یافته است.

6.1 Allgemeines کلیات

1754 **Ersatzteil** [ɛə*'zatstail] *n, -(e)s, -e* **لوازم‌یدکی**
Die Werkstatt hat ein großes Ersatzteillager.
یک انبار بزرگ لوازم‌یدکی در گاراژ است.

1755 **Export** [ɛks'pɔrt] *m, -(e)s, -e* **صادرات**
Die Firma lebt vor allem von Exportaufträgen.
بقای شرکت بیشتر وابسته به سفارش‌های صادرات است.

1756 **exportieren** [ɛkspɔr'ti:rən] *V/t., exportierte, hat exportiert* **صادر کردن**
Diese Maschine wird nach Frankreich exportiert.
این ماشین به فرانسه صادر خواهد شد.

1757 **Garantie** [garan'ti:] *f, -, -n* **ضمانت**
Das Radio ist gebraucht. Eine Garantie kann ich Ihnen dafür nicht geben.
رادیو دست‌دوم است. بابت آن نمی‌توانم ضمانتی به شما بدهم.

1758 **geschäftlich** [gə'ʃɛftliç] *Adj., keine Komp.* **تجاری**
Herr Benz ist geschäftlich verreist.
آقای بنتس در سفر تجاری است.

1759 **Geschäftsführer** [gə'ʃɛftsfy:rə*] *m, -s, -* **Geschäftsführerin** [gə'ʃɛftsfy:rərin] *f, -, -nen* **مدیرعامل**
Ich möchte bitte den Geschäftsführer sprechen.
مایلم با مدیرعامل صحبت کنم؛ لطفاً.

1760 **Geschäftsleitung** [gə'ʃɛftslaituŋ] *f, -, -en* **هیئت مدیره**
Die Büros der Geschäftsleitung sind im 3. Stock.
دفتر هیئت مدیره در طبقه‌ی سوم است.

1761 **herstellen** ['he:ə*ʃtɛl(ə)n] *V/t., stellte her, hat hergestellt* **تولید کردن**
Die Firma stellt seit über 60 Jahren Büromaschinen her.
این شرکت از شصت سال پیش ماشین‌های اداری تولید می کند.

1762 **Hersteller** ['he:ə*ʃtɛlə*] *m, -s, -* **تولیدکننده**
Wir haben Computer verschiedener Hersteller im Programm.
ما در فهرست خود، رایانه‌های تولیدکننده‌های مختلفی را داریم.

1763 **Herstellung** ['he:ə*ʃtɛluŋ] *f, -, kein Pl.* **تولید**
Die Gefahren bei der Herstellung chemischer Produkte wurden früher wenig beachtet.
در گذشته، از خطرات تولید محصولات شیمیایی آگاه نبودند.

6.1 Allgemeines کلیات

1764	**Import** [im'pɔrt] *m, -(e)s, -e* Die Preise der Importwaren sind gesunken.	**واردات** قیمت کالاهای وارداتی کاهش پیدا کرده است.
1765	**importieren** [impɔr'ti:rən] *V/t., importierte, hat importiert* Die Bundesrepublik hat dieses Jahr mehr Öl importiert als letztes Jahr.	**وارد کردن** امسال جمهوری فدرال آلمان بیش از پارسال نفت وارد کرده است.
1766	**Investition** [invɛsti'tsjo:n] *f, -, -en* Durch die hohen Investitionen für wirtschaftlichere Maschinen ist die Firma konkurrenzfähiger geworden.	**سرمایه‌گذاری** با سرمایه‌گذاری‌های بیشتر برای ماشین‌های باصرفه‌تر شرکت قابلیت رقابت بیشتری پیدا کرده است.
1767	**Krise** ['kri:zə] *f, -, -n* Die wirtschaftliche Krise in der Textilindustrie hat viele Leute arbeitslos gemacht.	**بحران** بحران اقتصادی در صنعت نساجی، افراد بسیاری را بیکار کرد.
1768	**Kundendienst** ['kund(ə)ndi:nst] *m, -es, -e* Unsere Waschmaschine war kaputt. Der Kundendienst kam sofort und hat die Maschine repariert.	**خدمات پس از فروش** ماشین لباسشویی ما خراب بود. بلافاصله خدمات پس از فروش آمد و آن را تعمیر کرد.
1769	**Lieferung** ['li:fəruŋ] *f, -, -en* Die bestellten Ersatzteile kommen mit der nächsten Lieferung.	**محموله** لوازم‌یدکی‌های سفارش‌داده‌شده با محموله‌ی بعدی می‌رسند.
1770	**Markt** [markt] *m, -(e)s, Märkte* Auf dem Markt für Werkzeugmaschinen gibt es zzt. einen harten Preiskampf.	**بازار** در حال حاضر در بازار ابزارآلات رقابت شدید قیمت‌ها وجود دارد.
1771	**Muster** ['mustə*] *n, -s, -* Der Vertreter zeigte dem Händler Muster des Teppichprogramms seiner Firma	**نمونه** نماینده، نمونه کاتالوگ فرش‌های شرکتش را به فروشنده نشان داد.
1772	**Nachfrage** ['na:xfra:gə] *f, -, kein Pl.* Die Nachfrage nach Elektro-Kleingeräten ist stark gesunken.	**تقاضا** تقاضا برای لوازم خانگی برقی به‌شدت کاهش پیدا کرده است.

6.1 Allgemeines — کلیات

1773 **ökonomisch** [ø:ko'no:miʃ] *Adj.* — **اقتصادی، باصرفه**

Es wäre ökonomischer gewesen, die alten Maschinen nicht zu reparieren, sondern neue zu kaufen.

اقتصادی‌تر آن بود که ماشین‌های قدیمی را تعمیر نمی‌کردند، بلکه ماشین‌های نو می‌خریدند.

1774 **produzieren** [produ'tsi:rən] *V/t., produzierte, hat produziert* — **تولید کردن**

Ersatzteile für diese alten Geräte werden nicht mehr produziert.

برای این دستگاه‌های قدیمی، دیگر لوازم‌یدکی تولید نمی‌شود.

1775 **Profit** [pro'fi:t] *m, -(e)s, -e* — **سود**

Bei dem letzten Geschäft haben wir keinen Profit gemacht.

در آخرین معامله، هیچ سودی نکردیم.

1776 **Prospekt** [pro'spɛkt] *m, -(e)s, -e* — **دفترچه‌ی راهنما**

Könnten Sie mir einen Prospekt für dieses Gerät geben.

لطفاً دفترچه‌ی راهنمای این دستگاه را به من بدهید.

1777 **ruinieren** [rui'ni:rən] *V/t., ruinierte, hat ruiniert* — **ورشکست کردن**

Die Firma wurde vor allem durch falsche Entscheidungen der Manager ruiniert.

شرکت در اصل به‌دلیل تصمیم‌های نادرست مدیران ورشکست شد.

1778 **selbstständig** ['zɛlpʃtɛndiç°] *Adj.* — **مستقل**

Früher war er angestellt, jetzt ist er selbstständig und hat ein eigenes Geschäft.

قبلاً کارمند بود؛ حالا مستقل است و کاسبی خودش را دارد.

1779 **Statistik** [ʃta'tistik] *f, -, -en* — **آمار**

Die Zahlen der Verkaufsstatistik sind wichtig für die Investitionsplanung.

آمار فروش برای برنامه‌ریزی سرمایه‌گذاری مهم است.

1780 **Steigerung** ['ʃtaigəruŋ] *f, -, -en* — **افزایش**

Ohne neue Mitarbeiter ist eine Steigerung der Produktion nicht möglich.

بدون کارگران جدید، افزایش تولید امکان ندارد.

1781 **verbrauchen** [fɛə*'braux(ə)n] *V/t., verbrauchte, hat verbraucht* — **مصرف کردن**

Die neuen Maschinen verbrauchen weniger Strom als die alten.

ماشین‌های جدید کمتر از ماشین‌های قدیمی برق مصرف می‌کنند.

Verbraucher [fɛə*'brauxə*] *m, -s, -*
1782 **Verbraucherin** [fɛə*'brauxərin] *f, -, -nen*
مصرف‌کننده
Die Verbraucher sind heute kritischer als früher.
امروزه مصرف‌کنندگان خرده‌گیرتر از گذشته هستند.

1783 **versichern** [fɛə*'ziçə*n] *V/t., versicherte, hat versichert*
بیمه کردن
Das Haus ist gegen Feuer und Sturm versichert.
خانه دربرابر خسارت‌های ناشی از آتش‌سوزی و طوفان بیمه است.

1784 **Versorgung** [fɛə*'zɔrguŋ] *f, -, kein Pl.*
تهیه
Bei einigen Herstellern gibt es Versorgungsprobleme mit Ersatzteilen.
چند تولیدکننده در عرضه‌ی لوازم‌یدکی با مشکلاتی مواجه‌اند.

1785 **wirtschaftlich** ['virtʃaftliç] *Adj.*
اقتصادی
Die wirtschaftliche Situation der Metallindustrie ist besser geworden.
وضعیت اقتصادی صنعت فلزات بهتر شده است.

6.2 Geschäfte und Einkauf فروشگاه‌ها و خرید

1-2000

1786 **aussuchen** ['auszu:x(ə)n] *V/t., suchte aus, hat ausgesucht* — **انتخاب کردن**

Diesen Pullover gab es in fünf verschiedenen Farben. Ich habe mir einen roten ausgesucht.
از این پولیور پنج رنگ مختلف بود. من رنگ قرمز را انتخاب کردم.

1787 **Bäckerei** [bɛkə'rai] *f, -, -en* — **نانوایی**

-Wo hast du den Kuchen gekauft?
- از کجا کیک خریده‌ای؟

-In der Bäckerei neben der Kirche.
- از نانوایی کنار کلیسا.

1788 **billig** ['biliç°] *Adj.* — **ارزان**

Auf dem Markt ist das Gemüse billiger.
سبزیجات در بازار ارزان‌تر است.

1789 **einkaufen** ['ainkauf(ə)n] *V/t., i., kaufte ein, hat eingekauft* — **خریدن، خرید کردن**

Für das Wochenende müssen wir noch ein paar Lebensmittel einkaufen.
برای آخر هفته باید مقداری مواد غذایی بخریم.

Die Geschäfte sind zu. Du kannst nicht mehr einkaufen.
مغازه‌ها بسته است. الآن دیگر نمی‌توانی خرید کنی.

1790 **Handel** ['hand(ə)l] *m, -s, kein Pl.* — **تجارت**

Der japanische und der deutsche Wirtschaftsminister besprachen Probleme des Handels zwischen ihren beiden Ländern.
وزیران اقتصاد ژاپن و آلمان درباره‌ی مسائل تجارت بین دو کشور خود گفت‌وگو کردند.

1791 **handeln** ['hand(ə)ln] *V/i., handelte, hat gehandelt* — **تجارت کردن؛ چانه زدن**

-Was macht dein Bruder beruflich?
- برادر شما چه‌کاره است؟

-Er handelt mit Südfrüchten.
- تاجر میوه‌های جنوب.

Über den Preis müssen wir noch handeln.
درباره‌ی قیمت باید چانه بزنیم.

1792 **Händler** ['hɛndlə*] *m, -s, -* **Händlerin** ['hɛndlərin] *f, -, -nen* — **فروشنده**

Den Wein kaufe ich immer bei dem gleichen Händler.
همیشه از یک فروشنده شراب می‌خرم.

1793 **Kasse** ['kasə] *f, -, -n* — **صندوق**

Bitte bezahlen Sie die Sachen an der Kasse Nr. 5!
لطفاً پول کالاها را به صندوق شماره‌ی ۵ پرداخت کنید!

6.2 Geschäfte und Einkauf فروشگاه‌ها و خرید

1794 **Kauf** [kauf] *m, -s, Käufe* — **خرید**
Gestern haben wir den Kaufvertrag für die Wohnung unterschrieben.
دیروز قرارداد خرید آپارتمان را امضا کردیم.

1795 **kaufen** ['kauf(ə)n] *V/t., kaufte, hat gekauft* — **خریدن**
Diese (Hals-)Kette habe ich im Urlaub gekauft.
این گردنبند را در تعطیلات خریدم.

1796 **Kaufhaus** ['kaufhaus] *n, -es, Kaufhäuser* — **فروشگاه**
Das neue Kaufhaus ist sehr groß. Man kann dort praktisch alles kaufen.
فروشگاه جدید خیلی بزرگ است. درواقع هر چیزی را می‌توانی آنجا بخری.

1797 **Kiosk** ['kiːɔsk] *m, -s, -e* — **دکه، باجه**
Zeitungen gibt es dort am Kiosk.
از آن دکه‌ی روزنامه‌فروشی می‌توانی روزنامه بخری.

1798 **kosten** ['kɔst(ə)n] *V/i., kostete, hat gekostet* — **قیمت داشتن**
Die Eier kosten 23 Cent pro Stück.
قیمت تخم‌مرغ‌ها دانه‌ای ۲۳ سنت است.

1799 **Kunde** ['kundə] *m, -n, -n* **Kundin** ['kundin] *f, -, -nen* — **مشتری**
Ich bin schon seit vielen Jahren Kundin in diesem Geschäft.
از سال‌ها پیش مشتری این فروشگاه هستم.

1800 **Laden** ['laːd(ə)n] *m, -s, Läden* — **مغازه**
Die Läden im Hauptbahnhof sind auch sonntags geöffnet.
مغازه‌های ایستگاه اصلی راه‌آهن یکشنبه‌ها هم باز است.

1801 **Marke** ['markə] *f, -, -n* — **مارک، نشان، علامت تجاری**
Möchtest du eine Zigarette?
-Nein danke, das ist nicht meine Marke.
- یک سیگار می‌خواهی؟
- نه، ممنون. این مارک (سیگار من) نیست.

1802 **Metzgerei** [mɛtsgə'rai] *f, -, -en* — **قصابی، گوشت‌فروشی**
In dieser Metzgerei bekommt man gutes Fleisch.
از این قصابی می‌توان گوشت خوب خرید.

1803 **Preis** [prais] *m, -es, -e* — **قیمت**
Ich habe den Tisch für den halben Preis bekommen, weil er ein paar Fehler hat.
میز را نصف قیمت خریدم، چون چند نقص دارد.

6.2 Geschäfte und Einkauf — فروشگاه‌ها و خرید

1804 **Quittung** ['kvituŋ] *f, -, -en* — **رسید، صورت‌حساب**
Eine Quittung bekommen Sie an der Hauptkasse. — رسید را می‌توانید از صندوق اصلی بگیرید.

1805 **Supermarkt** ['zu:pə*markt] *m, -(e)s, Supermärkte* — **سوپرمارکت**
Das Warenangebot des Supermarktes ist gut. — مجموعه کالاهای سوپرمارکت خوب است.

1806 **teuer** ['tɔiə*] *Adj., teurer, am teuersten* — **گران**
Sie hat sich einen teuren Fotoapparat gekauft. — برای خودش، دوربین عکاسی گرانی خریده است.

1807 **Verkauf** [fɛə*'kauf] *m, -(e)s, Verkäufe* — **فروش**
Der Verkauf von Alkohol an Jugendliche ist verboten. — فروش نوشیدنی‌های الکلی به نوجوانان ممنوع است.

1808 **verkaufen** [fɛə*'kauf(ə)n] *V/t., verkaufte, hat verkauft* — **فروختن**
Meine alten Möbel habe ich verkauft oder verschenkt. — مبل‌های قدیمی‌ام را فروختم یا هدیه کردم.

1809 **Vorrat** ['fo:ə*ra:t] *m, -(e)s, Vorräte* — **ذخیره**
Ich habe noch einen großen Vorrat an Nägeln. Du musst keine neuen kaufen. — من کلی میخ ذخیره دارم. لازم نیست دیگر میخ بخری.

1810 **Ware** ['va:rə] *f, -, -n* — **کالا**
Diese Ware kommt aus dem Ausland. — این کالا وارداتی است.

1811 **zahlen** ['tsa:l(ə)n] *V/t., i., zahlte, hat gezahlt* — **پرداختن**
Kann ich mit Scheck zahlen? — می‌توانم با چک بپردازم؟
Die Steuern müssen monatlich gezahlt werden. — مالیات‌ها را باید ماهانه پرداخت.

2001-4000

1812 **Artikel** [ar'ti:k(ə)l] *m, -s, -* — **کالا**
Dieser Artikel ist heute im Sonderangebot. — این کالا امروز حراج است.

6.2 Geschäfte und Einkauf فروشگاه‌ها و خرید

1813 **Auswahl** ['ausva:l] *f, -, kein Pl.* **مجموعه**
Das Textilgeschäft Schneider hat eine große Auswahl an Röcken und Blusen.
مغازه‌ی پارچه‌فروشی اشنایدر مجموعه‌ی بزرگی از دامن و بلوز دارد.

1814 **Drogerie** [drogə'ri:] *f, -, -n* **داروخانه**
Bring mir aus der Drogerie bitte eine Tube Zahnpasta mit!
لطفاً از داروخانه برایم خمیردندان بخر!

1815 **Einkauf** ['ainkauf] *m, -(e)s, Einkäufe* **خرید**
Ich muss noch ein paar Einkäufe machen.
باید هنوز چند خرید دیگر انجام بدهم.

1816 **Inhaber** ['inha:bə*] *m, -s, -* **Inhaberin** ['inha:bərin] *f, -, -nen* **مالک**
Der lnhaber des Gemüsegeschäfts ist immer sehr freundlich.
مالک مغازه‌ی سبزی‌فروشی همیشه بسیار بامحبت است.

1817 **kostenlos** ['kɔst(ə)nlo:s] *Adj., keine Komp.* **مجانی**
Wenn Sie bei uns 12 Flaschen Wein kaufen, bekommen Sie eine kostenlos.
اگر ۱۲ بطر شراب از ما بخرید، یک بطری مجانی دریافت می‌کنید.

1818 **Käufer** ['kɔifə*] *m, -s, -* **Käuferin** ['kɔifərin] *f, -, -nen* **خریدار**
Gerd sucht einen Käufer für sein altes Auto.
گرد به‌دنبال خریداری برای ماشین قدیمی خود است.

1819 **Markt** [markt] *m, -(e)s, Märkte* **بازار**
In unserer Stadt ist jeden Mittwoch Markt.
در شهر ما هر چهارشنبه روز بازار است.

1820 **Reinigung** ['rainiguŋ] *f, -, -en* **خشک‌شویی**
Diesen Pullover darf man nicht waschen, ich muss ihn zur Reinigung bringen.
این پولیور را نمی‌توان شست؛ باید آن را به خشک‌شویی بدهم.

1821 **Reklame** [re'kla:mə] *f, -, -n* **آگهی**
Ich kenne das Produkt aus der Reklame im Fernsehen.
این محصول را از آگهی‌های تلویزیونی می‌شناسم.

1822 **Schaufenster** ['ʃaufɛnstə*] *n, -s, -* **ویترین**
Die Mäntel waren schnell ausverkauft. Die Verkäuferin hat mir den letzten aus dem Schaufenster geholt.
پالتوها خیلی زود فروخته شد. فروشنده آخرین پالتو را از ویترین برای من آورد.

6.2 Geschäfte und Einkauf فروشگاه‌ها و خرید

1823 **Schlange** ['ʃlaŋə] *f, -, -n* **صف**
An der Kasse steht eine lange Schlange.
پشت باجه، صفی طولانی است.

1824 **Service** ['zø:ə*vis] *m, -s, kein Pl.* **خدمات**
Der Service in dieser Autowerkstatt ist ausgezeichnet.
خدمات در این تعمیرگاه خودرو عالی است.

1825 **Sonderangebot** ['zɔndə*angəbo:t] *n, -s, -e* **حراج**
Die Wurst ist heute im Sonderangebot. 100 g kosten jetzt 1,20 € statt 1.80 €.
کالباس امروز حراج است. ۱۰۰ گرم آن الآن به جای ۱/۸۰ یورو، ۱/۲۰ یورو است.

1826 **Zahlung** ['tsa:luŋ] *f, -, -en* **پرداخت**
Wir liefern nur bei Barzahlung.
کالا را فقط در صورت پرداخت نقدی ارسال می‌کنیم.

6.3 Geld und Besitz پول و اموال

1-2000

1827	**ausgeben** ['ausge:b(ə)n] *V/t., gab aus, hat ausgegeben* Wir geben jede Woche ca. 400,- € für Lebensmittel aus.	**خرج کردن** هر هفته حدود ۴۰۰ یورو خرج مواد غذایی می‌کنیم.
1828	**Bank** [baŋk] *f, -, -en* Ich muss noch Geld von der Bank holen.	**بانک** هنوز باید از بانک پول بگیرم.
1829	**bar** [ba:*] *Adj., keine Komp.* Wollen Sie bar oder mit Scheck bezahlen?	**نقد** نقدی می‌خواهید بپردازید یا چک می‌دهید؟
1830	**Besitz** [bə'zits] *m, -es, kein Pl.* In der Wirtschaftskrise hat er seinen Besitz verloren.	**دارایی، اموال** دارایی‌اش را در بحران اقتصادی ازدست داد.
1831	**Besitzer** [bə'zitsə*] *m, -s, -* **Besitzerin** [bə'zitsərin] *f, -, -nen* Unser Vermieter hat sein Haus verkauft, aber wir kennen den neuen Besitzer noch nicht.	**مالک** صاحب‌خانه‌ی ما خانه‌اش را فروخته است، ولی مالک جدید را هنوز نمی‌شناسیم.
1832	**besitzen** [bə'zits(ə)n] *V/t., besaß, hat besessen* Sie besitzt ein eigenes Flugzeug.	**داشتن، مالک بودن** هواپیمای شخصی دارد.
1833	**bezahlen** [bə'tsa:l(ə)n] *V/t., bezahlte, hat bezahlt* Die Rechnung muss bis zum 13.6. bezahlt werden.	**پرداخت کردن** صورت‌حساب باید تا سیزدهم ژوئن پرداخت شود.
1834	**Cent** [tsɛnt] *m, -, -* Das macht zusammen 26 Euro und 62 Cent.	**سنت** در کل می‌شود ۲۶ یورو و ۶۲ سنت.
1835	**Darleh(e)n** ['da:*le:(ə)n] *n, -s, -* Die Zinsen für Bankdarlehen sind zzt. sehr günstig.	**وام** در حال حاضر سود وام بانکی بسیار مناسب است.
1836	**Eigentum** ['aig(ə)ntu:m] *n, -s, kein Pl.* Ich habe das Haus nicht gemietet. Es ist mein Eigentum.	**مال، اموال، ملک، دارایی** خانه را اجاره نکرده‌ام؛ مال خودم است.

6.3 Geld und Besitz — پول و اموال

1837 **Euro** [ɔi'ro] *m, -, -s* — **یورو**
Eine Fahrt mit der U-Bahn kostet 2,- Euro.
هزینه‌ی سفر با مترو ۲ یورو است.

1838 **Franken** ['fraŋk(ə)n] *m, -s, -* — **فرانک**
Ich möchte 500,- Euro in Schweizer Franken wechseln.
می‌خواهم یورو را به فرانک سوئیس تبدیل کنم.

1839 **Geld** [gɛlt] *n, -(e)s, kein Pl.* — **پول**
Wie viel Geld verdienst du im Monat?
درآمدت در ماه چقدر است؟

1840 **haben** ['ha:b(ə)n] *V/t., hatte, hat gehabt* — **داشتن**
Wir haben ein Ferienhaus an der Nordseeküste.
ما برای تعطیلات خانه‌ای در ساحل دریای بالتیک داریم.

1841 **Konto** ['kɔnto] *n , -s, Konten* — **صورت‌حساب**
Bitte zahlen Sie den Rechnungsbetrag auf eines unserer Konten!
لطفاً مبلغ صورت‌حساب را به یکی از حساب‌های ما پرداخت کنید.

1842 **Kredit** [kre'di:t] *m, -s, -e* — **وام**
Die Kreditzinsen sind bei allen Banken verschieden.
بهره‌ی وام در بانک‌ها متفاوت است.

1843 **Münze** ['myntsə] *f, -, -n* — **سکه**
Mein Bruder sammelt ausländische Münzen.
برادرم سکه‌های خارجی جمع می‌کند.

1844 **preiswert** ['praisve:ə*t] *Adj., -er, am -esten* — **(به‌قیمت) مناسب**
Orangen sind zzt. preiswert.
قیمت پرتقال در حال حاضر مناسب است.

1845 **reich** [raiç] *Adj.* — **ثروتمند**
Durch kluge Exportgeschäfte ist er reich geworden.
با صادرات هوشمندانه ثروتمند شده است.

1846 **Scheck** [ʃɛk] *m, -s, -s* — **چک**
Kann ich mit Scheck bezahlen?
می‌توانم با چک پرداخت کنم؟

1847 **Schulden** ['ʃuld(ə)n] *nur Pl.* — **قرض، بدهی**
Sie hat Schulden gemacht, um sich die neuen Möbel kaufen zu können.
زیر قرض رفت تا توانست آن مبلمان نو را بخرد.

1848	**schulden** [] *V/t., schuldete, hat geschuldet* Du schuldest mir noch 20,- Euro.	**بدهکار بودن** هنوز ۲۰ یورو به من بدهکاری.
1849	**sparen** ['ʃpa:rən] *V/t., i., sparte, hat gespart* Mit der neuen Maschine spart man Geld und Zeit. Sie spart für den Urlaub.	**صرفه‌جویی کردن، پس‌انداز کردن** با این ماشین جدید در پول و وقت صرفه‌جویی می‌شود. برای تعطیلات پس‌انداز می‌کند.
1850	**umsonst** [um'zɔnst] *Adv.* Die Reparatur während der Garantiezeit ist umsonst. Ich bin umsonst gegangen. Die Bank hatte schon geschlossen.	**رایگان؛ بیهوده** تعمیر درطول دوره‌ی گارانتی رایگان است. بیهوده رفتم. بانک بسته بود.
1851	**verdienen** [fɛə*'di:nən] *V/t., verdiente, hat verdient* Bei der neuen Firma verdient sie mehr. Bei diesem Geschäft haben wir viel Geld verdient.	**پول گرفتن؛ پول درآوردن** در شرکت جدید، پول بیشتری می گیرد. ما از این معامله پول زیادی درآوردیم.
1852	**Verlust** [fɛə*'lust] *m, -es, -e* Am Anfang machte die Firma Verluste, jetzt arbeitet sie mit Gewinn.	**ضرر، زیان** اوایل این شرکت ضرر می کرد؛ اما الآن سود می کند.
1853	**Währung** ['vɛ:ruŋ] *f, -, -en* In Österreich kann man in den meisten Hotels auch mit amerikanischer Währung bezahlen.	**ارز** در بیشتر هتل‌های اتریش، پول رایج امریکا را هم می‌توان پرداخت.
1854	**Wert** [ve:ə*t] *m, -s, -e* Gold hat in letzter Zeit viel an Wert verloren.	**بها** طلا در این اواخر بهای خود را خیلی ازدست داده است.
1855	**wert** [] *Adj., keine Komp.* Wie viel ist dieser Ring wert?	**قیمت** قیمت این انگشتری چقدر است؟
1856	**wertvoll** ['ve:ə*tfɔl] *Adj.* Das Haus ist mit wertvollen Möbeln eingerichtet.	**باارزش** خانه با مبلمان باارزش تجهیز شده است.
1857	**Zins** [tsins] *m, -es, -en* Die Kreditzinsen sind in den letzten Monaten gestiegen.	**سود** در ماه‌های اخیر، سود وام افزایش یافته است.

6.3 Geld und Besitz پول و اموال

2001-4000

1858 **abheben** ['aphe:b(ə)n] *V/t., hob ab, hat abgehoben* — **برداشت کردن**

Ich möchte 800,- Euro von meinem Konto abheben.

می‌خواهم از حسابم ۸۰۰ یورو برداشت کنم.

1859 **Ausgabe** ['ausga:bə] *f, -, -n* — **مخارج؛ هزینه**

Ich finde, deine Ausgaben für Kleidung und Schuhe sind zu hoch.

فکر می‌کنم مخارج لباس و کفش تو خیلی زیاد است.

1860 **Bargeld** ['ba:*gɛlt] *n, -(e)s, kein Pl.* — **پول نقد**

Ich habe nicht genug Bargeld. Kann ich mit Kreditkarte bezahlen?

پول نقد کافی ندارم. می‌توانم با کارت اعتباری پرداخت کنم؟

1861 **bargeldlos** ['ba:*gɛltlo:s] *Adj., keine Komp.* — **بدون پول نقد**

Wir bezahlen alle Rechnungen bargeldlos.

ما همه‌ی صورت‌حساب‌ها را بدون پول نقد پرداخت می‌کنیم.

1862 **Bezahlung** [bə'tsa:luŋ] *f, -, -* — **پرداخت**

Für die Bezahlung haben Sie vier Wochen Zeit.

چهار هفته برای پرداخت فرصت دارید.

1863 **Börse** ['bœrzə] *f, -, -n* — **بورس**

Die Entwicklung der Börsenkurse war in letzter Zeit positiv.

ارزش بورس در این اواخر مثبت بود.

1864 **Einkommen** ['ainkɔmən] *n, -s, -* — **درآمد**

Wie hoch ist dein Jahreseinkommen?

درآمد سالانه‌ات چقدر است؟

1865 **einzahlen** ['ainza:l(ə)n] *V/t., zahlte ein, hat eingezahlt* — **واریز کردن**

Ich möchte 2000,- Euro auf das Konto 32456-876 einzahlen.

می‌خواهم ۲۰۰۰ یورو به حساب ۸۷۶-۳۲۴۵۶ واریز کنم.

1866 **finanziell** [finan'tsjɛl] *Adj., keine Komp.* — **مالی**

Die finanzielle Situation der Firma ist besser geworden.

وضعیت مالی شرکت بهتر شده است.

1867 **finanzieren** [finan'tsi:rən] *V/t.* — **تأمین کردن**

Das Haus ist über ein Bankdarlehen finanziert worden.

از طریق وام بانکی پول خانه تأمین شده است.

1868 **Geldbeutel** ['gɛltbɔit(ə)l] *m, -s, -* — **کیف پول**
Ich habe 20,- Euro aus deinem Geldbeutel genommen.
۲۰ یورو از کیف پول تو برداشتم.

1869 **Gewinn** [gə'vin] *m, -s, -e* — **سود**
Sie hat bei dem Verkauf ihres Hotels einen guten Gewinn gemacht.
از فروش هتلش، سود خوبی کرد.

1870 **Kleingeld** ['klaingɛlt] *n, -(e)s, kein Pl.* — **پول خرد**
Ich kann leider nicht wechseln. Ich habe kein Kleingeld.
متأسفم، نمی‌توانم پول شما را خرد کنم. پول خرد ندارم.

1871 **Rente** ['rɛntə] *f, -, -n* — **حقوق بازنشستگی**
Meine Eltern bekommen beide eine gute Rente.
پدر و مادرم هر دو حقوق بازنشستگی خوبی می‌گیرند.

1872 **Scheckkarte** ['ʃɛkkartə] *f, -, -n* — **کارت چک**
Ohne Scheckkarte dürfen wir Ihren Scheck nicht annehmen.
بدون کارت‌چک نمی‌توانیم چک شما را بپذیریم.

1873 **Schein** [ʃain] *m, -(e)s, -e* — **اسکناس**
Dieser Tankautomat nimmt auch Scheine an.
این دستگاه خودکار بنزین، اسکناس هم قبول می‌کند.

1874 **Überweisung** [y:bə*'vaizuŋ] *f, -, -en* — **حواله**
Bitte bezahlen Sie bargeldlos durch Überweisung!
لطفاً با حواله (بدون پول نقد) پرداخت کنید!

1875 **überweisen** [y:bə*'vaiz(ə)n] *V/t., überwies, hat überwiesen* — **حواله کردن**
Der Betrag ist letzte Woche überwiesen worden.
مبلغ هفته‌ی پیش حواله شده است.

1876 **Verdienst** [fɛə*'di:nst] *m, -(e)s, -e* — **درآمد**
Ich spare regelmäßig einen Teil meines Verdienstes.
من مرتب بخشی از درآمدم را پس‌انداز می‌کنم.

1877 **Vermögen** [fɛə*'mø:g(ə)n] *n, -s, -* — **دارایی**
Das Vermögen des Betriebs reicht als Sicherheit für den Bankkredit nicht aus.
دارایی مؤسسه برای تضمین وام بانک کافی نیست.

1878 **verschwenden** [fɛə*'ʃvɛnd(ə)n] *V/t., verschwendete, hat verschwendet* — **هدر کردن**

Bei der Produktion wird zu viel Material verschwendet. — در طول تولید مواد زیادی هدر می‌شود.

1879 **Wechselgeld** ['vɛks(ə)lgɛlt] *n, -(e)s, kein Pl.* — **پول خرد**

Es ist kein Wechselgeld in der Kasse. — در صندوق، پول خرد نیست.

1-2000

1880 **Angelegenheit** ['angəle:g(ə)nhait] *f, -, -en* **موضوع**
Um diese Angelegenheit kümmert sich Frau Rabe. خانم رابه به این موضوع رسیدگی می‌کند.

1881 **arbeitslos** ['arbaitslo:s] *Adj., keine Komp.* **بیکار**
Sie war nur drei Monate arbeitslos. فقط سه ماه بیکار بود.

1882 **Aufgabe** ['aufga:bə] *f, -, -n* **کار، وظیفه**
Herr Weiss hat neue Aufgaben in einer anderen Abteilung übernommen. آقای وایس در بخش دیگر، کار جدیدی گرفته است.

1883 **Bedingung** [bə'diŋuŋ] *f, -, -en* **شرط**
Die Arbeitsbedingungen in unserer Firma sind gut. در شرکت ما، شرایط کاری خیلی خوب است.
Ich habe die Bedingung gestellt, dass ich ein eigenes Büro bekomme. شرط کرده‌ام که دفتری برای خودم بگیرم.

1884 **beschäftigen** [bə'ʃɛftig(ə)n] *V/t., beschäftigte, hat beschäftigt* **در استخدام داشتن**
Unsere Firma beschäftigt 130 Angestellte und Arbeiter. شرکت ما ۱۳۰ نفر کارمند و کارگر در استخدام دارد.

1885 **bewerben** [bə'vɛrb(ə)n] *V/refl., bewarb, hat beworben* **تقاضا دادن**
Ich habe mich bei zwei Firmen beworben. به دو شرکت تقاضای کار داده‌ام.

1886 **Bewerbung** [bə'vɛrbuŋ] *f, -, -en* **تقاضا**
Auf meine Bewerbung habe ich noch keine Antwort. هنوز جوابی برای تقاضایم دریافت نکرده‌ام.

1887 **Büro** [by'ro:] *n, -s, -s* **دفتر**
Sonja arbeitet in einem Versicherungsbüro. زونیا در دفتر بیمه کار می‌کند.

1888 **Chef** [ʃɛf] *m, -s, -s* **Chefin** ['ʃɛfin] *f, -, -nen* **رئیس، مدیر**
Mit unserem Chef kann man gut zusammenarbeiten. با رئیس ما می‌شود خوب کار کرد.

1889 **Dienst** [di:nst] *m, -es, -e* **شیفت، نوبت کاری**
Nächste Woche habe ich Nachtdienst im Krankenhaus. هفته‌ی آینده، در بیمارستان، شیفت شبام.

1890 **einstellen** [ˈainʃtɛl(ə)n] *V/t., stellte ein, hat eingestellt*
Wir schaffen die Arbeit nicht. Es müssen unbedingt ein paar neue Leute eingestellt werden.

استخدام کردن
ما از عهده‌ی این کار برنمی‌آییم. حتماً باید چند نفر جدید استخدام کنیم.

1891 **Erfolg** [ɛə*ˈfɔlk] *m, -(e)s, -e*
Mit den neuen Produkten hat die Firma großen Erfolg.

موفقیت
شرکت با محصولات جدید موفقیت زیادی داشته است.

1892 **erfolgreich** [ɛə*ˈfɔlkraiç] *Adj.*
Sie ist eine erfolgreiche Geschäftsfrau.

موفق
بازرگان موفقی است.

1893 **erledigen** [ɛə*ˈleːdig(ə)n] *V/t., erledigte, hat erledigt*
Diese Sache muss unbedingt bis morgen erledigt werden.

انجام دادن
تا فردا، این کار باید حتماً انجام شود.

1894 **Gehalt** [gəˈhalt] *n, -(e)s, Gehälter*
Die Gehälter werden ab nächsten Monat um 2.7% erhöht.

حقوق، درآمد
حقوق‌ها از ماه آینده ۲/۷٪ افزایش می‌یابد.

1895 **Karriere** [karˈjɛːrə] *f, -, -n*
Von seinen Kollegen wird er bewundert, weil er sehr schnell Karriere gemacht hat.

شغل، حرفه، پیشه، کار
همکارانش او را برای ارتقای سریع شغلی‌اش تحسین می‌کنند.

1896 **Kopie** [koˈpiː] *f, -, -n*
Bitte machen Sie drei Kopien von dem Brief. Das Original behalte ich.

لطفاً سه رونوشت از نامه تهیه کنید. نسخه‌ی اصلی را من نگه می‌دارم.

1897 **kündigen** [ˈkyndig(ə)n] *V/t., kündigte, hat gekündigt*
Ich habe meine Stelle zum 1. Mai gekündigt.

استعفا کردن
اول ماه مه، از کارم استعفا کردم.

1898 **Landwirtschaft** [ˈlantvirtʃaft] *f, -, kein Pl.*
Früher hat er in der Landwirtschaft gearbeitet. Jetzt hat er eine Stelle in der Industrie.

کشاورزی
در گذشته در بخش کشاورزی کار می‌کرد. حالا در بخش صنعت کار می‌کند.

1899 **Leistung** [ˈlaistuŋ] *f, -, en*
Ihre berufliche Leistung wird von allen Kollegen anerkannt.

عملکرد
همه‌ی همکاران، عملکرد کاری او را قبول دارند.

6.4 Arbeitswelt — دنیای کار

1900 **Leitung** ['laitʊŋ] *f, -, kein Pl.* — **مدیریت**

Die Geschäftsleitung hat die Arbeitszeiten geändert. — مدیریت شرکت، ساعت‌های کاری را تغییر داده است.

1901 **Lohn** [lo:n] *m, -(e)s, Löhne* — **دستمزد**

Wie hoch ist dein Stundenlohn? — دستمزد تو ساعتی چقدر است؟

1902 **Personal** [pɛrzo'na:l] *n, -s, kein Pl.* — **کارکنان**

Die Firma ‚Schmidt und Koch' hat sehr gutes Personal. — شرکت اشمیت و کخ، کارکنان بسیار خوبی دارد.

1903 **Qualität** [kvali'tɛ:t] *f, -, -en* — **کیفیت**

Mit der Qualität der neuen Möbel bin ich zufrieden. — از کیفیت مبلمان جدید راضی هستم.

1904 **Stelle** ['ʃtɛlə] *f, -, -n* — **شغل**

In unserer Firma ist eine Stelle als Fahrer frei. — در شرکت ما یک شغل راننده خالی است.

1905 **Stellung** ['ʃtɛlʊŋ] *f, -, -en* — **کار**

Meine Frau hat eine gute Stellung als Verkäuferin in einem Kaufhaus. — همسرم کار خوبی دارد. او فروشنده‌ی فروشگاه است.

1906 **tippen** ['tip(ə)n] *V/t., tippte, hat getippt* — **تایپ کردن**

Haben Sie den Brief an Herrn Behrens schon getippt? — آیا نامه‌ی (نامه به) آقای برنس را تایپ کردید؟

1907 **Urlaub** ['u:ə*laup] *m, -s, kein Pl.* — **مرخصی**

Ich mache gerne im Winter Urlaub. — می‌خواهم زمستان مرخصی بگیرم.

1908 **verantwortlich** [fɛə*'antvɔrtliç] *Adj.* — **مسئول**

Herr Ahrens ist für die Qualitätskontrolle verantwortlich. — آقای آرنس، مسئول کنترل کیفیت است.

1909 **Vertrag** [fɛə*'tra:k] *m, -(e)s, Verträge* — **قرارداد**

Heute habe ich den Arbeitsvertrag mit meiner neuen Firma unterschrieben. — امروز قرارداد کارم با شرکت جدید را امضا کردم.

1910 **vertreten** [fɛə*'tre:t(ə)n] *V/t., vertrat, hat vertreten* — **به‌جای کسی کار کردن**

Während des Urlaubs vertritt er die Abteilungsleiterin. — در زمان مرخصی، رئیس بخش به‌جای او کار می‌کند.

6.4 Arbeitswelt — دنیای کار

1911 **Werk** [vɛrk] *n, -(e)s, -e* — **کارخانه**
Die Firma hat ein Werk in Unna und eins in Hagen. — شرکت یک کارخانه در اونا و یک کارخانه در لاهه دارد.

1912 **Werkstatt** ['vɛrkʃtat] *f, -, Werkstätten* — **کارگاه**
Die Maschine muss in der Werkstatt repariert werden. — ماشین باید در کارگاه تعمیر شود.

2001-4000

1913 **Abteilung** [ap'tailuŋ] *f, -, -en* — **بخش**
In unserer Abteilung ist das Betriebsklima sehr gut. — محیط کاری در بخش ما بسیار خوب است.

1914 **Aktie** ['aktsjə] *f, -, -n* — **سهم**
Die Banken raten, jetzt Aktien zu kaufen. — بانک‌ها توصیه می‌کنند الآن سهام بخریم.

1915 **Anforderung** ['anfɔrdəruŋ] *f, -,-en* — **توقع**
Die Anforderungen, die unsere Chefin stellt, sind hoch. — توقعاتی که خانم رئیس ما دارد، بالا است.

1916 **anstellen** ['anʃtɛl(ə)n] *V/t., stellte an, hat angestellt* — **استخدام کردن**
Sie ist nach der Probezeit fest angestellt worden. — بعد از دوره‌ی آموزشی استخدام شد.

1917 **Arbeitgeber** ['arbait'ge:bə*] *m, -s, -* **Arbeitgeberin** ['arbait'ge:bərin] *f, -, -nen* — **کارفرما**
Die Gewerkschaft und die Arbeitgeber verhandeln seit zwei Wochen über einen neuen Tarifvertrag. — دو هفته است که اتحادیه و کارفرمایان روی قرارداد جدید کار می‌کنند.

1918 **Arbeitnehmer** ['arbait'ne:mə*] *m, -s, -* **Arbeitnehmerin** ['arbait'ne:mərin] *f, -, -nen* — **کارگر، مستخدم**
Die Arbeitnehmer haben für den neuen Tarifvertrag gestimmt. — کارگران به قرارداد جدید رأی دادند.

1919 **Arbeitslosigkeit** ['arbaitslo:ziçkait] *f, -, kein Pl.* — **بیکاری**
Die Arbeitslosigkeit ist im letzten Jahr um 2.7% gestiegen. — در سال گذشته، بیکاری به‌میزان ۲/۷٪ افزایش یافته است.

1920 **Arbeitsplatz** ['arbaitsplats] *m, -es, Arbeitsplätze*
In der Schiffsindustrie gibt es immer weniger Arbeitsplätze.

فرصت شغلی
پیوسته از فرصت‌های شغلی در صنعت کشتی‌سازی کم می‌شود.

1921 **Arbeitszeit** ['arbaitstsait] *f, -, -en*
Die Arbeitszeit in unserem Betrieb ist von 7.30 Uhr bis 17.OO Uhr.

ساعات کار
ساعت کار در مؤسسه‌ی ما از ۷/۳۰ تا ۱۷/۰۰ است.

1922 **Belastung** [bə'lastuŋ] *f, -, -en*
Nachtdienst ist eine große Belastung für die Arbeiter.

سختی
شیفت شب، برای کارگران بسیار سخت است.

1923 **Belegschaft** [bə'le:kʃaft] *f, -, -en*
Die Belegschaft ist mit den neuen Urlaubsterminen einverstanden.

کارکنان
کارکنان با برنامه‌ی جدید مرخصی موافقت کرده‌اند.

1924 **Beratung** [bə'ra:tuŋ] *f, -, -en*
Bernd weiß noch nicht, welchen Beruf er lernen möchte. Er hat sich deshalb bei der Berufsberatung des Arbeitsamtes informiert.

مشاوره
برند هنوز نمی‌داند چه‌کاره می‌خواهد بشود. به همین دلیل از بخش مشاوره‌ی اداره‌ی کار اطلاعات گرفته است.

1925 **Beschäftigte** [bə'ʃɛftigtə] *m/f, -n, -n*
Fast alle Beschäftigten haben am Betriebsausflug teilgenommen.

کارمندان
تقریباً همه‌ی کارمندان در سفر مؤسسه شرکت کردند.

1926 **Daten** ['da:t(ə)n] *nur Pl.*
Sie arbeitet am Computer und gibt Daten ein.

داده‌ها
با رایانه کار و داده‌ها را وارد می‌کند.

1927 **Diktat** [dik'ta:t] *n, -s, -e*
Die Chefin spricht ihre Diktate auf Kassette.

دستورات
خانم رئیس دستوراتش را روی نوار ضبط می‌کند.

1928 **Direktor** [di'rɛktɔr] *m, -s, -en*
Direktorin [di'rɛkto:rin] *f, -, -nen*
Die Firma wird von zwei Direktoren geleitet.

مدیر
دو مدیر شرکت را اداره می‌کنند.

1929 **entlassen** [ɛnt'las(ə)n] *V/t., entließ, hat entlassen*
Warum der Kollege Scholz entlassen wurde, weiß niemand.

اخراج کردن
هیچ کس نمی‌داند چرا همکار ما، شولتس، اخراج شد.

1930 **Feierabend** ['faiə*a:b(ə)nt] *m, -s, -e* — **تعطیلی**

Freitags haben wir schon um 13.00 Uhr Feierabend.

جمعه‌ها زود، ساعت ۱۳/۰۰، تعطیل می‌شویم.

1931 **Gewerkschaft** [gə'vɛrkʃaft] *f, -, -en* — **سندیکا، اتحادیه**

Die Gewerkschaften kämpfen seit Jahren für eine Arbeitszeitverkürzung.

سندیکاها از سال‌ها پیش برای کاهش زمان کار مبارزه می‌کنند.

1932 **Handwerk** ['hantvɛrk] *n, -s, kein Pl.* — **پیشه**

Automechaniker ist seit Jahren der beliebteste Handwerksberuf bei Jungen.

مکانیک خودرو از سال‌ها پیش محبوب‌ترین پیشه برای پسران است.

1933 **Kollege** [kɔ'le:gə] *m, -n, -n* **Kollegin** [kɔ'le:gin] *f, -, -nen* — **همکار**

In unserer Abteilung sagen alle Kollegen "du" zueinander.

در بخش ما، همه‌ی همکاران یکدیگر را «به اسم کوچک» صدا می‌کنند.

1934 **Konferenz** [kɔnfə'rɛnts] *f, -, -en* — **همایش، جلسه، کنفرانس**

Auf der Vertreterkonferenz wurde der neue Verkaufsleiter vorgestellt.

در جلسه‌ی فروش، مدیرفروش جدید معرفی شد.

1935 **Kongress** [kɔn'grɛs] *m, -es, -e* — **کنگره**

Dr. Matz habe ich auf einem Medizinerkongress in Düsseldorf kennen gelernt.

در کنگره‌ی پزشکی دوسلدورف، با دکتر ماتس آشنا شدم.

1936 **Leiter** ['laitə*] *m, -s, -* **Leiterin** ['laitərin] *f, -, -nen* — **رئیس، مدیر**

Vor sechs Jahren hat sie als Verkäuferin bei uns angefangen, jetzt ist sie schon Leiterin des Supermarktes.

کارش را شش سال پیش با فروشندگی آغاز کرد؛ حالا مدیر سوپرمارکت ما است.

1937 **Mitarbeiter** ['mitarbaitə*] *m, -s, -* **Mitarbeiterin** ['mitarbaitərin] *f, -, -nen* — **کارگر، کارمند**

Alle Mitarbeiter sind zu einer Betriebsversammlung eingeladen worden.

همه‌ی کارمندان به جلسه‌ی شرکت دعوت شدند.

1938 **Mitbestimmung** ['mitbəʃtimuŋ] *f, -, kein Pl.* — **مشارکت کارکنان**

Die Mitbestimmung der Arbeitnehmer in den Betrieben ist keine wichtige politische Streitfrage mehr.

مشارکت کارکنان در تصمیمات مدیریت شرکت، دیگر مسئله‌ی سیاسی مهمی نیست.

1939 **Misserfolg** ['misɛə*fɔlk] *m, -s, -e* — **ناکامی**
Für die jüngsten wirtschaftlichen Misserfolge wird der Verkaufschef verantwortlich gemacht.
مسئول ناکامی‌های اخیر اقتصادی را مدیرفروش جدید می‌دانند.

1940 **Notizbuch** [no'ti:tsbu:x] *n, -(e)s, Notizbücher* — **دفتر یادداشت**
Mein Notizbuch ist mein ‚zweites Gedächtnis'.
دفتر یادداشت‌ام، «حافظه‌ی دوم» من است.

Praktikant [prakti'kant] *m, -en, -en*
1941 **Praktikantin** [prakti'kantin] *f, -, -nen* — **کارآموز**
In den Semesterferien arbeitet sie als Praktikantin in einer Textilfabrik.
در طول تعطیلات نیمسال، در کارخانه‌ی نساجی کارآموزی می کند.

1942 **Projekt** [pro'jɛkt] *n, -(e)s, -e* — **پروژه، طرح**
Unsere Gruppe arbeitet an einem geheimen Projekt.
گروه ما روی یک طرح محرمانه کار می کند.

1943 **Schreibmaschine** ['ʃraipmaʃi:nə] *f, -, -n* — **ماشین‌تحریر**
Wie schnell kannst du Schreibmaschine schreiben?
با چه سرعتی می‌توانی تایپ کنی؟

1944 **Sitzung** ['zitsuŋ] *f, -, -en* — **جلسه**
Auf der letzten Sitzung der Geschäftsleitung wurde eine neue Arbeitszeitregelung besprochen.
در آخرین جلسه‌ی مدیران اجرایی شرکت، درباره‌ی مقررات جدید ساعات کاری بحث شد.

1945 **Streik** [ʃtraik] *m, -s, -s* — **اعتصاب**
Die Mehrheit der Beschäftigten stimmte für den Streik.
اکثریت کارمندان به اعتصاب رأی دادند.

1946 **streiken** ['ʃtraik(ə)n] *V/i., streikte, hat gestreikt* — **اعتصاب کردن**
Die Kollegen streiken für kürzere Arbeitszeiten.
همکاران برای ساعت کار کوتاه‌تر اعتصاب می کنند.

1947 **Tarif** [ta'ri:f] *m, -s, -e* — **تعرفه**
Die Gewerkschaften verhandeln mit den Arbeitgebern über neue Gehaltstarife.
اتحادیه و کارفرمایان درباره‌ی تعرفه‌ی جقوق جدید بحث می کنند.

1948 **Termin** [tɛr'mi:n] *m, -s, -e* — **مهلت**

Montag ist der letzte Termin. Bis dahin muss die Ware beim Kunden sein.

دوشنبه آخرین مهلت ارسال است. تا آن موقع، باید کالا باید به دست مشتری رسیده باشد.

1949 **Unterschrift** ['untə*ʃrift] *f, -, -en* — **امضا**

Der Vertrag ist ohne die Unterschrift von Frau Brand nicht gültig.

قرارداد بدون امضای خانم براند معتبر نیست.

1950 **verpachten** [fɛə*'paxt(ə)n] *V/t., verpachtete, hat verpachtet* — **اجاره دادن**

Er hat sein Geschäft verpachtet.

مغازه‌اش را اجاره داد.

1951 **Vertreter** [fɛə*'tre:tə*] *m, -s, -*
Vertreterin [fɛə*'tre:tərin] *f, -, -nen* — **معاون**

Der Chef ist nicht da. Sie können aber mit seinem Vertreter sprechen.

رئیس اینجا نیست؛ ولی می‌توانید با معاونش صحبت کنید.

Vorgänger ['fo:ə*gɛŋə*] *m, -s, -*
1952 **Vorgängerin** ['fo:ə*gɛŋərin] *f, -, -nen* — **مسئول قبلی**

Der neue Abteilungsleiter ist ein ganz anderer Mensch als sein Vorgänger.

رئیس جدید بخش، کاملاً متفاوت از مسئول قبلی است.

1953 **Vorsitzende** ['fo:ə*zits(ə)ndə] *m/f, -n, -n* — **رئیس**

Sie ist seit acht Jahren Vorsitzende des Betriebsrates.

از هشت سال پیش، رئیس هیئت مدیره‌ی مؤسسه است.

1954 **Zusammenarbeit** [tsu'zammənarbait] *f, -, kein Pl.* — **همکاری**

Die Zusammenarbeit mit der neuen Kollegin klappt gut.

همکاری با همکار جدید، خوب پیش می‌رود.

zusammenarbeiten
1955 [tsu'zammənarbait(ə)n] *V/i., + Präp. (mit), arbeitete zusammen, hat zusammengearbeitet* — **همکاری کردن**

Edith ist sehr nervös. Mit ihr kann man nicht gut zusammenarbeiten.

ادیت خیلی عصبی است. همکاری کردن با او دشوار است.

1956 **zuständig** ['tsu:ʃtɛndiç°] *Adj., keine Komp.* — **مسئول**

Wer ist in Ihrer Firma für Reklamationen zuständig?

چه کسی در شرکت شما مسئول رسیدگی به شکایت‌ها است؟

6.5 Post und Telefon — پست و تلفن

1-2000

1957 **Adresse** [a'drɛsə] *f, -, -n* Wie ist seine neue Adresse?	**نشانی** نشانی جدید او چیست؟
1958 **Anruf** ['anru:f] *m, -es, -e* Gab es einen Anruf für mich?	**تلفن** کسی برای من تلفن کرد؟
1959 **anrufen** ['anru:f(ə)n] *V/t., rief an, hat angerufen* Ich werde Sie morgen bestimmt anrufen.	**تلفن کردن** فردا حتماً به شما تلفن می‌کنم.
1960 **Anschrift** ['anʃrift] *f, -, -en* Die Anschrift war falsch. Deshalb kam der Brief zurück.	**نشانی** نشانی غلط بود. به همین دلیل نامه برگشت خورد.
1961 **besetzt** [bə'zɛtst] *Adj., keine Komp.* Ich habe versucht, dich anzurufen, aber es war dauernd besetzt.	**اشغال** سعی کردم به تو تلفن کنم، ولی دائم اشغال بود.
1962 **Brief** [bri:f] *m, -(e)s, -e* Der Brief von Frau Klausen muss schnell beantwortet werden.	**نامه** سریعاً باید به نامه‌ی خانم کلاوسن پاسخ داده شود.
1963 **Briefmarke** ['bri:fmarkə] *f, -, -n* Hast du eine 80-Cent-Briefmarke für mich?	**تمبر** تمبر هشتاد سنتی برای من داری؟
1964 **Empfänger** [ɛm'pfɛŋə*] *m, -s, -* **Empfängerin** [ɛm'pfɛŋərin] *f, -, -nen* ‚Empfänger unbekannt' stand auf dem Umschlag.	**گیرنده** روی پاکت نوشته بود: «گیرنده شناخته نشد.»
1965 **Gespräch** [gə'ʃprɛ:ç] *n, -(e)s, -e* Auf Apparat Nr. 7 ist ein Gespräch für Sie.	**تلفن** روی خط شماره‌ی ۷ تلفن دارید.
1966 **Paket** [pa'ke:t] *n, -(e)s, -e* Große Firmen schicken ihre Pakete nicht mehr mit der Post, sondern mit einem privaten Paketdienst.	**بسته** شرکت‌های بزرگ، بسته‌های خود را دیگر با پست نمی‌فرستند، بلکه با بخش مرسولات خود ارسال می‌کنند.

6.5 Post und Telefon — پست و تلفن

1967 **Porto** ['pɔrto] *n, -s, -s (Porti)* — **هزینه‌ی حمل**

Wie hoch ist das Porto für diesen Brief nach Kanada?

هزینه‌ی حمل این نامه به کانادا چقدر است؟

1968 **Post** [pɔst] *f, -, kein Pl.* — **اداره‌ی پست**

Bring bitte Briefmarken von der Post mit.

لطفاً از اداره‌ی پست تمبر بیاور.

1969 **Päckchen** ['pɛkçən] *n, -s, -* — **بسته‌ی کوچک**

Es ist ein Päckchen für dich angekommen.

یک بسته‌ی کوچک برای تو رسیده است.

1970 **Telefon** ['telefo:n] *n, -s, -e* — **تلفن**

Man kann Petra jetzt anrufen. Sie hat ein Telefon.

الآن می‌توانیم به پترا تلفن کنیم. تلفن دارد.

1971 **Telefonbuch** [tele'fo:nbu:x] *n, -(e)s, Telefonbücher* — **دفتر تلفن**

Deinen Namen konnte ich im Telefonbuch nicht finden.

نتوانستم اسم تو را در دفتر تلفن پیدا کنم.

1972 **telefonieren** [telefo'ni:rən] *V/i., telefonierte, hat telefoniert* — **تلفن کردن**

Ich habe ihn lange nicht gesehen, aber wir telefonieren jede Woche miteinander.

مدت‌ها است که او را ندیده‌ام؛ ولی هر هفته تلفنی صحبت می‌کنیم.

1973 **Telefonzelle** [tele'fo:ntsɛlə] *f, -, -n* — **باجه‌ی تلفن‌عمومی**

Sie hat mich aus einer Telefonzelle angerufen

از باجه‌ی تلفن‌عمومی به من تلفن کرد.

1974 **Telegramm** [tele'gram] *n, -s, -e* — **تلگرام**

Dein Telegramm habe ich bekommen.

تلگرام تو را دریافت کردم.

2001-4000

1975 **Absender** ['apzɛndə*] *m, -s, -* — **فرستنده**

Den Absender des Briefes kenne ich nicht.

فرستنده‌ی نامه را نمی‌شناسم.

1976 **Anschluss** ['anʃlus] *m, -es, Anschlüsse* — **خط**

Ich konnte nicht telefonieren. Mein Anschluss war gestört.

نتوانستم تلفن کنم. خط من اختلال داشت.

1977	**Briefkasten** ['bri:fkast(ə)n] *m, -s, Briefkästen* Der Briefkasten wird dreimal täglich geleert.	**صندوق پست** صندوق پست سه بار در روز تخلیه می‌شود.
1978	**Briefträger** ['bri:ftrɛ:gə*] *m, -s, -* **Briefträgerin** ['bri:ftrɛ:gərin] *f, -, -nen* Bei uns kommt der Briefträger erst mittags.	**پستچی** پستچی ما تا نزدیکی‌های ظهر نمی‌آید.
1979	**Briefumschlag** ['bri:fumʃla:k] *m, -s, Briefumschläge* Auf dem Briefumschlag stand kein Absender.	**پاکت نامه** روی پاکت نامه، اسم فرستنده نوشته نشده بود.
1980	**Drucksache** ['drukzaxə] *f, -, -n* Diese Papiere kannst du als Drucksache schicken. Das ist billiger. (Im Inland: Infopost)	**جراید** این روزنامه‌ها را می‌توانی به عنوان جراید بفرستی؛ ارزان‌تر است.
1981	**Einschreiben** ['ainʃraib(ə)n] *n, -s, -* Schick den Brief bitte als Einschreiben!	**سفارشی** لطفاً این نامه را سفارشی بفرست!
1982	**Ferngespräch** ['fɛə*ngəʃprɛ:ç] *n, -s, -e* Die Gebühren für Ferngespräche werden billiger.	**مکالمه‌ی راه دور** هزینه‌ی مکالمه‌ی راه دور ارزان‌تر می‌شود.
1983	**Kabine** [ka'bi:nə] *f, -, -n* In der Kabine können Sie auch angerufen werden.	**کابین** در کابین به شما تلفن هم می‌توانند بکنند.
1984	**Luftpost** ['luftpɔst] *f, -, kein Pl.* Trotz Luftpost war der Brief eine Woche unterwegs.	**پست هوایی** حتی با پست هوایی، ارسال نامه یک هفته طول کشید.
1985	**Ortsgespräch** ['ɔrtsgeʃprɛç] *n, -s, -e* Das Gespräch kostet nicht viel, es ist ein Ortsgespräch.	**مکالمه‌ی درون‌شهری** هزینه‌ی مکالمه زیاد نیست؛ درون‌شهری است.
1986	**Postamt** ['pɔstamt] *n, -(e)s, Postämter* Das Postamt ist morgens von 9.00 Uhr bis 12.00 Uhr geöffnet.	**اداره‌ی پست** اداره‌ی پست، صبح‌ها از ۹ تا ۱۲ باز است.

6.5 Post und Telefon پست و تلفن

1987 **Postanweisung** ['pɔstanvaizuŋ] *f, -, -en* — **حواله‌ی پستی**

Bitte schick mir das Geld mit einer Postanweisung.

لطفاً پول را با حواله‌ی پستی برایم بفرست.

1988 **Postkarte** ['pɔstkartə] *f, -, -n* — **کارت‌پستال**

Wir schicken Ihnen eine Postkarte, wenn die Ware angekommen ist.

وقتی کالا رسید، کارت‌پستالی برای شما می‌فرستیم.

1989 **postlagernd** ['pɔstla:gə*nt] *Adj., keine Komp.* — **پست رستانت**

Bitte schicke die Briefe postlagernd!

لطفاً نامه را با پست رستانت بفرست!

1990 **Postleitzahl** ['pɔstlait-tsa:l] *f, -, -en* — **کدپستی**

Kennst du die Postleitzahl von Hannover?

کدپستی هانوفر را می‌دانی؟

1991 **telegrafieren** [telegra'fi:rən] *V/i., telegrafierte, hat telegrafiert* — **تلگراف کردن**

Ich telegrafiere euch, wann ich zurückkomme.

زمان بازگشتم را به شما تلگراف می‌کنم.

6.6 Behörden, Polizei مراجع، پلیس

1-2000

1992 **Amt** [amt] *n, -(e)s, Ämter* — **اداره، دفتر**
Das Einwohnermeldeamt ist im 1. Stock, Zimmer 112. — دفتر امور ساکنان در طبقه‌ی اول، اتاق ۱۱۲ است.

1993 **Ausweis** ['ausvais] *m, -(e)s, -e* — **کارت شناسایی**
Für den Ausweis brauchen Sie ein neues Foto. — برای کارت شناسایی به یک عکس جدید نیاز دارید.

1994 **Behörde** [bə'hø:ə*də] *f, -, -n* — **اداره**
Er arbeitet als Beamter in der Verkehrsbehörde. — او کارمند اداره‌ی راه‌وترابری است.

1995 **Feuerwehr** ['fɔiə*ve:ə*] *f, -, -en* — **آتش‌نشانی**
Der Motorbrand wurde von der Feuerwehr gelöscht. — آتش‌نشانی آتش‌سوزی موتور را خاموش کرد.

1996 **Formular** [fɔrmu'la:*] *n, -s, -e* — **پرسش‌نامه**
Für die Anmeldung müssen Sie dieses Formular ausfüllen. — برای ثبت‌نام باید این پرسش‌نامه را تکمیل کنید.

1997 **Gebühr** [gə'by:ə*] *f, -, -en* — **هزینه**
Der Reisepass kostet 20,- Euro Gebühr. — هزینه‌ی صدور گذرنامه، ۲۰ یورو است.

1998 **Genehmigung** [gə'ne:miguŋ] *f, -, -en* — **جواز**
Auch für den Bau der Garage brauchst du eine Baugenehmigung. — برای ساخت پارکینگ هم حتی به جواز ساخت نیاز داری.

1999 **gültig** ['gyltiç°] *Adj., keine Komp.* — **معتبر**
Der Ausweis ist fünf Jahre gültig. — کارت شناسایی پنج سال معتبر است.

2000 **Maßnahme** ['ma:sna:mə] *f, -, -n* — **اقدام**
Die Maßnahmen der Polizei hatten keinen Erfolg. — اقدامات پلیس ناموفق بود.

2001 **öffentlich** ['œf(ə)ntliç] *Adj.* — **علنی**
Dieser Gerichtsprozess ist nicht öffentlich. — این محاکمه علنی نیست.

2002 **Polizei** [poli'tsai] *f, -, kein Pl.* — **پلیس**
Die Parkuhren werden selten von der Polizei kontrolliert. — پلیس به‌ندرت پارکومترها را کنترل می‌کند.

6.6 Behörden, Polizei — مراجع، پلیس

2003 **Polizist** [poli'tsist] *m, -en, -en*
Polizistin [poli'tsistin] *f, -, -nen*
پلیس
Fragen Sie den Verkehrspolizisten dort. Er weiß sicher, wo die Uhlandstraße ist.
از آن پلیس (راهنمایی و رانندگی) بپرسید. حتماً می‌داند خیابان اولاند کجا است.

2004 **Unterlage** ['untə*la:gə] *f, -e, -en (meist Pl.)*
مدرک
Für Ihren Antrag fehlen noch wichtige Unterlagen.
درخواست شما هنوز فاقد بعضی مدارک مهم است.

2005 **unterschreiben** ['untə*ʃraib(ə)n] *V/t., unterschrieb, hat unterschrieben*
امضا کردن
Sie müssen Ihren Antrag noch unterschreiben.
باید درخواست خود را امضا هم بکنید.

2006 **Urkunde** ['u:ə*kundə] *f, -, -n*
گواهی، سند
Die Geburtsurkunde Ihres Kindes können Sie morgen abholen.
فردا می‌توانید گواهی تولد فرزند خود را ببرید.

2007 **verhaften** [vɛə*'haft(ə)n] *V/t., verhaftete, hat verhaftet*
دستگیر کردن
Wegen Fluchtgefahr ist der Täter verhaftet worden.
چون می‌ترسیدند مظنون فرار کند، او را دستگیر کردند.

2008 **verlängern** [fɛə*'lɛŋə*n] *V/t., verlängerte, hat verlängert*
تمدید کردن
Der Ausweis kann verlängert werden.
کارت شناسایی را می‌توان تمدید کرد.

2009 **Verwaltung** [fɛə*'valtuŋ] *f, -, -en*
اداره
Du musst deinen neuen Wohnsitz bei der Stadtverwaltung anmelden.
باید نشانه‌ی جدیدت را به اداره‌ی امور شهری اطلاع دهی.

2010 **Vorschrift** ['fo:ə*ʃrift] *f, -, -en*
مقررات، دستورالعمل
Der Plan für das neue Haus entspricht in einigen Punkten nicht den Bauvorschriften.
نقشه‌ی خانه‌ی جدیدت در همه‌ی جزئیات مطابق مقررات ساخت نیست.

2001-4000

2011 **abmelden** ['apmɛld(ə)n] *V/t., refl., meldete ab, hat abgemeldet*
ترک محل سکونت را اعلام کردن
Hast du dich in deinem alten Wohnort schon abgemeldet?
ترک محل سکونت قبلی خود را اعلام کرده‌ای؟

2012 **Akte** ['aktə] *f, -, -n* — **پرونده**

Der Rechtsanwalt hat sich die Gerichtsakten angesehen.

وکیل، پرونده‌های دادگاه را بررسی کرد.

2013 **anmelden** ['anmɛld(ə)n] *V/t., refl., +Präp. (für), meldete an, hat angemeldet* — **معرفی کردن، ثبت‌نام کردن**

Das Auto wird morgen angemeldet.

خودرو، فردا معرفی می‌شود.

Ich habe mich für die Prüfung angemeldet.

برای آزمون ثبت‌نام کرده‌ام.

2014 **Antrag** ['antra:k] *m, -(e)s, Anträge* — **درخواست**

Über den Antrag hat man noch nicht entschieden.

هنوز درباره‌ی درخواست تصمیمی گرفته نشده است.

2015 **ausfüllen** ['ausfyl(ə)n] *V/t., füllte aus, hat ausgefüllt* — **پُر کردن، کامل کردن**

Für den Antrag muss dieses Formular ausgefüllt werden.

برای درخواست، این پرسشنامه باید پُر شود.

2016 **beantragen** [bə'antra:g(ə)n] *V/t., beantragte, hat beantragt* — **درخواست کردن**

Wegen eines schweren Berufsunfalls hat er die Rente beantragt.

به‌دلیل سانحه‌ی شدید کاری، درخواست بازنشستگی کرد.

2017 **Bestimmung** [bə'ʃtimuŋ] *f, -, -en* — **مقررات**

In unserer Gemeinde gibt es die Bestimmung, dass Neubauten nicht mehr als zwei Stockwerke haben dürfen.

در شهر ما قانونی وجود دارد که براساس آن، ساختمان‌های جدید نباید بیش از سه طبقه داشته باشند.

2018 **eintragen** ['aintra:g(ə)n] *V/t., trug ein, hat eingetragen* — **وارد کردن، ثبت کردن**

Sie müssen Ihren Namen in die Liste eintragen.

باید نام خود را در این فهرست وارد کنید.

2019 **Papiere** [pa'pi:rə] *nur Pl.* — **مدارک**

Der Polizist bat den Autofahrer um die Wagenpapiere.

پلیس، مدارک خودرو را از راننده خواست.

2020 **Paragraph** [para'gra:f] *m, -en, -en* — **بند**

Sie hat Paragraph 4 der Straßenverkehrsordnung verletzt.

از بند ۴ قوانین راهنمایی و رانندگی تخطی کرده است.

6.6 Behörden, Polizei — مراجع، پلیس

2021 **Regelung** ['re:gəluŋ] *f, -, -en* — **عرف**

Bei uns im Büro gibt es die Regelung, dass nur während der Pausen geraucht werden darf.

در اداره‌ی ما قانونی وجود دارد که براساس آن، سیگار کشیدن جز در زمان استراحت مجاز نیست.

2022 **Schalter** ['ʃaltə*] *m, -s, -* — **باجه**

Briefmarken gibt es am Schalter3.

تمبر در باجه‌ی ۳ وجود دارد.

2023 **Stempel** ['ʃtɛmp(ə)l] *m, -s, -* — **مهر**

Ohne Behördenstempel ist die Genehmigung ungültig.

مجوز، بدون مهر مقام رسمی، اعتبار ندارد.

2024 **Zoll** [tsɔl] *m, -s, kein Pl.* — **گمرک**

Der Zoll hat uns an der Grenze nicht kontrolliert.

گمرک ما را در مرز بازرسی نکرد.

1-2000

2025 **bestrafen** [bəˈʃtraːf(ə)n] *V/t., bestrafte, hat bestraft* — **محکوم شدن**
Der Dieb ist mit vier Monaten Gefängnis bestraft worden. — دزد به چهار ماه زندان محکوم شد.

2026 **betrügen** [bəˈtryːg(ə)n] *V/t., betrog, hat betrogen* — **کلاهبرداری کردن**
Sie hat ihre Geschäftspartner betrogen. — از شریک خود کلاهبرداری کرد.

2027 **Beweis** [bəˈvais] *m, -es, -e* — **مدرک**
Sie ist verdächtig, aber es gibt noch keinen Beweis für ihre Schuld. — به او مظنون‌اند، ولی هیچ مدرکی دال بر گناهکار بودن او وجود ندارد.

2028 **beweisen** [bəˈvaiz(ə)n] *V/i., bewies, hat bewiesen* — **اثبات کردن**
Die Polizei hat ihm bewiesen, dass er am Tatort war. — پلیس به او اثبات کرد که در محل جرم بوده است.

2029 **Dieb** [diːp] *m, -(e)s, -e* **Diebin** [ˈdiːbin] *f, -, -nen* — **دزد، سارق**
Der Dieb war der Polizei bekannt. — پلیس دزد را شناسایی کرد.

2030 **Gefängnis** [gəˈfɛŋnis] *n, -ses, -se* — **زندان**
Sie wurde zu einer Gefängnisstrafe verurteilt. — او به زندان محکوم شد.

2031 **Gericht** [gəˈriçt] *n, -(e)s, -e* — **دادگاه**
Das Gericht sprach ihn schuldig. — دادگاه او را مجرم دانست.

2032 **Gesetz** [gəˈzɛts] *n, -es, -e* — **قانون**
Manche Leute finden, dass die Gesetze nicht hart genug sind. — بعضی از مردم فکر می کنند قوانین به اندازه‌ی کافی سختگیرانه نیست.

2033 **Gewalt** [gəˈvalt] *f, -, kein Pl.* — **زور**
Nur mit Gewalt konnte er gestoppt werden. — فقط بازور توانستند جلویش را بگیرند.

2034 **Mord** [mɔrt] *m, -es, -e* — **قتل**
Er steht wegen Mordes vor Gericht. — به‌جرم قتل محاکمه می‌شود.

2035 **Prozess** [proˈtsɛs] *m, -es, -e* — **محاکمه**
Den Prozess haben wir leider verloren. — متأسفانه در محاکمه شکست خوردیم.

6.7 Rechtswesen — مسائل حقوقی

2036	**Recht** [rɛçt] *n, -s, -e* Warum verteidigt ihr eure Rechte nicht?	**حق** چرا از حقوق خود دفاع نمی‌کنید؟
2037	**Recht** [] *n, -s, keine Pl.* Das Recht ist auf eurer Seite.	**حق** حق به‌جانب شما است.
2038	**Rechtsanwalt** ['rɛçtanvalt] *m,-s, Rechtsanwälte* **Rechtsanwältin** [-anvɛltin] *f, -, nen* Rechtsanwalt Dr. Sauer ist Spezialist für Steuerrecht.	**وکیل** آقای دکتر زاوئر وکیل، متخصص مسائل مالیاتی است.
2039	**Richter** ['riçtə*] *m, -s, -* **Richterin** ['riçtərin] *f, -, -nen* Die Richterin war sehr hart.	**قاضی** قاضی خیلی سختگیر بود.
2040	**Schuld** [ʃult] *f, -, kein Pl.* Er leugnet seine Schuld.	**جرم** جرم خود را انکار می‌کند.
2041	**schuldig** ['ʃuldiç°] *Adj.* Der Dieb wurde schuldig gesprochen.	**مجرم** دزد مجرم شناخته شد.
2042	**stehlen** ['ʃte:l(ə)n] *V/t., stahl, hat gestohlen* Mein Fahrrad ist gestohlen worden.	**سرقت کردن** دوچرخه‌ام سرقت شده است.
2043	**Strafe** ['ʃtra:fə] *f, -, -n* Sie bekam eine Geldstrafe.	**جریمه** جریمه‌ی نقدی شد.
2044	**Urteil** ['urtail] *n, -s, -e* Auch der Rechtsanwalt fand das Urteil gerecht.	**حکم** حتی به‌نظر وکیل هم حکم عادلانه بود.
2045	**Verbot** [fɛə*'bo:t] *n, -(e)s, -e* Dieses Verbot kannte ich nicht.	**ممنوعیت** از این ممنوعیت خبر نداشتم.
2046	**Verbrecher** [fɛə*'brɛçə*] *m, -s, -* **Verbrecherin** [fɛə*'brɛçərin] *f, -, -nen* Der Verbrecher wurde zum zweiten Mal wegen einer ähnlichen Tat verurteilt.	**جانی، تبهکار** جانی به‌دلیل ارتکاب برای جرمی مشابه، برای دومین بار محکوم شد.

2047	**Verdacht** [fɛə*'daxt] *m, -(e)s, kein Pl.* Die Polizei hatte einen Verdacht, konnte ihn aber nicht beweisen.	**ظن** پلیس مظنون است، ولی نمی‌تواند آن را اثبات کند.
2048	**verdächtig** [fɛə*'dɛçtiç°] *Adj.* Er hat sich verdächtig verhalten, aber er hat das Geld nicht gestohlen.	**مشکوک، مظنون** رفتار مشکوکی داشت؛ ولی او پول را ندزدیده است.
2049	**Verteidiger** [fɛə*'taidigə*] *m, -s, -* **Verteidigerin** [fɛə*'taidigərin] *f, -, -nen* Der Verteidiger überzeugte den Richter von der Unschuld der Angeklagten.	**وکیل مدافع** وکیل مدافع قاضی را قانع کرد که موکلش بی‌گناه است.
2050	**verurteilen** [fɛə*'urtail(ə)n] *V/t., veruteilte, hat verurteilt* Er wurde zu einer Gefängnisstrafe verurteilt.	**محکوم کردن** به زندان محکوم شد.
2051	**Zeuge** ['tsɔigə] *m, -n, -n* **Zeugin** ['tsɔigin] *f, -, -nen* Die Zeugin konnte sich genau an die Tatzeit erinnern.	**شاهد** شاهد توانست زمان وقوع جرم را دقیق به‌یاد آورد.

2001-4000

2052	**Angeklagte** ['angəkla:ktə] *m/f, -n, -n* Die Angeklagte leugnete ihre Schuld.	**متهم** متهم، جرم خود را انکار کرد.
2053	**anklagen** ['ankla:g(ə)n] *V/t., + Präp. (wegen), klagte an, hat angeklagt* Er wurde wegen Mordes angeklagt.	**متهم کردن** به قتل متهم شد.
2054	**Anzeige** ['antsaigə] *f, -, -n* Die Anzeige gegen ihn wurde zurückgenommen.	**شکایت** شکایت علیه او پس گرفته شد.
2055	**anzeigen** ['antsaig(ə)n] *V/t., + Präp. (wegen), zeigte an, hat angezeigt* Er wurde wegen Raubs angezeigt.	**شکایت کردن** از او به‌دلیل دزدی شکایت شد.

2056 **Berufung** [bə'ru:fuŋ] *f, -, -en* — **تجدید نظر**

Gegen das Urteil legte die Rechtsanwältin Berufung ein.

وکیل درمورد حکم درخواست تجدیدنظر کرد.

2057 **beschuldigen** [bə'ʃuldig(ə)n] *V/t., beschuldigte, hat beschuldigt* — **متهم کردن**

Er wird beschuldigt, seine Kunden betrogen zu haben.

او را متهم می‌کنند که از مشتریان خود کلاهبرداری کرده است.

2058 **Betrüger** [bə'try:gə*] *m, -s, -*
Betrügerin [bə'try:gərin] *f, -, -nen* — **کلاهبردار**

Pass auf! Er ist ein Betrüger.

مراقب باش! او کلاهبردار است.

2059 **Beute** ['bɔitə] *f, -, kein Pl.* — **مال دزدی**

Die Polizei konnte die Beute bis heute nicht finden.

پلیس هنوز نتوانسته است اموال دزدی را پیدا کند.

2060 **Einbrecher** ['ainbrɛçə*] *m, -s, -*
Einbrecherin ['ainbrɛçərin] *f, -, -nen* — **سارق، دزد**

Die Einbrecher waren genau informiert, wann niemand im Haus war.

سارقان دقیقاً خبر داشتند که در چه زمانی کسی در خانه نبوده است.

2061 **ermorden** [ɛə*'mɔrd(ə)n] *V/t., ermordete, hat ermordet* — **به‌قتل رسیدن**

Das Opfer wurde ermordet.

قربانی به‌قتل رسید.

2062 **erschießen** [ɛə*'ʃi:s(ə)n] *V/t., erschoss, hat erschossen* — **به‌ضرب گلوله کشتن**

Einer der Täter wurde von der Polizei erschossen.

یکی از مجرمان به‌ضرب گلوله‌ی پلیس کشته شد.

2063 **Fall** [fal] *m, -(e)s, Fälle* — **موضوع، قضیه، پرونده**

Die Zeitungen berichten täglich über den Mordfall.

روزنامه‌ها هر روز درباره‌ی موضوع قتل گزارش می‌دهند.

2064 **fliehen** ['fli:(ə)n] *V/i., floh, ist geflohen* — **فرار کردن**

Der Angeklagte ist während seines Prozesses geflohen.

متهم حین محاکمه‌اش فرار کرد.

2065 **Häftling** ['hɛftliŋ] *m, -s, -e* — **زندانی**

Einige Häftlinge lernen im Gefängnis einen Beruf.

بعضی زندانیان در زندان کاری یاد می‌گیرند.

2066 **Justiz** [jus'ti:ts] *f, -, kein Pl.* — **دادگستری**
In der Presse wird die Justiz wegen der langen Dauer der Verfahren kritisiert.
در مطبوعات از دادگستری به‌دلیل طولانی بودن دادرسی‌ها انتقاد می‌شود.

2067 **Klage** ['kla:gə] *f, -, -n* — **دعوی، شکایت**
Der Prozessgegner hat seine Klage zurückgezogen.
طرف دادرسی، شکایت خود را پس گرفت.

2068 **Kommissar** [kɔmi'sa:*] *m, -s, -e* **Kommissarin** [kɔmi'sa:rin] *f, -, -nen* — **کمیسر؛ بازرس**
Er hat als Verkehrspolizist angefangen, jetzt ist er Kommissar geworden.
کارش را در پلیس راهنمایی و رانندگی شروع کرد؛ حالا کمیسر است.

2069 **Motiv** [mo'ti:f] *n, -s, -e* — **انگیزه**
Die Kommissarin sucht immer noch ein Motiv für die Tat.
بازرس هنوز به‌دنبال انگیزه‌ی جرم است.

2070 **Mörder** ['mœrdə*] *m, -s, -* **Mörderin** ['mœrdərin] *f, -, -nen* — **قاتل**
Die Mörderin hat den Mord zugegeben.
قاتل به جرم اعتراف کرد.

2071 **Raub** [raup] *m, -(e)s, kein Pl.* — **سرقت**
Raub muss mit Gefängnis bestraft werden.
مجازات سرقت باید زندان باشد.

2072 **schwören** ['ʃvø:rən] *V/i., schwor, hat geschworen* — **سوگند خوردن**
Er schwor, die Wahrheit gesagt zu haben.
سوگند خورد حقیقت را گفته است.

2073 **Staatsanwalt** ['ʃta:tsanvalt] *m, -(e)s, Staatsanwälte* **Staatsanwältin** ['ʃta:tsanvɛltin] *f, -, -nen* — **دادستان**
Der Staatsanwalt konnte dem Angeklagten seine Schuld nicht beweisen.
دادستان نتوانست ثابت کند که متهم گناهکار است.

2074 **Täter** ['tɛ:tə*] *m, -s, -* **Täterin** ['tɛ:tərin] *f, -, -nen* — **مجرم**
Die Zeugin konnte den Täter nicht wiedererkennen.
شاهد نتوانست مجرم را دوباره شناسایی کند.

2075 **töten** ['tø:t(ə)n] *V/t., tötete, hat getötet* — **کشتن**
Bei dem Verkehrsunfall wurde eine Person getötet.
یک نفر در تصادف رانندگی کشته شد.

6.7 Rechtswesen مسائل حقوقی

2076 **Verfahren** [fɛə*'fa:rən] *n, -s, -* **دادرسی**
Das Gerichtsverfahren wird bei diesem schwierigen Fall sicher sehr lange dauern.
دادرسی دادگاه در این پرونده‌ی دشوار، حتماً مدت زیادی طول خواهد کشید.

2077 **Verhandlung** [fɛə*'handluŋ] *f, -, -en* **محاکمه، دادرسی**
Die Verhandlung wurde unterbrochen.
محاکمه متوقف شد.

2078 **Vernehmung** [fɛə*'ne:muŋ] *f, -, -en* **تحقیق، بازجویی**
Die Vernehmung der Zeugen brachte die Polizei keinen Schritt weiter.
بازجویی شاهدان هیچ کمکی به پلیس نکرد.

2079 **verstoßen** [fɛə*'ʃto:s(ə)n] *V/i., +Präp. (gegen), verstieß, hat verstoßen* **تخطی کردن**
Dem Firmeninhaber wird vorgeworfen, gegen das Arbeitsschutzgesetz verstoßen zu haben.
به صاحب شرکت اتهام زده شده که از قانون حمایت از کارگران تخطی کرده است.

7.1 Theater, Film, bildende Kunst — تئاتر، فیلم، هنرهای تجسمی

1-2000

2080 **bekannt** [bəˈkant] *Adj., -er, am -esten* — **معروف**
Der Schauspieler ist bisher nur durch seine Theaterrollen bekannt geworden.
آن هنرپیشه تا الآن فقط به‌دلیل نقش‌هایش در تئاتر معروف شده است.

2081 **berühmt** [bəˈryːmt] *Adj., -er, am -esten* — **مشهور**
Sie ist durch den Film ‚Das Tal' berühmt geworden.
او با فیلم «درّه» مشهور شد.

2082 **Bühne** [ˈbyːnə] *f, -, -n* — **سِن، صحنه**
Die Bühne im großen Theatersaal ist für dieses Stück nicht geeignet.
برای این نمایش، سن سالن بزرگ تئاتر مناسب نیست.

2083 **Eintritt** [ˈaintrit] *m, -(e)s, kein Pl.* — **بلیت ورودی**
Der Eintritt kostet zwischen 8,- und 12,- Euro.
قیمت بلیت ورودی، بین ۸ تا ۱۲ یورو است.

2084 **Film** [film] *m, -(e)s, -e* — **فیلم**
In diesem Kino werden recht gute Filme gezeigt.
در این سینما، فیلم‌های خیلی خوبی نشان می‌دهند.

2085 **Instrument** [instruˈmɛnt] *n, -s, -e* — **ساز**
Spielst du ein Musikinstrument?
ساز موسیقی می‌زنی؟

2086 **Kapitel** [kaˈpit(ə)l] *n, -s, -* — **فصل**
Der Roman hat sechs Kapitel.
این رمان، شش فصل دارد.

2087 **Kino** [ˈkiːno] *n, -s, -s* — **سینما**
Dieses Kino zeigt nachmittags Kinderfilme.
در این سینما، بعدازظهرها فیلم‌های کودکان نمایش می‌دهند.

2088 **Kultur** [kulˈtuːə*] *f, -, -en* — **فرهنگ**
In unserer Stadt gibt es jeden Sommer ein spezielles Kulturprogramm.
در شهر ما هر تابستان یک رویداد فرهنگی خاص وجود دارد.

2089 **Kunst** [kunst] *f, -, Künste* — **هنر**
Der Musikabend wurde vom Kunstverein organisiert.
شب موسیقی را انجمن هنری اداره می‌کند.

7.1 Theater, Film, bildende Kunst — تئاتر، فیلم، هنرهای تجسمی

2090 **Künstler** ['kynstlə*] *m, -s, -* **Künstlerin** ['kynstlərin] *f, -, -nen* — **هنرمند**
Einige Bilder des Künstlers sind in der Hamburger Kunsthalle zu sehen.
چند تابلوی این هنرمند را در موزه‌ی هنری هامبورگ می‌توان مشاهده کرد.

2091 **Literatur** [litəra'tu:ə*] *f, -, -en* — **ادبیات**
Afrikanische Literatur ist in Europa nicht sehr bekannt.
ادبیات افریقایی در اروپا چندان شناخته‌شده نیست.

2092 **malen** ['ma:l(ə)n] *V/t., malte, hat gemalt* — **نقاشی کردن**
Wer hat dieses Bild gemalt?
این تابلو را چه کسی نقاشی کرده است؟

2093 **Maler** ['ma:lə*] *m, -s, -* **Malerin** ['ma:lərin] *f, -, -nen* — **نقاش**
Die Arbeiten dieser Malerin sind sehr bekannt.
کارهای این نقاش خیلی معروف است.

2094 **Museum** [mu'ze:um] *n, -s, Museen* — **موزه**
Das Museum ist auch am Sonntag geöffnet.
موزه یکشنبه‌ها هم باز است.

2095 **Publikum** ['pu:blikum] *n, -s, kein Pl.* — **تماشاگران، مخاطبان**
Das Publikum des Stadttheaters ist sehr kritisch.
مخاطبان تئاتر شهر بسیار منتقد هستند.

2096 **Rolle** ['rɔlə] *f, -, -n* — **نقش**
Diese Rolle ist besonders schwierig zu spielen.
ایفای این نقش خیلی سخت است.

2097 **Schauspieler** ['ʃauʃpi:lə*] *m, -s, -* **Schauspielerin** ['ʃauʃpi:lərin] *f, -, -nen* — **بازیگر**
Die Schauspieler des Stücks wurden von allen gelobt.
بازیگران نمایشنامه را همه تحسین کردند.

2098 **spielen** ['ʃpi:l(ə)n] *V/t., spielte, hat gespielt* — **بازی کردن، نقش ایفاکردن**
Sie hat schon als Schülerin Theater gespielt.
از زمان دانش آموزی تئاتر بازی کرده است.

2099 **Theater** [te'a:tə*] *n, -s, -* — **تئاتر**
Das Stadttheater hat ein treues Publikum.
تئاتر شهر تماشاگرانی وفادار دارد.

2100 **Theaterstück** [te'a:tə*ʃtyk] *n, -(e)s, -e* — **نمایشنامه**
Das Theaterstück hatte großen Erfolg.
نمایشنامه بسیار موفق بود.

7.1 Theater, Film, bildende Kunst — تئاتر، فیلم، هنرهای تجسمی

2101 **Titel** ['ti:t(ə)l] *m, -s, -* — **عنوان**
Den Titel ihres neuesten Buches kenne ich nicht. — عنوان آخرین کتابش را نمی‌دانم.

2102 **Vorstellung** ['fo:ə*ʃtɛluŋ] *f, -, -en* — **اجرا**
Die Vorstellungen sind gut besucht. — اجراها، تماشاگران زیادی داشت.

2103 **zeichnen** ['tsaiçnən] *V/t., zeichnete, hat gezeichnet* — **طراحی کردن**
Zeichnen ist mein Hobby. — طراحی کردن، سرگرمی من است.

2104 **Zuschauer** ['tsu:ʃauə*] *m, -s, -* **Zuschauerin** ['tsu:ʃauərin] *f, -, -nen* — **تماشاگر**
Die modernen Theaterstücke haben wenig Zuschauer. — نمایشنامه‌های مدرن، تماشاگران کمی دارد.

2001-4000

2105 **Akt** [akt] *m, -(e)s, -e* — **پرده**
Nach dem 3. Akt gibt es eine Pause. — پس از پرده‌ی سوم، یک آنتراکت است.

2106 **Aufführung** ['auffy:ruŋ] *f, -, -en* — **نمایش**
Seit Monaten sind die Aufführungen ausverkauft. — بلیت نمایش‌ها از ماه‌ها پیش کلاً فروخته شده است.

2107 **Ausstellung** ['ausʃtɛluŋ] *f, -, -en* — **نمایشگاه**
Die Ausstellung des berühmten Malers war gut besucht. — نمایشگاه نقاش مشهور، بازدیدکنندگان زیادی داشت.

2108 **Autor** ['autɔr] *m, -s, -en* **Autorin** [au'to:rin] *f, -, -nen* — **نویسنده**
Der Autor des Romans ist nicht sehr bekannt. — نویسنده‌ی رمان، خیلی معروف نیست.

2109 **beliebt** [bə'li:pt] *Adj, -er, am -esten* — **محبوب**
Der Schauspieler ist beim Publikum sehr beliebt. — این بازیگر، خیلی محبوب تماشاگران است.

2110 **Drama** ['dra:ma] *n, -s, Dramen* — **درام**
Komödien sind beim Publikum beliebter als Dramen. — عموم مردم، کمدی‌ها را بر درام‌ها ترجیح می‌دهند.

2111 **Galerie** [galə'ri:] *f, -, -n* — **نگارخانه**
Die Galerie veranstaltet regelmäßig Ausstellungen junger Künstler. — نگارخانه به‌طور مرتب نمایشگاه‌هایی از آثار هنرمندان جوان برگزار می‌کند.

7.1 Theater, Film, bildende Kunst — تئاتر، فیلم، هنرهای تجسمی

2112 **Gedicht** [gəˈdiçt] *n, -(e)s, -e* — **شعر**
Der Autor las aus seinem neuesten Gedichtband vor. — نویسنده، بخشی از آخرین مجموعه‌ی اشعارش را خواند.

2113 **Geschichte** [gəˈʃiçtə] *f, -, -n* — **داستان**
Ich lese gerne Kurzgeschichten. — خواندن داستان‌های کوتاه را دوست دارم.

2114 **Komödie** [koˈmø:diə] *f, -, -n* — **کمدی**
Es gibt heute wenige Autoren, die Komödien schreiben. — امروز تعداد نویسندگانی که کمدی می‌نویسند، کم است.

2115 **Leser** [ˈle:zə*] *m, -s, -* **Leserin** [ˈle:zərin] *f, -, -nen* — **خواننده**
Für den normalen Leser ist der Roman schwer zu verstehen. — درک این رمان، برای خوانندگان معمولی سخت است.

2116 **Lyrik** [ˈly:rik] *f, -, kein Pl.* — **ادبیات منظوم**
Moderne Lyrik findet großes Interesse. — ادبیات منظوم مدرن، علاقه‌مندان بسیاری دارد.

2117 **Motiv** [moˈti:f] *n, -s, -e* — **مضمون، درونمایه، موتیف**
Die Motive des Malers sind in allen Bildern ähnlich. — مضامین نقاش در تمام تابلوها یکسان است.

2118 **Pinsel** [ˈpinz(ə)l] *m, -s, -* — **قلم‌مو**
Der Pinsel ist zu dick. — قلم‌مو خیلی ضخیم است.

2119 **Plakat** [plaˈka:t] *n, -(e)s, -e* — **پوستر**
Das Plakat finde ich zu bunt. — به‌نظر من، پوستر بیش از حد رنگارنگ است.

2120 **Regisseur** [reʒiˈsøˈə*] *m, -s, -e* **Regisseurin** [reʒiˈsøˈrin] *f, -, -nen* — **کارگردان**
Eigentlich ist er Theaterregisseur, aber er macht auch Filme. — درواقع کارگردان تئاتر است، ولی فیلم هم می‌سازد.

2121 **Roman** [roˈma:n] *m, -s, -e* — **رمان**
In den Zeitungskritiken wurde der Roman gelobt. — منتقدان روزنامه، رمان را تحسین کردند.

2122 **Schriftsteller** [ˈʃriftʃtɛlə*] *m, -s, -* **Schriftstellerin** [ˈʃriftʃtɛlərin] *f, -, -nen* — **نویسنده**
Das neue Buch der Schriftstellerin erscheint im Herbst. — کتاب جدید این نویسنده در پاییز منتشر می‌شود.

7.1 Theater, Film, bildende Kunst — تئاتر، فیلم، هنرهای تجسمی

2123 **Szene** ['stse:nə] *f, -, -n* — **صحنه**

Der Regisseur ließ die Szene noch einmal spielen.

کارگردان گفت این صحنه را دوباره بازی کنند.

2124 **Zeichnung** ['tsaiçnuŋ] *f, -, -en* — **طراحی**

Die frühen Zeichnungen des Malers sind wenig bekannt.

طراحی‌های اولیه‌ی نقاش، کمتر معروف است.

7.2 Musik — موسیقی

1-2000

2125 **Beifall** ['baifal] *m, -s, kein Pl.* — **تشویق، تحسین**
Das Orchester bekam viel Beifall. — ارکستر بسیار تشویق شد.

2126 **Klavier** [kla'viːə*] *n, -s, -e* — **پیانو**
Als Kind habe ich Klavierunterricht gehabt. — در کودکی، پیانو آموزش دیدم.

2127 **klingen** ['klɪŋən] *V/i., klang, hat geklungen* — **به‌گوش رسیدن**
Die Melodie klingt gut. — ملودی نوای خوشی دارد.

2128 **Konzert** [kɔn'tsɛrt] *n, -(e)s, -e* — **کنسرت**
Im 3. Programm hören Sie um 19.30 Uhr ein Konzert mit Werken von Bach und Händel. — در برنامه‌ی سوم، ساعت ۱۹/۳۰، کنسرتی از آثار باخ و هندل را می‌شنوید.

2129 **Lied** [liːt] *n, -(e)s, -er* — **ترانه**
Das Lied hat einen einfachen Text. — ترانه، متنی ساده دارد.

2130 **Melodie** [melo'diː] *f, -, -n* — **ملودی**
Es wurden berühmte Melodien gespielt. — ملودی‌های مشهور نواخته شد.

2131 **Musik** [mu'ziːk] *f, -, kein Pl.* — **موسیقی**
Arabische Musik klingt für Europäer sehr fremd. — اروپاییان با موسیقی عربی بسیار بیگانه‌اند.

2132 **Oper** ['oːpə*] *f, -, -n* — **اپرا**
In dieser Oper wird der italienische Originaltext gesungen. — در این اپرا، متن اصل ایتالیایی خوانده می‌شود.

2133 **Orchester** [ɔr'kɛstə*] *n, -s, -* — **ارکستر**
Sie spielt Klavier in einem Rundfunkorchester. — در یک ارکستر رادیویی پیانو می‌نوازد.

2134 **Schallplatte** ['ʃalplatə] *f, -, -n* — **صفحه‌ی گرامافون**
Sie sammelt Schallplatten mit alten Opernarien. — صفحه‌های گرامافونِ اپراهای قدیمی را جمع‌آوری می‌کند.

2135 **singen** ['zɪŋən] *V/t., i., sang, hat gesungen* — **خواندن**
Die Kinder sangen ihr ein Geburtstagslied. — بچه‌ها برایش آهنگ تولدت مبارک راخواندند.

2001-4000

2136 **Chor** [ko:ə*] *m, -(e)s, Chöre* — **کُر، گروه کُر، همسرایان**

Auf der Schulfeier sang der Schulchor drei Lieder. — در جشن مدرسه، گروه کر مدرسه سه سرود خواند.

2137 **Geige** ['gaigə] *f, -, -n* — **ویلن**

Geige spielen ist schwer zu lernen. — یادگیری ویلن، سخت است.

2138 **Kapelle** [ka'pɛlə] *f, -, -n* — **گروه، دسته**

Auf der Hochzeitsfeier spielte eine kleine Tanzkapelle. — در جشن عروسی، یک گروه رقص کوچک برنامه اجرا کرد.

2139 **klassisch** ['klasiʃ] *Adj.* — **کلاسیک**

In der Stadthalle gibt es ein Gastkonzert mit klassischer Musik. — در تالار شهر، یک گروه مهمان، کنسرت موسیقی کلاسیک می‌دهد.

2140 **Komponist** [kɔmpo'nist] *m, -en, -en* **Komponistin** [kɔmpo'nistin] *f, -, -nen* — **آهنگساز**

Welcher Komponist hat die Melodie geschrieben? — این ملودی را کدام آهنگساز نوشته است؟

2141 **Plattenspieler** ['plat(ə)nʃpi:lə*] *m, -s, -* — **گرامافون**

Der Plattenspieler muss repariert werden. — گرامافون باید تعمیر شود.

2142 **Rhythmus** ['rytmus] *m, -, Rhythmen* — **ریتم**

Nach dem Rhythmus dieser Musik kann man nicht gut tanzen. — با ریتم این موسیقی نمی‌توان خوب رقصید.

2143 **Sänger** ['zɛŋə*] *m, -s, -* **Sängerin** ['zɛŋərin] *f, -, -nen* — **خواننده**

Die Sängerin begeisterte das Publikum. — خواننده، مخاطبان را به‌شعف آورد.

2144 **Schlager** ['ʃla:gə*] *m, -s, -* — **آهنگ روز**

Man hört diesen Schlager überall. — این آهنگ روز، همه جا شنیده می‌شود.

7.3 Medien رسانه‌ها

1-2000

2145 **Fernsehapparat** ['fɛə*nze:apara:t] *m, -s, -e* — **(دستگاه) تلویزیون**
Vergiss nicht, den Fernsehapparat auszumachen!
فراموش نکنی که (دستگاه) تلویزیون را خاموش کنی!

2146 **fernsehen** ['fɛə*nze:(ə)n] *V/i., sah fern, hat ferngesehen* — **تلویزیون تماشا کردن**
Gestern Abend habe ich ferngesehen.
دیشب تلویزیون تماشا کردم.

2147 **Fernsehen** [] *n, -s, kein Pl.* — **تلویزیون**
Das Programm des Fernsehens ist heute langweilig.
برنامه‌ی امروز تلویزیون کسالت‌آور است.

2148 **Fernseher** ['fɛə*nze:ə*] *m, -s, -* — **تلویزیون**
Wir haben uns einen Farb-Fernseher gekauft.
(دستگاه) تلویزیون رنگی تازه‌ای خریدیم.

2149 **Illustrierte** [ilus'tri:ə*tə] *f, -n, -n* — **مجله**
In dieser Illustrierten gibt es jede Woche interessante Reiseberichte.
در این مجله، هر هفته، مقاله‌های جالبی درباره‌ی مسافرت وجود دارد.

2150 **Nachrichten** ['na:xriçt(ə)n] *nur Pl.* — **اخبار**
In den Fernsehnachrichten wurde gemeldet, dass der Innenminister entlassen worden ist.
در اخبار تلویزیون اعلام شد که وزیر کشور برکنار شده است.

2151 **Presse** ['prɛsə] *f, -, kein Pl.* — **مطبوعات**
Das Programm der Regierung wurde in der ganzen Presse kritisiert.
در همه‌ی مطبوعات، از برنامه‌ی دولت انتقاد شد.

2152 **Programm** [pro'gram] *n, -s, -e* — **کانال**
Wir können 14 Fernsehprogramme empfangen.
چهارده کانال تلویزیونی را می‌توانیم دریافت کنیم.

2153 **Radio** ['ra:djo] *n, -s, -s* — **رادیو**
Auch bei der Arbeit höre ich Radio.
موقع کار هم رادیو گوش می‌کنم.

2154 **Rundfunk** ['runtfuŋk] *m, -s, kein Pl.* — **رادیو**
Hast du den Wetterbericht im Rundfunk gehört?
گزارش وضع هوا را از رادیو شنیدی؟

2155 **senden** ['zɛnd(ə)n] *V/t., sendete, hat gesendet* — **برنامه پخش کردن**

Im 3. Programm wird viel klassische Musik gesendet. — از کانال ۳، زیاد موسیقی کلاسیک پخش می‌شود.

2156 **Sendung** ['zɛnduŋ] *f, -, -en* — **برنامه (رادیویی، یا تلویزیونی)**

Sonntags gibt es viele Sportsendungen. — یکشنبه‌ها برنامه‌های ورزشی زیادی پخش می‌شود.

2157 **Sprecher** ['ʃprɛçə*] *m, -s, -*
Sprecherin ['ʃprɛçərin] *f, -, -nen* — **گوینده**

Die Nachrichtensprecherin ist beim Publikum beliebt. — گوینده‌ی اخبار، در بین تماشاگران محبوب است.

2158 **Unterhaltung** [untə*'haltuŋ] *f, -, kein Pl.* — **سرگرمی**

Die Unterhaltungssendungen haben die besten Sendezeiten. — برنامه‌های سرگرم‌کننده، بهترین زمان‌های پخش تلویزیون را دارند.

2159 **Verlag** [fɛə*'la:k] *m, -(e)s, -e* — **انتشارات**

Das Buch erscheint im Verlag Karl Sommer. — کتاب در انتشارات کارل زومر منتشر می‌شود.

2160 **Zeitung** ['tsaituŋ] *f, -, -en* — **روزنامه**

Die Wohnung haben wir durch eine Anzeige in der Zeitung gefunden. — آپارتمان را از طریق آگهی روزنامه پیدا کردیم.

2001-4000

2161 **Anzeige** ['antsaigə] *f, -, -n* — **آگهی**

Durch eine Zeitungsanzeige hat sie einen Käufer für ihr Auto gefunden. — با آگهی روزنامه، خریداری برای ماشین خود پیدا کرد.

2162 **Auflage** ['aufla:gə] *f, -, -n* — **شمارگان**

Die Auflage der Zeitung ist samstags am größten. — روزهای شنبه، روزنامه بیشترین شمارگان را دارد.

2163 **drucken** ['druk(ə)n] *V/t., druckte, hat gedruckt* — **چاپ کردن**

Der Verlag lässt die Bücher bei verschiedenen Firmen drucken. — انتشارات کتاب‌ها را برای چاپ، به شرکت‌های مختلف می‌دهد.

2164 **Empfang** [ɛm'pfaŋ] *m, -s, kein Pl.* — **دریافت**

Weil wir in einem Tal wohnen, ist der Fernsehempfang nicht besonders gut.

چون در دره زندگی می‌کنیم، دریافت امواج تلویزیونی خیلی خوب نیست.

2165 **Hörer** [hø:rə*] *m, -s,* - **Hörerin** [hø:rərin] *f, -, -nen* — **شنونده**

Bei dieser Sendung können die Hörer im Studio anrufen und sich einen Musiktitel wünschen.

در طول برنامه، شنوندگان می‌توانند به استودیو زنگ بزنند و موسیقی دلخواه خود را درخواست کنند.

2166 **Interview** ['intə*vju:] *n, -s, -s* — **مصاحبه**

In den Nachrichten wurde ein Interview mit dem Präsidenten gesendet.

در طول اخبار، مصاحبه‌ای با رئیس جمهور پخش شد.

2167 **Redaktion** [redak'tsjo:n] *f, -,-en* — **هیئت تحریریه**

In der Redaktion der Zeitung arbeiten 14 Journalisten.

۱۴ روزنامه‌نگار در هیئت تحریریه‌ی روزنامه کار می‌کنند.

2168 **Schlagzeile** ['ʃla:ktsailə] *f, -, -n* — **سرخط، تیتر، تیتر درشت**

Die Hauptschlagzeile wurde kurz vor Redaktionsschluss noch geändert.

سرخط اصلی کمی پیش از آنکه به چاپخانه برود، تغییر کرد.

2169 **Störung** ['ʃtø:ruŋ] *f, -, -en* — **اختلال**

Die Sprecherin entschuldigte sich für die Programmstörung.

گوینده به‌خاطر اختلال در برنامه عذرخواهی کرد.

2170 **Überschrift** ['y:bə*ʃrift] *f, -, -en* — **عنوان**

Die Überschrift des Berichts war gut gewählt.

عنوان گزارش، خوب انتخاب شده بود.

2171 **übertragen** [y:bə*'tra:g(ə)n] *V/t., übertrug, hat übertragen* — **پخش کردن**

Die Tennisspiele werden täglich direkt übertragen.

مسابقات تنیس هر روز مستقیم پخش می‌شود.

2172 **Übertragung** [y:bə*'tra:guŋ] *f, -, -en* — **پخش**

Die Übertragung des Fußballspiels begann 10 Minuten später als geplant.

پخش بازی فوتبال ۱۰ دقیقه دیرتر از زمان برنامه‌ریزی شده شروع شد.

2173 **veröffentlichen** [fɛə*'œf(ə)ntliç(ə)n] *V/t.*, *veröffentlichte, hat veröffentlicht*
منتشر کردن
Die Zeitungen veröffentlichten Teile der Geheimpapiere.
روزنامه‌ها بخش‌هایی از اسناد محرمانه را منتشر کردند.

2174 **Veröffentlichung** [fɛə*'œf(ə)ntliçuŋ] *f, -, -en*
انتشار
Die Veröffentlichung des Briefes bewies, dass die Politikerin gelogen hatte.
انتشار نامه ثابت کرد که سیاستمدار دروغ گفته بود.

2175 **Wetterbericht** ['vɛtə*bəriçt] *m, -(e)s, -e*
گزارش وضع هوا
Der Wetterbericht hat für Dienstag schlechtes Wetter angekündigt.
در گزارش وضع هوا، برای روز پنجشنبه هوای بدی پیش‌بینی شد.

2176 **Zeitschrift** ['tsaitʃrift] *f, -, -en*
نشریه، (نشریه‌ی) ادواری
Sie ist Fotografin bei einer Modezeitschrift.
عکاسِ نشریه‌ی مُد است.

2177 **Zuschrift** ['tsu:ʃrift] *f, -, -en*
نامه‌های خوانندگان
Ein Teil der Leserzuschriften wird veröffentlicht.
بخشی از نامه‌های خوانندگان منتشر می‌شود.

7.4 Freizeitbeschäftigungen سرگرمی‌ها

1-2000

2178 **Bild** [bilt] *n, -(e)s, -er* — **تابلو؛ تصویر**

Die Bilder, die sie malt, gefallen mir. — از تابلوهایی که می کشد، خوشم می‌آید.

Das Bild ist unscharf. — تصویر واضح نیست.

2179 **Eintrittskarte** ['aintritskartə] *f, -, -n* — **بلیت ورود**

Im Vorverkauf sind die Eintrittskarten billiger. — در زمان پیش‌فروش، بلیت‌های ورودی ارزان‌تر است.

2180 **erholen** [ɛə*'ho:l(ə)n] *V/refl. erholte, hat erholt* — **استراحت کردن**

Wir haben uns im Urlaub gut erholt. — در تعطیلات خوب استراحت کردیم.

2181 **Foto** ['fo:to] *n, -s, -s* — **عکس**

Diese Fotos habe ich noch nie gesehen. — این عکس‌ها را هرگز ندیده‌ام.

2182 **fotografieren** [fotogra'fi:rən] *V/t., i., fotografierte, hat fotografiert* — **عکس گرفتن**

Bei diesem Licht kann man nicht fotografieren. — در این نور نمی‌توان عکس گرفت.

2183 **Freizeit** ['fraitsait] *f, -, kein Pl.* — **اوقات فراغت**

In ihrer Freizeit spielt sie Tennis. — در اوقات فراغت خود تنیس بازی می کند.

2184 **tanzen** ['tants(ə)n] *V/i., tanzte, hat getanzt* — **رقصیدن**

Nach dieser Musik lässt sich gut tanzen. — با این موسیقی می‌توان خوب رقصید.

2001-4000

2185 **amüsieren** [amy'zi:rən] *V/refl., amüsierte, hat amüsiert* — **خوش گذشتن**

Wir haben uns auf der Feier gut amüsiert. — در جشن، خیلی به ما خوش گذشت.

2186 **ausgehen** ['ausge:(ə)n] *V/i., ging aus, ist ausgegangen* — **بیرون رفتن**

Wir gehen abends selten aus. — شب‌ها به‌ندرت بیرون می‌رویم.

2187 **Bummel** ['bum(ə)l] *m, -s, -* — **گردش**

Lass uns noch einen Bummel durch die Stadt machen. — بگذار گردشی در شهر بکنیم.

7.4 Freizeitbeschäftigungen سرگرمی‌ها

2188 **Dia** ['diːa] *n, -s, -s* — **اسلاید**

Sie zeigte uns Dias von ihrer letzten Urlaubsreise. — از آخرین سفرش، اسلایدهایی به ما نشان داد.

2189 **Fotoapparat** ['fo:toapara:t] *m, -(e)s, -e* — **دوربین عکاسی**

Der Fotoapparat ist vollautomatisch. — دوربین عکاسی کاملاً خودکار است.

2190 **Hobby** ['hɔbi] *n, -s, -s* — **تفریح**

Für Hobbys hat sie keine Zeit. — برای تفریح وقت ندارد.

2191 **Kamera** ['kamәra] *f, -, -s* — **دوربین**

Ohne Batterien funktioniert diese Kamera nicht. — این دوربین بدون باتری کار نمی‌کند.

2192 **Rätsel** ['rɛːts(ә)l] *n, -s, -* — **معما**

Die Lösung des Rätsels war einfach. — حل این معما ساده بود.

2193 **spazieren gehen** [ʃpa'tsiːrәn geː(ә)n] *V/i., ging spazieren, ist spazieren gegangen* — **پیاده‌روی کردن**

Wir sind am Fluss entlang spazieren gegangen. — در امتداد رودخانه پیاده‌روی کردیم.

2194 **stricken** ['ʃtrik(ә)n] *V/t., strickte, hat gestrickt* — **بافتن**

Pullover strickt sie selbst. — پولیور را خودش می‌بافد.

2195 **Tanz** [tants] *m, -es, Tänze* — **رقص**

Darf ich Sie um diesen Tanz bitten? — می‌توانم برای این رقص از شما دعوت کنم؟

2196 **wandern** ['vandә*n] *V/i., wanderte, ist gewandert* — **پیاده‌روی کردن**

Heute sind wir über 30 km gewandert. — امروز بیش از ۳۰ کیلومتر پیاده‌روی کردیم.

7.5 Sport ورزش

1-2000

2197 **Ball** [bal] *m, -(e)s, Bälle* **توپ**

Der Ball ist zu weich. Damit kann man nicht spielen.
توپ بیش از حد نرم است. با آن نمی‌توان بازی کرد.

2198 **Fußball** ['fu:sbal] *m, -(e)s, kein Pl.* **فوتبال**

Fußball ist bei uns die beliebteste Sportart.
در بین ما، فوتبال پرطرفدارترین رشته‌ی ورزشی است.

2199 **Fußball** [] *m, -(e)s, Fußbälle* **توپ فوتبال**

Die Fußbälle sind aus Leder.
توپ‌های فوتبال چرمی است.

2200 **Kabine** [ka'bi:nə] *f, -, -n* **رختکن**

Alle Kabinen sind zzt. besetzt.
در حال حاضر، همه‌ی رختکن‌ها پر است.

2201 **Mannschaft** ['manʃaft] *f, -, -en* **تیم**

Die Mannschaft hat die beiden letzten Spiele gewonnen.
تیم، هر دو بازی آخر را برد.

2202 **schwimmen** ['ʃvimən] *V/i., schwamm, ist geschwommen* **شنا کردن**

Auch mit 79 Jahren schwimmt er jeden Tag eine halbe Stunde.
حتی در ۷۹ سالگی نیز روزی نیم ساعت شنا می‌کند.

2203 **Spiel** [ʃpi:l] *n, -(e)s, -e* **بازی**

Das nächste Spiel wird schwer werden.
بازی بعدی سخت خواهد بود.

2204 **spielen** ['ʃpi:l(ə)n] *V/t., i., spielte, hat gespielt* **بازی کردن**

Fußballspielen ist sein Hobby.
سرگرمی او فوتبال بازی کردن است.

Die Kinder spielen draußen.
بچه‌ها بیرون بازی می کنند.

2205 **Sport** [ʃpɔrt] *m, -s, kein Pl.* **ورزش**

Der Sportverein hat über 2000 Mitglieder.
باشگاه ورزشی بیش از ۲۰۰۰ عضو دارد.

2206 **sportlich** ['ʃpɔrtliç] *Adj.* **اهل ورزش، ورزشکار**

Bernd ist sehr sportlich.
برند خیلی اهل ورزش است.

2207 **Stadion** ['ʃta:djɔn] *n, -s, Stadien* **استادیوم**

Das Stadion hat 25000 Plätze.
استادیوم ۲۵۰۰۰ نفر گنجایش دارد.

2208 **Tor** [to:ə*] *n, -(e)s, -e* — **گل**

Klaus hat bis jetzt die meisten Tore für die Mannschaft geschossen — کلاوس تا حالا بیشترین گل را برای تیم زده است.

2209 **Training** ['trɛ:niŋ] *n, -s, kein Pl.* — **تمرین**

Zweimal pro Woche ist Training. — دوبار در هفته تمرین است.

2210 **Ziel** [tsi:l] *n, -(e)s, -e* — **خط پایان**

Fast alle Radfahrer haben das Ziel erreicht. — تقریباً همه‌ی دوچرخه‌سواران به خط پایان رسیدند.

2001-4000

2211 **Golf** [gɔlf] *n, -s, kein Pl.* — **گلف**

Beim Golfspielen muss man viel laufen. — موقع بازی گلف، خیلی باید راه رفت.

2212 **jagen** ['ja:g(ə)n] *V/t., i., jagte, hat gejagt* — **شکار کردن**

Jagen ist in einigen Monaten des Jahres verboten. — در برخی ماه‌های سال شکار ممنوع است.

2213 **Rad fahren** ['ra:t fa:rən] *V/i., fuhr Rad, ist Rad gefahren* — **دوچرخه‌سواری**

Er fährt mit Freunden jeden Sonntag 3 Stunden Rad. — هر یک‌شنبه، سه ساعت با دوستان دوچرخه‌سواری می‌کند.

2214 **reiten** ['rait(ə)n] *V/t., i., ritt, hat (ist) geritten* — **سوارکاری**

Sie hat im Urlaub reiten gelernt. — در تعطیلات سوارکاری یاد گرفت.

2215 **Rekord** [re'kɔrt] *m, -(e)s, -e* — **حد نصاب، رکورد**

Ihre Rekordzeit aus dem letzten Jahr hat sie noch nicht wieder erreicht. — هنوز به حد نصاب سال گذشته‌ی خود نرسیده است.

2216 **rennen** ['rɛnən] *V/i., rannte, gerannt* — **باسرعت رفتن، سریع رفتن**

Warum rennst du so schnell? Wir haben doch Zeit. — چرا این قدر سریع می‌دوی؟ هنوز وقت داریم.

2217 **Rennen** [] *n, -s, -* — **مسابقه‌ی اتومبیل‌رانی**

Das Autorennen war bis zum Schluss spannend. — مسابقه‌ی اتومبیل‌رانی تا آخر هیجان‌انگیز بود.

2218 **rudern** ['ruːdə*n] *V/t., i., ruderte, hat (ist) gerudert* — **پارو زدن**
Er rudert das Boot geschickt in den Hafen. — ماهرانه قایق را با پارو به بندر برد.

2219 **Schiedsrichter, Schiedsrichterin** ['ʃiːtsriçtə*] *m, -s, -nen, f, -, -nen* — **داور**
Der Schiedsrichter leitete das Spiel sehr gut. — داور، بازی را خیلی خوب اداره کرد.

2220 **schießen** ['ʃiːs(ə)n] *V/t., schoss, hat geschossen* — **تیر انداختن، تیراندازی کردن**
Sie schießt sehr sicher, weil sie eine vollkommen ruhige Hand hat. — خیلی خوب تیراندازی می‌کند، زیرا دستش خیلی ثابت است.

2221 **Schwimmbad** ['ʃvimbaːt] *n, -(e)s, Schwimmbäder* — **استخر**
Das Wasser in diesem Schwimmbad ist geheizt. — آب این استخر گرم است.

2222 **segeln** ['zeːg(ə)ln] *V/i., segelte, hat (ist) gesegelt* — **قایق‌رانی کردن**
Bei diesem starken Wind ist es zu gefährlich zu segeln. — قایق‌رانی کردن در این باد شدید خیلی خطرناک است.

2223 **Ski** [ʃiː] *m, -s, -er* — **اسکی**
Kannst du Skilaufen? — اسکی بلدی؟

2224 **Spieler** ['ʃpiːlə*] *m, -s,* - **Spielerin** ['ʃpiːlərin] *f, -, -nen* — **بازیکن**
Eine Spielerin ist verletzt worden. — یک بازیکن مجروح شد.

2225 **Sportart** ['ʃpɔrtart] *f, -, -en* — **رشته‌ی ورزشی**
Wasserball ist eine unbekannte Sportart. — واترپلو یک رشته‌ی ورزشی ناشناخته است.

2226 **Sportler** ['ʃpɔrtlə*] *m, -s,* - **Sportlerin** ['ʃpɔrtlərin] *f, -, -nen* — **ورزشکار**
Fast jeder Sportler ist Mitglied in einem Verein. — تقریباً هر ورزشکاری عضو یک باشگاه است.

2227 **Sportplatz** ['ʃpɔrtplats] *m, -es, Sportplätze* — **میدان ورزش**
Der Sportplatz ist gut gepflegt. — از میدان ورزش خوب نگهداری شده است.

2228 **Start** [ʃtart] *m, -s, -s* — **نقطه‌ی آغاز، استارت**
Der Start des Radrennens ist in einem Stadion. — نقطه‌ی آغاز مسابقه‌ی دوچرخه‌سواری، در استادیوم است.

2229 **tauchen** ['taux(ə)n] *V/i., tauchte, hat (ist) getaucht* — **زیرآبی رفتن**

Sie kann fünf Minuten ohne Atemhilfe tauchen. — می‌تواند پنج دقیقه بدون وسایل تنفسی زیرآبی برود.

2230 **Tennis** ['tɛnis] *n, -, kein Pl.* — **تنیس**

Durch häufiges Tennisspielen ist mein rechter Arm viel dicker als mein linker. — به دلیل زیاد تنیس بازی کردن، بازوی راست من ضخیم‌تر از بازوی چپ است.

2231 **Trainer** ['trɛːnə*] *m, -s, -* **Trainerin** ['trɛːnərin] *f, -, -nen* — **مربی**

Die Mannschaft bekommt für die nächste Saison einen neuen Trainer. — تیم در فصل بعد، مربی جدیدی خواهد داشت.

2232 **trainieren** ['trɛːniːrən] *V/t., i., trainierte, hat trainiert* — **مربیگری کردن، تمرین کردن**

Er hat die Mannschaft drei Jahre trainiert. — سه سال تیم را مربیگری کرد.

Kurz vor Wettbewerben trainiere ich weniger als normal. — درست قبل از مسابقه، کمتر از معمول تمرین می کنم.

2233 **turnen** ['turnən] *V/t., turnte, hat geturnt* — **ژیمناستیک کردن**

Turnen verlangt viel Kraft und Mut. — ژیمناستیک قدرت و شجاعت زیاد می‌خواهد.

2234 **Wettkampf** ['vɛtkampf] *m, -(e)s, Wettkämpfe* — **مسابقه**

Sie gewann in diesem Jahr fast alle wichtigen Wettkämpfe. — امسال تقریباً همه‌ی مسابقه‌های مهم را برد.

2235 **wetten** ['vɛt(ə)n] *V/i., + Präp. (um), wettete, hat gewettet* — **شرط‌بندی کردن**

Wettest du um Geld beim Pferderennen? — در مسابقات اسب‌دوانی، سر پول شرط‌بندی می کنی؟

8.1 Staat und Politik — دولت و سیاست

1-2000

2236 **Ausländer** ['auslɛndə*] *m, -s, -* **Ausländerin** ['auslɛndərin] *f, -, -nen* — **(فرد) خارجی**

Sie ist Ausländerin, aber sie spricht sehr gut Deutsch. — خارجی است؛ ولی خیلی خوب آلمانی صحبت می‌کند.

2237 **ausländisch** ['auslɛndiʃ] *Adj., keine Komp.* — **خارجی**

Ausländische Restaurants sind in der Bundesrepublik sehr beliebt. — رستوران‌های خارجی در جمهوری فدرال آلمان خیلی محبوب هستند.

2238 **Bürger** ['byrgə*] *m, -s, -* **Bürgerin** ['byrgərin] *f, -, -nen* — **شهروند**

Die Bürger sind von der Stadt eingeladen worden, die Straßenbaupläne zu diskutieren. — شهرداری، شهروندان را برای بحث درباره‌ی احداث جاده‌ها دعوت کرده است.

2239 **Bürgermeister** ['byrgə*maistə*] *m, -s, -* **Bürgermeisterin** ['byrgə*maistərin] *f, -, -nen* — **شهردار**

Der Bürgermeister wurde schon dreimal wiedergewählt. — شهردار برای بار سوم انتخاب شد.

2240 **Demokratie** [demokra'ti:] *f, -, -n* — **دمکراسی**

Von 1918 bis 1933 gab es in Deutschland zum ersten Mal eine Demokratie. — از ۱۹۱۸ تا ۱۹۳۳، برای نخستین بار، در آلمان دمکراسی وجود داشت.

2241 **demokratisch** [demo'kra:tiʃ] *Adj.* — **دمکراتیک**

Es wird bezweifelt, dass die Wahlen demokratisch waren. — درباره‌ی دمکراتیک بودن انتخابات تردید وجود دارد.

2242 **frei** [frai] *Adj., -er, am -esten* — **آزاد، آزادانه**

Die politischen Häftlinge sind immer noch nicht frei. — زندانیان سیاسی هنوز آزاد نشده‌اند.

In diesem Land kann ich frei meine Meinung sagen. — در این کشور می‌توانم عقیده‌ام را آزادانه بیان کنم.

2243 **Freiheit** ['fraihait] *f, -, -en* — **آزادی**

Das Volk kämpft seit Jahren für seine Freiheit. — سال‌ها است که مردم برای آزادی مبارزه می‌کنند.

2244 **Grenze** ['grɛntsə] *f, -, -n* — **مرز**

Die Grenze zwischen den beiden Ländern wurde geschlossen. — مرز بین دو کشور بسته شد.

8.1 Staat und Politik دولت و سیاست

2245 **Heimat** ['haimaːt] *f, -, kein Pl.* — **وطن**

Die Flüchtlinge dürfen nicht in ihre Heimat zurück.

پناه‌جویان اجازه ندارند به وطن خود بازگردند.

2246 **international** [intεə*natsjo'naːl] *Adj.* — **بین‌المللی**

Auf der internationalen Währungskonferenz wurde die Dollarkrise diskutiert.

درباره‌ی بحران دلار، در کنفرانس بین‌المللی پول صحبت شد.

2247 **Kanzler** ['kantslə*] *m, -s, -* **Kanzlerin** ['kantslərin] *f, -, nen* — **صدراعظم**

Der Kanzler ist der Chef der Regierung.

صدراعظم، رئیس دولت است.

2248 **Land** [lant] *n, -(e)s, Länder* — **کشور**

Das Land braucht eine neue Regierung.

کشور به دولت جدیدی نیاز دارد.

2249 **Macht** [maxt] *f, -, (kein Pl.)* — **قدرت**

Das Militär ist in dem Land seit Jahren an der Macht.

از سال‌ها پیش، ارتش در این کشور بر سر قدرت بوده است.

2250 **Macht** [] *f, -, Mächte* — **قدرت**

Die beiden Großmächte USA und Russland verhandeln über eine Lösung des Konflikts.

هر دو ابرقدرت ایالات متحده‌ی امریکا و روسیه، درباره‌ی راه‌حل درگیری مذاکره می‌کنند.

2251 **Minister** [mi'nistə*] *m, -s, -* **Ministerin** [mi'nistərin] *f, -, -nen* — **وزیر**

Die Ministerin wurde für den Misserfolg verantwortlich gemacht.

وزیر را مسئول ناکامی دانستند.

2252 **Öffentlichkeit** ['œf(ə)ntliçkait] *f, -, kein Pl.* — **مردم**

In der Öffentlichkeit wird die Außenpolitik der Regierung gelobt.

مردم، سیاست خارجی حکومت را می‌ستایند.

2253 **offiziell** [ɔfi'tsjεl] *Adj.* — **رسمی**

Eine offizielle Äußerung der Regierung zu diesem Problem gibt es bis jetzt nicht.

دراین‌باره، حکومت هنوز اظهارنظر نکرده است.

2254 **Parlament** [parla'mεnt] *n, -(e)s, -e* — **مجلس**

Die Regierungsparteien haben im Parlament eine große Mehrheit.

احزاب دولت، در مجلس اکثریت را دارند.

8.1 Staat und Politik — دولت و سیاست

2255 **Partei** [par'tai] *f, -, -en* — **حزب**

Das neue Programm wird in der Partei seit Monaten diskutiert.

ماه‌ها است که حزب درباره‌ی برنامه‌ی جدید بحث می‌کند.

2256 **Politik** [poli'ti:k] *f, -, kein Pl.* — **سیاست**

In der Finanzpolitik der Regierung ist keine klare Linie zu erkennen.

در سیاست مالی دولت، خط‌مشی مشخصی را نمی‌توان دید.

2257 **politisch** [po'li:tiʃ] *Adj.* — **سیاسی**

Das ist eine wichtige politische Frage.

این یک مسئله‌ی مهم سیاسی است.

2258 **Präsident** [prɛzi'dɛnt] *m, -en, -en*
Präsidentin [prɛzi'dɛntin] *f, -, -nen* — **رئیس جمهور**

Nächstes Jahr wird ein neuer Präsident gewählt.

رئیس جمهور جدید سال آینده انتخاب می‌شود.

2259 **regieren** [re'gi:rən] *V/t., i., regierte, hat regiert* — **حکومت کردن**

Das Land wird von fremden Mächten regiert.

قدرت‌های خارجی بر کشور حکومت می‌کنند.

2260 **Regierung** [re'gi:ruŋ] *f, -, -en* — **دولت**

Die Regierung ist seit zwei Jahren im Amt.

دولت از دو سال پیش برسر قدرت است.

2261 **Republik** [repu'bli:k] *f, -, -en* — **جمهوری**

1918 wurde Deutschland Republik.

آلمان در سال ۱۹۱۸ جمهوری شد.

2262 **Staat** [ʃta:t] *m, -(e)s, -en* — **دولت**

Der Staat hat sehr viel Einfluss auf das Leben der Bürger.

دولت تأثیر زیادی بر زندگی شهروندان دارد.

2263 **staatlich** ['ʃta:tliç] *Adj., keine Komp.* — **دولتی**

Die Eisenbahn ist staatlich.

راه‌آهن، دولتی است.

2264 **Tradition** [tradi'tsjo:n] *f, -, -en* — **سنت، رسم**

Es ist Tradition, dass der Parlamentspräsident Mitglied der stärksten Partei ist.

رسم این است که رئیس مجلس عضو حزبی باشد که بر مسند قدرت است.

2265 **Verfassung** [fɛə*'fasuŋ] *f, -, -en* — **قانون اساسی**

Die Verfassung der Bundesrepublik ist noch sehr jung.

قانون اساسی جمهوری فدرال آلمان هنوز خیلی نوپا است.

2266 **verhandeln** [fɛə*'hand(ə)ln] *V/t., i., verhandelte, hat verhandelt* — **مذاکره کردن**

Die beiden Länder verhandeln über einen Friedensvertrag. — دو کشور دربارهٔ پیمان صلح مذاکره می‌کنند.

2267 **Verhandlung** [fɛə*'handluŋ] *f, -, -en* — **مذاکره**

Die Verhandlungen sind bis jetzt ohne Ergebnis geblieben. — مذاکرات تاکنون نتیجه‌ای نداشته است.

2268 **Volk** [fɔlk] *n, -(e)s, Völker* — **مردم، ملت**

Im Volk ist man mit der wirtschaftlichen Situation sehr unzufrieden. — مردم از وضعیت اقتصادی بسیار ناراضی هستند.

2269 **Wahl** [va:l] *f, -, -en* — **انتخابات**

Es ist offen, wer die nächste Wahl gewinnt. — کسی نمی‌داند چه کسی در انتخابات بعدی پیروز می‌شود.

2270 **wählen** ['vɛ:l(ə)n] *V/t., wählte, hat gewählt* — **انتخاب کردن**

Im August wird ein neues Parlament gewählt. — مجلس جدید ماه اوت انتخاب می‌شود.

2001-4000

2271 **Abgeordnete** ['apgəɔrdnətə] *m/f, -n, -n* — **نماینده، وکیل مجلس**

Auch einige Abgeordnete der Regierungsparteien stimmten gegen den Ministerpräsidenten. — حتی چند نماینده‌ی احزاب دولتی، علیه رئیس‌جمهور رأی دادند.

2272 **Abkommen** ['apkɔmən] *n, -s, -* — **پیمان**

Die beiden Staaten verhandeln über ein neues Handelsabkommen. — دو کشور دربارهٔ پیمان تجاری جدیدی مذاکره می‌کنند.

2273 **Außenminister** ['aus(ə)nministə*] *m, -s, -* — **وزیر امور خارجه**

Die Konferenz der Außenminister blieb ohne Ergebnis. — کنفرانس وزیران امور خارجه بی‌نتیجه ماند.

2274 **Außenpolitik** ['aus(ə)npɔliti:k] *f, -, kein Pl.* — **سیاست خارجی**

Im Parlament gab es Streit über die Außenpolitik. — در مجلس مشاجره برسر سیاست خارجی، وجود داشت.

8.1 Staat und Politik دولت و سیاست

2275 **Botschaft** ['bo:tʃaft] *f, -, -en* **سفارت**
Die Visaabteilung der Botschaft ist nur morgens geöffnet.
بخش روادید سفارت، فقط صبح‌ها باز است.

2276 **bürgerlich** ['byrgə*liç] *Adj.* **مدنی**
Das Bürgerliche Gesetzbuch trat im Jahr 1900 in Kraft.
قانون مدنی در سال ۱۹۰۰ به مرحله‌ی اجرا درآمد.

2277 **Demonstration** [demɔnstra'tsjo:n] *f, -, -en* **تظاهرات**
Im ganzen Land gab es Demonstrationen gegen die Schulreform.
در سراسر کشور، تظاهراتی علیه اصلاحات مدارس وجود داشت.

2278 **Diplomat** [diplo'ma:t] *m, -en, -en* **دیپلمات**
Diplomatin [diplo'ma:tin] *f, -, -nen*
Der Diplomat wird verdächtigt, ein Spion zu sein.
دیپلمات مظنون به جاسوسی است.

2279 **diplomatisch** [diplo'ma:tiʃ] *Adj.* **دیپلماتیک**
Zwischen den beiden Ländern gibt es gute diplomatische Beziehungen.
بین دو کشور، روابط دیپلماتیک خوبی وجود دارد.

2280 **einheimisch** ['ainhaimiʃ] *Adj., keine Komp.* **داخلی، بومی**
Die Bevölkerung wird aufgefordert, nur einheimische Produkte zu kaufen.
از مردم خواسته شده است فقط محصولات داخلی بخرند.

2281 **Fahne** ['fa:nə] *f, -, -n* **پرچم**
Die französische Trikolore war Vorbild für viele europäische Nationtionalfahnen.
پرچم سه رنگ فرانسه، الگوی پرچم ملی بسیاری از کشورهای اروپایی بود.

2282 **Finanzminister** [fi'nantsministə*] *m, -s, -* **وزیر دارایی**
Der Finanzminister fordert eine Erhöhung der Umsatzsteuer.
وزیر دارایی درخواست افزایش مالیات بر فروش را کرد.

2283 **gesetzlich** [gə'zɛtsliç] *Adj., keine Komp.* **قانونی**
Bei dem Bau der Fabrik sind gesetzliche Vorschriften verletzt worden.
هنگام احداث کارخانه، از مقررات قانونی تخطی شد.

2284	**Gleichberechtigung** ['glaiçbərɛçtiguŋ] *f, -, kein Pl.* Die Gewerkschaft fordert die volle Gleichberechtigung von Mann und Frau.	**برابری، حقوق برابر** اتحادیه خواهان برابری کامل مرد و زن است.
2285	**Grundgesetz** ['gruntgəzɛts] *n, -es, kein Pl.* Das Grundgesetz ist die Verfassung der Bundesrepublik.	**قانون اصلی** قانون اصلی، قانون اساسی جمهوری فدرال آلمان است.
2286	**herrschen** ['hɛrʃ(ə)n] *V/i., + Präp. (über), herrschte, hat geherrscht* In dem Land herrscht seit Jahren eine Militärregierung.	**حکمفرما بودن** سال‌ها است که نظامیان بر آن کشور حکم می‌رانده‌اند.
2287	**Ideologie** [ideolo'giː] *f, -, -n* Es ist schwer, mit Leuten zu diskutieren, die fest an ihre Ideologie glauben.	**ایدئولوژی** بحث کردن با کسانی که اعتقاد شدیدی به ایدئولوژی خود دارند، دشوار است.
2288	**inländisch** ['inlɛndiʃ] *Adj., keine Komp.* Die inländische Industrie klagt über die niedrigen Preise der ausländischen Konkurrenz.	**داخلی، ملی، وطنی** صنایع داخلی از قیمت‌های پایین رقیبان خارجی شکایت می کند.
2289	**Innenminister** ['inənministə*] *m, -s, -* Der Innenminister verteidigte die Maßnahmen der Polizei.	**وزیر کشور** وزیر کشور، از اقدامات پلیس دفاع کرد.
2290	**Innenpolitik** [inənpolitiːk] *f, -, kein Pl.* In der Innenpolitik gibt es einen heftigen Streit um die Krankenversicherung.	**سیاست داخلی** در سیاست داخلی، درگیری شدیدی برسر بیمه‌ی درمانی وجود دارد.
2291	**Kabinett** [kabi'nɛt] *n, -s, -e* Das Kabinett beschließt heute die Vorschläge des Innenministers.	**هیئت دولت، کابینه** هیئت دولت امروز درباره‌ی پیشنهاد وزیر کشور تصمیم می گیرد.
2292	**Kaiser** ['kaizə*] *m, -s, -* **Kaiserin** ['kaizərin] *f, -, -nen* Bis 1918 hatte Deutschland einen Kaiser.	**امپراتور** تا ۱۹۱۸ آلمان امپراتور داشت.

2293	**Kapitalismus** [kapita'lismus] *m, -, kein Pl.* Für den Politiker sind Kapitalismus und soziale Gerechtigkeit keine Gegensätze.	**سرمایه‌داری** ازنظر سیاستمداران سرمایه‌داری و عدالت اجتماعی منافاتی با هم ندارند.
2294	**kapitalistisch** [kapita'listiʃ] *Adj.* Es wird kritisiert, dass im kapitalistischen Wirtschaftssystem der Unterschied zwischen Armen und Reichen zu groß sei.	**سرمایه‌داری** انتقاد می‌کنند که در نظام اقتصادی سرمایه‌داری، تفاوت بین فقیر و غنی بسیار زیاد است.
2295	**Koalition** [koali'tsjo:n] *f, -, -en* Die Koalition hat sich auf ein Regierungsprogramm geeinigt.	**ائتلاف** ائتلاف با برنامه‌ی دولت موافقت کرده است.
2296	**Kommunismus** [kɔmu'nismus] *m, -, kein Pl.* Der Streit zwischen Kapitalismus und Kommunismus war früher härter als heute.	**کمونیسم** اختلاف عقیده بین سرمایه‌داری و کمونیسم در گذشته بیشتر از امروز بود.
2297	**kommunistisch** [kɔmu'nistiʃ] *Adj.* Der Handel zwischen den kommunistischen und den kapitalistischen Ländern ist stärker geworden.	**کمونیستی** تجارت بین کشورهای کمونیستی و سرمایه‌داری بیشتر شده است.
2298	**konservativ** [kɔnzɛrva'ti:f] *Adj.* Die konservativen Parteien sind gegen die Schulreform.	**محافظه‌کار** احزاب محافظه‌کار، مخالف اصلاح مدارس هستند.
2299	**Kundgebung** ['kuntge:buŋ] *f, -, -en* Die Kundgebung der Gewerkschaft war nur schwach besucht.	**راهپیمایی** استقبال کمی از راهپیمایی اتحادیه شد.
2300	**König** ['kø:niç°] *m, -s, -e* **Königin** ['kø:nigin] *f, -, -nen* Der schwedische König hat keine große politische Macht.	**شاه؛ ملکه** شاه سوئد قدرت سیاسی زیادی ندارد.
2301	**Königreich** ['kø:niçraiç] *n, -(e)s, -e* Es gibt nur noch wenige Königreiche, die meisten Länder sind Republiken.	**حکومت پادشاهی** امروز تعداد حکومت‌های پادشاهی بسیار اندک است؛ بیشتر کشورها جمهوری است.

2302 **liberal** [libə'ra:l] *Adj.* **لیبرال**
Die liberale und die konservative Partei haben eine Koalition vereinbart.
احزاب لیبرال و محافظه‌کار به ائتلاف پیوسته‌اند.

2303 **Mehrheit** ['me:ə*hait] *f, -, -en* **اکثریت**
Für ein solches Gesetz gibt es im Parlament keine Mehrheit.
اکثریت مجلس با چنین قانونی مخالف است.

2304 **Ministerpräisident** [mi'nistə*prɛzidɛnt] *m, -en, -en* **Ministerpräsidentin** [mi'nistə*prɛzidɛntin] *f, -, -nen* **نخست‌وزیر**
Die Ministerpräsidentin ist im Volk beliebt.
خانم نخست‌وزیر در بین مردم محبوب است.

2305 **Nachfolger** ['na:xfɔlgə*] *m, -s, -* **Nachfolgerin** [-fɔlgərin] *f, -, -nen* **جانشین**
Der Nachfolger des gestorbenen Innenministers ist noch nicht bekannt.
جانشین وزیر کشور درگذشته، هنوز مشخص نیست.

2306 **Nation** [na'tsjo:n] *f, -, -en* **ملت**
Die ganze Nation wünscht ein Ende des langen Krieges.
همه‌ی ملت می‌خواهند این جنگ طولانی خاتمه داده شود.

2307 **national** [natsjo'na:l] *Adj.* **ملی**
Die nationalen Gesetze in Westeuropa sollen einheitlicher werden.
قرار است قوانین ملّی در اروپای غربی یکنواخت‌تر شود.

2308 **Opposition** [ɔpozi'tsjo:n] *f, -, kein Pl.* **اپوزیسیون، مخالف**
Die Oppositionsparteien kritisierten die Regierung.
احزاب مخالف از حکومت انتقاد کردند.

2309 **Propaganda** [propa'ganda] *f, -, kein Pl.* **تبلیغات**
Die Regierung bezeichnet die Kritik der Opposition als Propaganda.
دولت، انتقاد مخالفان را تبلیغات خواند.

2310 **Provinz** [pro'vints] *f, -, -en* **استان**
Während des Wahlkampfes besuchte der Präsident alle Provinzen.
در هنگام مبارزه‌ی تبلیغاتی، رئیس‌جمهور از همه‌ی استان‌ها دیدار کرد.

2311 **Provinz** [] *f, -, kein Pl.* **شهرستان**
In der Provinz gibt es nur wenige Theater.
در شهرستان‌ها، سالن‌های تئاتر زیادی وجود ندارد.

2312 **Rede** ['re:də] *f, -, -n* **سخنرانی**
Die Rede des Politikers bekam viel Beifall.
سخنرانی سیاستمدار، تحسین زیادی به‌همراه داشت.

2313 **Redner** ['re:dnə*] *m, -s, -* **Rednerin** ['re:dnərin] *f, -, -nen* **سخنران**
Die Redner auf der Kundgebung mussten von der Polizei geschützt werden.
پلیس باید از سخنرانان راهپیمایی محافظت می‌کرد.

2314 **Reform** [re'fɔrm] *f, -, -en* **اصلاحات**
Seit Monaten gibt es heftigen Streit um die Reform der Steuergesetze.
ماه‌ها است که برسر اصلاحات قوانین مالیاتی، درگیری وجود دارد.

2315 **Regierungschef** [re'gi:ruŋsʃɛf] *m, -s, -s* **Regierungschefin** [re'gi:ruŋsʃɛfin] *f, -, -nen* **رئیس دولت**
Die Regierungschefin ist auf einer Auslandsreise.
رئیس دولت در سفر خارجی است.

2316 **Revolution** [revolu'tsjo:n] *f, -, -en* **انقلاب**
Wenn die soziale Lage nicht besser wird, besteht die Gefahr einer Revolution.
اگر شرایط اجتماعی بهتر نشود، خطر (وقوع) انقلاب وجود دارد.

2317 **Rücktritt** ['ryktrit] *m, -s, -e* **استعفا**
Der Regierungschef nahm den Rücktritt des Finanzministers an.
رئیس دولت، استعفای وزیر دارایی را پذیرفت.

2318 **sozial** [zo'tsja:l] *Adj.* **اجتماعی**
Die alten Steuergesetze sind unsozial.
قوانین قبلی مالیات، ضد اجتماعی هستند.

2319 **Sozialismus** [zotsja'lismus] *m, -, kein Pl.* **سوسیالیسم**
Der Sozialismus kam am Ende der 80er Jahre in eine große Krise.
در اواخر دهه‌ی ۸۰، سوسیالیسم دستخوش بحرانی بزرگ شد.

2320 **sozialistisch** [zotsja'listiʃ] *Adj.* **سوسیالیست، سوسیالیستی**
Die sozialistische Partei wählte einen neuen Parteivorsitzenden.
حزب سوسیالیست، رئیس جدیدی برای حزب انتخاب کرد.

2321 **Spion** [ʃpi'oːn] *m, -s, -e* **Spionin** [ʃpi'oːnin] *f, -, -nen* — **جاسوس**

Der Spion wurde verhaftet. — جاسوس دستگیر شد.

2322 **Stellvertreter** ['ʃtɛlfɛə*treːtə*] *m, -s, -e* **Stellvertereterin** ['ʃtɛlfɛə*treːtərin] *f, -, -n* — **معاون**

Der Stellvertreter des Bürgermeisters leitet die Sitzung. — معاون شهردار، جلسه را اداره می کند.

2323 **stimmen** ['ʃtimən] *V/i., + Präp. (für, gegen), stimmte, hat gestimmt* — **رأی دادن**

52,5% der Wähler stimmten für die Regierungsparteien. — ٪۵۲/۵ رأی‌دهندگان، به احزاب حاکم رأی دادند.

2324 **unabhängig** ['unaphɛŋiç°] *Adj.* — **غیر وابسته**

Das Land muss von Importen unabhängiger werden. — کشور باید کمتر به واردات وابسته باشد.

2325 **Unabhängigkeit** ['unaphɛŋiçkait] *f, -, kein Pl.* — **عدم‌وابستگی**

Unabhängigkeit von den Großmächten ist das wichtigste Ziel der Regierungspolitik. — عدم‌وابستگی به قدرت‌های بزرگ، مهم‌ترین هدف سیاست دولت است.

2326 **Unruhe** ['unruːə] *f, -, -n* — **ناآرامی**

Bei dieser Unruhe kann man nicht arbeiten. — در این ناآرامی نمی‌توان کار کرد.

In den westlichen Provinzen des Landes gibt es politische Unruhen. — در استان‌های غربی کشور، ناآرامی‌های سیاسی وجود دارد.

2327 **Unterdrückung** [untə*'drykuŋ] *f, -, kein Pl.* — **سرکوب**

Nur durch harte Unterdrückung der Opposition kann die Regierung an der Macht bleiben. — دولت فقط با سرکوب شدید مخالفان حکومت می‌تواند برسر قدرت بماند.

2328 **Wahlkampf** ['vaːlkampf] *m, -(e)s, Wahlkämpfe* — **مبارزه‌ی انتخاباتی**

Es ist noch nicht klar, wer im Wahlkampf die besseren Argumente hat. — هنوز مشخص نیست چه کسی در مبارزه‌ی انتخاباتی، استدلال‌های بهتری دارد.

8.2 Krieg und Frieden جنگ و صلح

1-2000

2329 **Armee** [ar'meː] *f, -, -n* — **ارتش**
In der Armee sind nur Berufssoldaten.
در ارتش، فقط سربازان حرفه‌ای هستند.

2330 **Feind** [faint] *m, -(e)s, -e* **Feindin** ['faindin] *f, -, -nen* — **دشمن**
Die Feinde wurden besiegt.
دشمنان شکست خوردند.

2331 **Friede(n)** [friːd(ə)n] *m, -ns (-s), kein Pl.* — **صلح**
Auch nach vier Jahren Krieg gibt es keine Hoffnung auf Frieden.
حتی پس از چهار سال جنگ، هیچ امیدی به صلح نیست.

2332 **friedlich** ['friːtliç] *Adj.* — **آرام**
Nach den Kämpfen in der letzten Woche ist die Situation an der Grenze friedlich.
پس از نبردهای هفته‌ی اخیر، وضعیت مرزها آرام است.

2333 **Gegner** ['geːgnə*] *m, -s, -* **Gegnerin** ['geːgnərin] *f, -, -nen* — **دشمن، مخالف**
Die früheren Kriegsgegner verhandeln über einen Friedensvertrag.
مخالفان گذشته‌ی جنگ، درباره‌ی پیمان صلح مذاکره می‌کنند.

2334 **Kampf** [kampf] *m, -(e)s, Kämpfe* — **نبرد**
Die Kämpfe in den Bergen werden immer härter.
نبردها در کوهستان‌ها دائم شدیدتر می‌شود.

2335 **kämpfen** ['kɛmpf(ə)n] *V/i., +Präp. (um, für, gegen), kämpfte, hat gekämpft* — **مبارزه کردن، جنگیدن**
Sein ganzes Leben kämpfte er für die Freiheit.
همه‌ی عمرش برای آزادی مبارزه کرد.

2336 **Krieg** [kriːk] *m, -(e)s, -e* — **جنگ**
Im letzten Krieg zwischen den beiden Ländern starben über 300000 Menschen.
در جنگ اخیر بین دو کشور بیش از ۳۰۰۰۰۰ نفر کشته شدند.

2337 **Militär** [mili'tɛːə*] *n, -s, kein Pl.* — **قوای نظامی، ارتش**
Das Militär fordert von der Regierung mehr Geld für neue Waffen.
قوای نظامی، برای سلاح‌های جدید، پول بیشتری از دولت می‌خواهد.

8.2 Krieg und Frieden — جنگ و صلح

2338 **siegen** ['zi:g(ə)n] *V/i., + Präp. (in, über), siegte, hat gesiegt* — **پیروز شدن، برنده شدن**

In einem Atomkrieg wird niemand siegen. — در جنگ اتمی، هیچ کس برنده نیست.

2339 **Sieger** ['zi:gə*] *m, -s, -* **Siegerin** ['zi:gərin] *f, -, -nen* — **برنده، پیروز**

Der Sieger verlangt, dass der Gegner alle Waffen abgibt. — طرف پیروز در جنگ خواستار آن است که دشمن همه‌ی سلاح‌های خود را تحویل دهد.

2340 **Soldat** [zɔl'da:t] *m, -en, -en* **Soldatin** [zɔl'da:tin] *f, -, -nen* — **سرباز**

Die Armee hat über 250000 Soldaten. — ارتش بیش از ۲۵۰۰۰۰ سرباز دارد.

2341 **verteidigen** [fɛə*'taidig(ə)n] *V/t., refl., +Präp. (gegen), verteidigte, hat verteidigt* — **دفاع کردن**

Mit dieser kleinen Armee kann das Land nicht verteidigt werden. — با این ارتش کوچک نمی‌توان از کشور دفاع کرد.

Sie konnten sich gegen die Feinde verteidigen. — توانستند از خودشان در برابر دشمنان دفاع کنند.

2342 **Waffe** ['vafə] *f, -, -n* — **سلاح**

Die Polizei hat die Waffe gefunden, mit der die Frau erschossen wurde. — پلیس، سلاحی را که با آن به طرف زن تیراندازی شده بود، پیدا کرد.

2343 **Widerstand** ['vi:də*ʃtant] *m, -(e)s, Widerstände* — **مقاومت**

Schon nach der ersten Niederlage gab die Armee den Widerstand auf. — ارتش پس از نخستین شکستش، دست از مقاومت برداشت.

2344 **zerstören** [tsɛə*'ʃtø:rən] *V/t., zerstörte, hat zerstört* — **نابود کردن**

Im letzten Weltkrieg wurden in Deutschland viele alte Städte zerstört. — بسیاری از شهرهای قدیمی آلمان در جنگ جهانی دوم نابود شد.

2001-4000

2345 **Abrüstung** ['aprystuŋ] *f, -, kein Pl.* — **خلع‌سلاح**

Seit Jahren verhandeln die Großmächte über eine militärische Abrüstung. — سال‌ها است که قدرت‌های بزرگ درباره‌ی خلع‌سلاح مذاکره می کنند.

8.2 Krieg und Frieden — جنگ و صلح

2346 **Alarm** [a'larm] *m, -(e)s, -e* — **آژیر**

Man gab Alarm, weil man einen Angriff des Feindes befürchtete.

آژیر زدند، چون احتمال حملهٔ دشمن وجود داشت.

2347 **angreifen** ['angraif(ə)n] *V/t., griff an, hat angegriffen* — **حمله کردن**

Das Schiff wurde aus der Luft angegriffen.

از هوا به کشتی حمله شد.

2348 **Angriff** ['angrif] *m, -s, -e* — **حمله**

Die Stadt konnte gegen starke Angriffe verteidigt werden.

توانستند از شهر دربرابر حمله‌های شدید دفاع کنند.

2349 **Atombombe** [a'to:mbɔmbə] *f, -, -n* — **بمب اتمی**

Die Staaten einigten sich darauf, in Zukunft keine neuen Atombomben zu produzieren.

کشورها توافق کردند در آینده بمب‌های اتمی جدید تولید نکنند.

2350 **besetzen** [bə'zɛts(ə)n] *V/t., besetzte, hat besetzt* — **اشغال کردن**

Die Grenzgebiete sind vom Feind besetzt worden.

دشمن مناطق مرزی را اشغال کرد.

2351 **besiegen** [bə'zi:g(ə)n] *V/t., besiegte, hat besiegt* — **پیروز شدن؛ شکست خوردن**

Nach vier Tagen Kampf wurde der Gegner besiegt.

پس از چهار روز مبارزه به دشمن شکست خورد.

2352 **Bundeswehr** ['bundəsve:ə*] *f, -, kein Pl.* — **ارتش (آلمان)**

Der Verteidigungsminister der Bundesrepublik hat in Friedenszeiten das Oberkommando über die Bundeswehr.

در زمان صلح، وزیر دفاع آلمان رئیس نیروی نظامی است.

2353 **erobern** [ɛə*'o:bə*n] *V/t., eroberte, hat erobert* — **فتح کردن**

Der Feind brauchte sieben Monate, um die Hauptstadt zu erobern.

دشمن برای فتح پایتخت به هفت ماه زمان نیاز داشت.

2354 **Flucht** [fluxt] *f, -, kein Pl.* — **فرار**

Tausende von Menschen sind auf der Flucht vor den feindlichen Truppen.

هزاران نفر درحال فرار از دست افراد دشمن هستند.

2355 **Flüchtling** ['flyçtliŋ] *m, -s, -e* — **پناهجو**

Die Flüchtlinge wohnen seit Monaten in Zelten.

پناهجویان ماه‌ها است که در چادر زندگی می‌کنند.

8.2 Krieg und Frieden — جنگ و صلح

2356 **General** [genəˈraːl] *m, -s, Generäle* — **ژنرال**

Die Generäle sind überzeugt, dass ihre Armee den Krieg gewinnen wird.

ژنرال‌ها ایمان دارند که ارتش آنان در جنگ پیروز خواهد شد.

2357 **Gewehr** [gəˈveːə*] *n, -s,-e* — **تفنگ**

Das Gewehr funktioniert nicht, weil es nass ist.

تفنگ کار نمی‌کند، چون خیس است.

2358 **grausam** [ˈgraʊzaːm] *Adj.* — **خشن، زشت**

Die jungen Soldaten wussten nicht, dass der Krieg so grausam ist.

سربازان جوان نمی‌دانستند جنگ تا این حد خشن است.

2359 **Großmacht** [ˈgroːsmaxt] *f, -, Großmächte* — **قدرت بزرگ**

Nach langer Pause verhandeln die Großmächte wieder über eine Raketenabrüstung.

پس از وقفه‌ای طولانی قدرت‌های بزرگ دوباره درباره‌ی طرح خلع سلاح موشکی مذاکره می‌کنند.

2360 **Heer** [heːə*] *n, -(e)s, -e* — **ارتش**

Die meisten Soldaten sind beim Heer.

بیشتر سربازان در ارتش هستند.

2361 **Held** [hɛlt] *m, -en, -en* **Heldin** [ˈhɛldɪn] *f, -, -nen* — **قهرمان**

Einige Kriegshelden wurden durch Presse und Rundfunk berühmt.

چند نفر از قهرمانان جنگ با گزارش‌های رسانه‌ها مشهور شدند.

2362 **Kanone** [kaˈnoːnə] *f, -, -n* — **توپ (جنگی)**

Das Schiff verteidigte sich mit Kanonen gegen die Flugzeuge.

کشتی با توپ جنگی از خودش دربرابر هواپیماها دفاع می‌کرد.

2363 **Kommando** [kɔˈmando] *n, -s, -s* — **فرمان، دستور**

Alle Soldaten gehorchten den Kommandos.

همه‌ی سربازان از دستور پیروی کردند.

2364 **Kommando** [kɔˈmando] *n, kein Pl.* — **فرماندهی**

Nach der Niederlage verlor der General das Kommando über seine Truppen.

ژنرال پس از شکست فرماندهی قوای نظامی خود را ازدست داد.

2365 **Konflikt** [kɔnˈflɪkt] *m, -(e)s, -e* — **درگیری**

Der Krieg begann wegen eines Grenzkonflikts.

جنگ به‌دلیل درگیری مرزی شروع شد.

8.2 Krieg und Frieden جنگ و صلح

2366 **Kugel** ['ku:g(ə)l] *f, -, -n* **گلوله**
Der Soldat wurde von einer Kugel getroffen.
گلوله‌ای به سرباز اصابت کرد.

2367 **Luftwaffe** ['luftvafə] *f, -, -n* **نیروی هوایی**
Die Luftwaffe verlor bei dem Angriff drei Kampfflugzeuge.
نیروی هوایی هنگام حمله سه هواپیمای جنگی را ازدست داد.

2368 **Marine** [ma'ri:nə] *f, -, kein Pl.* **نیروی دریایی**
Die Marine hat nicht genug Schiffe, um die ganze Küste verteidigen zu können.
نیروی دریایی برای دفاع از کل ساحل، به‌اندازه‌ی کافی کشتی ندارد.

2369 **marschieren** [mar'ʃi:rən] *V/i., marschierte, ist marschiert* **رژه رفتن**
Die Soldaten mussten eine lange Strecke zu Fuß marschieren.
سربازان ناگزیر بودند مسیری طولانی را پیاده رژه بروند.

2370 **Niederlage** ['ni:də*la:gə] *f, -, -n* **شکست**
Nach der Kriegsniederlage trat die ganze Regierung zurück.
کلّ دولت پس از شکست در جنگ استعفا کرد.

2371 **Offizier** [ɔfi'tsi:ə*] *m, -s, -e* **افسر**
Die Offiziere sind alle Berufssoldaten.
همه‌ی افسران، سربازان حرفه‌ای هستند.

2372 **Pistole** [pis'to:lə] *f, -, -n* **هفت‌تیر**
Für diese Pistole passen die Kugeln nicht.
گلوله‌ها به این هفت‌تیر نمی‌خورند.

2373 **Rakete** [ra'ke:tə] *f, -, -n* **موشک**
Die Rakete kann über 7000 km weit fliegen.
موشک می‌تواند بیش از ۷۰۰۰ کیلومتر پرواز کند.

2374 **Schlacht** [ʃlaxt] *f, -, -en* **نبرد**
In dieser Schlacht gab es sehr viele Tote und Verwundete.
تعداد زیادی در این نبرد کشته و زخمی شدند.

2375 **Streitkräfte** ['ʃtraitkrɛftə] *nur Pl.* **قوای نظامی**
Für die Streitkräfte werden jährlich über 30% des Staatshaushaltes ausgegeben.
هر سال، بیش از ۳۰٪ بودجه‌ی کشور صرف قوای نظامی می‌شود.

8.2 Krieg und Frieden جنگ و صلح

2376 **Truppe** ['trupə] *f, -, -n* **نیرو**

Die Truppen des Feindes marschierten gestern über die Grenze.

دیروز نیروهای دشمن از مرز عبور کردند.

2377 **Verbündete** [fɛə*'byndətə] *m/f, -n, -n* **متحد**

Mit der Hilfe der Verbündeten konnte unser Land sich verteidigen.

کشور ما با کمک متحدان توانست از خود دفاع کند.

2378 **Weltkrieg** ['vɛltkri:k] *m, -(e)s, -e* **جنگ جهانی**

Nach dem 2. Weltkrieg wurde Europa politisch geteilt.

پس از جنگ جهانی دوم، اروپا از نظر سیاسی تقسیم شد.

8.3 Kirche und Religion — کلیسا و دین

1-2000

2379 **beten** ['beːt(ə)n] *V/i., + Präp. (für, um), betete, hat gebetet* — **دعا کردن**
Früher wurde bei uns vor dem Essen gebetet.
پیش‌ترها پیش از غذا دعا می‌کردیم.

2380 **Bibel** ['biːb(ə)l] *f, -, -n* — **کتاب عهدین**
Ich habe meiner Tochter eine Bibel gekauft.
برای دخترم کتاب عهدین خریدم.

2381 **Christ** [krist] *m, -en, -en* **Christin** ['kristin] *f, -, -nen* — **مسیحی**
Die Christen fordern Hilfe für die armen Völker der Welt.
مسیحیان برای اقوام فقیر جهان درخواست کمک کردند.

2382 **christlich** ['kristliç] *Adj., keine Komp.* — **مسیحی**
Ihr Mann kommt aus einer sehr christlichen Familie.
شوهرش از خانواده‌ای بسیار معتقد مسیحی است.

2383 **Gebet** [gə'beːt] *n, -(e)s, -e* — **دعا**
Meine Mutter spricht morgens immer ein Gebet.
مادرم صبح‌ها همیشه دعا می‌خواند.

2384 **Gewissen** [gə'vis(ə)n] *n, -s, kein Pl.* — **وجدان**
Ich habe nichts falsch gemacht. Ich habe ein gutes Gewissen.
من کار اشتباهی نکردم. وجدانم راحت است.

2385 **Glaube** ['glaubə] *m, -ns, kein Pl.* — **عقیده**
Welchen Glauben hat sie?
چه عقایدی دارد؟

2386 **glauben** ['glaub(ə)n] *V/i., + Präp. (an), glaubte, hat geglaubt* — **اعتقاد داشتن، معتقد بودن**
Er glaubt an die Wiedergeburt nach dem Tod.
به تناسخ اعتقاد دارد.

2387 **Gott** [gɔt] *m, -es, Götter* — **خدا**
Glaubst du an die Existenz eines Gottes?
به‌وجود خدای واحد اعتقاد داری؟

2388 **Gottesdienst** ['gɔtəsdiːnst] *m, -(e)s, -e* — **مراسم نیایش**
Jeden Sonntag um 11.00 Uhr ist Gottesdienst.
هر یکشنبه، ساعت ۱۱، مراسم نیایش است.

8.3 Kirche und Religion کلیسا و دین

2389 **Kirche** ['kirçə] *f, -, -n* **کلیسا**

In unserer Stadt ist eine neue Kirche gebaut worden. — در شهر ما کلیسای جدیدی ساخته شده است.

Es gibt viele verschiedene christliche Kirchen. — کلیساهای مسیحی مختلف بسیاری وجود دارد.

2390 **Moschee** [moʃə:] *f, -, -n* **مسجد**

Vom Turm der Moschee rief man die Gläubigen zum Gebet. — از منارهٔ مسجد اذان می‌گفتند.

2391 **Priester** ['pri:stə*] *m, -s, -* **Priesterin** ['pri:stərin] *f, -, -nen* **کشیش**

Er will Priester werden. — می‌خواهد کشیش شود.

2392 **Religion** [reli'gio:n] *f, -, -en* **دین**

-Welche Religion hat sie? — - چه دینی دارد؟

-Ich glaube, sie ist Jüdin. — - فکر می کنم یهودی است.

2393 **Seele** ['ze:lə] *f, -, -n* **روح**

Der Leib stirbt, aber nicht die Seele. — جسم می‌میرد، ولی روح نمی‌میرد.

2394 **Sünde** ['zyndə] *f, -, -n* **گناه**

Im Gebet bat er Gott um Verzeihung für seine Sünden. — در دعا از خدا خواست گناهانش را ببخشد.

2395 **Weihnachten** ['vainaxt(ə)n] *n, (Sg. u. Pl.)* **کریسمس**

Ich wünsche Ihnen fröhliche Weihnachten. — کریسمسی شاد را برای شما آرزو می کنم.

2001-4000

2396 **Bischof** ['biʃo:f] *m, -s, Bischöfe* **اسقف**

Die Bischöfe kritisierten die nach ihrer Meinung unchristlichen Scheidungsgesetze. — اسقف‌ها مطابق عقیدهٔ خود، از قوانین طلاق ضدمسیحی انتقاد کردند.

2397 **evangelisch** [evaŋ'ge:liʃ] *Adj., keine Komp.* **پروتستان**

Mein Mann ist katholisch, ich bin evangelisch. — شوهرم کاتولیک است؛ من پروتستان هستم.

2398 **fromm** [frɔm] *Adj.* **مؤمن، مؤمنانه، متدینانه، پرهیزکارانه**

Er führt ein sehr frommes Leben. — مؤمنانه زندگی می کند .

8.3 Kirche und Religion — کلیسا و دین

2399 **heilig** ['hailiç°] *Adj.* — **مقدس**

Paulus wurde von der katholischen Kirche heilig gesprochen.

کلیسای کاتولیک، پولس را مقدس دانست.

2400 **Himmel** ['him(ə)l] *m, -s, -* — **آسمان، بهشت**

"Die guten Menschen kommen in den Himmel", erzählte der Pfarrer den Kindern.

کشیش به بچه‌ها می گفت: «انسان‌های خوب به بهشت می‌روند.»

2401 **Hölle** ['hœlə] *f, -, kein Pl.* — **جهنم**

Ändere dein Leben, sonst wirst du für deine Taten in der Hölle bestraft.

زندگی خودت را تغییر بده، وگرنه به‌خاطر کارهایت به جهنم می‌روی.

2402 **Islam** [is'la:m, auch 'islam] *m, -s, kein Pl.* — **اسلام**

In vielen Ländern Afrikas und Asiens ist der Islam die Hauptreligion.

در بسیاری از کشورهای افریقا و آسیا، اسلام دین اصلی است.

2403 **Jude** ['ju:də] *m, -n, -n* **Jüdin** ['jy:din] *f, -, -nen* — **یهودی**

Nach ihrer Heirat ist sie Jüdin geworden.

بعد از ازدواج، یهودی شد.

2404 **katholisch** [ka'to:liʃ] *Adj., keine Komp.* — **کاتولیک**

Unser Kind wird katholisch erzogen.

بچه‌ی ما کاتولیک بارمی‌آید.

2405 **Ostern** ['o:stə*n] *n, -, -* — **عید پاک**

An Ostern machen wir immer einen Kurzurlaub

همیشه در عید پاک به تعطیلاتی کوتاه می‌رویم.

2406 **Papst** ['pa:pst] *m, -es, Päpste* — **پاپ**

Der Papst forderte die Kriegsgegner auf, Frieden zu schließen.

پاپ از طرفین جنگ خواست صلح کنند.

2407 **Pfarrer** ['pfarə*] *m, -s, -* **Pfarrerin** [pfarərin] *f, -, -nen* — **کشیش**

Unsere Kirchengemeinde bekommt einen neuen Pfarrer.

کلیسای ما کشیشی جدید خواهد داشت.

2408 **religiös** [reli'gjø:s] *Adj., -er, am -esten* — **متدیّن**

Er ist sehr religiös und geht regelmäßig zum Gottesdienst.

او خیلی متدیّن است و مرتب برای مراسم نیایش می‌رود.

2409 **Teufel** ['tɔif(ə)l] *m, -s, -* **شیطان**

Hast du Angst vor dem Teufel? از شیطان می‌ترسی؟

8.4 Schule und Ausbildung مدرسه و آموزش

1-2000

2410 **aufmerksam** ['aufmɛrkza:m] *Adj.* — **بادقت**

Die Schüler hören dem Lehrer aufmerksam zu.

دانش‌آموزان بادقت به حرف‌های معلم گوش می‌دهند.

2411 **Aufmerksamkeit** ['aufmɛrkza:mkait] *f, -, kein Pl.* — **دقت، توجه**

In den ersten Schulstunden ist die Aufmerksamkeit der Schüler am größten.

در نخستین ساعت‌های مدرسه دقت دانش‌آموزان بیش از سایر مواقع است.

2412 **Ausbildung** ['ausbildʊŋ] *f, -, -en* — **آموزش**

Die Ausbildungszeit für die meisten Berufe dauert drei Jahre.

زمان آموزش برای اغلب مشاغل سه سال است.

2413 **auswendig** ['ausvɛndiç°] *Adj., keine Komp.* — **ازحفظ، ازبر**

Die Adresse von Sonja weiß ich auswendig.

نشانی سونیا را ازحفظ بلدم.

2414 **bestehen** [bə'ʃte:(ə)n] *V/t., bestand, hat bestanden* — **قبول شدن**

Fast alle Teilnehmer des Kurses haben die Prüfung bestanden.

تقریباً همه‌ی دانش‌آموزان دوره در امتحان قبول شدند.

2415 **Fehler** ['fe:lə*] *m, -s, -* — **اشتباه**

In dem Text, den ich übersetzt habe, waren einige Fehler.

در متنی که ترجمه کردم، چند اشتباه بود.

2416 **Ferien** ['fe:riən] *nur Pl.* — **تعطیلات**

Nicht alle Schüler verreisen. Einige bleiben in den Ferien zu Hause.

همه‌ی دانش‌آموزان به سفر نمی‌روند. چند نفر در طول تعطیلات در خانه می‌مانند.

2417 **Heft** [hɛft] *n, -(e)s, -e* — **دفتر**

Für jedes Schulfach hat Jörn ein eigenes Heft.

یورن برای هر درس مدرسه، یک دفتر جداگانه دارد.

2418 **Klasse** ['klasə] *f, -, -n* — **کلاس**

Knut ist in der 2. Klasse der Grundschule.

کنوت کلاس دوم ابتدایی است.

8.4 Schule und Ausbildung مدرسه و آموزش

2419 **Kugelschreiber** ['ku:g(ə)lʃraibə*] *m, -s, -* **خودکار**
Ich schreibe lieber mit einem Bleistift als mit einem Kugelschreiber.
برای نوشتن، مداد را بر خودکار ترجیح می‌دهم.

2420 **Kurs** [kurs] *m, -es, -e* **دوره‌ی آموزشی**
In unserem Italienisch-Kurs sind nur fünf Teilnehmer.
در دوره‌ی آموزشی زبان ایتالیایی ما، فقط پنج شاگرد هست.

2421 **leicht** [laiçt] *Adj., -er, am -esten* **آسان**
Am Anfang war der Kurs leicht, später wurde er immer schwerer.
کلاس در شروع آسان بود، ولی بعداً سخت‌تر و سخت‌تر شد.

2422 **Lösung** ['lø:zuŋ] *f, -, -en* **جواب، راه‌حل**
Acht von zehn Lösungen in meiner schriftlichen Prüfung waren richtig.
هشت جواب از ده جواب در امتحان کتبی من درست بود.

2423 **Note** ['no:tə] *f, -, -n* **نمره**
Unser Lehrer gibt recht gute Noten.
معلم ما واقعاً خوب نمره می‌دهد.

2424 **Pause** ['pauzə] *f, -, -n* **زنگ تفریح**
Die Pausen zwischen den Unterrichtsstunden sind verschieden lang.
طول زنگ تفریح‌های بین ساعت‌های درسی متفاوت است.

2425 **Prüfung** ['pry:fuŋ] *f, -, -n* **امتحان**
Die schriftliche Prüfung war schwieriger als die mündliche.
امتحان کتبی سخت‌تر از امتحان شفاهی بود.

2426 **Schule** ['ʃu:lə] *f, -, -n* **مدرسه**
Udo muss noch vier Jahre zur Schule gehen.
اُدو باید چهار سال دیگر به مدرسه برود.
Ich fahre morgens mit dem Bus zur Schule.
صبح‌ها با اتوبوس به مدرسه می‌روم.

2427 **Schüler** ['ʃy:lə*] *m, -s, -* **Schülerin** ['ʃy:lərin] *f, -, -nen* **دانش‌آموز، شاگرد**
An unserer Schule sind über 1000 Schüler und Schülerinnen.
در مدرسه‌ی ما، بیش از ۱۰۰۰ دانش‌آموز دختر و پسر است.

2428 **Student** [ʃtu'dɛnt] *m, -en, -en* **Studentin** [ʃtu'dɛntin] *f, -, -nen* **دانشجو**
Für Studenten ist es in unserer Stadt schwer, eine Wohnung zu finden.
در شهر ما، برای دانشجویان سخت است آپارتمان پیدا کنند.

8.4 Schule und Ausbildung — مدرسه و آموزش

2429 **studieren** [ʃtu'di:rən] *V/t., i., studierte, hat studiert* — **تحصیل کردن، خواندن؛ دانشگاه رفتن**

Wo hast du studiert? — کجا تحصیل کرده‌ای؟

Sigrid studiert Geschichte. — زیگرید تاریخ می‌خواند.

2430 **Studium** ['ʃtu:djum] *n, -s, Studien* — **تحصیل**

Mein Studium hat fünf Jahre gedauert. — تحصیل من پنج سال طول کشید.

2431 **Test** [tɛst] *m, -(e)s, -s* — **آزمون**

Mit kurzen Tests wurden wir auf die Prüfung vorbereitet. — با آزمون‌های کوتاه ما را برای امتحان آماده می‌کردند.

2432 **Text** [tɛkst] *m, -es, -e* — **متن**

Bitte übersetzen Sie diesen Text ins Französische! — لطفاً این متن را به زبان فرانسه ترجمه کنید!

2433 **Thema** ['te:ma] *n, -s, Themen* — **موضوع، عنوان**

Für die Prüfung können wir uns drei Themen aussuchen. — برای امتحان، سه عنوان می‌توانیم انتخاب کنیم.

2434 **Übung** ['y:buŋ] *f, -, -en* — **تمرین**

In unserem Buch gibt es sehr viele Grammatikübungen. — در کتاب ما، تمرین‌های دستوری بسیار زیادی وجود دارد.

2435 **Unterricht** [untə*'riçt] *m, -s, kein Pl.* — **درس، کلاس**

Samstags haben wir keinen Unterricht. — شنبه‌ها درس نداریم.

2436 **unterrichten** ['untə*'riçt(ə)n] *V/t., i., unterrichtete, hat unterrichtet* — **درس دادن**

Unsere Lehrerin unterrichtet neben Italienisch auch Spanisch. — معلم ما علاوه بر ایتالیایی، اسپانیایی نیز درس می‌دهد.

Er unterrichtet an einer Grundschule. — در مدرسه‌ی ابتدایی درس می‌دهد.

2437 **Wörterbuch** ['vœrtə*'bu:x] *n, -(e)s, Wörterbücher* — **واژه‌نامه، فرهنگ، لغت‌نامه**

- Wie heißt das Wort auf Deutsch? — این واژه به آلمانی چه می‌شود؟
- Das weiß ich nicht. Sieh doch im Wörterbuch nach! — نمی‌دانم. به فرهنگ نگاه کن!

2438 **vorbereiten** ['fo:ə*bərait(ə)n] *V/t. refl., bereitete vor, hat vorbereitet* — **آماده کردن**

Die Studenten haben sich ein Jahr für die Prüfungen vorbereitet. — دانشجویان، یک سال خود را برای امتحان آماده کردند.

2439 **Zeugnis** ['tsɔiknis] *n, -ses, -se* — **نمرات، کارنامه**
Ich bin mit den Noten in meinem Zeugnis sehr zufrieden. — از نمرات کارنامه‌ام بسیار خوشحالم.

2001-4000

2440 **Aufgabe** ['aufga:bə] *f, -, -n* — **تکلیف، تمرین**
Die Aufgaben im Test waren zu schwierig. — تکلیف‌های امتحان خیلی سخت بود.

2441 **Examen** [ɛ'ksa:mən] *n, -s, - (Examina)* — **امتحان**
Der wichtigste Teil des Examens ist eine schriftliche Hausarbeit. — مهم‌ترین بخش امتحان، کار کتبی در خانه است.

2442 **Fremdsprache** ['frɛmtʃpra:xə] *f, -, -n* — **زبان خارجی**
Welche Fremdsprachen sprechen Sie? — به کدام زبان‌های خارجی صحبت می‌کنید؟

2443 **Füller** ['fylə*] *m, -s, -* — **خودنویس**
Ich schreibe nur private Briefe mit dem Füller. — فقط نامه‌های خصوصی را با خودنویس می‌نویسم.

2444 **Gymnasium** [gym'na:zjum] *n, -s, Gymnasien* — **دبیرستان**
An unseren Gymnasien ist Französisch die erste Fremdsprache. — در دبیرستان‌های ما، زبان فرانسه زبان خارجی اول است.

2445 **Hausaufgabe** ['hausaufga:bə] *f, -, -n* — **تکلیف خانه**
Oberschüler müssen täglich viele Hausaufgaben machen. — دانش‌آموزان دبیرستانی باید هر روز کلی تکلیف خانه انجام دهند.

2446 **Hochschule** ['ho:xʃu:lə] *f, -, -n* — **دانشگاه، مدرسه‌ی عالی**
Sonja zeichnet sehr gut und möchte später an einer Kunsthochschule studieren. — سونیا خیلی خوب طراحی می‌کند و دوست دارد بعدها در یک دانشگاه هنر تحصیل کند.

2447 **Institut** [insti'tu:t] *n, -s, -e* — **بخش، گروه**
Das Institut für Germanistik ist das größte an unserer Universität. — بخش زبان و ادبیات آلمانی، بزرگ‌ترین بخش در دانشگاه ما است.

8.4 Schule und Ausbildung مدرسه و آموزش

2448 **Kindergarten** ['kində*gart(ə)n] *m, -s, Kindergärten* **کودکستان**
Unser Kind geht nachmittags in den Kindergarten. فرزند ما بعدازظهرها به کودکستان می‌رود.

2449 **Lehre** ['le:rə] *f, -, kein Pl.* **کارآموزی**
Kurt macht eine Lehre als Elektriker. کورت کارآموزی برقکاری را می‌گذراند.

2450 **lösen** ['løz(ə)n] *V/t., löste, hat gelöst* **حل کردن، محاسبه کردن**
Seit drei Stunden versuche ich diese Aufgabe zu lösen. سه ساعت است که سعی می‌کنم این مسئله را حل کنم.

2451 **Professor** [pro'fɛsɔr] *m, -s, -en* **پرفسور**
Professorin [profɛ'so:rin] *f, -, -nen*
Meine Prüfung mache ich bei Frau Professor Meile. امتحانم را نزد خانم پرفسور مایله انجام می‌دهم.

2452 **Semester** [ze'mɛstə*] *n, -s, -* **نیمسال**
Ich studiere jetzt im 5. Semester Tiermedizin. در نیمسال پنجم دامپزشکی تحصیل می‌کنم.

2453 **Stundenplan** ['ʃtund(ə)nplan] *m, -(e)s, Stundenpläne* **برنامه‌ی درسی**
Im Fach Medizin ist der Stundenplan genau festgelegt. در رشته‌ی پزشکی برنامه‌ی درسی دقیق طرح‌ریزی شده است.

2454 **Tinte** ['tintə] *f, -, kein Pl.* **مرکب، جوهر**
Im Füller fehlt Tinte. خودنویس، مرکب ندارد.

2455 **Tafel** ['ta:f(ə)l] *f, -, -n* **تخته**
Der Lehrer schreibt die Aufgabe an die Tafel. معلم مسئله را بر تخته می‌نویسد.

2456 **Unterrichtsstunde** ['untə*riçtsʃtundə] *f, -, -n* **ساعت درس**
Wir haben täglich fünf Unterrichtsstunden. هر روز پنج ساعت درس داریم.

9.1 Stadt und Dorf شهر و روستا

1-2000

2457 **Bevölkerung** [bəˈfœlkərung] *f, -, kein Pl.* — **مردم؛ جمعیت**
Die Bevölkerung ist gegen die neue Straße. — مردم با جاده‌ی جدید مخالف‌اند.

2458 **Dorf** [dɔrf] *n, -(e)s, Dörfer* — **روستا**
Das Dorf hat 263 Einwohner. — روستا ۲۶۳ نفر جمعیت دارد.

2459 **Gebäude** [gəˈbɔidə] *n, -s, -* — **ساختمان**
Das Bürogebäude hat 16 Stockwerke. — ساختمان اداری ۱۶ طبقه دارد.

2460 **Gemeinde** [gəˈmaində] *f -, -n* — **ناحیه**
Die Gemeinde hat viel Geld für den Straßenbau ausgegeben. — ناحیه پول زیادی صرف احداث جاده کرده است.

2461 **Halle** [ˈhalə] *f -, -n* — **سالن، تالار**
Die Ware liegt in Halle 3. — کالا در سالن ۳ است.

2462 **Hof** [hoːf] *m, -(e)s, Höfe* — **حیاط**
In diesem Hof darf nicht geparkt werden. — در این حیاط نباید کسی پارک کند.

2463 **Ort** [ɔrt] *m, -(e)s, -e* — **محله**
In unserem Ort gibt es keine Post. — در محله‌ی ما اداره‌ی پست نیست.

2464 **Platz** [plats] *m, -es, Plätze* — **میدان**
Der Platz ist mittwochs wegen des Wochenmarktes für Autos gesperrt. — چهارشنبه‌ها به‌دلیل برگزاری بازار هفتگی، خودروها نمی‌توانند وارد شوند.

2465 **Siedlung** [ˈziːdluŋ] *f, -, -en* — **شهرک**
Die Häuser in der Siedlung sehen alle sehr ähnlich aus. — همه‌ی خانه‌های شهرک خیلی شبیه هم‌اند.

2466 **Stadt** [ʃtat] *f, -, Städte* — **شهر**
Das Zentrum der Stadt ist sehr alt. — مرکز شهر خیلی قدیمی است.

2467 **Straße** [ʃtraːsə] *f -, -n* — **خیابان**
In welcher Straße ist das Geschäft? — فروشگاه در کدام خیابان است؟

9.1 Stadt und Dorf — شهر و روستا

2001-4000

2468 **Bauernhof** [ˈbauə*nho:f] *m, -(e)s, Bauernhöfe* — **مزرعه**
Zu dem Bauernhof gehören über 60 Hektar Land.
مزرعه بیش از ۶۰ هکتار زمین دارد.

2469 **Bewohner** [bəˈvo:nə*] *m, s, -*
Bewohnerin [bəˈvo:nərin] *f -, -nen* — **ساکن**
Fast alle Dorfbewohner haben an dem Fest teilgenommen.
تقریباً همه‌ی ساکنان روستا در جشن شرکت کردند.

2470 **Bezrik** [bəˈtsirk] *m, -s, -e* — **منطقه**
Die Stadtbezirke in Wien haben Nummern.
منطقه‌های شهری وین شماره دارند.

2471 **Brunnen** [ˈbrunən] *m, -s, -* — **چشمه**
An der Seite des Brunnens ist ein Wasserhahn.
در کنار چشمه یک شیر آب است.

2472 **Denkmal** [ˈdɛŋkma:l] *n, -s, Denkmäler* — **مجسمه؛ بنای یادبود**
Das Denkmal wird von vielen Touristen besucht.
جهانگردان زیادی از بنای یادبود دیدار می‌کنند.

2473 **Großstadt** [ˈgro:sʃtat] *f, -, Großstädte* — **کلان‌شهر**
Die nächste Großstadt ist 40 km von unserem Dorf entfernt.
نزدیک‌ترین کلان‌شهر، ۴۰ کیلومتر از روستای ما فاصله دارد.

2474 **Grundstück** [ˈgruntʃtyk] *n, -(e)s, -e* — **زمین**
Das Grundstück ist ca. 900 m² groß.
زمین حدود ۹۰۰ متر مربع مساحت دارد.

2475 **Hauptstadt** [ˈhauptʃtat] *f, -, Hauptstädte* — **پایتخت**
Die Hauptstadt der Niederlande ist Den Haag, nicht Amsterdam.
پایتخت هلند، لاهه است نه آمستردام.

2476 **Rathaus** [ˈra:thaus] *n, -es, Rathäuser* — **شهرداری**
Die Stadt will ein neues Rathaus bauen lassen.
اهالی شهر قصد دارند ساختمان شهرداری جدیدی بسازد.

2477 **Schloss** [ʃlɔs] *n, -es, Schlösser* — **قصر**
Das Schloss kann nur morgens besichtigt werden.
فقط صبح‌ها می‌توان از قصر بازدید کرد.

2478 **Stall** [ʃtal] *m, -(e)s, Ställe* **اصطبل**
In diesem Stall stehen 45 Kühe. ۴۵ گاو در این اصطبل است.

2479 **Turm** [turm] *m, -(e)s, Türme* **برج**
Der Turm ist 68 m hoch. برج ۶۸ متر ارتفاع دارد.

2480 **Umgebung** [um'ge:buŋ] *f, -, -en* **اطراف، حومه**
Die Umgebung der Stadt ist sehr schön. اطراف شهر بسیار زیبا است.

2481 **Vorort** ['fo:ə*ɔrt] *m , -(e)s, -e* **حومه**
Wir wohnen in einem Vorort von Köln. ما در حومه‌ی کلن زندگی می‌کنیم.

2482 **zoo** [tso:] *m, -s, -s* **باغ‌وحش**
Der Zoo hat auch im Winter geöffnet. باغ‌وحش زمستان هم باز است.

9.2 Landschaft منظره

1-2000

2483 **Aussicht** ['auszıçt] *f, -, kein Pl.* **چشم‌انداز، منظره**
Die Aussicht von dem Berg ist herrlich.
چشم‌انداز کوه باشکوه است.

2484 **Berg** [bɛrk] *m, -(e)s, -e* **کوه**
In den Bergen gibt es jetzt schon Schnee.
الآن در کوه‌ها برف است.

2485 **Brücke** ['brykə] *f, -, -n* **پل**
Über diese Brücke dürfen nur Wagen mit weniger als 4 t Gewicht fahren.
فقط خودروهای با وزن کمتر از ۴ تن، اجازه‌ی عبور از روی این پل را دارند.

2486 **Feld** [fɛlt] *n, -(e)s, -er* **مزرعه**
Das Getreide steht noch auf den Feldern.
غلات هنوز در مزرعه است.

2487 **Felsen** ['fɛlz(ə)n] *m, -s, -* **صخره**
Am Strand liegen viele dicke Felsen.
صخره‌های بزرگ زیادی در ساحل وجود دارد.

2488 **Fluss** [flus] *m, -es, Flüsse* **رودخانه**
Wir sind mit einer Fähre über den Fluss gefahren.
با یدک‌کش، از رودخانه رد شدیم.

2489 **Gebirge** [gə'birgə] *n, -s, -* **کوهستان**
Die Berge in diesem Gebirge sind nicht sehr hoch.
کوه‌های این کوهستان خیلی بلند نیستند.

2490 **Gegend** ['ge:g(ə)nt] *f, -, -en* **منطقه**
In unserer Gegend gibt es viele Industrieunternehmen.
در منطقه‌ی ما شرکت‌های صنعتی زیادی وجود دارد.

2491 **Hügel** ['hy:g(ə)l] *m, -s, -* **تپه**
Wegen ihrer vielen kleinen Hügel ist die Landschaft sehr schön.
منظره، به‌دلیل وجود تپه‌های کوچک، خیلی زیبا است.

2492 **Insel** ['inz(ə)l] *f, -, -n* **جزیره**
Auf der Insel dürfen keine Autos fahren.
در این جزیره، هیچ خودرویی اجازه‌ی حرکت ندارد.

2493 **Küste** ['kystə] *f, -, -n* — **ساحل**

Die Bewohner der Küste wurden vor Hochwasser gewarnt.

درمورد آبگرفتگی، به ساکنان مناطق ساحلی هشدار داده شد.

2494 **Land** [lant] *n, -(e)s, kein Pl.* — **زمین**

Die meisten Bauern in dieser Gegend haben wenig Land.

بیشتر کشاورزان این منطقه، زمین بسیار کمی دارند.

2495 **Landschaft** ['lantʃaft] *f, -, -en* — **منظره**

Im Frühjahr ist die Landschaft auf der Insel am schönsten.

منظره‌ی این جزیره در بهار، زیباتر از همیشه است.

2496 **Landstraße** ['lantʃtra:sə] *f -, -n* — **جاده‌ی روستایی**

Die Strecke über die Landstraße ist kürzer.

مسیر جاده‌ی روستایی کوتاه‌تر است.

2497 **Park** [park] *m, -s, -s* — **پارک**

Im Stadtpark gibt es ein gemütliches Café.

کافه‌ای خلوت در پارک شهر وجود دارد.

2498 **See** [ze:] *m, -s, -n* — **دریاچه**

An Wochenenden ist der See voller Boote.

آخر هفته‌ها، دریاچه پر از قایق است.

2499 **See** [ze:] *f, -, kein Pl.* — **دریا**

Nach einem Sturm hat die (Nord-) See hohe Wellen.

دریای شمال، پس از طوفان امواج بلندی دارد.

2500 **Tal** [ta:l] *n, -(e)s,Täler* — **دره**

Das Tal ist mit dem Auto schwer zu erreichen.

با خودرو مشکل می‌شود به این دره رسید.

2501 **Ufer** ['u:fə*] *n, -s, -* — **ساحل**

Das ganze Ufer des Sees ist Naturschutzgebiet.

سرتاسر ساحل دریاچه، منطقه‌ی حفاظت‌شده‌ی طبیعی است.

2502 **Wald** [valt] *m, -es, Wälder* — **جنگل**

In unserer Gegend gibt es nur wenige Wälder.

در منطقه‌ی ما، جنگل بسیار کم است.

2503 **Weg** [ve:k] *m, -es, -e* — **راه**

Dieser Weg führt ins Tal.

این راه به دره می‌رسد.

2504 **Wiese** ['vi:zə] *f, -, -n* — **چمنزار**

Hinter dem Haus ist eine große Wiese.

پشت خانه، چمنزار بزرگی است.

9.2 Landschaft منظره

2001-4000

2505 **Bach** [bax] *m, -(e)s, Bäche* **جویبار**

In dem Bach sind keine Fische. این جویبار، ماهی ندارد.

2506 **Boden** ['bo:d(ə)n] *m, -s, Böden* **زمین، خاک**

Für die Gemüsepflanzen ist der Boden im Garten zu trocken. زمین باغ، برای سبزیجات بیش از حد خشک است.

2507 **gebirgig** [gə'birgiç°] *Adj.* **کوهستانی**

Die Gegend ist gebirgig. منطقه، کوهستانی است.

2508 **Graben** ['gra:b(ə)n] *m, -s, Gräben* **گودال**

Im Sommer ist dieser Graben trocken. این گودال در تابستان خشک است.

2509 **Hang** [haŋ] *m, -(e)s, Hänge* **سراشیبی**

Der Skihang ist für Anfänger zu steil. سراشیبی پیست اسکی، بیش از حد برای مبتدیان تند است.

2510 **Horizont** [hori'tsɔnt] *m, -(e)s, -e* **افق**

Am Horizont kann man ein Schiff erkennen. در افق، یک کشتی دیده می‌شود.

2511 **Kanal** [ka'na:l] *m, -s, Kanäle* **کانال**

Durch den Kanal werden zwei Flüsse miteinander verbunden. دو رودخانه با کانال به‌هم وصل می‌شوند.

2512 **Sand** [zant] *m, -(e)s, kein Pl.* **شن**

Der Sand am Flussufer ist sehr fein. شن کنار رودخانه خیلی ریز است.

2513 **Teich** [taiç] *m , -(e)s, -e* **آبگیر**

In dem Teich sind viele Wasser-pflanzen. در آبگیر گیاهان آبی زیادی وجود دارد.

2514 **Wüste** ['vy:stə] *f, -, -n* **بیابان**

Viele junge Wüstenbewohner ziehen in die Städte im Norden des Landes. بسیاری از بیابان‌نشین‌های جوان، به شهرهای شمال کشور مهاجرت می کنند.

9.3 Natur: Allgemeines — طبیعت: کلیات

1-2000

2515 **dunkel** ['duŋk(ə)l] *Adj., dunkler, am dunkelsten* — **تیره، تاریک**
Die Wolken sind ganz dunkel. — ابرها خیلی تیره هستند.

2516 **Dunkelheit** ['duŋk(ə)lhait] *f, -, kein Pl.* — **تاریکی**
In der Dunkelheit ist das Haus schwer zu finden. — در این تاریکی، خانه را به‌سختی می‌توان پیدا کرد.

2517 **Erde** ['ɛə*də] *f, -, kein Pl.* — **کره‌ی زمین، خاک**
Auf der Erde wohnen bald über 7 Milliarden Menschen. — در کره‌ی زمین به‌زودی بیش از ۷ میلیارد نفر زندگی خواهند کرد.
Die Erde in dieser Gegend ist braun-rot. — خاک این منطقه قهوه‌ای متمایل به سرخ است.

2518 **Gipfel** ['gipf(ə)l] *m, -s, -* — **قله**
Auf dem Gipfel des Berges ist eine kleine Hütte. — کلبه‌ای کوچک بر قله‌ی کوه است.

2519 **hell** [hɛl] *Adj.* — **روشن**
Das Sonnenlicht macht den Raum sehr hell. — آفتاب اتاق را خیلی روشن می‌کند.

2520 **Himmel** ['him(ə)l] *m, -s, kein Pl.* — **آسمان**
Am Himmel ist keine Wolke zu sehen. — در آسمان، هیچ ابری دیده نمی‌شود.

2521 **Karte** ['kartə] *f, -, -n* — **نقشه**
Ohne Wanderkarte hätten wir den Weg nicht gefunden. — بدون نقشه‌ی پیاده‌روی، راه را پیدا نمی‌کردیم.

2522 **Luft** [luft] *f, -, kein Pl.* — **هوا**
Die Luft in den Bergen ist angenehm frisch. — هوا در کوه‌ها کاملاً خنک است.

2523 **Meer** [me:ə*] *n, -es, -e* — **دریا**
Die Stadt liegt nur 10 km vom Meer entfernt. — شهر فقط ۱۰ کیلومتر با دریا فاصله دارد.

2524 **Mond** [mo:nt] *m, -(e)s, -e* — **ماه**
Heute Nacht ist Vollmond. — امشب ماه کامل است.

9.3 Natur: Allgemeines — طبیعت: کلیات

2525 **Natur** [na'tuːə*] *f, -, kein Pl.* — **طبیعت**

Die Natur muss stärker vor den Menschen geschützt werden.

از طبیعت باید بیشتر دربرابر انسان‌ها محافظت کرد.

2526 **Norden** ['nɔrd(ə)n] *m, -s, kein Pl.* — **شمال**

Im Norden des Landes gab es gestern den ersten Schnee.

نخستین برف، دیروز در شمال کشور بارید.

2527 **nördlich** ['nœrtliç] *Adj.* — **شمال**

Wir wohnen in einem Dorf 20 km nördlich von Frankfurt.

در روستایی واقع در ۲۰ کیلومتری شمال فرانکفورت زندگی می‌کنیم.

2528 **Osten** ['ɔst(ə)n] *m, -s, kein Pl.* — **شرق**

Im Osten des Landes gibt es viele Seen.

در شرق کشور، دریاچه‌های زیادی وجود دارد.

2529 **östlich** ['œstliç] *Adj.* — **شرق، شرقی**

Wolfsburg liegt östlich von Hannover.

ولفسبورگ در شرق هانوفر است.

2530 **Ozean** ['oːtseaːn] *m, -s, -e* — **اقیانوس**

Er ist mit einem kleinen Segelboot über den Indischen Ozean gefahren.

او با قایق بادبانی کوچکی، از اقیانوس هند گذشت.

2531 **Rauch** [raux] *m, -(e)s, kein Pl.* — **دود**

Durch den Rauch bekamen wir Tränen in den Augen.

به‌دلیل دود، از چشم ما اشک آمد.

2532 **Schatten** ['ʃat(ə)n] *m, -s, -* — **سایه**

Sogar im Schatten war es über 30°C heiß.

حتی در سایه هم هوا بیش از ۳۰ درجه‌ی سانتیگراد گرم بود.

2533 **Sonne** ['zɔnə] *f, -, kein Pl.* — **خورشید**

Diese Pflanze darf nicht direkt im Sonnenlicht stehen.

این گیاه را نباید درمعرض تابش مستقیم خورشید قرار داد.

2534 **Stein** [ʃtain] *m, -(e)s, -e* — **سنگ**

In der Erde in unserem Garten sind leider viele Steine.

متأسفانه، خاک حیاط ما پر از سنگ است.

2535 **Stern** [ʃtɛrn] *m, -s, -e* — **ستاره**

Der Nachthimmel ist so klar, dass man alle Sternbilder deutlich erkennt.

آسمان شب آنقدر صاف است که همه‌ی صورت‌های فلکی را می‌توان دید.

9.3 Natur: Allgemeines — طبیعت: کلیات

2536 **Süden** ['zy:d(ə)n] *m, -s, kein Pl.* — **جنوب**

Im Süden des Landes gab es gestern schwere Gewitter.

دیروز در جنوب کشور طوفان‌های شدیدی وجود داشت.

2537 **südlich** ['zy:tliç] *Adj.* — **جنوب، جنوبی**

Italien liegt südlich der Alpen.

ایتالیا در جنوب کوه‌های آلپ است.

2538 **Temperatur** [tɛmpəra'tu:ə*] *f, -, en* — **دما**

Die Temperaturen werden diese Nacht auf unter 0 °C sinken.

دما امشب به منهای صفر درجه‌ی سانتیگراد می‌رسد.

2539 **Umwelt** ['umvɛlt] *f, -, kein Pl.* — **محیط‌زیست**

Der Schutz der Umwelt ist ein wichtiges politisches Thema geworden.

حفاظت از محیط‌زیست، موضوع سیاسی مهمی شده است.

2540 **wachsen** ['vaks(ə)n] *V/i., wuchs, ist gewachsen* — **رشد کردن**

In diesem Boden wachsen Kartoffeln besonders gut.

در این خاک، سیب‌زمینی خیلی خوب رشد می‌کند.

2541 **Wasser** ['vasə*] *n, -s, kein Pl.* — **آب**

Vorsicht, das ist kein Trinkwasser!

مراقب باش! این آب خوردنی نیست.

2542 **Welt** [vɛlt] *f, -, kein Pl.* — **جهان**

Die Sahara ist die größte Wüste der Welt.

صحرای بزرگ افریقا، بزرگ‌ترین صحرای جهان است.

2543 **Westen** ['vɛst(ə)n] *m, -s, kein Pl.* — **غرب**

Der Wind kommt von Westen.

باد از غرب می‌آید.

2544 **westlich** ['vɛstliç] *Adj.* — **غربی**

Am westlichen Seeufer ist ein Sandstrand.

در ساحل غربی دریاچه، یک ساحل شنی وجود دارد.

2001-4000

2545 **Ebbe** ['ɛbə] *f, -, kein Pl.* — **جذر**

Am Nachmittag fährt kein Schiff zur Insel. Es ist Ebbe.

بعدازظهر کشتی به جزیره نمی‌رود. جذر است.

9.3 Natur: Allgemeines — طبیعت: کلیات

2546 **Festland** ['fɛstlant] *n, -(e)s, kein Pl.* — **خشکی**

Sie arbeitet auf dem Festland, aber sie wohnt auf der Insel.

در خشکی کار می‌کند، ولی در جزیره ساکن است.

2547 **Flachland** ['flaxlant] *n, -(e)s, kein Pl.* — **دشت**

Ich finde das Flachland langweilig.

از نظر من، دشت کسالت‌آور است.

2548 **fließen** ['fliːs(ə)n] *V/i., floss, ist geflossen* — **جریان داشتن**

Der Bach fließt sehr langsam.

جویبار بسیار آرام جریان دارد.

2549 **Flut** [fluːt] *f, -, kein Pl.* — **مد**

Wir können am Nachmittag im Meer schwimmen. Dann ist Flut.

بعدازظهر می‌توانیم در اقیانوس شنا کنیم. آن موقع، مد است.

2550 **frieren** ['friːrən] *V/i., fror, hat (ist) gefroren* — **یخ زدن**

Diese Nacht soll es frieren.

امشب احتمالاً یخ می‌زند.

2551 **Kontinent** ['kɔntinɛnt] *m, -s, -e* — **قاره**

Europa wird auch der ‚alte Kontinent' genannt.

به اروپا «قاره‌ی کهن» هم می‌گویند.

2552 **Planet** [pla'neːt] *m, -en, -en* — **سیاره**

Der Planet Mars hat zwei Monde.

سیاره‌ی مریخ، دو قمر دارد.

2553 **Pol** [poːl] *m, -s, -e* — **قطب**

Vom 21. März bis zum 23. September scheint am Nordpol Tag und Nacht die Sonne.

از ۲۱ مارس تا ۲۳ سپتامبر در قطب شمال روز و شب خورشید می‌تابد.

2554 **Schlamm** [ʃlam] *m, -s, kein Pl.* — **گل‌ولای**

Nach dem Hochwasser blieb am Ufer sehr viel Schlamm liegen.

بعد از سیل، گل‌ولای زیادی در ساحل بود.

2555 **Strand** [ʃtrant] *m, -(e)s, Strände* — **ساحل**

Das Hotel hat einen eigenen Strand.

هتل، ساحل اختصاصی دارد.

2556 **Weltall** ['vɛltal] *n, -s, kein Pl.* — **فضا**

Es wurde ein neuer Fernsehsatellit ins Weltall geschossen.

یک ماهواره‌ی تلویزیونی جدید به فضا پرتاب شد.

9.4 Tiere حیوانات

1-2000

2557 **Fisch** [fiʃ] *m, -(e)s, -e* — **ماهی**
In diesem See gibt es viele Fische. — در این دریاچه، ماهی زیادی است.

2558 **Geflügel** [gə'fly:g(ə)l] *n, -s, kein Pl.* — **پرنده**
Isst du gerne Geflügel? — دوست داری گوشت پرندگان بخوری؟

2559 **Hund** [hunt] *m, -(e)s, -e* — **سگ**
Er hat Angst vor Hunden. — از سگ می‌ترسد.

2560 **Insekt** [in'zɛkt] *n, -s, -en* — **حشره**
Unsere Obstbäume sind krank, weil Insekten die Blätter auffressen. — درختان میوه‌ی ما آفت دارند، چون حشرات برگ‌های آنها را می‌خورند.

2561 **Kalb** [kalp] *n, -(e)s, Kälber* — **گوساله، گوشت گوساله**
Für dieses Gericht kann man nur zartes Kalbfleisch nehmen. — فقط از گوشت ترد گوساله برای این غذا می‌توان استفاده کرد.

2562 **Katze** ['katsə] *f, -, -n* — **گربه**
Unsere Katze und unser Hund verstehen sich gut. — سگ و گربه‌ی ما خوب باهم می‌سازند.

2563 **Kuh** [ku:] *f, -, Kühe* — **گاو**
Frische Kuhmilch hat ca. 3.7% Fett. — شیر تازه‌ی گاو حدود ۳/۷٪ چربی دارد.

2564 **Lebewesen** ['le:bəve:z(ə)n] *n, -s, -* — **موجود زنده**
Auf dem Mond hat man noch keine Lebewesen entdeckt. — در کره‌ی ماه هنوز هیچ موجود زنده‌ای کشف نشده است.

2565 **Pferd** [pfe:ə*t] *n, -(e)s, -e* — **اسب**
Auf diesem Pferd können auch Kinder reiten. Es ist sehr ruhig. — بچه‌ها هم می‌توانند سوار این اسب شوند. خیلی آرام است.

2566 **Rind** [rint] *n, -(e)s, -er* — **گاو**
In diesem Stall sind über 200 Rinder. — بیش از ۲۰۰ رأس گاو در این طویله است.

2567 **Schwein** [ʃvain] *n, -(e)s, -e* — **خوک**
Ich esse kein Schweinefleisch. — گوشت خوک نمی‌خورم.

9.4 Tiere حیوانات

2568 **Tier** [tiːə*] *n, -(e)s, -e* — **حیوان**

In dieser Wohnung darf man keine Haustiere haben.

در این آپارتمان اجازه نداریم حیوانات خانگی نگه داریم.

2569 **Vieh** [fiː] *n, -s, kein Pl.* — **دام**

Der Bauer Janßen hat über 250 Stück Vieh in seinen Ställen.

کشاورز یانسن بیش از ۲۵۰ رأس دام در طویله‌اش دارد.

2570 **Vogel** ['foːg(ə)l] *m, -s, Vögel* — **پرنده**

Im Winter füttern wir draußen die Vögel.

در زمستان، به پرنده‌ها در بیرون غذا می‌دهیم.

2571 **Wild** [vilt] *n, -(e)s, kein Pl.* — **حیوان وحشی**

In diesem Tierschutzgebiet darf kein Wild geschossen werden.

در این منطقه‌ی محافظت‌شده، به هیچ شکاری نباید تیراندازی کرد.

2001-4000

2572 **Affe** ['afə] *m, -n, -n* — **میمون**

Linda hat einen kleinen Affen als Haustier.

لیندا میمون کوچکی در خانه دارد.

2573 **bellen** ['bɛl(ə)n] *V/i., bellte, hat gebellt* — **پارس کردن**

Wenn fremde Leute kommen, bellt unser Hund sofort.

وقتی افراد غریبه می‌آیند، سگ ما بلافاصله پارس می‌کند.

2574 **Biene** ['biːnə] *f, -, -n* — **زنبورعسل**

Unser Nachbar hat vier Bienenhäuser.

همسایه‌ی ما چهار کندوی زنبورعسل دارد.

2575 **Elefant** [ele'fant] *m, -en, -en* — **فیل**

In Indien werden Elefanten als Arbeitstiere verwendet.

در هند، از فیل به‌عنوان حیوان باربر استفاده می‌کنند.

2576 **Ente** ['ɛntə] *f, -, -n* — **اردک**

Zum Mittagessen gibt es einen Entenbraten.

نهار، کباب اردک داریم.

2577 **Feder** ['feːdə*] *f, -, -n* — **پر**

Unser Vogel verliert Federn. Er ist sicher krank.

پرنده‌ی ما پرهایش می‌ریزد. حتماً بیمار است.

2578 **Fliege** ['fli:gə] *f, -, -n* — **مگس**

Die Küche ist voller Fliegen. — آشپزخانه پر از مگس است.

2579 **fressen** ['frɛs(ə)n] *V/i., fraß, hat gefressen* — **خوردن**

Unsere Katze frisst gerne Fisch. — گربه‌ی ما دوست دارد ماهی بخورد.

2580 **füttern** ['fytə*n] *V/i., fütterte, hat gefüttert* — **غذا دادن**

Unser Hund wird nur einmal am Tag gefüttert. — به سگمان فقط یک بار در روز غذا داده می‌شود.

2581 **Gans** [gans] *f -, Gänse* — **غاز**

Bernd kann Gänse und Enten nicht unterscheiden. — برند فرق بین غاز و اردک را نمی‌داند.

2582 **Hahn** [ha:n] *m, -(e)s, Hähne* — **خروس**

Wir haben 12 Hühner und einen Hahn. — ۱۲ مرغ و یک خروس داریم.

2583 **Haustier** ['hausti:ə*] *n, -(e)s, -e* — **حیوان خانگی**

-Hast du ein Haustier? — - حیوان خانگی داری؟

-Ja, einen Hund. — - بله، یک سگ.

2584 **Henne** ['hɛnə] *f, -, -n* — **مرغ**

Die alten Hennen legen weniger Eier als die jungen. — مرغ‌های پیر کمتر از مرغ‌های جوان تخم می‌گذارند.

2585 **Kaninchen** [ka'ni:nçən] *n, -s, -* — **خرگوش**

Das Gemüse in unserem Garten müssen wir vor den Kaninchen schützen. — باید از سبزیجات باغ خودمان دربرابر خرگوش‌ها محافظت کنیم.

2586 **Lamm** [lam] *n, -(e)s, Lämmer* — **برّه**

In den meisten Metzgereien in unserer Stadt kann man kein Lammfleisch kaufen. — در بیشتر قصابی‌های شهر ما گوشت برّه نمی‌فروشند.

2587 **Löwe** ['lø:və] *m, -n, -n* — **شیر**

In diesem kleinen Zoo gibt es keine Löwen. — در این باغ‌وحش کوچک، شیر نیست.

2588 **Maus** [maus] *f, -, Mäuse* — **موش**

Im Keller in unserem Haus sind Mäuse. — در زیرزمین خانه‌ی ما موش است.

9.4 Tiere حیوانات

2589 **Ochse** ['ɔksə] *m, -n, -n* **گاو**

Ich kenne einen Bauern, der noch Ochsen als Arbeitstiere hat.
کشاورزی را می‌شناسم که هنوز از گاوها به‌عنوان حیوان باربر استفاده می‌کند.

2590 **Pelz** [pɛlts] *m, -es, -e* **خز**

Diese Pelzjacke ist sehr warm.
این کاپشن خز خیلی گرم است.

2591 **Rasse** ['rasə] *f, -, -n* **نژاد**

Wie heißt diese Hunderasse?
اسم این نژاد سگ چیست؟

2592 **Ratte** ['ratə] *f, -, -n* **موش صحرایی**

Im Hühnerstall habe ich eine Ratte gesehen.
در مرغدانی، موش صحرایی دیدم.

2593 **Schaf** [ʃa:f] *n, -(e)s, -e* **گوسفند**

Der Pullover ist aus Schafswolle.
پولیور از پشم گوسفند است.

2594 **Schlange** ['ʃlaŋə] *f, -, -n* **مار**

Diese Schlange ist ungefährlich.
این مار خطرناک نیست.

2595 **Schmetterling** ['ʃmɛtə*liŋ] *m, -s, -e* **پروانه**

Erika sammelt Schmetterlinge.
اریکا پروانه جمع می‌کند.

2596 **Schwanz** [ʃvants] *m, -es, Schwänze* **دُم**

Hunde dieser Rasse haben einen sehr kurzen Schwanz.
سگ‌های این نژاد دم خیلی کوتاهی دارند.

2597 **Taube** ['taubə] *f, -, -n* **کبوتر**

Es gibt zu viele Tauben in unserer Stadt.
در شهر ما کبوتر زیاد است.

2598 **Wolf** [vɔlf] *m, -(e)s, Wölfe* **گرگ**

In Mitteleuropa gibt es fast keine Wölfe mehr.
در اروپای میانه تقریباً دیگر گرگی نیست.

2599 **Wurm** [vurm] *m, -(e)s, Würmer* **کرم**

Er fängt Fische mit lebenden Würmern.
او با کرم‌های زنده ماهی می‌گیرد.

2600 **zahm** [tsa:m] *Adj.* **اهلی**

Ist der Vogel zahm?
این پرنده اهلی است؟

2601 **Ziege** ['tsi:gə] *f, -, -n* **بز**

Ich esse gerne Ziegenkäse.
پنیرِ بز را دوست دارم.

2602 **züchten** ['tsyçt(ə)n] *V/t., züchtete, hat gezüchtet* — **پرورش دادن**

Peter züchtet seltene Fische. — پتر ماهی‌های کمیاب پرورش می‌دهد.

9.5 Pflanzen گیاهان

1-2000

2603 **Baum** [baum] *m, -(e)s, Bäume* — **درخت**
Der Baum ist über 80 Jahre alt. — این درخت بیش از ۸۰ سال سن دارد.

2604 **Blatt** [blat] *n, -(e)s, Blätter* — **برگ**
In diesem Jahr sind die Blätter sehr früh von den Baümen gefallen. — امسال برگ‌ها خیلی زود از درختان ریخت.

2605 **Blume** ['blu:mə] *f, -, -n* — **گل**
Welche Blume magst du am liebsten? — کدام گل را بیشتر دوست داری؟

2606 **Blüte** ['bly:tə] *f, -, -n* — **شکوفه، گل**
Diese Blume hat blaue Blüten. — شکوفه‌های این گل،آبی است.

2607 **Ernte** ['ɛrntə] *f, -, -n* — **محصول**
Die Ernte des letzten Jahres war schlechter als dieses Jahr. — محصول سال گذشته بدتر از امسال بود.

2608 **Getreide** [gə'traidə] *n, -s, kein Pl.* — **غلات، ذرت**
Wegen des feuchten Sommers war die Getreideernte nicht sehr gut. — به‌دلیل تابستان بارانی، محصول غلات خیلی خوب نبود.

2609 **Gras** [gra:s] *n, -es, kein Pl.* — **علف**
Weil es wenig geregnet hat, ist das Gras gelb geworden. — چون کم باران آمد، علف زرد شده است.

2610 **Pflanze** ['pflantsə] *f, -, -n* — **گیاه**
Für trockenes Klima ist die Pflanze nicht geeignet. — این گیاه برای آب‌وهوای خشک مناسب نیست.

2611 **pflanzen** ['pflants(ə)n] *V/t., pflanzte, hat gepflanzt* — **کاشتن**
Die Bäume müssen im Herbst gepflanzt werden. — درختان را باید در پاییز کاشت.

2612 **Wurzel** ['vurts(ə)l] *f, -, -n* — **ریشه**
Die Wurzeln dieser Pflanze sind über einen Meter tief in der Erde. — ریشه‌های این گیاه بیش از یک متر در خاک عمق دارند.

2613 **Zweig** [tsvaik] *m, -(e)s, -e* — **شاخه**
Durch den Sturm hat der Baum einige Zweige verloren. — چند شاخه‌ی درخت در طوفان از بین رفت.

9.5 Pflanzen گیاهان

2001-4000

2614 **Ast** [ast] *m, -(e)s, Äste* — **شاخه**

Im Herbst sollte man die Äste der Obstbäume schneiden. — شاخه‌های درختان میوه را در پاییز باید برید.

2615 **blühen** ['bly:(ə)n] *V/i., blühte, hat geblüht* — **گل دادن**

Diese Blume blüht im Herbst. — این گیاه در پاییز گل می‌دهد.

2616 **Rose** ['ro:zə] *f, -, -n* — **رُز، گل سرخ**

Fast alle Rosen sind durch den starken Frost kaputtgegangen. — تقریباً همه‌ی رزها در سرمای سخت از بین رفته‌اند.

2617 **säen** ['zɛ:(ə)n] *V/t., säte, hat gesät* — **بذر پاشیدن**

Der Weizen wird schon im März gesät. — بذر گندم را در مارس می‌پاشند.

2618 **Samen** ['za:mən] *m, -s, -* — **بذر**

Es gibt verschiedene Sorten von Grassamen. — انواع مختلف بذر چمن وجود دارد.

2619 **Stamm** [ʃtam] *m, -(e)s, Stämme* — **تنه**

Der Stamm des Baumes ist innen faul. — تنه‌ی درخت از داخل پوسیده است.

2620 **Stiel** [ʃti:l] *m, -(e)s, -e* — **ساقه**

Vorsicht, die Stiele der Blumen sind sehr zart! — مراقب باشید، ساقه‌ی گل‌ها خیلی شکننده است!

2621 **Strauß** [ʃtraus] *m, -es, Sträuße* — **دسته‌گل**

Der Blumenstrauß ist wirklich sehr schön. — این دسته‌گل واقعاً بسیار قشنگ است.

2622 **Tomate** [to'ma:tə] *f, -, -n* — **گوجه‌فرنگی**

Für den Salat brauchen wir Tomaten. — برای سالاد، گوجه‌فرنگی می‌خواهیم.

2623 **Traube** ['traubə] *f, -, -n* — **انگور**

Die Trauben schmecken sauer. — انگورها ترش‌مزه هستند.

9.6 Wetter und Klima آب و هوا

1-2000

2624 **Frost** [frɔst] *m, -es, kein Pl.* **یخبندان**

Die Pflanze muss vor Frost geschützt werden.

در برابر یخبندان باید از گیاه محافظت کرد.

2625 **Gewitter** [gə'vitə*] *n, -s, -* **طوفان**

Mach alle Fenster zu! Es gibt gleich ein Gewitter.

همه‌ی پنجره‌ها را ببند! همین الآن طوفان می‌شود.

2626 **Hitze** ['hitsə] *f, -, kein Pl.* **گرما**

Andreas kann große Hitze nicht vertragen.

آندره‌اس نمی‌تواند گرمای زیاد را تحمل کند.

2627 **kalt** [kalt] *Adj., kälter, am kältesten* **سرد**

Zieh dich warm an! Draußen ist es kalt.

لباس گرم بپوش! بیرون سرد است.

2628 **Kälte** ['kɛltə] *f, -, kein Pl.* **سرما**

Die Kälte ist ungewöhnlich für die Jahreszeit.

این سرما در این فصل سال غیرمعمول است.

2629 **Klima** ['kli:ma] *n, -s, Klimata (Klimate)* **آب‌وهوا**

Im Norden des Landes ist das Klima feucht und kalt.

در شمال کشور، آب‌وهوا مرطوب و سرد است.

2630 **kühl** [ky:l] *Adj.* **خنک**

Das Wasser ist zu kühl zum Baden.

آب برای آبتنی بیش از حد خنک است.

2631 **Nebel** ['ne:b(ə)l] *m, -s, kein Pl.* **مه**

Der Nebel ist so dicht, dass man kaum 20 Meter weit sehen kann.

مه چنان غلیظ است که نمی‌توان ۲۰ متر آن طرف‌تر را دید.

2632 **Regen** ['re:g(ə)n] *m, -s, kein Pl.* **باران**

Der Wetterbericht hat für morgen Regen gemeldet.

در گزارش وضع هوا، برای فردا باران اعلام شده است.

2633 **regnen** ['re:gnən] *V/i., regnete, hat geregnet* **باریدن**

Es hat schon seit Wochen nicht geregnet.

هفته‌ها است که باران نباریده است.

2634 **scheinen** ['ʃainən] *V/i., schien, hat geschienen* — **تابیدن**
Wir hatten im Urlaub gutes Wetter. Jeden Tag schien die Sonne. — در تعطیلات هوا خوب بود. هر روز خورشید می‌تابید.

2635 **Schnee** [ʃne:] *m, -s, kein Pl.* — **برف**
Zum Skifahren gibt es leider nicht genug Schnee. — متأسفانه، برف برای اسکی کافی نیست.

2636 **schneien** ['ʃnai(ə)n] *V/i., schneite, hat geschneit* — **برف باریدن**
Seit zwei Stunden schneit es. — دو ساعت است که برف می‌بارد.

2637 **sonnig** ['zɔniç°] *Adj.* — **آفتابی**
In den letzten Tagen war das Wetter meistens sonnig. — در چند روز آخر، هوا اغلب آفتابی بود.

2638 **Sturm** [ʃturm] *m, -(e)s, Stürme* — **طوفان**
Der Sturm hat schwere Schäden verursacht. — طوفان، خسارت‌های سنگینی به‌بارآورد.

2639 **stürmen** ['ʃtyrmən] *V/i., stürmte, hat gestürmt* — **طوفان بودن**
Draußen stürmt und schneit es. — بیرون هوا طوفانی و برفی است.

2640 **Tropfen** ['trɔpf(ə)n] *m, -s, -* — **قطره**
Es gibt Regen. Die ersten Tropfen fallen schon. — باران می‌بارد. نخستین قطره‌ها دارد می‌بارد.

2641 **warm** [varm] *Adj., wärmer, am wärmsten* — **گرم**
Du brauchst keine Jacke. Es ist warm draußen. — تو به ژاکت احتیاج نداری. بیرون هوا گرم است.

2642 **Wärme** ['vɛrmə] *f, -, kein Pl.* — **گرما**
Der Ofen macht eine angenehme Wärme. — بخاری، گرمای مطبوعی تولید می کند.

2643 **wehen** [ve:(ə)n] *V/i., wehte, hat geweht* — **وزیدن**
Seit Stunden weht ein starker Wind. — از ساعت‌ها پیش، باد شدیدی می‌وزد.

2644 **Wetter** ['vɛtə*] *n, -s, kein Pl.* — **آب‌وهوا**
Wie wird das Wetter morgen? — فردا آب‌وهوا چطور است؟

2645 **Wind** [vint] *m, -(e)s, -e* — **باد**
Der Wind kommt von Westen. — باد از غرب می‌آید.

9.6 Wetter und Klima — آب و هوا

2646 **Wolke** ['vɔlkə] *f, -, -n* — **ابر**
Die Wolken wurden immer dunkler. — ابرها تیره و تیره‌تر شدند.

2001-4000

2647 **Blitz** [blits] *m, -es, -e* — **صاعقه**
Hast du den Blitz gesehen? — صاعقه را دیدی؟

2648 **Donner** ['dɔnə*] *m, -s, kein Pl.* — **رعد**
Hast du den Donner gehört? Es gibt gleich ein Gewitter. — رعد را شنیدی؟ الآن طوفان می‌شود.

2649 **Eis** [ais] *n, -es, kein Pl.* — **یخ**
Das Eis trägt. Man kann darauf laufen. — یخ سفت است. می‌شود رویش راه رفت.

2650 **Hochwasser** ['ho:xvasə*] *n, -s, kein Pl.* — **سیل**
Wegen des Hochwassers müssen die Küstenbewohner ihre Häuser verlassen. — ساکنان مناطق ساحلی باید به‌دلیل سیل، خانه‌های خود را ترک کنند.

2651 **Katastrophe** [katas'tro:fə] *f, -, -n* — **فاجعه، بلیه، بلایای طبیعی**
Die Flutkatastrophe forderte viele Opfer. — فاجعه‌ی سیل قربانیان زیادی گرفت.

2652 **mild** [milt] *Adj., -er, am -esten* — **معتدل**
Typisch für die Gegend ist das milde Winterklima. — زمستان‌های معتدل، ویژه‌ی این منطقه است.

2653 **neblig** ['ne:bliç°] *Adj.* — **مه‌آلود، مه‌گرفته**
Fahr langsamer, es ist neblig! — آرام‌تر برو! هوا مه‌آلود است.

2654 **regnerisch** ['re:gnəriʃ] *Adj.* — **بارانی**
Das Wetter ist seit Tagen kalt und regnerisch. — روزها است که هوا سرد و بارانی است.

2655 **Schauer** ['ʃauə*] *m, -s, -* — **رگبار**
Nach dem kurzen Schauer schien wieder die Sonne. — بعد از رگبار کوتاه دوباره خورشید تابید.

2656 **Sonnenschein** ['zɔnənʃain] *m, -s, kein Pl.* — **آفتاب**
Ich wünsche euch für euren Urlaub viel Sonnenschein. — آرزو می‌کنم در تعطیلات هوای آفتابی داشته باشید.

10.1 Technik — فن (تکنیک)

1-2000

2657 **anmachen** ['anmax(ə)n] *V/t., machte an, hat angemacht* — **روشن کردن**
Mach bitte den Fernsehapparat an! — لطفا تلویزیون را روشن کن!

2658 **an sein** ['an zain] *V/i., war an, ist an gewesen* — **روشن بودن**
Warum ist in der Garage das Licht an? — چرا چراغ پارکینگ روشن است؟

2659 **Apparat** [apa'ra:t] *m, -s, -e* — **دستگاه (تلویزیون، تلفن)**
Der Fernsehapparat steht im Wohnzimmer. — دستگاه تلویزیون در اتاق نشیمن است.

2660 **ausmachen** ['ausmax(ə)n] *V/t., machte aus, hat ausgemacht* — **خاموش کردن**
Vergiss nicht, das Radio auszumachen! — یادت نرود رادیو را خاموش کنی!

2661 **aus sein** ['aus zain] *V/i., war aus, ist aus gewesen* — **خاموش بودن**
Es ist kalt hier. Ist die Heizung aus? — اینجا سرد است. شوفاژ خاموش است؟

2662 **Automat** [auto'ma:t] *m, -en, -en* — **دستگاه خودکار**
Wo gibt es hier einen Zigarettenautomaten? — دستگاه فروش خودکار سیگار کجا است؟

2663 **automatisch** [auto'ma:tiʃ] *Adj.* — **(به‌طور) خودکار، خودبه‌خود**
Das Licht geht automatisch an. — چراغ خودبه‌خود خاموش می‌شود.

2664 **Computer** [kɔm'pju:tə*] *m, -s, -* — **رایانه**
Unsere Rechnungen werden alle von einem Computer geschrieben. — همه‌ی صورت‌حساب‌های ما با رایانه ثبت شده است.

2665 **Dampf** [dampf] *m, -(e)s, Dämpfe* — **بخار**
Diese Maschine funktioniert noch mit Dampfkraft. — این موتور هنوز با بخار کار می‌کند.

2666 **dicht** [diçt] *Adj., -er, am -esten* — **بدون درز، عایق**
Die Gasleitung ist nicht dicht. — لوله‌ی گاز عایق نیست.

2667 **Draht** [dra:t] *m, -(e)s, Drähte* — **سیم**
Die Leitungen kannst du mit Draht zusammenbinden. — می‌توانی لوله‌ها را با سیم به هم وصل کنی.

10.1 Technik — فن (تکنیک)

2668 **elektrisch** [e'lɛktrɪʃ] *Adj., keine Komp.* — **برقی**
Er benutzt einen elektrischen Rasierapparat.
از ریش‌تراش برقی استفاده می‌کند.

2669 **Energie** [enɛr'gi:] *f, -, -n* — **انرژی**
Die Kosten für Heizenergie sind gesunken.
بهای انرژی حرارتی کاهش یافته است.

2670 **Funk** [fuŋk] *m, -s, kein Pl.* — **بی‌سیم**
Die Polizei hat über Funk einen Krankenwagen gerufen.
پلیس با بی‌سیم آمبولانس خبر کرد.

2671 **funktionieren** [fuŋktsjo'ni:rən] *V/i., funktionierte, hat funktioniert* — **کار کردن**
Die Waschmaschine funktioniert nicht.
ماشین لباسشویی کار نمی‌کند.

2672 **Gas** [ga:s] *n, -es,-e* — **گاز**
Wir haben einen Gasherd.
ما اجاق گاز داریم.

2673 **Glas** [gla:s] *n, -es, kein Pl.* — **شیشه**
Auf der Kiste steht: ‚Vorsicht Glas!'
روی جعبه نوشته شده است: «توجه! شیشه!»

2674 **Kabel** ['ka:b(ə)l] *n, -s, -* — **کابل**
Für diese Stromstärke ist das Kabel nicht stark genug.
کابل برای این ولتاژ به‌اندازه‌ی کافی قوی نیست.

2675 **Lärm** [lɛrm] *m, -s, kein Pl.* — **سروصدا**
Leider macht die Maschine sehr viel Lärm.
متأسفانه ماشین خیلی سروصدا می‌کند.

2676 **Leitung** ['laituŋ] *f, -,-en* — **لوله**
Im letzten Winter ist unsere Wasserleitung eingefroren.
زمستان پارسال لوله‌ی آب ما یخ زده بود.

2677 **leuchten** ['lɔiçt(ə)n] *V/i., leuchtete, hat geleuchtet* — **تاباندن، نور پخش کردن**
Die Lampe leuchtet sehr stark.
لامپ نور شدیدی پخش می‌کند.

2678 **Licht** [liçt] *n, -(e)s, -er* — **چراغ**
Mach bitte das Licht aus!
لطفا چراغ را خاموش کن!

2679 **Maschine** [ma'ʃi:nə] *f, -, -n* — **ماشین**
Diese Maschine ist sehr teuer.
این ماشین خیلی گران است.

10.1 Technik — فن (تکنیک)

2680 **Motor** ['mo:tɔr] *m, -s, -en* — **موتور**
Der Motor der Maschine macht ein komisches Geräusch. — موتور ماشین صدای عجیبی می‌دهد.

2681 **Pumpe** ['pumpə] *f, -, -n* — **پمپ، تلمبه**
Die Pumpe der Waschmaschine ist kaputt. — پمپ ماشین لباسشویی خراب است.

2682 **Rohr** [ro:ə*] *n, -(e)s, -e* — **لوله**
Das Rohr hat ein Loch. — لوله سوراخ است.

2683 **Schalter** ['ʃaltə*] *m, -s, -* — **کلید**
Der Lichtschalter ist links neben der Tür. — کلید چراغ، سمت چپ در است.

2684 **Strom** [ʃtro:m] *m, -s, kein Pl.* — **برق، انرژی**
Die neue Waschmaschine braucht weniger Strom als die alte. — ماشین لباسشویی جدید کمتر از ماشین قدیمی برق مصرف می کند.

2685 **Technik** ['tɛçnik] *f, -, -en* — **فناوری، مهندسی، مکانیک**
Die Technik moderner Automotoren wird immer komplizierter. — فناوری موتور خودروهای جدید دائم پیچیده‌تر می‌شود.

2686 **technisch** ['tɛçniʃ] *Adj.* — **فنی**
Diese Maschine ist eine technische Sensation. — این ماشین از نظر فنی محشر است.

2001-4000

2687 **Atomenergie** [a'to:menɛrgi:] *f, -, kein Pl.* — **انرژی اتمی**
Ein groBer Teil des Stroms in der Bundesrepublik wird aus Atomenergie gewonnen. — بخش عمده‌ای از برق جمهوری فدرال آلمان از انرژی اتمی تأمین می‌شود.

2688 **bedienen** [bə'di:nən] *V/t., bediente, hat bedient* — **عمل کردن، کار کردن، (به)کار انداختن، راه انداختن**
Die Maschine darf nur von einem Fachmann bedient werden. — فقط متخصص می‌تواند ماشین را به‌کار اندازد.

2689 **Brett** [brɛt] *n, -(e)s, -er* — **تخته**
Die Bretter sind 22 mm stark. — تخته‌ها ۲۲ میلی‌متر ضخامت دارند.

10.1 Technik — فن (تکنیک)

2690	**Dichtung** ['diçtuŋ] *f, -, -en* Die Dichtung des Wasserhahns ist kaputt.	**واشر** واشر شیر آب خراب است.
2691	**Elektrizität** [elɛktritsi'tɛ:t] *f, -, kein Pl.* Elektrizität ist die sauberste Energieart.	**برق** برق، تمیزترین نوع انرژی است.
2692	**Feder** ['fe:də*] *f, -, -n* Durch eine Feder wird die Tür automatisch zugezogen.	**فنر** در، با فنر، به‌طور خودکار بسته می‌شود.
2693	**Gebrauchsanweisung** [gə'brauxsanvaizuŋ] *f, -, -en* Bitte lesen Sie die Gebrauchsanweisung genau durch!	**دستورالعمل مصرف‌کننده** لطفاً دستورالعمل مصرف‌کننده را با دقت بخوانید!
2694	**Instrument** [instru'mɛnt] *n, -s, -e* Mein Arzt hat in seiner Praxis alle wichtigen medizinischen Instrumente.	**ابزار** پزشک من در مطبش، همه‌ی ابزارهای مهم پزشکی را دارد.
2695	**Kapazität** [kapatsi'tɛ:t] *f, -, -en* Die Fabrik hat keine Produktionskapazität mehr frei.	**گنجایش، ظرفیت** کارخانه، گنجایش تولید بیشتر را ندارد.
2696	**Konstruktion** [kɔnstruk'tsjo:n] *f, -, -en* Wegen ihrer einfachen technischen Konstruktion ist die Maschine leicht zu reparieren.	**ساختمان، ساختار، طرح** این ماشین، به‌دلیل ساختار فنی ساده‌ی آن، به‌راحتی تعمیر می‌شود.
2697	**Lautsprecher** ['lautʃprɛçə*] *m, -s, -* Für dieses Radio sind die Lautsprecher zu klein.	**بلندگو** بلندگوها برای این رادیو بیش از حد کوچک هستند.
2698	**Modell** [mo'dɛl] *n, -s, -e* Für dieses alte Modell gibt es keine Ersatzteile mehr.	**مدل** برای این مدل قدیمی، دیگر لوازم یدکی وجود ندارد.
2699	**Rost** [rɔst] *m, -(e)s, kein Pl.* Die Eisentür muss vor Rost geschützt werden.	**زنگ‌زدگی** در آهنی را باید در برابر زنگ‌زدگی محافظت کرد.
2700	**Skala** ['ska:la] *f, -, Skalen* Laut Skala ist der Öltank voll.	**درجه، مقیاس** با توجّه به درجه‌ی بنزین، باک پر است.

2701 **Spannung** ['ʃpanuŋ] *f, -, -en* **ولتاژ**
In unserem Land ist die Stromspannung niedriger.
در کشور ما ولتاژ برق پایین‌تر است.

2702 **Struktur** ['ʃtruk'tu:ə*] *f, -, -en* **الگو، انگاره، روند؛ ساختار**
Die Verkehrsstruktur in unserem Gebiet soll verbessert werden.
روند آمدوشد در منطقه‌ی ما باید بهتر شود.

2703 **Verfahren** [fɛə*'fa:rən] *n, -s, -* **روش**
Das neue Herstellungsverfahren ist wirtschaftlicher.
روش جدید تولید، باصرفه‌تر است.

10.2 Materialien مواد

1-2000

2704 **Asche** ['aʃə] *f, -, -en* **خاکستر**
Der Ofen ist voll Asche. بخاری پر از خاکستر است.

2705 **Blech** [blɛç] *n, -s, -e* **حلبی**
Das Blech ist zu dick, um es zu schneiden. حلبی ضخیم‌تر از آن است که بتوان آن‌را برید.

2706 **Eisen** ['aiz(ə)n] *n, -s, -* **آهن**
Die Leiter ist aus Eisen. نردبان آهنی است.

2707 **Erdöl** ['eːə*tøːl] *n, -s, kein Pl.* **نفت**
Die Preise für Erdöl sind wieder gestiegen. بهای نفت باز هم افزایش یافته است.

2708 **fein** [fain] *Adj.* **لطیف**
Der Wollstoff ist sehr fein. پارچه‌ی پشمی خیلی خوب است.

2709 **fest** [fɛst] *Adj., -er, am -esten* **سفت، محکم**
Die Schraube sitzt ziemlich fest. پیچ واقعاً سفت است.

2710 **flüssig** ['flysiç°] *Adj.* **روان**
Das Öl sollte warm und sehr flüssig sein. روغن باید گرم و بسیار روان باشد.

2711 **Flüssigkeit** ['flysiçkait] *f, -, -en* **مایع**
Vorsicht! Diese Flüssigkeit ist giftig. دقت کنید! این مایع سمی است.

2712 **Gold** [gɔlt] *n, -(e)s, kein Pl.* **طلا**
Das Armband ist aus Gold. دستبند، طلا است.

2713 **grob** ['grɔp] *Adj., gröber,am gröbsten* **درشت**
Der Sand ist zu grob. شن بیش از حد درشت است.

2714 **Gummi** ['gumi] *n, -s, kein Pl.* **لاستیک**
Die Schuhe sind aus Gummi. این کفش، لاستیکی است.

2715 **hart** [hart] *Adj., härter, am härtesten* **سخت**
Für Treppen verwendet man hartes Holz. برای پله‌ها از چوب سخت استفاده می‌شود.

2716 **heiß** [hais] *Adj., -er, am -esten* **داغ**
Das Öl ist heiß. Pass auf! مراقب باش! روغن داغ است.

10.2 Materialien مواد

2717 **hohl** [ho:l] *Adj.* **توخالی**
Die Tür ist innen hohl. — در، توخالی است.

2718 **Holz** [hɔlts] *n, -es, Hölzer* **چوب**
In der Wohnung ist ein Holzfußboden. — کف آپارتمان چوبی است.

2719 **klar** [kla:*] *Adj.* **شفاف**
Das Wasser in dem See ist klar und sauber. — آب دریاچه، شفاف و تمیز است.

2720 **Kohle** [ko:lə] *f, -, -n* **زغال**
Wir haben einen Kohleofen in der Küche. — ما در آشپزخانه اجاق زغالی داریم.

2721 **Kunststoff** ['kunstʃtɔf] *m, -(e)s, -e* **پلاستیک**
Das Fenster ist aus Kunststoff. — پنجره، پلاستیکی است.

2722 **leicht** [laiçt] *Adj., -er, am -esten* **سبک**
Die neuen Autos sind viel leichter als die alten. — خودروهای جدید، خیلی سبک‌تر از خودروهای قدیمی است.

2723 **Material** [mate'rja:l] *n, -s, Materialien* **ماده**
Aus was für einem Material ist die Tasche? — کیف از چه نوع ماده‌ای ساخته شده است؟

2724 **Metall** [me'tal] *n, -s, -e* **فلز**
Das Tor ist aus Metall. — دروازه، فلزی است.

2725 **Mischung** ['miʃuŋ] *f, -, -en* **مخلوط**
Der Motor läuft mit einer Mischung aus Benzin und Öl. — موتور با مخلوطی از بنزین و روغن کار می‌کند.

2726 **nass** [nas] *Adj., nässer, am nässesten (nassesten)* **خیس**
Das Holz ist nass. — چوب، خیس است.

2727 **neu** [nɔi] *Adj., -er, am -esten* **جدید**
Der neue Apparat funktioniert besser. — دستگاه جدید، بهتر کار می‌کند.

2728 **Öl** [ø:l] *n, -(e)s, -e* **روغن**
Das Motoröl muss gewechselt werden. — روغن موتور باید عوض شود.

10.2 Materialien مواد

2729 **Papier** [pa'pi:ə*] *n, -s, -e* کاغذ

Gib mir bitte ein Blatt Papier! لطفا یک برگ کاغذ به من بده!

2730 **Plastik** ['plastik] *n, -s, kein Pl.* پلاستیک

Beim Camping verwenden wir Plastikgeschirr. موقع اردو، از ظروف پلاستیکی استفاده می‌کنیم.

2731 **Pulver** ['pulfə*] *n, -s, -* پودر

Der Schnee ist fein wie Pulver. برف، مثل پودر، ریز است.

2732 **schwer** [ʃve:ə*] *Adj.* سنگین

Dieser Stoff ist warm, aber sehr schwer. این پارچه، گرم ولی خیلی سنگین است.

2733 **Silber** ['zilbə*] *n, -s, kein Pl.* نقره

Deine Silberkette gefällt mir gut. از زنجیر نقره‌ی تو واقعاً خوشم می‌آید.

2734 **Stahl** ['ʃta:l] *m, -s, Stähle* فولاد

Er arbeitet in der Stahlindustrie. در صنعت فولاد کار می‌کند.

2735 **Stoff** [ʃtɔf] *m, -(e)s, -e* ماده

Die Verwendung gefährlicher chemischer Stoffe soll besser kontrolliert werden. استفاده از مواد شیمیایی خطرناک باید بیشتر کنترل شود.

2736 **trocken** ['trɔk(ə)n] *Adj.* خشک

Ist die Wäsche schon trocken? لباس‌ها خشک است؟

2737 **weich** [vaiç] *Adj., -er, am -(e)sten* نرم

Der Teppich ist angenehm weich. قالی، خوب و نرم است.

2738 **Wolle** ['vɔlə] *f, -, kein Pl.* پشم

Der Mantel ist aus reiner Wolle. پالتو، از پشم خالص است.

2739 **Ziegel** ['tsi:g(ə)l] *m, -s, -* آجر

Das Haus ist aus roten Ziegeln gebaut. خانه از آجر قرمز ساخته شده است.

2001-4000

2740 **Aluminium** [alu'mi:njum] *n, -s, kein Pl.* آلومینیوم

Das Fahrrad ist aus Aluminium. Es ist leicht und rostet nicht. دوچرخه، آلومینیومی است؛ سبک است و زنگ نمی‌زند.

10.2 Materialien مواد

2741 **auflösen** ['aufløːz(ə)n] *V/t., löste auf, hat aufgelöst* **حل کردن**
Das Pulver muss in Wasser aufgelöst werden. پودر باید در آب حل شود.

2742 **Baumwolle** ['baumvɔlə] *f, -, kein PL.* **کتان**
Der Pullover ist aus Baumwolle. پولیور، کتانی است.

2743 **Blei** [blai] *n, -(e)s, kein Pl.* **سرب**
Der Automotor läuft auch mit bleifreiem Benzin. موتور خودرو با بنزین بدون سرب هم کار می‌کند.

2744 **Kupfer** ['kupfə*] *n, -s, kein Pl.* **مس**
Die Kanne ist aus Kupfer. قوری، مسی است.

2745 **locker** ['lɔkə*] *Adj.* **شل**
Die Schraube sitzt locker. پیچ، شل است.

2746 **lose** ['loːzə] *Adj.* **باز**
Ein Knopf an der Jacke ist lose. یکی از دکمه‌های ژاکت باز است.

2747 **rein** [rain] *Adj.* **خالص**
Ist die Hose aus reiner Baumwolle? شلوار از کتان خالص است؟

2748 **stabil** [ʃta'biːl] *Adj.* **محکم**
Das Regal ist sehr stabil. قفسه‌ها خیلی محکم هستند.

11.1 Reise سفر

1-2000

2749	**abfahren** ['apfa:rən] *V/i., fuhr ab, ist abgefahren* Der Zug fährt um 19.12 Uhr ab.	**راه‌افتادن** قطار رأس ۱۹/۱۲ راه می‌افتد.
2750	**Abfahrt** ['apfa:*t] *f, -, -en* Abfahrt ist um 7.00 Uhr.	**حرکت** حرکت، رأس ساعت ۷ است.
2751	**Abreise** ['apraizə] *f, -, -n* Die Abreise ist nach dem Fruhstück.	**عزیمت** عزیمت، پس از صرف صبحانه است.
2752	**abreisen** ['apraiz(ə)n] *V/i., reiste ab, ist abgereist* Frau Pauls ist schon gestern abgereist.	**رفتن** خانم پاول دیروز رفت.
2753	**ankommen** ['ankɔmən] *V/i., kam an, ist angekommen* Das Gepäck kommt erst morgen an.	**رسیدن** تازه فردا چمدان‌ها می‌رسد.
2754	**Ankunft** ['ankunft] *f, -, kein Pl.* Die genaue Ankunftszeit des Zuges kenne ich nicht.	**ورود** زمان دقیق ورود قطار را نمی‌دانم.
2755	**Aufenthalt** ['aufənthalt] *m, -(e)s, -e* In Hannover haben Sie 40 Minuten Aufenthalt.	**توقف** در هانوفر، ۴۰ دقیقه توقف دارید.
2756	**Ausland** ['auslant] *n, -s, kein Pl.* Sie hat drei Jahre im Ausland gelebt.	**خارج از کشور** سه سال در خارج از کشور زندگی کرده است.
2757	**Gepäck** [gə'pɛk] *n, -s, kein Pl.* Sie dürfen nur 20 kg Gepäck mitnehmen.	**بار** فقط ۲۰ کیلوگرم بار می‌توانید با خود ببرید.
2758	**Hotel** [ho'tɛl] *n, -s, -s* Das Hotel hat nur Doppelzimmer.	**هتل** این هتل فقط اتاق‌های دوتخته دارد.
2759	**Koffer** ['kɔfə*] *m, -s, -* Trägst du bitte den Koffer?	**چمدان** می‌شود لطفاً چمدان را بیاورید؟

11.1 Reise سفر

2760 **Landkarte** ['lantkartə] *f, -, -n* **نقشه**

Diesen kleinen Ort kann ich auf der Landkarte nicht finden. این روستای کوچک را نمی‌توانم روی نقشه پیدا کنم.

2761 **packen** ['pak(ə)n] *V/t., packte, hat gepackt* **بستن**

Ich habe schon meine Koffer gepackt. چمدانم را قبلاً بسته‌ام.

2762 **Passagier** [pasa'ʒi:ə*] *m, -s, -e* **Passagierin** [pasa'ʒi:rin] *f, -, -nen* **مسافر**

Das Flugzeug hat Platz für 250 Passagiere. هواپیما گنجایش ۲۵۰ مسافر را دارد.

2763 **Pass** [pas] *m, -es, Pässe* **گذرنامه**

Der Pass ist noch zwei Jahre gültig. گذرنامه هنوز ۲ سال اعتبار دارد.

2764 **Rast** [rast] *f -, kein Pl.* **استراحت**

Während der Autofahrt haben wir zweimal Rast gemacht. در طول سفر با خودرو، دو بار برای استراحت توقف کردیم.

2765 **Reise** ['raizə] *f, -, -n* **سفر**

Die Reise dauert 10 Tage. سفر ۱۰ روز طول می‌کشد.

2766 **reisen** ['raiz(ə)n] *V/i., reiste, ist gereist* **سفر کردن**

Wir sind vier Wochen durch Schweden gereist. سفر ما به سوئد چهار هفته طول کشید.

2767 **Stadtplan** ['ʃtatpla:n] *m, -(e)s, Stadtpläne* **نقشه‌ی شهر**

Dieser Stadtplan ist nur für die Innenstadt. این نقشه‌ی شهر فقط برای بخش مرکزی شهر است.

2768 **Ticket** ['tikət] *n, -s, -s* **بلیت**

Das Ticket ist ein Jahr gültig. بلیت یک سال اعتبار دارد.

2769 **Tourist** [tu'rist] *m, -en, -en* **Touristin** [tu'ristin] *f, -, -nen* **گردشگر**

Im Sommer gibt es in München viele Touristen. در تابستان، گردشگران زیادی در مونیخ هستند.

2770 **übernachten** [y:bə*'naxt(ə)n] *V/i., übernachtete, hat übernachtet* **شب را جایی ماندن**

Du kannst bei mir übernachten. می‌توانی شب را پیش من بمانی.

11.1 Reise سفر

2771 **Unterkunft** ['untə*kunft] *f -, Unterkünfte* **محل اقامت**
Ich suche eine Unterkunft für vier Tage.
به دنبال محل اقامتی برای چهار روز می گردم.

2772 **unterwegs** [untə*'ve:ks] *Adv.* **در راه**
Das Wetter unterwegs war gut.
هوا در راه خوب بود.

2773 **verpassen** [fɛə*'pas(ə)n] *V/t., verpasste, hat verpasst* **نرسیدن**
Du musst gehen, sonst verpasst du den Zug.
باید بروی؛ در غیراین‌صورت، به قطار نمی‌رسی.

2774 **Verpflegung** [fɛə*'pfle:guŋ] *f, -, kein Pl.* **پذیرایی**
Die Verpflegung in dem Gasthaus war gut.
پذیرایی در مهمان‌خانه خوب بود.

2775 **verreisen** [fɛə*'raiz(ə)n] *V/i., verreiste, ist verreist* **در سفر بودن**
Zu Ostern verreisen wir immer.
عید پاک، همیشه در سفر هستیم.

2001-4000

2776 **Abflug** ['apflu:k] *m, -(e)s, Abflüge* **پرواز**
Man muss 40 Minuten vor dem Abflug am Flughafen sein.
باید ۴۰ دقیقه پیش از پرواز در فرودگاه باشی.

2777 **auspacken** ['auspak(ə)n] *V/t., packte aus, hat ausgepackt* **باز کردن**
Soll ich den Koffer auspacken?
باید چمدان را باز کنم؟

2778 **Ausreise** ['ausraizə] *f, -, -n* **خروج از کشور**
Bei der Ausreise gab es keine Zollkontrolle.
هنگام خروج از کشور هیچ کنترل گمرکی نبود.

2779 **Besichtigung** [bə'ziçtiguŋ] *f, -, -en* **بازدید**
Eine Besichtigung des Schlosses ist leider nicht möglich.
متأسفانه، امکان بازدید از قصر نیست.

2780 **buchen** ['bu:x(ə)n] *V/t., buchte, hat gebucht* **رزرو کردن**
Unsere Urlaubsreise haben wir schon fest gebucht.
ما برای سفر تعطیلات خود، جا رزرو کردیم.

2781 **Camping** ['kɛmpiŋ] *n, -s, kein Pl.* — **اردو**

Ich mache gerne Campingurlaub. — خیلی دوست دارم تعطیلاتم را در اردو بگذرانم.

2782 **Campingplatz** ['kɛmpiŋplats] *m, -es, Campingplätze* — **محل اردو**

Im Sommer sind die Campingplätze an der Küste alle besetzt. — در تابستان، همه‌ی محل‌های اردو در کنار ساحل پر است.

2783 **einpacken** ['ainpak(ə)n] *V/t., packte ein, hat eingepackt* — **گذاشتن**

Ich habe vergessen, Strümpfe einzupacken. — یادم رفت جوراب‌ها را در چمدان بگذارم.

2784 **Einreise** ['ainraizə] *f, -, -n* — **ورود**

Das Visum ist für mehrere Einreisen gültig. — روادید برای بیش از یک بار ورود اعتبار دارد.

2785 **erreichen** [ɛə*'raiç(ə)n] *V/t, erreichte, hat erreicht* — **رسیدن**

Kann man den Ort mit dem Zug erreichen? — می‌توانی با قطار به آنجا بروی؟

2786 **Führer** ['fy:rə*] *m, -s, -* **Führerin** ['fy:rərin] *f, -, -nen* — **راهنما**

Im Sommer arbeitet sie als Touristenführerin. — تابستان‌ها راهنمای گردشگری است.

2787 **Hinfahrt** ['hinfa:*t] *f, -, -en* — **عزیمت، آمدن**

Bei der Hinfahrt sind wir über Frankfurt gefahren. — در راهِ آنجا از فرانکفورت گذشتیم.

2788 **Pension** [pã'zjo:n] *f, -, -en* — **پانسیون**

Die Pension liegt ruhig. — پانسیون در مکانی آرام است.

2789 **Reisebüro** ['raizəbyro:] *n, -s, -s* — **دفتر مسافرتی**

Zugfahrkarten können Sie auch im Reisebüro kaufen. — در دفتر مسافرتی، بلیت‌های قطار را هم می‌توانید بخرید.

2790 **reservieren** [rezɛr'vi:rən] *V/t., reservierte, hat reserviert* — **رزرو کردن**

Für uns sind drei Plätze reserviert worden. — سه جا برای ما رزرو شده است.

2791 **Rückfahrkarte** ['rykfa:*kartə] *f, -, -n* — **بلیت برگشت**

Die Rückfahrkarte ist billiger. — بلیت برگشت ارزان‌تر است.

2792 **Rückfahrt** ['rykfa:*t] *f, -, -en* — **سفر بازگشت، در راه بازگشت**

Bei der Rückfahrt hält der Zug auch in Würzburg.

در راه بازگشت، قطار در ورتسبورگ هم توقف می‌کند.

2793 **Rückkehr** ['rykke:ə*] *f, -, kein Pl.* — **بازگشت**

Einen Tag nach der Rückkehr fängt die Arbeit wieder an.

یک روز بعد از بازگشت، کار دوباره شروع می‌شود.

2794 **Saison** [zɛ'zõ:] *f, -, kein Pl.* — **فصل**

In der Hochsaison ist es hier schwierig, ein Hotelzimmer zu finden.

در فصل شلوغی، پیداکردن هتل در اینجا سخت است.

2795 **Sehenswürdigkeit** ['ze:ənsvyrdiçkait] *f, -, -en* — **مکان دیدنی (گردشگری)**

Wien ist eine Stadt voll Sehenswürdigkeiten.

وین شهری پر از مکان‌های دیدنی است.

2796 **Station** [ʃta'tsjo:n] *f, -, -en* — **ایستگاه**

Bei der nächsten Station müssen wir aussteigen.

در ایستگاه بعد باید پیاده شویم.

2797 **umsteigen** ['umʃtaig(ə)n] *V/i., stieg um, ist umgestiegen* — **تغییر دادن (قطار، اتوبوس، هواپیما، و غیره)**

In Köln müssen Sie umsteigen.

در کلن باید قطار را تغییر بدهید.

2798 **verzollen** [fɛə*'tsɔl(ə)n] *V/t., verzollte, hat verzollt* — **عوارض گمرک دادن**

Das Gepäck muss nicht verzollt werden.

برای بار، عوارض گمرکی نمی‌گیرند.

2799 **Visum** ['vi:zum] *n, -s, Visa* — **روادید**

Ich habe ein Visum für vier Wochen beantragt.

برای چهار هفته درخواست روادید کرده‌ام.

2800 **Zelt** [tsɛlt] *n, -(e)s, -e* — **چادر**

Das Zelt hat Platz für vier Personen.

چادر برای چهار نفر جا دارد.

2801 **Zimmervermittlung** ['tsimə*fɛə*mitluŋ] *f, -, -en* — **دفتر رزرو اتاق**

Die Zimmervermittlung ist mittags geschlossen.

دفتر رزرو اتاق، ظهرها تعطیل است.

11.2 Straßenverkehr آمد و شد جاده‌ای

1-2000

2802 **abbiegen** ['apbi:g(ə)n] *V/i., bog ab, ist abgebogen* — **پیچیدن**
An der Kreuzung darf man nicht links abbiegen. — سر چهارراه، پیچیدن به چپ ممنوع است.

2803 **Ampel** ['amp(ə)l] *f, -, -n* — **چراغ راهنمایی**
Die Ampel ist nachts ausgeschaltet. — چراغ راهنمایی شب‌ها خاموش است.

2804 **anhalten** ['anhalt(ə)n] *Vt., i., hielt an, hat angehalten* — **گرفتن؛ نگه داشتن**
Die Taxis können Sie an der Straße anhalten. — در خیابان می‌توانید تاکسی بگیرید؟
Würden Sie bitte anhalten? Ich möchte aussteigen. — می‌شود لطفاً اینجا نگه دارید؟ می‌خواهم پیاده شوم.

2805 **Ausfahrt** ['ausfa:*t] *f, -, -en* — **خروجی**
Vor der Ausfahrt kannst du nicht parken. — جلوی خروجی نمی‌توانی پارک کنی.

2806 **Autobahn** ['autoba:n] *f, -, -en* — **آزادراه، بزرگراه**
Nach Bremen fährst du am besten über die Autobahn. — بهترین مسیر برای برمن آزادراه است.

2807 **Fahrer** ['fa:rə*] *m, -s, -* **Fahrerin** ['fa:rərin] *f, -, -nen* — **راننده**
Die Busfahrerin war schuld an dem Unfall. — در تصادف، راننده‌ی اتوبوس مقصر بود.

2808 **Fahrplan** ['fa:*pla:n] *m, -(e)s, Fahrpläne* — **برنامه‌ی حرکت، برنامه‌ی سفر**
Der Fahrplan ist geändert worden. — برنامه‌ی سفر تغییر کرده است.

2809 **Fahrrad** ['fa:*rat] *n, -(e)s, -räder* — **دوچرخه**
Er fährt mit dem Fahrrad zur Arbeit. — با دوچرخه سر کار می‌رود.

2810 **Fahrt** [fa:*t] *f, -, -en* — **سفر**
Die Fahrt dauert 3 Stunden. — سفر ۳ ساعت طول می‌کشد.

2811 **Fußgänger** ['fu:sgɛŋə*] *m, -s, -* **Fußgängerin** ['fu:sgɛŋərin] *f, -, -en* — **عابر پیاده**
Diese Straße ist für Fußgänger sehr gefährlich. — این خیابان برای عابران پیاده بسیار خطرناک است.

11.2 Straßenverkehr آمد و شد جاده‌ای

2812 **Geschwindigkeit** [gəˈʃvindiçkait] *f, -, -en* — **سرعت**
Der Unfall geschah wegen zu hoher Geschwindigkeit. — تصادف به‌دلیل سرعت بسیار زیاد اتفاق افتاد.

2813 **halten** [ˈhalt(ə)n] *V/t., i., hielt, hat gehalten* — **نگه‌داشتن**
Halt! Von rechts kommt ein Auto. — نگه دارید! از سمت راست، خودرو می‌آید.

2814 **Kreuzung** [ˈkrɔitsuŋ] *f, -, -en* — **چهارراه، تقاطع**
An dieser Kreuzung ist viel Verkehr. — در این چهارراه، رفت و آمد زیاد است.

2815 **Kurve** [ˈkurvə] *f, -, -n* — **پیچ**
Vorsicht, die Kurve ist scharf! — مواظب باش! پیچ تند است!

2816 **langsam** [ˈlaŋza:m] *Adj.* — **آرام**
Fahr bitte langsamer! — لطفاً آرام‌تر رانندگی کن!

2817 **parken** [ˈpark(ə)n] *V/t., i., parkte, hat geparkt* — **پارک کردن**
Auf der Straße kannst du hier nicht parken. — در این خیابان، اینجا، نمی‌توانی پارک کنی.

2818 **Rad** [ra:t] *n, -(e)s, Räder* — **چرخ**
Ein Rad am Kinderwagen ist locker. — یک چرخ کالسکه شل است.

2819 **Schild** [ʃilt] *n, -(e)s, -er* — **تابلو**
Sie hat das Stopp-Schild nicht beachtet. — به تابلوی ایست توجه نکرد.

2820 **schnell** [ʃnɛl] *Adj.* — **سریع**
Ich fahre gerne schnell Auto. — دوست دارم سریع برانم.

2821 **stoppen** [ˈʃtɔp(ə)n] *V/t., i., stoppte, hat gestoppt* — **متوقف کردن، متوقف شدن**
Das Auto wurde von der Polizei gestoppt. — پلیس ماشین را متوقف کرد.
Das Auto stoppte plötzlich. — ماشین ناگهان متوقف شد.

2822 **Taxi** [ˈtaksi] *n, -s, -s* — **تاکسی**
Würden Sie mir bitte ein Taxi rufen? — می‌شود لطفاً برای من تاکسی خبر کنید؟

2823 **Umleitung** [ˈumlaituŋ] *f, -, -en* — **تغییر مسیر**
Bei einer Umleitung sind wir in die falsche Richtung gefahren. — هنگام تغییر مسیر، به جهت اشتباه رفتیم.

2824 **Unfall** ['unfal] *m, -s, Unfälle* — **تصادف**

Die Zahl der Verkehrsunfälle steigt wieder. — تعداد تصادف‌های رانندگی رو به افزایش است.

2825 **Verkehr** [fɛə*'ke:ə*] *m, -s, kein Pl.* — **آمدوشد**

Am Wochenende wird auf den Autobahnen starker Verkehr erwartet. — انتظار می‌رود در تعطیلات آخر هفته ترافیک سنگین باشد.

2001-4000

2826 **Einfahrt** ['ainfa:*t] *f, -, -en* — **ورودی**

Das Tor der Einfahrt ist geschlossen. — در ورودی بسته است.

2827 **Fahrgast** ['fa:*gast] *m, -(e)s, Fahrgäste* — **مسافر**

Der Kapitän begrüßte die Fahrgäste. — کاپیتان به مسافران خوشامد گفت.

2828 **Fahrkarte** ['fa:*kartə] *f, -, -n* — **بلیت**

Fahrkarten gibt es aus dem Automaten. — بلیت را می‌توان از دستگاه خودکار تهیه کرد.

2829 **Fahrschein** ['fa:*ʃain] *m, -(e)s, -e* — **بلیت**

Mit diesem Fahrschein können Sie auch die U-Bahn benutzen. — با این بلیت، از مترو هم می‌توانید استفاده کنید.

2830 **Geschwindigkeitsbegrenzung** [gə'ʃvindiçkaitsbəgrɛntsuŋ] *f, -, -en* — **محدودیت سرعت**

Die Geschwindigkeitsbegrenzung wird kaum beachtet. — بسیار کم‌اند کسانی که محدودیت سرعت را رعایت می کنند.

2831 **Haltestelle** ['haltəʃtɛlə] *f, -, -n* — **ایستگاه**

Die Bushaltestelle ist 300 m weiter links, vor der Post. — ایستگاه اتوبوس ۳۰۰ متر آن طرف‌تر، سمت چپ، جلوی اداره‌ی پست است.

2832 **Höchstgeschwindigkeit** ['hø:çstgəʃvindiçkait] *f, -, -en* — **حداکثر سرعت**

Das Auto hat eine Höchstgeschwindigkeit von 160 km/h. — حداکثر سرعت خودرو ۱۶۰ کیلومتر در ساعت است.

11.2 Straßenverkehr آمد و شد جاده‌ای

2833 **Spur** [ʃpu:ə*] *f, -, -en* — **خط، لاین**

Um links abzubiegen, musst du die Fahrspur wechseln. — برای پیچیدن به سمت چپ باید خط را تغییر بدهی.

2834 **Tempo** ['tɛmpo] *n, -s, kein Pl.* — **سرعت**

Die Lastwagen fahren oft mit sehr hohem Tempo. — کامیون‌ها اغلب با سرعت بسیار زیاد حرکت می‌کنند.

2835 **überholen** [y:bə*ho:l(ə)n] *V/t., überholte, hat überholt* — **سبقت گرفتن**

Warum überholst du das Auto nicht? — چرا از این خودرو سبقت نمی‌گیری؟

2836 **Verkehrszeichen** [fɛə*ke:*stsaiç(ə)n] *n, -s, -* — **علامت رانندگی**

Weißt du, was dieses Verkehrszeichen bedeutet? — می‌دانی معنی این علامت رانندگی چیست؟

2837 **vorbeifahren** [fo:ə*baifa:rən] *V/i., fuhr vorbei, ist vorbeigefahren* — **رد شدن، عبور کردن**

Der Bus fuhr an der Haltestelle vorbei, ohne anzuhalten. — اتوبوس بدون آنکه توقف کند از ایستگاه رد شد.

Fahr bitte beim Bäcker vorbei und hol Brot! — لطفاً از کنار نانوایی برو و نان بگیر!

2838 **Vorfahrt** ['fo:ə*fa:*t] *f, -, kein Pl.* — **حق تقدم**

Das Taxi hatte Vorfahrt. — تاکسی حق تقدم داشت.

2839 **Zusammenstoß** [tsu'zamənʃto:s] *m, -es, Zusammenstöße* — **تصادف، برخورد**

Hatten Sie Schuld an dem Zusammenstoß? — شما در تصادف مقصر بودید؟

11.3 Kraftfahrzeug وسایل نقلیه

1-2000

2840 **Auto** ['auto] *n, -s, -s* **خودرو**
Das Auto muss dringend gewaschen werden.
شستن این خودرو واقعاً ضروری است.

2841 **Benzin** [bɛn'tsi:n] *n, -s, kein Pl.* **بنزین**
Der Motor verbraucht wenig Benzin.
این موتور، بنزین کم مصرف می کند.

2842 **Bus** [bus] *m, -ses, -se* **اتوبوس**
Wann fährt der Bus?
اتوبوس کی حرکت می کند؟

2843 **Diesel** ['di:z(ə)l] *m, -s, kein Pl.* **دیزل**
Das Auto hat einen Dieselmotor.
این خودرو، موتور دیزلی دارد.

2844 **Lastwagen** ['lastva:g(ə)n] *m, -s, - (-wägen), (Lastkraftwagen LKW)* **کامیون**
Dieser Lastkraftwagen hat über 45 Tonnen Gesamtgewicht.
این کامیون بیش از ۴۵ تن وزن دارد.

2845 **Motorrad** ['mo:tɔə*ra:t] *n, -(e)s, Motorräder* **موتورسیکلت**
Im Sommer fahre ich gerne Motorrad.
در تابستان دوست دارم موتورسیکلت سوار شوم.

2846 **Panne** ['panə] *f, -, -n* **پنچری**
Wir sind später gekommen, weil wir eine Reifenpanne hatten.
ما دیرتر آمدیم، چون پنچر کردیم.

2847 **Parkplatz** ['parkplats] *m, -es, Parkplätze* **محل پارک**
Der Parkplatz ist besetzt.
محل پارک پر است.

2848 **Reifen** ['raif(ə)n] *m, -s, -* **تایر**
Hast du Winterreifen an deinem Auto?
خودروی تو، تایر زمستانی دارد؟

2849 **Reparatur** [repara'tu:ə*] *f, -, -en* **تعمیر**
Kleine Reparaturen mache ich selbst.
تعمیرات کوچک را خودم انجام می‌دهم.

2850 **reparieren** [repa'ri:rən] *V/t., reparierte, hat repariert* **تعمیر کردن**
Das Türschloss muss repariert werden.
قفل در باید تعمیر شود.

11.3 Kraftfahrzeug وسایل نقلیه

2851 **Straßenbahn** ['ʃtraːs(ə)nbaːn] *f, -, -en* **تراموا**
Die Straßenbahn Nr. 8 fährt zum Meisterplatz.
ترامواى شماره‌ى ۸ به‌طرف مايسترپلاتس مى‌رود.

2852 **tanken** ['taŋk(ə)n] *V/t., i., tankte, hat getankt* **بنزين زدن**
Bitte tanken Sie das Auto voll!
لطفاً باک را پر کنيد!
Ich muss noch tanken.
باز هم بايد بنزين بزنم.

2853 **Tankstelle** ['taŋkʃtɛlə] *f, -, -n* **پمپ‌بنزين**
An dieser Tankstelle gibt es kein Diesel.
در اين پمپ‌بنزين گازوييل ندارند.

2854 **U-Bahn** ['uːbaːn] *f, -, -en* **مترو، قطار زيرزمينى**
Mit der U-Bahn sind Sie am schnellsten in der Stadt.
مترو سريع‌ترين وسيله براى رسيدن به شهر است.

2855 **Wagen** ['vaːg(ə)n] *m, -s, -* **خودرو**
Der Wagen ist 12 Jahre alt, ist aber nur 60000 km gelaufen.
اين خودرو ۱۲ ساله است، ولى فقط ۶۰۰۰۰ کيلومتر راه رفته است.

2001-4000

2856 **abschleppen** ['apʃlɛp(ə)n] *V/t., schleppte ab, hat abgeschleppt* **بکسل کردن**
Der Wagen musste abgeschleppt werden.
خودرو بايد بکسل مى‌شد.

2857 **Anhänger** ['anhɛŋə*] *m, -s, -* **يدک**
Mit dem Wagen darf man Anhänger bis 600 kg ziehen.
با اين خودرو مى‌توان يدکى به وزن ۶۰۰ کيلوگرم را کشيد.

2858 **Autofahrer** ['autofaːrə*] *m, -s, -* **راننده**
Autofahrerin [-faːrərin] *f, -, -nen*
Bei dem Autofahrer wurde ein Alkoholtest gemacht.
از راننده تست مصرف الکل انجام شد.

2859 **Baujahr** ['baujaː*] *n, -(e)s, -e* **سال ساخت، مدل**
Das Auto ist Baujahr 1989.
سال ساختِ خودرو، ۱۹۸۹ است.

2860 **Bremse** ['bremzə] *f, -, -n* **ترمز**
Die Bremsen ziehen nicht gleichmäßig.
ترمزها يکنواخت کار نمى‌کنند.

2861 **bremsen** ['brɛmz(ə)n] *V/i., bremste, hat gebremst* — **ترمز کردن**
Der Fahrer konnte nicht mehr bremsen und fuhr gegen das Verkehrsschild. — راننده دیگر نتوانست ترمز بگیرد و به تابلوی راهنمایی زد.

2862 **Führerschein** ['fy:rə*ʃain] *m, -s, -e* — **گواهینامه‌ی رانندگی**
Sigrid hat endlich ihren Führerschein bekommen. — زیگرید بالاخره گواهینامه‌ی رانندگی گرفت.

2863 **hupen** ['hu:p(ə)n] *V/i., hupte, hat gehupt* — **بوق زدن**
Der Fahrer hupt ohne Grund. — راننده بی‌دلیل بوق می‌زند.

2864 **Kofferraum** ['kɔfə*raum] *m, -(e)s, Kofferräume* — **صندوق عقب**
Der Kofferraum des neuen Modells ist größer. — صندوق عقب مدل جدید بزرگ‌تر است.

2865 **Moped** ['mo:pɛt] *n, -s, -s* — **موتورگازی**
Jens fährt mit dem Moped zur Schule. — ینس با موتورگازی به مدرسه می‌رود.

2866 **Parkuhr** ['parku:ə*] *f, -, -en* — **پارکومتر**
Vergiß nicht, Geld in die Parkuhr zu stecken. — فراموش نکنی در پارکومتر پول بریزی.

2867 **Rücklicht** ['rykliçt] *n, -(e)s, -er* — **چراغ عقب**
Das rechte Rücklicht funktioniert nicht. — چراغ عقب سمت راست کار نمی‌کند.

2868 **Scheinwerfer** ['ʃainvɛrfə*] *m, -s, -* — **چراغ بزرگ**
Im linken Scheinwerfer ist die Birne kaputt. — لامپ چراغ بزرگ سمت چپ خراب است.

2869 **Sitzplatz** ['zitsplats] *m, -es, Sitzplätze* — **صندلی**
Der Bus hat 55 Sitzplätze. — اتوبوس ۵۵ صندلی دارد.

2870 **Traktor** ['traktɔr] *m , -s, -en* — **تراکتور**
Mit dem neuen Traktor geht die Feldarbeit schneller. — با تراکتور جدید، کار کشاورزی سریع‌تر انجام می‌شود.

11.4 Eisenbahn, Flugzeug, Schiff — راه‌آهن، هواپیما، کشتی

1-2000

2871	**aussteigen** ['ausʃtaig(ə)n] *V/i., stieg aus, ist ausgestiegen* An welcher Station muss ich aussteigen?	**پیاده شدن** در کدام ایستگاه باید پیاده شوم؟
2872	**Bahn** [ba:n] *f, -, -en* Ich fahre gerne mit der Bahn.	**قطار** دوست دارم با قطار مسافرت کنم.
2873	**Bahnhof** ['ba:nho:f] *m, -(e)s, Bahnhöfe* In diesem Ort gibt es keinen Bahnhof.	**ایستگاه قطار** در این شهرستان، ایستگاه قطار نیست.
2874	**Boot** [bo:t] *n, -(e)s, -e* Zu dieser Insel fährt ein Linienboot.	**قایق** یک قایق خطی به این جزیره می‌رود.
2875	**einsteigen** ['ainʃtaig(ə)n] *V/i., stieg ein, ist eingestiegen* Steig ein! Wir wollen losfahren.	**سوار شدن** سوار شو! داریم راه می‌افتیم.
2876	**Eisenbahn** ['aiz(ə)nba:n] *f, -, -en* Nach der Eisenbahnbrücke müssen Sie rechts abbiegen.	**راه‌آهن** بعد از پل راه‌آهن باید به راست بپیچید.
2877	**fliegen** ['fli:g(ə)n] *V/i., flog, ist geflogen* Fliegen Sie, oder fahren Sie mit der Bahn?	**با هواپیما رفتن** با هواپیما می‌روید یا با قطار؟
2878	**Flug** [flu:k] *m, -(e)s, Flüge* Wegen Nebels wurde der Flug gestrichen.	**پرواز** پرواز، به‌دلیل مه، لغو شد.
2879	**Flughafen** ['flu:kha:f(ə)n] *m, -s, Flughäfen* Ich bringe dich zum Flughafen.	**فرودگاه** من تو را به فرودگاه می‌برم.
2880	**Flugplatz** ['flu:kplats] *m, -es, Flugplätze* Der Flugplatz liegt 30 km vor der Stadt.	**فرودگاه** فرودگاه در ۳۰ کیلومتری شهر قرار دارد.
2881	**Flugzeug** ['flu:ktsɔik] *n, -s, -e* Das Flugzeug hat Verspätung.	**هواپیما** هواپیما تأخیر دارد.

11.4 Eisenbahn, Flugzeug, Schiff — راه‌آهن، هواپیما، کشتی

2882 **Hafen** ['ha:f(ə)n] *m, -s, Häfen* — **بندر**
Das Schiff bleibt nur einen Tag im Hafen. — کشتی فقط یک روز در آن بندر می‌ماند.

2883 **Kapitän** [kapi'tɛn] *m, -s, -e*
Kapitänin [kapi'tɛnin] *f, -, -nen* — **ناخدا**
Er ist Kapitän eines Flussschiffes. — ناخدای یک کشتی رودخانه است.

2884 **landen** ['land(ə)n] *V/i., landete, ist gelandet* — **فرود آمدن**
Das Flugzeug ist noch nicht gelandet. — هواپیما هنوز فرود نیامده است.

2885 **Lokomotive** [lɔkomo'ti:və] *f, -, -n* — **موتور، لکوموتیو**
Im Frankfurter Bahnhof wurde die Lokomotive gewechselt. — لکوموتیو در ایستگاه فرانکفورت تعویض شد.

2886 **Mannschaft** ['manʃaft] *f, -, -en* — **خدمه، گروه، تیم، دسته**
In Hamburg übernahm eine andere Mannschaft das Schiff. — تیم دیگری در هامبورگ کشتی را در اختیار گرفت.

2887 **Pilot** [pi'lo:t] *m, -en, -en* **Pilotin** [po'lo:tin] *f, -, -nen* — **خلبان**
Die Pilotin begrüßte die Fluggäste. — خلبان به مسافران خوشامد گفت.

2888 **Schiff** [ʃif] *n, -(e)s, -e* — **کشتی**
Das Schiff fährt regelmäßig von Hamburg nach Nordamerika. — کشتی مرتب از هامبورگ به امریکای شمالی می‌رود.

2889 **starten** ['ʃtart(ə)n] *V/t., i., startete, ist gestartet* — **استارت زدن، راه‌اندازی کردن؛ حرکت کردن**
Sie konnte den Motor nicht starten. — نتوانست موتور را راه بیندازد.
Das Flugzeug soll um 8.15 Uhr starten. — هواپیما رأس ساعت ۸/۱۵ حرکت می کند.

2890 **Untergrundbahn, U-Bahn** ['untə*gruntba:n] *f, -, -en* — **مترو، قطار زیرزمینی**
Es soll eine neue Untergrundbahn gebaut werden. — قرار است متروی جدید ساخته شود.

2891 **Zug** [tsu:k] *m, -(e)s, Züge* — **قطار**
Wir fahren mit dem Zug, nicht mit dem Auto. — ما با قطار می‌رویم نه با ماشین.

11.4 Eisenbahn, Flugzeug, Schiff — راه‌آهن، هواپیما، کشتی

2001-4000

2892 **abfliegen** ['apfli:g(ə)n] *V/i., flog ab, ist abgeflogen* — **بلند شدن**
Das Flugzeug ist schon abgeflogen. — هواپیما بلند شده است.

2893 **ablegen** ['aple:g(ə)n] *V/i., legte ab, hat abgelegt* — **حرکت کردن**
Pünktlich um 16.00 Uhr legte das Schiff ab. — کشتی دقیقاً رأس ساعت ۱۶ حرکت کرد.

2894 **abstürzen** ['apʃtyrts(ə)n] *V/i., stürzte ab, ist abgestürzt* — **سقوط کردن**
Kurz nach dem Start stürzte das Flugzeug ab. — هواپیما کمی پس از بلندشدن سقوط کرد.

2895 **anlegen** ['anle:g(ə)n] *V/i., legte an, hat angelegt* — **پهلو گرفتن**
Das Schiff legt im Osthafen an. — کشتی در بندر شرقی پهلو می‌گیرد.

2896 **auslaufen** ['auslauf(ə)n] *V/i., lief aus, ist ausgelaufen* — **حرکت کردن**
Das Schiff läuft morgen aus. — کشتی فردا حرکت می‌کند.

2897 **Bahnsteig** ['ba:nʃtaik] *m, -(e)s, -e* — **سکو**
Der Zug fährt von Bahnsteig 6 ab. — قطار از سکوی ۶ حرکت می‌کند.

2898 **Besatzung** [bə'zatsuŋ] *f, -, -en* — **کارکنان**
Moderne Schiffe fahren nur mit einer kleinen Besatzung. — کشتی‌های جدید با کارکنان بسیار کم حرکت می‌کنند.

2899 **ertrinken** [εə*triŋk(ə)n] *V/i., ertrank, ist ertrunken* — **غرق شدن**
Drei Matrosen sind bei dem Schiffsunglück ertrunken. — در حادثه‌ی کشتی، سه ملوان غرق شدند.

2900 **Fluglinie** ['flu:kli:njə] *f, -, -n* — **خط هوایی**
Diese Fluglinie ist sehr pünktlich. — این خط هوایی، (از نظر زمانی) خیلی دقیق است.

2901 **Gleis** [glais] *n, -es, -e* — **سکو**
Der Zug kommt auf Gleis 3 an. — قطار به سکوی ۳ می‌رسد.

2902 **Schiene** ['ʃi:nə] *f, -, -n* — **ریل، خط‌آهن**
Das Schienennetz der Bahn soll modernisiert werden. — شبکه‌ی ریلی قطارها باید امروزی شود.

2903 **Matrose** [ma'tro:zə] *m, -n, -n* — **ملوان**
Matrosin [ma'tro:zin] *f, -, -nen*

Die meisten Matrosen des Schiffes kommen aus asiatischen Ländern. — بیشتر ملوانان کشتی، اهل کشورهای آسیایی هستند.

2904 **Seereise** ['ze:raize] *f, -, -n* — **سفر دریایی**

In meinem nächsten Urlaub mache ich eine Seereise. — تعطیلات بعدی، به سفر دریایی می‌روم.

2905 **untergehen** ['untə*ge:(ə)n] *V/i., ging unter, ist untergegangen* — **غرق شدن**

Nach dem Zusammenstoß ging das kleinere Schiff langsam unter. — پس از تصادف، کشتی کوچک‌تر آرام آرام غرق شد.

2906 **Wrack** [vrak] *n, -s, -s* — **لاشه (ی کشتی)**

Das Wrack soll gehoben werden. — لاشه باید بالا آورده شود.

12.1 Geographische Namen — اسامی جغرافیایی

1-2000

2907	**Afrika** ['a:frika] *n*	افریقا
2908	**Amerika** [a'me:rika] *n*	امریکا
2909	**Argentinien** [argən'tinjən] *n*	آرژانتین
2910	**Asien** ['a:zjən] *n*	آسیا
2911	**Australien** [aus'tra:ljən] *n*	استرالیا
2912	**Belgien** ['bɛlgjən] *n*	بلژیک
2913	**Brasilien** [bra'siljən] *n*	برزیل
2914	**BRD** [be:ɛr'de:] *= Bundesrepublik Deutschland, (die)*	جمهوری فدرال آلمان
2915	**Bundesrepublik** ['bundəsrepubli:k] *f*	جمهوری فدرال
2916	**Chile** ['tʃi:lə] *n*	شیلی
2917	**China** ['çi:na] *n*	چین
2918	**Dänemark** ['dɛ:nəmark] *n*	دانمارک
2919	**Deutschland** ['dɔitʃlant] *n*	آلمان
2920	**England** ['ɛŋlant] *n*	انگلستان
2921	**Estland** ['e:stlant] *n*	استونی
2922	**Europa** [ɔi'ro:pa] *n*	اروپا
2923	**Finnland** ['finlant] *n*	فنلاند
2924	**Frankreich** ['fraŋkraiç] *n*	فرانسه
2925	**Griechenland** ['gri:ç(ə)nlant] *n*	یونان
2926	**Großbritannien** [gro:sbri'tanjən] *n*	بریتانیای کبیر
2927	**Indien** ['indjan] *n*	هند
2928	**Iran** ['iran] *m*	ایران
2929	**Irland** ['irlant] *n*	ایرلند

2930 **Italien** [i'ta:ljən] *n* ایتالیا

2001-4000

2931 **Japan** ['ja:pan] *n* ژاپن

2932 **Jugoslawien** [jugo'sla:vjən] *n* یوگسلاوی

2933 **Kanada** ['kanada] *n* کانادا

2934 **Kroatien** [kro'atjən] *n* کرواسی

2935 **Lettland** ['lɛtlant] *n* لتونی

2936 **Litauen** ['litauən] *n* لیتوانی

2937 **Mexiko** ['meksiko] *n* مکزیک

2938 **Niederlande** ['ni:də*landə] *(die), Pl.* هلند

2939 **Norwegen** ['nɔrve:g(ə)n] *n* نروژ

2940 **Österreich** ['ø:stəraiç] *n* اتریش

2941 **Polen** ['po:l(ə)n] *n* لهستان

2942 **Portugal** ['pɔrtugal] *n* پرتغال

2943 **Russland** ['ruslant] *n* روسیه

2944 **Schweden** ['ʃve:d(ə)n] *n* سوئد

2945 **Schweiz** [ʃvaits] *(die), f* سوئیس

2946 **Slowakei** [slova'kai] *(die), f* اسلواکی

2947 **Spanien** ['ʃpa:njən] *n* اسپانیا

2948 **Tschechien** ['tʃɛxjən] چچن

2949 **Türkei** [tyr'kai] *(die), f* ترکیه

2950 **Ungarn** ['uŋgarn] *n* مجارستان

2951 **USA** [u:ɛs'a:] *(die), Pl.* ایالات متحده‌ی امریکا

12.2 Nationalitäten, Bewohner, Sprachen — ملیت، مردم، زبان‌ها

1-2000

2952	**Amerikaner** [ameri'ka:nə*] *m, -s, -* **Amerikanerin** [ameri'ka:nərin] *f, -, -nen*	(فرد) امریکایی
2953	**amerikanisch** [ameri'ka:niʃ] *Adj.*	امریکایی
2954	**arabisch** [a'ra:biʃ] *Adj.*	عربی
2955	**britisch** ['britiʃ, 'bri:tiʃ] *Adj.*	بریتانیایی
2956	**deutsch** ['dɔitʃ] *Adj.*	آلمانی
2957	**Deutsch(e)** ['dɔitʃ(ə)] *n, -n, kein Pl.*	(زبان) آلمانی
2958	**Deutsche** ['dɔitʃə] *m/f, -n, -n*	(فرد) آلمانی
2959	**englisch** ['ɛŋliʃ] *Adj.*	انگلیسی
2960	**Englisch(e)** ['ɛŋliʃ(ə)] *n, -n, kein Pl.*	(زبان) انگلیسی
2961	**Engländer** ['ɛŋlɛndə*] *m, -s, -* **Engländerin** ['ɛŋlɛndərin] *f, -, -nen*	(فرد) انگلیسی
2962	**Europäer** [ɔiro'pɛ:ə*] *m, -s, -* **Europäerin** [ɔiro'pɛ:ərin] *f, -, -nen*	(فرد) اروپایی
2963	**europäisch** [ɔiro'pɛ:iʃ] *Adj.*	اروپایی
2964	**Franzose** [fran'tso:zə] *m, -n, -n* **Französin** [fran'tsø:zin] *f, -, -nen*	(فرد) فرانسوی
2965	**Französisch(e)** [fran'tsø:ziʃ] *n, -n, kein Pl.*	(زبان) فرانسه
2966	**französisch** [fran'tsø:ziʃ] *Adj.*	فرانسوی
2967	**Österreicher** ['ø:stəraiçə*] *m, -s, -* **Österreicherin** ['ø:stəraiçərin] *f, -, -nen*	(فرد) اتریشی
2968	**österreichisch** ['ø:stəraiçiʃ] *Adj.*	اتریشی
2969	**Schweizer** ['ʃvaitsə*] *m, -s, -* **Schweizerin** ['ʃvaitsərin] *f, -, -nen*	(فرد) سوئیسی

12.2 Nationalitäten, Bewohner, Sprachen ملیت، مردم، زبان‌ها

2001-4000

2970	**Afrikaner** [afri'ka:nə*] *m, -s, -* **Afrikanerin** [afri'ka:nərin] *f, -, -nen*	(فرد) افریقایی
2971	**afrikanisch** [afri'ka:niʃ] *Adj.*	افریقایی
2972	**Chinese** [çi'ne:zə] *m, -n, -n* **Chinesin** [çi'ne:zin] *f, -, -nen*	(فرد) چینی
2973	**Chinesisch(e)** [çi'ne:ziʃ(ə)] *n, -n, kein Pl.*	(زبان) چینی
2974	**chinesisch** [çi'ne:ziʃ] *Adj.*	چینی
2975	**Grieche** ['gri:çə] *m, -n, -n* **Griechin** ['gri:çin] *f, -, -nen*	(فرد) یونانی
2976	**Griechisch(e)** ['gri:çiʃ(ə)] *n, -n, kein Pl.*	(زبان) یونانی
2977	**Holländer** ['hɔlɛndə*] *m, -s, -* **Holländerin** ['hɔlɛndərin] *f, -, -nen*	(فرد) هلندی
2978	**Holländisch(e)** ['hɔlɛndiʃə] *n, -n, kein Pl.*	(زبان) هلندی
2979	**holländisch** ['hɔlɛndiʃ] *Adj.*	هلندی
2980	**Inder** ['ində*] *m, -s, -* **Inderin** [indərin] *f, -, -nen*	(فرد) هندی
2981	**indisch** ['indiʃ] *Adj.*	هندی
2982	**Iraner** ['iranə*] *m, -s, -* **Iranerin** [iranərin] *f, -, -nen*	(فرد) ایرانی
2983	**iranisch** ['iraniʃ] *Adj.*	ایرانی
2984	**Ire** ['i:rə] *m, -n, -n* **Irin** ['i:rin] *f, -, -nen*	(فرد) ایرلندی
2985	**irisch** ['i:riʃ] *Adj.*	ایرلندی
2986	**Italiener** [ita'lje:nə*] *m, -s, -* **Italienerin** [ita'lje:nərin] *f, -, -nen*	(فرد) ایتالیایی
2987	**Italienisch(e)** [ita'lje:niʃ(ə)] *n, -n, kein Pl.*	(زبان) ایتالیایی
2988	**italienisch** [ita'lje:niʃ] *Adj.*	ایتالیایی

12.2 Nationalitäten, Bewohner, Sprachen — ملیت، مردم، زبان‌ها

2989	**Japaner** [ja'pa:nə*] *m, -s, -* **Japanerin** [ja'pa:nərin] *f, -, -nen*	(فرد) ژاپنی
2990	**Japanisch(e)** [ja'pa:niʃ(ə)] *n, -n, kein Pl.*	(زبان) ژاپنی
2991	**japanisch** [ja'pa:niʃ] *Adj.*	ژاپنی
2992	**Persich(e)** [persiʃ(ə)] *n, -, kein Pl.*	(زبان) فارسی
2993	**Pole** ['po:lə] *m, -n, -n* **Polin** ['po:lin] *f, -, -nen*	(فرد) لهستانی
2994	**Polnisch(e)** ['pɔlniʃ(ə)] *n, -n, kein Pl.*	(زبان) لهستانی
2995	**polnisch** ['pɔlniʃ] *Adj.*	لهستانی
2996	**Russe** ['rusə] *m, -n, -n* **Russin** ['rusin] *f, -, -nen*	(فرد) روسی
2997	**Russisch(e)** ['rusiʃ(ə)] *n, -n, kein Pl.*	(زبان) روسی
2998	**russisch** ['rusiʃ] *Adj.*	روسی
2999	**Spanier** ['ʃpa:njə*] *m, -s, -* **Spanierin** ['ʃpa:njərin] *f, -, -nen*	(فرد) اسپانیایی
3000	**Spanisch(e)** ['ʃpa:niʃ(ə)] *n, -n, kein Pl*	(زبان) اسپانیایی
3001	**spanisch** ['ʃpa:niʃ] *Adj.*	اسپانیایی

13.1 Jahreseinteilung تقسیم‌بندی سال

1-2000

3002 **Feiertag** ['faiə*ta:k] *m, -es, -e* — **تعطیل**

Morgen ist ein Feiertag. Dann muss ich nicht arbeiten.

فردا تعطیل است؛ نباید کار کنم.

3003 **Frühjahr** ['fry:ja:*] *n, -es, -e* — **بهار**

Im Frühjahr ist das Wasser im Meer noch zu kalt zum Baden.

در بهار، آب دریاها هنوز برای آب‌تنی سرد است.

3004 **Frühling** ['fry:liŋ] *m, -s, -e* — **بهار**

Diese Blumen blühen schon im Frühling.

این گل‌ها در اوایل بهار شکوفه می‌دهند.

3005 **Herbst** [herpst] *m, -es, -e* — **پاییز**

Dieses Jahr hat es schon im Herbst geschneit.

امسال، پاییز هم برف آمد.

3006 **Jahr** [ja:*] *n, -es, -e* — **سال**

Im nächsten Jahr werden wir euch bestimmt besuchen.

سال بعد حتماً به دیدار شما می‌آییم.

3007 **Jahreszeit** ['ja:rəstsait] *f, -, -en* — **فصل**

Für mich ist der Sommer die schönste Jahreszeit.

از نظر من، تابستان زیباترین فصل است.

3008 **Monat** ['mo:nat] *m, -s, -e* — **ماه**

Ich habe im nächsten Monat Geburtstag.

سالروز تولّدم، ماه آینده است.

3009 **Sommer** ['zɔmə*] *m, -s, -* — **تابستان**

Der letzte Sommer war heiß und trocken.

تابستان گذشته گرم و خشک بود.

3010 **Tag** [ta:k] *m, -(e)s, -e* — **روز**

Sie steht jeden Tag zur gleichen Zeit auf.

هر روز در زمانی مشخص بیدار می‌شود.

3011 **Winter** ['vintə*] *m, -s, -* — **زمستان**

Sie fährt jeden Winter in die Alpen zum Skifahren.

هر زمستان، برای اسکی به کوه‌های آلپ می‌رود.

3012 **Woche** ['vɔxə] *f, -, -n* — **هفته**

Bis Weihnachten sind es nur noch drei Wochen.

فقط سه هفته تا کریسمس مانده است.

2001-4000

3013 **Halbjahr** ['halpja:*] *n, -(e)s, -e* — **نیم‌سال**

Im letzten Halbjahr lief das Geschäft sehr gut. — در نیم‌سال گذشته، کار و کاسبی خیلی خوب بود.

3014 **jährlich** ['jɛ:ə*liç] *Adj., keine Komp.* — **سالیانه**

Die Gebühren werden jährlich bezahlt. — عوارض، سالانه پرداخت می‌شود.

3015 **monatlich** ['mo:natliç] *Adj., keine Komp.* — **ماهانه**

Unser Gehalt bekommen wir monatlich. — ماهانه به ما حقوق می‌دهند.

3016 **täglich** ['tɛ:kliç] *Adj., keine Komp.* — **روزانه**

Die Tabletten müssen Sie dreimal täglich nehmen. — این قرص‌ها را باید روزانه سه بار مصرف کنید.

3017 **Vorjahr** ['fo:ə*ja:*] *n, -(e)s, -e* — **پارسال**

Die Ernte des Vorjahres war besser. — محصول پارسال بهتر بود.

3018 **Wochenende** ['vɔx(ə)nɛndə] *n, -s, -n* — **تعطیلات آخر هفته**

Am Wochenende sind wir selten zu Hause. — تعطیلات آخر هفته‌ها به‌ندرت در خانه هستیم.

3019 **Wochentag** ['vɔx(ə)nta:k] *m, -(e)s, -e* — **روز هفته**

Das Geschäft ist an allen Wochentagen vormittags geöffnet. — مغازه همه‌ی روزهای هفته، صبح‌ها باز است.

3020 **wöchentlich** ['vœç(ə)ntliç] *Adj., keine Komp.* — **هر هفته، هفته‌ای**

Ich gehe wöchentlich einmal ins Hallenbad zum Schwimmen. — هفته‌ای یک بار برای شنا به استخر سرپوشیده می‌روم.

13.2 Monatsnamen نام ماه‌ها

1-2000

3021 **Januar** ['janua:*] *m, -(s), -e* **ژانویه**

Wir heiraten im Januar. ژانویه عروسی می‌کنیم.

3022 **Februar** ['fe:brua:*] *m, -(s), -e* **فوریه**

3023 **März** [mɛrts] *m, -, -e* **مارس**

3024 **April** [a'pril] *m, -(s), -e* **آوریل**

3025 **Mai** [mai] *m, -(s), -e(n)* **مه**

3026 **Juni** ['ju:ni] *m, -(s), -s* **ژوئن**

3027 **Juli** ['ju:li] *m, -(s), -s* **ژوئیه**

3028 **August** [au'gust] *m, -(s), -e* **اوت**

3029 **September** [zɛp'tɛmbə*] *m, -(s), -* **سپتامبر**

3030 **Oktober** [ɔk'to:bə*] *m, -(s), -* **اکتبر**

3031 **November** [no'vɛmbə*] *m, -(s), -* **نوامبر**

3032 **Dezember** [de'tsɛmbə*] *m, -(s), -* **دسامبر**

13.3 Wochentage روزهای هفته

1-2000

3033 **Montag** ['mo:nta:k] *m, -s, -e* — **دوشنبه**
(Am) Montag muss ich nicht arbeiten. — دوشنبه مجبور نیستم کار کنم.

3034 **Dienstag** ['di:nsta:k] *m, -s, -e* — **سه‌شنبه**

3035 **Mittwoch** ['mitvɔx] *m, -s, -e* — **چهارشنبه**

3036 **Donnerstag** ['dɔnə*sta:k] *m, -s, -e* — **پنج‌شنبه**

3037 **Freitag** ['fraita:k] *m, -s, -e* — **جمعه**

3038 **Samstag** ['zamsta:k] *m, -s, -e* — **شنبه**

3039 **Sonnabend** ['zɔna:b(ə)nt] *m, -s,-e* — **شنبه**

3040 **Sonntag** ['zɔnta:k] *m, -s, -e* — **یک‌شنبه**

1-2000

3041	**Abend** ['a:b(ə)nt] *m, -s, -e* Ich rufe dich am Abend an. Mittwochabend sind wir bei Jochen eingeladen.	**عصر؛ شب** عصر به تو زنگ می‌زنم. چهارشنبه شب به خانه‌ی یوخن دعوت شده‌ایم.
3042	**abends** ['a:b(ə)nts] *Adv.* Abends bin ich meistens zu Hause.	**عصرها؛ شب‌ها** عصرها معمولاً خانه هستم.
3043	**Mittag** ['mita:k] *m, -s, -e* Er ist bis Mittag im Büro.	**ظهر** تا ظهر در دفتر است.
3044	**mittags** ['mita:ks] *Adv.* Mittags esse ich in der Kantine.	**ظهرها** ظهرها در ناهارخوری غذا می‌خورم.
3045	**Mitternacht** ['mitə*naxt] *f, -, kein Pl.* Um Mitternacht war die Feier zu Ende.	**نیمه‌شب** جشن نیمه‌شب به‌پایان رسید.
3046	**Morgen** ['mɔrg(ə)n] *m, -s, -* Ich stehe jeden Morgen um 7.00 Uhr auf. Donnerstagmorgen habe ich einen Termin beim Arzt.	**صبح** هر صبح، ساعت ۷ بلند می‌شوم. پنج‌شنبه صبح وقت دکتر دارم.
3047	**morgens** ['mɔrg(ə)ns] *Adv.* Morgens habe ich keinen Hunger.	**صبح‌ها** صبح‌ها گرسنه نیستم.
3048	**Nachmittag** ['na:xmita:k] *m, -s, -e* Ines war bis zum Nachmittag bei uns.	**بعدازظهر** اینس تا بعدازظهر پیش ما بود.
3049	**Nacht** [naxt] *f, -, Nächte* Letzte Nacht habe ich gut geschlafen.	**شب** دیشب خوب خوابیدم.
3050	**nachts** [naxts] *Adv.* Um 1.00 Uhr nachts hat er mich geweckt.	**شب** ساعت ۱ صبح مرا بیدار کرد.
3051	**Vormittag** ['fo:ə*mita:k] *m, -s, -e* Sie arbeitet nur am Vormittag.	**پیش‌ازظهر** فقط پیش‌ازظهر کار می‌کند.

1-2000

3052	**Uhr** [uːə*] *f, -, -en* Der Film fängt um 19.00 Uhr an.	**ساعت** فیلم ساعت ۱۹ شروع می‌شود.
3053	**halb** [halp] *Adj., keine Komp.* Ich bin um halb fünf zurück.	**نیم** ساعت چهارونیم برمی‌گردم.
3054	**Minute** [mi'nuːtə] *f, -, -n* Es ist zwei Minuten vor zehn.	**دقیقه** دو دقیقه به ده است.
3055	**Sekunde** [ze'kundə] *f, -, -n* Er ist 100 Meter in 10,8 Sekunden gelaufen.	**ثانیه** صد متر را در ۱۰/۸ ثانیه دوید.
3056	**Stunde** ['ʃtundə] *f, -, -n* Bitte kommen Sie in zwei Stunden.	**ساعت** لطفاً تا دو ساعت دیگر بیایید.
3057	**um** [um] *Präp.* Herr Funke kommt um 15.00 Uhr.	**رأس، در** آقای فونکه رأس ساعت ۱۵ می‌آید.
3058	**Viertel** ['firt(ə)l] *n, -s, -* Es ist Viertel nach sieben.	**ربع** ساعت هفت‌وربع است.
3059	**Viertelstunde** [firt(ə)l'ʃtundə] *f, -, -n* Wir sind eine Viertelstunde zu spät gekommen.	**ربع ساعت** ربع ساعت دیر رسیدیم.

13.6.1 Substantive اسم‌ها

1-2000

3060 **Anfang** ['anfaŋ] *m, -s, Anfänge* — **آغاز**
Am Anfang des Spiels war er besser. — اوایل بازی، بهتر بازی می کرد.

3061 **Augenblick** ['aug(ə)nblik] *m, -s, -e* — **لحظه**
Warten Sie bitte einen Augenblick! — لطفاً یک لحظه صبر کنید!

3062 **Beginn** [bə'gin] *m, -s, kein Pl.* — **شروع**
Am Beginn war der Film langweilig. — شروع فیلم، کسالت‌آور بود.

3063 **Datum** ['da:tum] *n, -s, Daten* — **تاریخ**
Welches Datum steht in dem Brief? — تاریخ روی نامه کی است؟

3064 **Ende** ['ɛndə] *n, -s, kein Pl.* — **پایان**
Am Ende des Gesprächs fand man doch noch eine Lösung. — در پایان گفت‌وگو، بالأخره به راه حلی رسیدند.

3065 **Jahrhundert** [ja:*hundə*t] *n, -s, -e* — **قرن، سده**
Die Brücke wurde im letzten Jahrhundert gebaut. — پل، سده‌ی قبل ساخته شد.

3066 **Jahrzehnt** [ja:*tse:nt] *n, -s, -e* — **دهه**
In den letzten Jahrzehnten gab es in Europa keine Kriege. — در دهه‌های اخیر، جنگی در اروپا رخ نداده است.

3067 **Mal** [ma:l] *n, -(e)s, -e* — **دفعه**
Das nächste Mal müssen die Arbeiten besser geplant werden. — دفعه‌ی بعد باید کارها را بهتر برنامه‌ریزی کرد.

3068 **Moment** [mo'mɛnt] *m , -s, -e* — **لحظه، دقیقه**
Bitte haben Sie einen Moment Geduld! — لطفاً یک لحظه صبر کنید!

3069 **Schluss** [ʃlus] *m, -es, kein Pl.* — **پایان، نتیجه**
Einige Zuschauer gingen schon vor dem Schluss der Veranstaltung nach Hause. — برخی تماشاگران پیش از پایان مراسم به خانه رفتند.

3070 **Vergangenheit** [fɛə*'gaŋənhait] *f, -, kein Pl.* — **گذشته**
In der Vergangenheit gab es solche Maschinen nicht. — در گذشته، از این جور خودروها نبود.

13.6.1 Substantive اسم‌ها

3071 **Zeit** [tsait] *f, -, -en* — **زمان، ایام**

In der letzten Zeit habe ich ihn nicht gesehen. — اخیراً او را ندیده‌ام.

3072 **Zeitpunkt** ['tsaitpuŋkt] *m, -(e)s, -e* — **(مقطعی از) زمان**

Zum Zeitpunkt der Tat war er bei Freunden. — در زمان وقوع این عمل، پیش دوستانش بود.

3073 **Zukunft** ['tsu:kunft] *f, -, kein Pl.* — **آینده**

Du musst auch an die Zukunft denken. — باید به فکر آینده هم باشی.

2001-4000

3074 **Frist** [frist] *f, -, -en* — **مهلت، ضرب‌الاجل، سررسید**

Der Einspruch kommt zu spät. Die Frist ist um 2 Tage überschritten. — اعتراض خیلی دیر رسید. ۲ روز از مهلت مقرر گذشته است.

3075 **Gegenwart** ['ge:g(ə)nvart] *f, -, kein Pl.* — **زمان حال**

Sie lebt nur in der Gegenwart, an die Zukunft denkt sie nicht. — فقط در زمان حال زندگی می‌کند؛ و به آینده فکر نمی‌کند.

3076 **Höhepunkt** ['hø:əpuŋkt] *m, -s, -e* — **اوج**

Dieser Film war der Höhepunkt der Münchener Filmtage. — این فیلم، اوج فستیوال فیلم مونیخ بود.

3077 **Jahresende** ['ja:rəsɛndə] *n, -s, kein Pl.* — **پایان سال**

Am Jahresende gibt es in unserer Firma immer eine Feier. — در پایان سال، همیشه در شرکت ما جشنی برگزار می‌شود.

3078 **Mittelalter** ['mit(ə)laltə*] *n, -s, kein Pl.* — **سده‌های میانه**

Über die Geschichte des Mittelalters weiß ich wenig. — اطلاعات کمی درباره‌ی تاریخ سده‌های میانه دارم.

3079 **Verspätung** [fɛə*'ʃpɛ:tuŋ] *f, -, -en* — **تأخیر**

Der Zug hatte 12 Minuten Verspätung. — قطار ۱۲ دقیقه تأخیر داشت.

3080 **Verzögerung** [fɛə*'tsø:gəruŋ] *f, -, -en* — **تأخیر**

Wegen des schlechten Wetters gab es Verzögerungen beim Bau des Hauses. — به‌دلیل هوای بد، در ساخت خانه تأخیرهایی وجود داشت.

3081 **Weile** ['vailə] *f, -, kein Pl.* **(مدت) کمی**

Es dauert nur noch eine Weile, dann bin ich fertig.

فقط کمی بیشتر طول می‌کشد؛ بعد آماده هستم.

3082 **Zeitalter** ['tsaitaltə*] *n, -s, -* **دوره، عصر، دوره‌ی تاریخی**

Ich hätte gerne im Zeitalter der Renaissance gelebt.

دوست داشتم در عصر نوزایی زندگی می‌کردم.

3083 **Zeitraum** ['tsaitraum] *m, -(e)s, Zeiträume* **مدت، دوره‌ی (فاصله‌ی) زمانی**

Dieser Plan soll in einem Zeitraum von drei Jahren verwirklicht werden.

این طرح، باید در فاصله‌ی زمانی سه سال تمام شود.

1-2000

3084 **anfangen** [ˈanfaŋən] *V/i., fing an, hat angefangen* Wann fängt das Konzert an?	**شروع کردن** کنسرت کی شروع می‌شود؟
3085 **andauern** [ˈandauə*n] *V/i., dauerte an, hat angedauert* Der Sturm dauerte die ganze Nacht an.	**ادامه داشتن، طول کشیدن** طوفان تمام شب ادامه داشت.
3086 **beenden** [bəˈɛnd(ə)n] *V/i., beendete, hat beendet* Wir haben unseren Streit beendet.	**تمام کردن** دعوای خود را تمام کرده‌ایم.
3087 **beginnen** [bəˈgin(ə)n] *V/t., i., begann, hat begonnen* Die Arbeiten sind sofort begonnen worden. Die Schulferien beginnen morgen.	**شروع کردن، آغاز کردن** کار بلافاصله شروع شد. فردا تعطیلات مدرسه شروع می‌شود.
3088 **dauern** [ˈdauə*n] *V/i., dauerte, hat gedauert* Das Gespräch wird nicht lange dauern.	**طول کشیدن** گفت‌وگو زیاد طول نخواهد کشید.
3089 **enden** [ˈɛnd(ə)n] *V/i., endete, hat geendet* Das Fußballspiel endet um 10.00 Uhr.	**تمام شدن** مسابقه‌ی فوتبال ساعت ۱۰ تمام می‌شود.
3090 **fortsetzen** [ˈfɔrtzɛts(ə)n] *V/t., setzte fort, hat fortgesetzt* Nach einer Pause setzten wir die Fahrt fort.	**ادامه دادن** پس از یک استراحت، به راه ادامه دادیم.
3091 **verkürzen** [fɛə*ˈkyrts(ə)n] *V/t., verkürzte, hat verkürzt* Die Arbeitszeit wird verkürzt.	**کوتاه کردن** زمان کار کوتاه می‌شود.
3092 **verschieben** [fɛə*ˈʃi:b(ə)n] *V/t., refl., verschob, hat verschoben* Der Termin wurde um eine Woche verschoben.	**موکول کردن** قرار ملاقات به یک هفته بعد موکول شد.
3093 **verspäten** [fɛə*ˈʃpɛ:t(ə)n] *V/refl., verspätete, hat verspätet* Warum hast du dich so lange verspätet?	**دیر کردن** چرا این همه دیر کردی؟

1-2000

3094 **dauernd** ['dauə*nt] *Adj., keine Komp.*
دائم
Ich werde dauernd gestört.
دائم مزاحم من می‌شوند.

3095 **endgültig** ['ɛntgyltiç°] *Adj., keine Komp.*
بالآخره، یک بار برای همیشه
Du musst dich jetzt endgültig entscheiden.
یک بار برای همیشه باید تصمیم بگیری.

3096 **früh** [fryː] *Adj., früher, am frühesten*
اوایل؛ قبلی
Wir sind am frühen Abend fertig gewesen.
اوایل عصر آماده بودیم.
Er ist ein früherer Kollege von mir.
او همکار قبلی من است.

3097 **gleichzeitig** ['glaiçtsaitiç°] *Adj., keine Komp.*
همزمان
Ich kann nicht beide Arbeiten gleichzeitig machen.
نمی‌توانم هر دو کار را همزمان انجام بدهم.

3098 **häufig** ['hɔifiç°] *Adj.*
بارها، اغلب
Das ist schon häufiger passiert.
این موضوع بارها اتفاق افتاده است.

3099 **heutig** ['hɔitiç°] *Adj., keine Komp.*
امروز
Die Meldung stand in der heutigen Zeitung.
گزارش در روزنامه‌ی امروز درج شده بود.

3100 **kurz** [kurts] *Adj., kürzer, am kürzesten*
کوتاه
Wir haben eine kurze Pause gemacht.
استراحت کوتاهی کردیم.

3101 **lang** [laŋ] *Adj., länger, am längsten*
طولانی
Er war lange Zeit krank.
مدتی طولانی بیمار بود.

3102 **modern** [mo'dɛrn] *Adj.*
مدرن
Die Wohnung ist modern möbliert.
آپارتمان، مبلمان مدرن داشت.

3103 **nächste** ['nɛːçstə] *Adj., keine Komp.*
آینده، بعد
Nächstes Jahr wird er Rentner.
سال آینده بازنشسته می‌شود.

3104 **plötzlich** ['plœtsliç] *Adj., keine Komp.*
ناگهان
Sie ist ganz plötzlich gestorben.
ناگهان مُرد.

13.6.3 Adjektive صفات

3105 **pünktlich** ['pyŋktliç] *Adj.* **رأس ساعت، سرموقع**
Bitte sei morgen pünktlich um 19.00 Uhr da. لطفاً فردا رأس ساعت ۱۹ اینجا باش.

3106 **rechtzeitig** ['reçt-tstaitiç°] *Adj.* **به‌موقع**
Den Verletzten konnte rechtzeitig geholfen werden. به‌موقع توانستند به مجروح کمک کنند.

3107 **regelmäßig** ['re:g(ə)lmɛ:siç°] *Adj.* **منظم**
Gehst du regelmäßig zum Zahnarzt?. منظم به نزد دندانپزشک می‌روی؟

3108 **spät** [ʃpɛ:t] *Adj., -er, am -esten* **آخر وقت، دیروقت**
Sie können auch am späten Abend anrufen. می‌توانید شب، آخر وقت هم زنگ بزنید.

3109 **ständig** ['ʃtɛndiç°] *Adj., keine Komp.* **دائم**
Sie ist ständig am Rauchen. دائم سیگار می کشد.

3110 **vorig** ['fo:riç°] *Adj., keine Komp.* **قبل، گذشته**
Voriges Jahr hat er seine Prüfung gemacht. سال قبل امتحانش را داد.

3111 **vorläufig** ['fo:ə*rlɔific°] *Adj., keine Komp.* **موقتی**
Das ist nur eine vorläufige Lösung. این فقط یک راه حل موقتی است.

2001-4000

3112 **bisherig** [bis'he:riç°] *Adj., keine Komp.* **تا حال، تا الآن**
Mit der bisherigen Regelung sind wir zufrieden. تا الآن از برنامه‌ها راضی هستیم.

3113 **damalig** ['da:ma:liç°] *Adj., keine Komp.* **وقت، آن زمان**
Dafür war der damalige Chef verantwortlich. در این زمینه، رئیس وقت مسئول است.

3114 **dauerhaft** ['dauə*haft] *Adj., -er, am -esten* **مقاوم، بادوام**
Der neue Kunststoff ist dauerhafter und trotzdem billiger. این ماده‌ی جدیدِ مصنوعی، مقاوم‌تر و در عین حال ارزان‌تر است.

3115 **gegenwärtig** ['ge:g(ə)nvɛrtiç°] *Adj., keine Komp.* — **فعلی، جاری**
Es gibt viel Kritik an der gegenwärtigen Regierung. — از حکومت فعلی، انتقاد زیادی می‌شود.

3116 **gelegentlich** [gə'le:g(ə)ntliç] *Adj., keine Komp.* — **گاهی، گاهگاهی**
Ich besuche Petra gelegentlich. — گاهی به دیدار پترا می‌روم.

3117 **jahrelang** ['ja:rəlaŋ] *Adj., keine Komp.* — **سال‌ها**
Sie wohnt schon jahrelang in dieser Wohnung. — سال‌ها است که در این آپارتمان زندگی می‌کند.

3118 **künftig** ['kynftiç°] *Adj., keine Komp.* — **آینده**
Wir müssen auch an die Folgen für künftige Generationen denken. — باید به عواقب این کار برای نسل‌های آینده هم فکر کنیم.

3119 **kurzfristig** ['kurtsfristiç°] *Adj.* — **کوتاه‌مدت**
Der Plan ist kurzfristig geändert worden. — نقشه در کوتاه‌مدت تغییر کرد.

3120 **langfristig** ['laŋfristiç°] *Adj.* — **طولانی‌مدت، درازمدت**
Das Problem muss langfristig gelöst werden. — این مسئله باید در درازمدت حل شود.

3121 **rasch** [raʃ] *Adj., -er, am -esten* — **سریع**
Wir werden uns rasch entscheiden. — سریع تصمیم خواهیم گرفت.

3122 **unregelmäißig** ['unre:g(ə)lmɛ:siç°] *Adj.* — **نامنظم**
Sie hat eine unregelmäßige Arbeitszeit. — ساعت کار نامنظمی دارد.

3123 **vorübergehend** [fo'ry:bə*ge:ənt] *Adj., keine Komp.* — **موقتی، به‌طور موقت**
Herr Behrens arbeitet vorübergehend in einer anderen Abteilung. — آقای برنس، موقتی در بخش دیگر کار می‌کند.

1-2000

3124 **bald** [balt] *Adv.* **به‌زودی**
Bald ist Feierabend. به‌زودی تعطیل می‌شویم.

3125 **bereits** [bəˈraits] *Adv.* **پیش از این، قبلاً**
Das ist bereits erledigt. این کار قبلاً انجام شده است.

3126 **bisher** [bisˈheːə*] *Adv.* **تابه‌حال، تا کنون**
Das neue Modell habe ich bisher noch nicht gesehen. این مدل جدید را تابه‌حال ندیده‌ام.

3127 **damals** [ˈdaːmaːls] *Adv.* **آن وقت‌ها**
Damals gab es noch keine Computer. آن وقت‌ها هنوز رایانه نبود.

3128 **danach** [daˈnaːx] *Adv.* **بعد، سپس**
Erst war ich beim Arzt. Danach habe ich eingekauft. اول دکتر رفتم؛ بعد خرید کردیم.

3129 **dann** [dan] *Adv.* **بعد**
Erst das Programm wählen und dann einschalten. اول برنامه را انتخاب و بعد روشن کنید.
Ich brauche noch eine Woche Zeit. Dann ist die Zeichnung bestimmt fertig. به یک هفته‌ی دیگر وقت نیاز دارم. بعد حتماً طراحی تمام است.

3130 **diesmal** [ˈdiːsmaːl] *Adv.* **این بار**
Bitte sei diesmal pünktlich! لطفاً این بار سر وقت بیا!

3131 **eben** [ˈeːb(ə)n] *Adv.* **همین الآن**
Die Post ist eben gekommen. نامه همین الآن رسید.

3132 **eher** [ˈeːə*] *Adv.* **زودتر، پیش‌تر**
Warum haben Sie uns nicht eher informiert? چرا زودتر به ما خبر ندادید؟

3133 **endlich** [ˈɛntliç] *Adv.* **بالآخره**
Wann kommt das Taxi endlich? بالآخره این تاکسی کی می‌آید؟

3134 **erst** [ɛə*st] *Adv.* **تازه**
Ich gehe erst nach dem Fernsehfilm schlafen. تازه بعد از فیلم تلویزیون می‌روم بخوابم.

3135 **früher** ['fry:ə*] *Adv.* **زودتر**
Wir essen heute eine Stunde früher. امروز یک ساعت زودتر غذا می‌خوریم.

3136 **gestern** ['gɛsta*n] *Adv.* **دیروز**
Gestern hatte ich noch kein Fieber. دیروز اصلاً تب نداشتم.

3137 **gleich** [glaiç] *Adv.* **همین الآن، الساعه، فوراً**
Einen Moment, ich komme gleich. یک لحظه صبر کنید! الساعه می‌آیم.

3138 **heute** ['hɔitə] *Adv.* **امروز**
Heute soll es regnen. مثل‌اینکه امروز باران می‌بارد.

3139 **immer** ['imə*] *Adv.* **همیشه**
Er ist immer nett und höflich. همیشه مهربان و مؤدب است.

3140 **inzwischen** [in'tsviʃ(ə)n] *Adv.* **در این بین، در خلال این، در این اثنا**
Während ich spüle, kannst du inzwischen die Küche aufräumen. در خلالی که ظرف‌ها را می‌شویم، تو می‌توانی آشپزخانه را نظافت کنی.

3141 **jemals** ['je:ma:ls] *Adv.* **همیشه**
Ich bezweifle, dass er jemals Erfolg haben wird. شک دارم همیشه موفق باشد.

3142 **jetzt** [jɛtst] *Adv.* **حالا**
Jetzt oder nie! Du musst dich entscheiden. حالا یا هیچ وقت! باید تصمیم بگیری.

3143 **kaum** [kaum] *Adv.* **به‌ندرت**
Er lacht kaum. به‌ندرت می‌خندد.

3144 **lange** ['laŋə] *Adv.* **طولانی**
Ihre Gespräche dauern immer lange. گفت‌وگوهایش همیشه طولانی است.

3145 **längst** ['lɛŋst] *Adv.* **مدت‌ها پیش**
Du hättest das längst erledigen müssen. این کار را باید مدت‌ها پیش انجام می‌دادی.

3146 **manchmal** ['mançma:l] *Adv.* **بعضی اوقات، گاهی**
Er kann manchmal sehr unfreundlich sein. بعضی اوقات ممکن است خیلی خشک رفتار کند.

3147 **mehrmals** ['me:ə*ma:ls] *Adv.* **بارها**
Ich habe wegen der Sache mehrmals mit ihr gesprochen. دراین‌باره، بارها با او صحبت کرده‌ام.

3148 **meistens** ['maistəns] *Adv.* **اغلب، معمولاً، بیشتر اوقات**
Morgens trinke ich meistens nur einen Kaffee. صبح‌ها معمولاً فقط یک قهوه می‌خورم.

3149 **nachher** [na:x'he:ə*] *Adv.* **بعداً**
Gehen wir nachher noch etwas essen? بعداً می‌رویم چیزی بخوریم؟

3150 **neulich** ['nɔiliç] *Adv.* **به‌تازگی، اخیراً**
Wir haben neulich einen Brief von Gunter bekommen. به‌تازگی نامه‌ای از گونتر دریافت کردیم.

3151 **nie** [ni:] *Adv.* **هرگز**
Ich habe noch nie geraucht. هرگز سیگار نکشیده‌ام.

3152 **niemals** ['ni:ma:ls] *Adv.* **هیچ‌وقت**
Ohne deine Hilfe hatte ich das niemals geschafft. بدون کمک تو، هیچ‌وقت از عهده‌ی این کار برنمی‌آمدم.

3153 **noch** [nɔx] *Adv.* **هنوز؛ دیگر**
Arbeitest du noch als Verkäuferin? هنوز فروشندگی می‌کنی؟
Wie lange müssen wir noch warten? چند وقت دیگر باید صبر کنیم؟

3154 **nochmals** ['nɔxma:ls] *Adv.* **دوباره، یک‌باردیگر، بازهم**
Sie muss nochmals zum Arzt. بازهم باید به پزشک مراجعه کند.

3155 **nun** [nu:n] *Adv.* **حالا**
Du hast gekündigt. Was machst du nun? استعفا داده‌ای. حالا چه‌کار می‌کنی؟

3156 **oft** [ɔft] *Adv.* **اغلب**
Wir gehen oft zusammen aus. اغلب با هم بیرون می‌رویم.

3157 **schließlich** ['ʃli:sliç] *Adv.* **سرانجام، عاقبت**
Schließlich hat es doch noch geklappt. عاقبت همه‌چیز خوب پیش‌رفت.

3158 **selten** ['zɛlt(ə)n] *Adv.* **به‌ندرت**
Wir gehen selten ins Kino. به‌ندرت سینما می‌رویم.

3159 **soeben** [zo'e:b(ə)n] *Adv.* **همین الآن**
Sie ist soeben nach Hause gekommen. همین الآن به خانه رسیده است.

3160 **sofort** [zo'fɔrt] *Adv.* **بلافاصله، فوراً**
Ich komme sofort. بلافاصله می‌آیم.

3161 **später** ['ʃpɛːtə*] *Adv.* **دیرتر، بعد، بعداً**
Lass uns später essen, nicht jetzt. بگذار بعداً غذا بخوریم، نه الآن.

3162 **spätestens** ['ʃpɛːtəstəns] *Adv.* **حداکثر تا**
Spätestens um 9.00 Uhr muss ich im Büro sein. حداکثر تا ساعت ۹ باید در اداره باشم.

3163 **übermorgen** [yːbə*mɔrg(ə)n] *Adv.* **پس‌فردا**
Übermorgen ist ein Feiertag. پس‌فردا تعطیل است.

3164 **vor kurzem** [foːə*'kurtsəm] *Adv.* **کمی قبل، اخیراً**
Ich habe vor kurzem noch mit ihr gesprochen. اخیراً باز هم با او صحبت کردم.

3165 **vorbei** [foːə*'bai] *Adv.* **گذشته، تمام شدن**
Hoffentlich ist das schlechte Wetter bald vorbei. امیدوارم این هوای بد زود تمام شود.

3166 **vorgestern** ['foːə*gɛstə*n] *Adv.* **پریروز**
Der Unfall ist vorgestern passiert. تصادف پریروز اتفاق افتاد.

3167 **vorher** ['foːə*heːə*] *Adv.* **قبلاً**
Warum haben Sie mir das nicht vorher gesagt? چرا این را قبلاً به من نگفتید؟

3168 **vorhin** [foːə*'hin] *Adv.* **کمی پیش، قبل**
- Haben Sie Frau Pauls gesehen? -خانم پاول را دیده‌اید؟
- Ja, vorhin war sie noch in ihrem Zimmer. -آره؛ کمی پیش در اتاقش بود.

3169 **wann** [van] *Adv.* **کی، چه‌وقت**
Wann wollen wir uns treffen? کی همدیگر را می‌بینیم؟

3170 **wieder** ['viːdə*] *Adv.* **دوباره، بازهم**
Du musst ihn daran erinnern, sonst vergisst er es wieder. باید به او یادآوری کنی؛ وگرنه باز هم فراموش می کند.

3171 **zuerst** [tsu'eːə*st] *Adv.* **اول (از همه)**
Was soll zuerst gemacht werden? اول (از همه) قرار است چه کاری انجام شود؟

3172 **zuletzt** [tsu'lɛtst] *Adv.* **آخرین بار**
Vorige Woche habe ich ihn zuletzt gesehen.
آخرین بار، هفته‌ی پیش او را دیدم.

3173 **zunächst** [tsu'nɛːçst] *Adv.* **ابتدا، اول (از همه)**
Zunächst habe ich es nicht verstanden, aber man hat es mir dann erklärt.
ابتدا نفهمیدم؛ ولی بعداً برایم توضیح دادند.

2001-4000

3174 **bislang** [bis'laŋ] *Adv.* **تا حالا**
Bislang bin ich mit diesem Auto sehr zufrieden.
تا حالا از این ماشین خیلی راضی هستم.

3175 **daraufhin** [darauf'hin] *Adv.* **بعد، بعد از آن**
Petra ging zuerst. Daraufhin sind wir auch gegangen.
پترا اول رفت. بعد از آن، ما هم رفتیم.

3176 **dazwischen** [da'tsviʃ(ə)n] *Adv.* **در این بین**
Ich habe um 14.00 und 16.00 Uhr eine Verabredung. Dazwischen habe ich keine Zeit.
ساعت ۱۴ و ۱۶ قرار دارم. در این بین وقت ندارم.

3177 **demnächst** [deːm'nɛːçst] *Adv.* **به‌زودی، در آینده‌ی نزدیک**
Mein Bruder heiratet demnächst.
به‌زودی برادرم ازدواج می‌کند.

3178 **heutzutage** ['hɔit-tsutaːgə] *Adv.* **امروز، امروزه، این روزها**
Heutzutage leben die Menschen länger als früher.
امروزه انسان‌ها بیشتر از گذشته عمر می‌کنند.

3179 **jedes Mal** ['jeːdəs'maːl] *Adv.* **هر بار**
Wir freuen uns jedes Mal über deinen Besuch.
هر بار که تو را می‌بینیم، خوشحال می‌شویم.

3180 **kürzlich** ['kyrtsliç] *Adv.* **اخیراً، به‌تازگی**
Ich habe ihn kürzlich getroffen.
اخیراً اتفاقی او را دیدم.

3181 **neuerdings** ['nɔiə*'diŋs] *Adv.* **تازگی**
Ralf raucht neuerdings nicht mehr.
رالف تازگی سیگار را ترک کرده است.

3182 **zeitweise** ['tsaitvaizə] *Adv.* **گاهی، بعضی وقت‌ها**
Sie arbeitet zeitweise in einem Cafe.
بعضی وقت‌ها در کافه کار می‌کند.

3183 **zuweilen** [tsu'vail(ə)n] *Adv.* **هرازگاهی**

Zuweilen lese ich gerne einen Kriminalroman.

هرازگاهی دوست دارم رمان جنایی بخوانم.

1-2000

3184 **ab** [ap] *Präp.* — **از**

Das Geschäft ist ab 9.00 Uhr geöffnet. — مغازه از ساعت ۹ باز است.

3185 **bis** [bis] *Präp.* — **تا**

Die Veranstaltung dauert bis Mitternacht. — مراسم تا نیمه‌شب طول می‌کشد.

3186 **in** [in] *Präp.* — **تا**

Er ruft in einer Stunde wieder an. — تا یک ساعت دیگر دوباره تلفن می‌کند.

3187 **innerhalb** ['inə*halp] *Präp.* — **طی**

Sie kommen innerhalb der nächsten Woche zurück. — طی هفته‌ی آینده برمی‌گردند.

3188 **nach** [na:x] *Präp.* — **بعد از**

Sie war nach einer Woche wieder gesund. — بعد از یک هفته دوباره خوب شد.

3189 **seit** [zait] *Präp.* — **از**

Ich habe seit vier Wochen nichts von ihm gehört. — چهار هفته است که از او هیچ خبری ندارم.

3190 **um** [um] *Präp.* — **رأس**

Sie ist um 19.00 Uhr gegangen. — رأس ساعت ۱۹ رفت.

3191 **vor** [fo:ə*] *Präp.* — **پیش، از، قبل از**

Vor Weihnachten habe ich wenig Zeit. — پیش از کریسمس وقت زیادی ندارم.

3192 **während** ['vɛ:rənt] *Präp.* — **حین، در، در طول، در طی**

Während der Ferien ist die Bibliothek geschlossen. — در طول تعطیلات، کتابخانه بسته است.

3193 **zwischen** ['tsviʃ(ə)n] *Präp.* — **بین**

Sie wollen uns zwischen Weihnachten und Neujahr besuchen. — می‌خواهند بین کریسمس و سال جدید، به دیدار ما بیایند.

13.6.6 Konjunktionen حروف ربط

1-2000

3194 **als** [als] *Konj.* **همین‌که، وقتی**

Sie bremste sofort, als sie den Radfahrer sah.

همین‌که دوچرخه‌سوار را دید، ترمز کرد.

3195 **bevor** [bə'fo:ə*] *Konj.* **پیش از آنکه**

Ich möchte zu Hause sein, bevor es dunkel ist.

پیش از آنکه هوا تاریک شود، می‌خواهم در خانه باشم.

3196 **ehe** ['e:ə] *Konj.* **پیش از اینکه**

Sie lief weg, ehe ich etwas sagen konnte.

پیش از اینکه بتوانم چیزی بگویم، دررفت.

3197 **nachdem** [na:x'de:m] *Konj.* **بعد از آنکه**

Nachdem er gegessen hatte, trank er eine Tasse Kaffee.

بعد از آنکه غذا خورد، یک فنجان قهوه نوشید.

3198 **seitdem** [zait'de:m] *Konj.* **از آن زمان، از آن موقع**

Ina hatte mit 25 Jahren einen Unfall. Seitdem ist sie blind.

اینا در ۲۵ سالگی تصادف کرد. از آن زمان نابینا است.

3199 **sobald** [zo'balt] *Konj.* **همین‌که**

Ich rufe Sie an, sobald ich etwas Neues weiß.

همین‌که خبر جدیدی دریافت کردم، به شما زنگ می‌زنم.

3200 **solange** [zo'laŋə] *Konj.* **تا زمانی که**

Solange mein Wagen in der Werkstatt ist, fahre ich mit dem Bus zur Arbeit.

تا زمانی که ماشین من در تعمیرگاه است، با اتوبوس سر کار می‌روم.

3201 **wenn** [vɛn] *Konj.* **اگر؛ هر وقت، وقتی**

Wenn ich ihn sehe, frage ich ihn.

اگر او را ببینم، از او می‌پرسم.

14.1 Substantive اسم‌ها

1-2000

3202 **Abstand** ['apʃtant] *m, -(e)s, Abstände* — **فاصله**
Der Ofen muss 40 cm Abstand zur Wand haben. — بخاری باید ۴۰ سانتی‌متر با دیوار فاصله داشته باشد.

3203 **Breite** ['braitə] *f, -, -n* — **پهنا**
Der Tisch hat eine Breite von 80 cm. — پهنای میز ۸۰ سانتی‌متر است.

3204 **Ende** ['ɛndə] *n, -s, -n* — **آخر**
Der Speisewagen ist am Ende des Zuges. — واگن غذا، آخر قطار است.

3205 **Entfernung** [ɛnt'fɛrnuŋ] *f, -, -en* — **فاصله**
Wegen der großen Entfernung konnte ich ihn nicht erkennen. — از این فاصله نتوانستم او را بشناسم.

3206 **Größe** ['grø:sə] *f, -, -n* — **اندازه**
Die genaue Größe der Wohnung kenne ich nicht. — اندازه‌ی دقیق آپارتمان را نمی‌دانم.
Was ist Ihre Schuhgröße? — اندازه‌ی پای شما چند است؟

3207 **Höhe** ['hø:ə] *f, -, -n* — **ارتفاع**
Hast du die Höhe des Raums gemessen? — ارتفاع اتاق را اندازه گرفتی؟

3208 **Lage** ['la:gə] *f, -, -n* — **موقعیت**
Die Lage des Hauses ist phantastisch. — موقعیت خانه عالی است.

3209 **Länge** ['lɛŋə] *f, -, -n* — **طول**
Das Bett gibt es in drei verschiedenen Längen. — این تختخواب با سه طول متفاوت در دسترس است.

3210 **Lücke** ['lykə] *f, -, -n* — **فضای خالی**
Zwischen ihren Häusern ist nur eine schmale Lücke. — بین خانه‌های آنها، فقط یک فضای خالی باریک است.

3211 **Mitte** ['mitə] *f, -, -n* — **وسط**
In der Mitte des Raums steht ein großer Tisch. — در وسط اتاق یک میز بزرگ است.

3212 **Nähe** ['nɛ:ə] *f, -, kein Pl.* — **نزدیک؛ همسایگی**
Sie wohnt in der Nähe des Bahnhofs. — نزدیک ایستگاه راه‌آهن زندگی می‌کند.

3213 **Ort** [ɔrt] *m, -(e)s, -e* | **مکان**

Ort und Zeit des Treffens müssen noch verabredet werden. | روی زمان و مکان ملاقات باید دوباره توافق شود.

3214 **Platz** [plats] *m, -es, Plätze* | **جا**

In meinem Auto ist noch Platz. | هنوز در ماشین من جا هست.

An diesem Platz im Garten gibt es viel Sonne. | در اینجای باغ، آفتاب زیاد است.

3215 **Punkt** [puŋkt] *m, -(e)s, -e* | **جا**

Hast du einen Treffpunkt verabredet? | روی محلّ ملاقات توافق کرده‌اید؟

3216 **Rand** [rant] *m, -(e)s, Ränder* | **حاشیه**

Der Weg führt am Rand des Waldes entlang. | راه در امتداد حاشیه‌ی جنگل است.

3217 **Raum** [raum] *m, -(e)s, Räume* | **فضا**

Der Raum zwischen den Häusern ist sehr eng. | فضای بین خانه‌ها خیلی تنگ است.

3218 **Richtung** ['riçtuŋ] *f, -, -en* | **جهت**

Ich glaube, wir fahren in die falsche Richtung. | فکر می‌کنم در جهت اشتباه می‌رویم.

3219 **Seite** ['zaitə] *f, -, -n* | **طرف**

Auf beiden Seiten der Straße stehen Bäume. | در هر دو طرف خیابان درخت است.

3220 **Spitze** ['ʃpitsə] *f, -, -n* | **نوک، قله**

Wegen des Schnees konnten wir die Spitze des Berges nicht erreichen. | به‌دلیل برف نتوانستیم به قله‌ی کوه برسیم.

3221 **Stelle** ['ʃtɛlə] *f, -, -n* | **جا**

Diese Stelle am Fuß tut weh. | اینجای پای من آسیب دیده است.

3222 **Strecke** ['ʃtrɛkə] *f, -, -n* | **مسافت، فاصله**

Wir haben die Strecke in zwei Tagen zurückgelegt. | دو روزه مسافت را طی کردیم.

3223 **Tiefe** ['ti:fə] *f, -, -n* | **عمق**

Der Schrank hat eine Tiefe von 60 cm. | عمق گنجه ۶۰ سانتی‌متر است.

2001-4000

3224 **Außenseite** ['aus(ə)nzaitə] *f, -, -n* **طرف بیرونی**
Die Außenseite der Haustür ist dreckig.
طرف بیرونی در، کثیف است.

3225 **Hintergrund** ['hintə*grunt] *m, -(e)s, Hintergründe* **پس‌زمینه**
Im Hintergrund der Bühne waren Häuser auf Pappe gemalt.
در پس‌زمینه‌ی صحنه، خانه‌هایی روی مقوا نقاشی شده بود.

3226 **Innenseite** ['inənzaitə] *f, -, -n* **داخل**
Die Innenseite des Koffers ist aus Kunststoff.
داخل چمدان پلاستیکی است.

3227 **Oberfläche** ['o:bə*flɛçə] *f, -, -n* **سطح**
Die Oberfläche des Tisches ist sehr glatt.
سطح میز خیلی صاف است.

3228 **Position** [pozi'tsjo:n] *f, -, -en* **وضعیت**
Seit Tagen gibt es von dem Schiff keine Positionsmeldung.
روزها است که گزارش وضعیتی از کشتی نرسیده است.

3229 **Vordergrund** ['fɔrdə*grunt] *m, -(e)s, Vordergründe* **قسمت جلو، پیش‌زمینه**
Das kleine Mädchen im Vordergrund des Fotos bin ich.
آن دختر کوچک در قسمت جلوی عکس، منم.

3230 **Vorderseite** ['fɔrdə*zaitə] *f, -, -n* **جلو**
Die Vorderseite des Hauses soll gestrichen werden.
جلوی خانه باید رنگ شود.

3231 **Zentrum** ['tsentrum] *n, -s, Zentren* **مرکز**
Die Straßen im Stadtzentrum sind sehr eng.
خیابان‌های مرکز شهر بسیار باریک است.

1-2000

3232 **breit** [brait] *Adj, -er, am -esten* — **عریض، پهن**
Der Rhein wird in Holland sehr breit. — رود راین در هلند بسیار عریض می‌شود.

3233 **eng** [ɛŋ] *Adj.* — **تنگ، تنگ‌هم**
Die Hose ist mir zu eng. — این شلوار برایم خیلی تنگ است.
Der Raum ist eng. — اتاق تنگ است.
Die Blumen sind eng nebeneinander gepflanzt. — گل‌ها تنگ هم در گلدان کاشته شده است.

3234 **entfernt** [ɛnt'fɛə*nt] *Adj, -er, am -esten* — **دور**
Wie weit ist Mainz von Frankfurt entfernt? — ماینتس چقدر از فرانکفورت دور است؟

3235 **hoch** [ho:x] *Adj, höher, am höchsten* — **بلند، ارتفاع**
Wie hoch ist der Raum? — ارتفاع این اتاق چقدر است؟

3236 **kurz** [kurts] *Adj., kürzer, am kürzesten* — **کوتاه**
Die Hose ist zu kurz. — این شلوار بیش از حد کوتاه است.

3237 **lang** [laŋ] *Adj., länger, am längsten* — **طول**
Die Brücke ist über 2 km lang. — پل بیش از ۲ کیلومتر طول دارد.

3238 **linke** ['liŋkə] *Adj., keine Komp.* — **چپ**
Der Eingang ist an der linken Seite des Hauses. — ورودی در سمت چپ خانه است.

3239 **nah(e)** [na:(ə)] *Adj, näher, am nächsten* — **نزدیک**
Wo ist die nächste Bushaltestelle? — نزدیک‌ترین ایستگاه اتوبوس کجا است؟

3240 **ober(e)** ['o:bə*(o:bərə)] *Adj.* — **بالا**
Die Strümpfe liegen in der obersten Schublade. — جوراب‌ها در کشوی بالایی است.

3241 **offen** ['ɔf(ə)n] *Adj., keine Komp.* — **باز**
Ich schlafe bei offenem Fenster. — با پنجره‌ی باز می‌خوابم.

3242 **rechte** ['rɛçtə] *Adj., keine Komp.* — **راست**
Die Apotheke ist von hier aus das fünfte Haus auf der rechten Straßenseite. — داروخانه از اینجا پنجمین ساختمان در سمت راست خیابان است.

3243 **schief** [ʃi:f] *Adj.* — **کج**
Der Tisch steht schief. — میز کج است.

3244 **tief** [ti:f] *Adj.* — **عمق، عمیق**
Wie tief ist das Regal? — قفسه چقدر عمق دارد؟
Ist das Wasser des Sees sehr tief? — آب دریاچه خیلی عمیق است؟

3245 **unter(e)** ['untə*('untərə)] *Adj.* — **پایین، ته**
Das Buch steht im untersten Fach des Regals. — کتاب در پایین‌ترین ردیف قفسه است.

3246 **weit** [vait] *Adj., -er, am -esten* — **گشاد؛ دور**
Sie trägt gern weite Rocke. — دوست دارد دامن‌های گشاد بپوشد.
Er wohnt nicht weit von hier. — دور از اینجا زندگی نمی‌کند.

2001-4000

3247 **aufrecht** ['aufrɛçt] *Adj., keine Komp.* — **صاف**
Der Behälter muss immer aufrecht stehen. — ظرف باید همیشه صاف باشد.

3248 **senkrecht** ['zɛŋkrɛçt] *Adj., keine Komp.* — **عمودی**
Das Flugzeug stürzte fast senkrecht ab. — هواپیما تقریباً عمودی سقوط کرد.

3249 **umgeben** [um'ge:b(ə)n] *Part. II von ‚umgeben'* — **احاطه**
Der See ist von Felswänden umgeben. — دریاچه را دیواره‌های سنگی احاطه کرده است.

3250 **waag(e)recht** ['va:krɛçt('va:gərɛçt)] *Adj., keine Komp.* — **افقی**
Der Kühlschrank muss waag(e)recht stehen. — یخچال باید افقی قرار داده شود.

3251 **zentral** [tsɛn'tra:l] *Adj.* — **در مرکز شهر، مرکزی**
Die Wohnung liegt sehr zentral. — آپارتمان کاملاً در مرکز شهر است.

14.3 Adverbien قیدها

1-2000

3252 **abwärts** ['apvɛrts] *Adv.* **پایین**

Der Fahrstuhl fährt abwärts. آسانسور پایین می‌رود.

3253 **aufwärts** ['aufvɛrts] *Adv.* **بالا**

Der Weg führt steil aufwärts. راه، با شیب تند، به‌سمت بالا می‌رود.

3254 **auseinander** [ausai'nandə*] *Adv.* **از هم**

Die Häuser stehen weit auseinander. خانه‌ها دور از هم است.

3255 **außen** ['aus(ə)n] *Adv.* **از بیرون، در ظاهر**

Das Auto sah außen gut aus. ماشین از بیرون خوب به‌نظر می‌رسد.

3256 **da** [da:] *Adv.* **آنجا**

Wer ist da an der Tür? چه کسی آنجا دَم در است؟

Setz dich da auf den Stuhl. آنجا روی صندلی بنشین.

3257 **dahin** ['da:hin] *Adv.* **آنجا**

Stell die Kiste dahin! جعبه را آنجا بگذار!

3258 **daneben** [da'ne:b(ə)n] *Adv.* **کناری**

Siehst du den großen Sessel dort? Die Frau daneben ist Frau Patzke. آن صندلی راحتی بزرگ را می‌بینی؟ خانم کنار آن، خانم پاتسکه است.

3259 **daran** ['da:ran] *Adv.* **به آن**

Die Wand ist zu dünn. Daran kann man das Regal nicht befestigen. دیوار بیش از حد نازک است. نمی‌توان به آن قفسه را وصل کرد.

3260 **darauf** ['da:rauf] *Adv.* **روی آن**

Siehst du den Tisch dort? Darauf kannst du die Bücher legen. آن میز را می‌بینی؟ کتاب‌ها را می‌توانی روی آن بگذاری.

3261 **darin** ['da:rin] *Adv.* **در آن**

Du hast gestern ein Paket bekommen. Was war darin? دیروز بسته‌ای دریافت کردی. در آن چه بود؟

3262 **darunter** [da'runtə*] *Adv.* **پایین**

Die Wohnung im 3. Stock links ist vermietet. Die Wohnung darunter ist noch frei. آپارتمان طبقه‌ی سوم سمت چپ اجاره داده شده است. آپارتمان پایین آن هنوز خالی است.

3263 **davor** ['da:fo:ə*] *Adv.* **جلو، در جلو**

Das ist eine Einfahrt. Davor darfst du nicht parken.

این ورودی است. جلوی آن نمی‌توانی پارک کنی.

3264 **dazwischen** [da:'tsviʃən] *Adv.* **بین**

Siehst du den blauen BMW und den gelben Ford dort? Das Auto dazwischen ist meins.

ب‌ام‌و آبی و فورد زرد را آنجا می‌بینی؟ خودروی بین آنها مال من است.

3265 **dort** [dɔrt] *Adv.* **آنجا**

Dort möchte ich gerne wohnen.

خیلی دوست دارم آنجا زندگی کنم.

3266 **draußen** ['draus(ə)n] *Adv.* **بیرون**

Warst du heute schon draußen?

امروز بیرون بودی؟

3267 **drinnen** ['drinən] *Adv.* **داخل**

Komm rein! Drinnen ist es schön warm.

بیا تو! داخل خوب گرم است.

3268 **entlang** [ɛnt'laŋ] *Adv.* **در امتداد**

Der Zug ist lange direkt am Rhein entlang gefahren.

قطار مدت‌ها مستقیم در امتداد رود راین حرکت کرد.

3269 **geradeaus** [gə'ra:dəaus] *Adv.* **مستقیم**

Gehen Sie geradeaus und dann die zweite Straße links rein.

مستقیم بروید و بعد به خیابان دوم سمت چپ وارد شوید.

3270 **heraus** [hɛ'raus] *Adv.* **بیرون (از آنجا)**

Bitte kommen Sie heraus!

لطفا بیرون بیایید!

3271 **herein** [hɛ'rain] *Adv.* **داخل**

Herein bitte! Die Tür ist offen.

لطفاً داخل بیایید! در باز است.

3272 **herum** [hɛ'rum] *Adv.* **دور**

Um den ganzen See herum gibt es einen Wanderweg.

دور تا دور دریاچه، راهی برای پیاده‌روی است.

3273 **herunter** [hɛ'runtə*] *Adv.* **پایین**

Herunter vom Baum! Du kannst dir wehtun.

از درخت بیا پایین! ممکن است به خودت صدمه بزنی.

3274 **hier** [hi:ə*] *Adv.* **اینجا**

Der Schlüssel muss hier in diesem Zimmer sein.

کلید باید اینجا، در این اتاق، باشد.

3275 **hierher** ['hi:ə*'hɛə*] *Adv.* **اینجا**

Setz dich hierher! Der Sessel ist bequemer. — اینجا بنشین! صندلی راحت‌تر است.

Bitte legen Sie die Zeitung hierher! — لطفاً روزنامه را اینجا بگذارید!

3276 **hinauf** [hi'nauf] *Adv.* **تا بالا**

Bis zum Gipfel hinauf braucht man mindestens drei Stunden. — رسیدن تا قله حداقل سه ساعت طول می‌کشد.

3277 **hinaus** [hi'naus] *Adv.* **بیرون**

Hinaus mit dir! — برو بیرون!

3278 **hinein** [hi'nain] *Adv.* **داخل**

Bitte gehen Sie schon hinein. Ich komme gleich. — لطفا داخل بروید. الآن می‌آیم.

3279 **hinten** ['hint(ə)n] *Adv.* **پشت، عقب**

Im Auto sitze ich am liebsten hinten. — در ماشین، بیشتر دوست دارم عقب بنشینم.

3280 **hinüber** [hi'ny:bə*] *Adv.* **به آن طرف**

Die Ampel ist grün. Wir können hinübergehen. — چراغ راهنمایی سبز است. می‌توانیم به آن طرف برویم.

3281 **innen** ['inən] *Adv.* **داخل**

Das Haus ist aus dem 19. Jahrhundert, aber innen ist alles neu. — خانه متعلق به قرن نوزدهم است، ولی داخل آن همه چیز نو است.

3282 **irgendwo** ['irgəntvo:] *Adv.* **جایی**

Irgendwo habe ich meine Brieftasche verloren. — کیفم را جایی گم کرده‌ام.

3283 **links** [liŋks] *Adv.* **از چپ، از سمت چپ**

Vorsicht! Links kommt ein Auto. — مراقب باش! یک ماشین از سمت چپ می‌آید.

3284 **mitten** ['mit(ə)n] *Adv.* **وسط**

Das Geschäft ist mitten in der Stadt. — مغازه وسط شهر است.

3285 **nirgends** ['nirg(ə)nts] *Adv.* **هیچ‌کجا، هیچ‌جا**

Ich habe die Tasche nirgends gefunden. — کیف را هیچ‌جا پیدا نکردم.

3286 **nirgendwo** ['nirg(ə)ntvo:] *Adv.* **هیچ‌جا**

Ich habe ihn nirgendwo getroffen. — هیچ‌جا او را ندیدم.

---

14. Räumliche Begriffe

3287 **oben** ['o:b(ə)n] *Adv.* **بالا**
Die Katze sitzt oben im Baum. گربه بالای درخت نشسته است.

3288 **quer** [kve:ə*] *Adv.* **عرضی**
Der Bus stand quer auf der Straße. اتوبوس در عرض خیابان ایستاده بود.

3289 **rechts** [rɛçts] *Adv.* **سمت راست**
Die Drogerie ist rechts neben dem Rathaus. داروخانه سمت راست، کنار شهرداری، است.

3290 **rückwärts** ['rykvɛrts] *Adv.* **عقب عقب**
Man muss rückwärts aus der Einfahrt rausfahren. باید عقب عقب از ورودی خارج شد.

3291 **überall** ['y:bə*al] *Adv.* **همه‌جا**
Ich habe überall gesucht. همه‌جا را گشته‌ام.

3292 **unten** ['unt(ə)n] *Adv.* **پایین**
Das Fahrrad steht unten im Keller. دوچرخه پایین، در زیرزمین، است.

3293 **voraus** [fo'raus] *Adv.* **جلوتر**
Ich kenne den Weg nicht. Fahr du deshalb voraus. راه را بلد نیستم. به‌همین‌خاطر تو جلو برو.

3294 **vorbei** [fo:ə*bai] *Adv.* **رَد**
Sie ist an mir vorbeigegangen, ohne zu grüßen. بدون اینکه سلام کند، از کنارم رد شد.

3295 **vorn(e)** [fɔrn(ə)] *Adv.* **جلو**
Vorn(e) am Haus ist die Lampe kaputt. چراغ جلوی خانه خراب است.

3296 **vorwärts** ['fo:ə*vɛrts] *Adv.* **(به) جلو**
Fahren Sie bitte noch einen Meter vorwärts! لطفا یک متر دیگر (به) جلو بروید!

3297 **weg** [vɛk] *Adv.* **دور؛ گم**
Ist das weit weg? خیلی دور است؟
Meine Handschuhe sind weg. دستکش‌هایم گم شده است.

3298 **wo** [vo:] *Adv.* **کجا**
Wo liegt der Ort? آنجا کجا است؟

3299 **woher** [vo'he:ə*] *Adv.* **اهل کجا**
Woher kommen Sie? اهل کجا هستید؟

3300 **wohin** [vo'hin] *Adv.* — **کجا**
Wohin hast du die Tageszeitung gelegt?
روزنامه را کجا گذاشته‌ای؟

3301 **zurück** [tsu'ryk] *Adv.* — **برگشت**
Herr Kammer kommt morgen zurück.
آقای کامر فردا برمی‌گردد.

2001-4000

3302 **dahinter** [da'hintə*] *Adv.* — **آن پشت**
Das Haus ist direkt an einer lauten Straße, aber im Garten dahinter ist es ruhig.
خانه در خیابانی شلوغ است، ولی باغچه‌ی آن پشت خیلی آرام است.

3303 **dorthin** ['dɔrthin] *Adv.* — **آنجا**
Bitte leg die Post dorthin..
لطفاً نامه را آنجا بگذار.

3304 **drüben** ['dry:b(ə)n] *Adv.* — **آنجا**
Mannheim liegt drüben auf der anderen Seite des Flusses.
مانهایم آنجا، طرف دیگر رودخانه است.

3305 **herab** [hɛ'rap] *Adv.* — **پایین**
Steig bitte von der Leiter herab!
لطفا از نردبان پایین بیا!

3306 **heran** [hɛ'ran] *Adv.* — **کنار**
Stell doch den Stuhl näher an den Tisch heran!
صندلی را به میز نزدیک‌تر کن!

3307 **herauf** [hɛ'rauf] *Adv.* — **بالا**
Das Mädchen ist allein den Baum heraufgeklettert.
آن دختر به‌تنهایی از درخت بالا رفته است.

3308 **hindurch** [hin'durç] *Adv.* — **از میان**
Ich habe Angst, durch diesen engen Tunnel hindurchzufahren.
می‌ترسم از میان این تونل باریک بروم.

3309 **hinterher** [hintə*he:ə*] *Adv.* — **پشت سر**
Fahr du voraus, ich fahre hinterher.
تو جلو برو؛ من پشت سر تو می‌آیم.

3310 **hinunter** [hi'nuntə*] *Adv.* — **پایین**
Diesen Berg kann man nur langsam hinunterfahren.
باید به‌آرامی از این کوه پایین بروی.

1-2000

3311	**an** [an] *Präp. (+ Dat., Akk.)* Dein Mantel hängt an der Garderobe. Bitte häng den Mantel an die Garderobe.	**به، [اینجا] در** کتت داخل کمد آویزان است. لطفاً کتت را داخل کمد آویزان کن.
3312	**auf** [auf] *Präp. (+ Dat., Akk.)* Sie sitzt auf dem Balkon. Setz dich doch auf den Balkon!	**در، بر، برروی** در بالکن نشسته است. بیرون، در بالکن بنشین!
3313	**aus** [aus] *Präp. (+ Dat)* Er ist gerade aus dem Haus gegangen. Sie kommt aus Brasilien.	**از؛ اهل** تازه از خانه بیرون رفته است. اهل برزیل است.
3314	**außerhalb** ['ausə*halp] *Präp. (+ Gen.)* Wir wohnen außerhalb der Stadt.	**بیرون** ما بیرون شهر زندگی می کنیم.
3315	**bei** [bai] *Präp. (+ Dat.)* Du kannst bei mir übernachten.	**نزد، با** امشب می‌توانی نزد من بمانی.
3316	**bis** [bis] *Präp. (+ Akk.)* Am ersten Tag sind wir bis Freiburg gefahren.	**تا** روز اول تا فرایبورگ رفتیم.
3317	**durch** [durç] *Präp. (+ Akk.)* Wir können durch den Park gehen.	**از میان، از راه** می‌توانیم از راه پارک برویم.
3318	**gegenüber** [ge:g(ə)n'y:bə*] *Präp. (+ Dat.)* Das Haus liegt gegenüber der Bank.	**روبه‌روی** خانه روبه‌روی بانک است.
3319	**hinter** ['hintə*] *Präp. (+ Dat., Akk.)* Hinter dem Haus kann man parken.	**پشت** پشت این خانه می‌توان پارک کرد.
3320	**in** [in] *Präp. (+ Dat., Akk.)* In diesem Restaurant kann man gut essen. Lass uns in dieses Restaurant gehen und etwas essen.	**در؛ به** در این رستوران، غذای خوبی می‌دهند. بیا به این رستوران برویم و غذایی بخوریم.

14.4 Präpositionen حروف اضافه

3321 **innerhalb** ['inə*halp] *Präp. (+ Gen.)* — **در (محدوده‌ی)**

Innerhalb des Stadtzentrums ist es schwer, einen Parkplatz zu finden. — پیدا کردن جای پارک در (محدوده‌ی) مرکز شهر سخت است.

3322 **neben** ['ne:b(ə)n] *Präp. (+ Dat., Akk.)* — **کنار**

Ich habe neben ihr gesessen. — کنار او نشسته بودم.

Ich habe mich neben sie gesetzt. — کنار او نشستم.

3323 **oberhalb** ['o:bə*halp] *Präp. (+ Gen.)* — **بالا؛ روی**

Oberhalb der Berghütte führt der Weg weiter. — مسیر تا بالای کلبه‌ی کوهستانی ادامه دارد.

3324 **über** ['y:bə*] *Präp. (+ Dat., Akk.)* — **بالا؛ روی**

Die Klingel ist über der Eingangstür. — زنگ بالای در ورودی است.

Wir sind mit einer Fähre über den Fluss gefahren. — با یک قایق، از رودخانه رد شدیم.

3325 **um** [um] *Präp. (+ Akk.)* — **دور**

Er trägt immer einen Schal um den Hals. — همیشه شال دور گردنش می‌بندد.

3326 **unter** ['untə*] *Präp. (+ Dat., Akk.)* — **زیر**

Die Tasche liegt unter deiner Jacke. — کیف زیر کاپشن تو است.

Wer hat die Tasche unter die Jacke gelegt? — چه کسی کیف را زیر کاپشن گذاشته است؟

3327 **von** [fɔn] *Präp. (+ Dat.)* — **از**

Sie ist vom Büro direkt nach Hause gegangen. — مستقیم از اداره به خانه رفت.

3328 **vor** [fo:ə*] *Präp. (+ Dat., Akk.)* — **جلویِ، بیرونِ**

Vor dem Bahnhof stehen immer Taxis. — جلوی راه‌آهن همیشه تاکسی‌ها هستند.

Stell die dreckigen Stiefel bitte vor die Tür. — لطفاً چکمه‌های کثیف را بیرونِ در بگذار.

3329 **zu** [tsu:] *Präp. (+ Dat.)* — **به**

Gehst du zum Bäcker und holst Brot? — می‌روی به نزد نانوا و نان بگیری؟

3330 **zwischen** ['tsviʃ(ə)n] *Präp. (+ Dat., Akk.)* — **بین**

Zwischen den beiden Häusern ist ein Tor. — بین دو خانه یک دروازه هست.

Stell die Stehlampe zwischen die beiden Sessel. — آباژور را بین آن دو صندلی بگذار.

15.1 Mengenbegriffe — مفاهیم کمیت

1-2000

3331 **alle** ['alə] *Pron.*	**همه**
Wo sind die Zigaretten? Hast du alle allein geraucht?	سیگارها کجا است؟ همه‌ی آنها را تنهایی کشیدی؟
3332 **Anzahl** ['antsa:l] *f, -, kein Pl.*	**تعداد**
Eine kleine Anzahl von Kollegen ist gegen die Lösung.	تعداد کمی از همکاران با این راه‌حل مخالف‌اند.
3333 **bisschen** ['bisçən] *Pron.*	**کمی**
Es hat nur ein bisschen geregnet.	فقط کمی باران بارید.
3334 **bloß** [blo:s] *Adv.*	**واقعاً، فقط**
Wir haben bloß wenig Zeit.	واقعاً وقتمان خیلی کم است.
3335 **doppelt** ['dɔp(ə)lt] *Adj., keine Komp.*	**دو برابر**
Es kamen doppelt so viele Gäste wie erwartet.	دو برابر حد انتظار مهمان آمد.
3336 **Drittel** ['drit(ə)l] *n, -s, -*	**یک سوم**
Ein Drittel des Grundstücks wurde verkauft.	یک سوم زمین فروخته شد.
3337 **Dutzend** ['duts(ə)nt] *n, -s, -*	**دوجین**
In der Packung sind ein Dutzend Eier.	یک دوجین تخم مرغ در بسته است.
3338 **einmal** ['ainma:l] *Adv.*	**یک بار**
Nehmen Sie einmal täglich drei Tabletten.	یک بار در روز، سه قرص مصرف کنید.
3339 **einzige** ['aintsigə] *Adj., keine Komp.*	**تنها**
Sie war die einzige Zeugin.	او تنها شاهد بود.
3340 **etwa** ['ɛtva] *Adv.*	**حدود**
Die Fahrt dauert etwa zwei Stunden.	راه حدود دو ساعت طول می‌کشد.
3341 **etwas** ['ɛtvas] *Pron.*	**چیزی؛ کمی**
Möchtest du etwas zu essen?	می‌خواهی چیزی بخوری؟
Der Kuchen ist etwas zu süß.	کیک کمی بیش از اندازه شیرین است.
Kannst du mir etwas Geld geben?	می‌شود کمی پول به من بدهی؟

3342 **fast** [fast] *Adv.* — **تقریباً**
Wir haben es fast geschafft. — تقریباً از عهده‌ی کار برآمدیم.

3343 **ganz** [gants] *Adj., keine Komp.* — **تمام، همه؛ کاملاً**
Ich habe den ganzen Abend gelesen. — تمام عصر را صرف مطالعه کردم.
Er ist ein ganz guter Handwerker. — صنعتگر بسیار خوبی است.
Habt ihr das ganze Obst gegessen? — همه‌ی میوه‌ها را خوردید؟

3344 **genug** [gə'nu:k] *Adv.* — **کافی**
Haben wir genug Getränke für die Gäste? — نوشیدنی کافی برای مهمان‌ها داریم؟

3345 **genügen** [gə'ny:g(ə)n] *V/i., genügte, hat genügt* — **کافی بودن**
Die Getränke genügen für alle. — نوشیدنی‌ها برای همه کافی است.

3346 **gering** [gə'riŋ] *Adj.* — **کم**
Es gab nur geringe Schwierigkeiten. — مشکلات بسیار کمی وجود داشت.

3347 **gesamt** [gə'zamt] *Adj, keine Komp.* — **کل**
Das gesamte Gebäude wurde durch das Feuer zerstört. — کل ساختمان در آتش از بین رفت.

3348 **Gruppe** ['grupə] *f, -, -n* — **گروه**
Nur als Gruppe kann man das Schloss besichtigen. — فقط گروهی می‌توانی از قصر بازدید کنی.

3349 **halb** [halp] *Adj., keine Komp.* — **نیمه**
Das Stadion war nur halb gefüllt. — استادیوم فقط تا نیمه پر بود.

3350 **Hälfte** ['hɛlftə] *f, -, -n* — **نیم**
Die Hälfte des Gartens gehört uns. — نیمی از باغ به ما تعلق دارد.

3351 **höchstens** ['hø:çstəns] *Adv.* — **حداکثر**
Die Fahrt von München nach Hamburg dauert höchstens zehn Stunden. — راه از مونیخ تا هامبورگ حداکثر ده ساعت طول می‌کشد.

3352 **Inhalt** ['inhalt] *m, -(e)s, -e* — **محتوا، گنجایش؛ ظرفیت**
Die Flasche hat 1,5 l Inhalt. — بطری ۱/۵ لیتر گنجایش دارد.

3353 **knapp** [knap] *Adj., -er, am -esten* — **کم**
Das Benzin wird knapp, ich muss tanken. — بنزین کم شده است؛ باید بنزین بزنم.

3354 **leer** [le:ə*] *Adj.* — **خالی**
Die Flasche ist leer. — بطری خالی است.

3355 **Masse** ['masə] *f, -, -n* — **کلی، زیاد**
Wir haben eine Masse Blumen verkauft. — کلی گل فروختیم.

3356 **mehrere** ['me:rərə] *Pron.* — **چند، چندین**
Sie hat mehrere Kleider probiert, aber keines gefiel ihr. — چند لباس را امتحان کرد، ولی از هیچ‌کدام خوشش نیامد.

3357 **mehrfach** ['me:ə*fax] *Adj. keine Komp.* — **چندین بار، مکرّر**
Ich habe ihr mehrfach geschrieben. — چندین بار برای او نامه نوشتم.

3358 **meiste** ['maistə] *Adj. Superlativ* — **بیشتر**
Die meisten Bücher sind heute Taschenbücher. — امروزه بیشتر کتاب‌ها جیبی است.

3359 **Menge** ['mɛŋə] *f, -, -n* — **مقدار**
Für die Gardinen brauchst du eine große Menge Stoff. — برای نرده‌ها، به مقدار زیادی پارچه نیاز داری.

3360 **messen** ['mɛs(ə)n] *V/t., maß, hat gemessen* — **اندازه گرفتن**
Ich messe regelmäßig den Benzinverbrauch des Autos. — میزان مصرف بنزین خودرو را مرتب اندازه می‌گیرم.

3361 **mindestens** ['mindəstəns] *Adv.* — **حداقل**
Eine Kinokarte kostet mindestens 9,- Euro. — بلیت سینما حداقل ۹ یورو است.

3362 **Nummer** ['numə*] *f, -, -n* — **شماره**
Er hat eine neue Telefonnummer bekommen. — شماره تلفن جدیدی گرفت.

3363 **paar** [pa:*] *Indefinitpronomen* — **چند**
Bitte warten Sie ein paar Minuten! — لطفا چند دقیقه صبر کنید!

3364 **Prozent** [pro'tsɛnt] *n, -(e)s, -e* — **درصد**
Wir bekommen 4.5% mehr Lohn. — ۴/۵٪ اضافه دستمزد می‌گیریم.

3365 **Rest** [rɛst] *m, -(e)s, -e* — **باقیمانده، بقیه**
Bitte iss den Rest auch noch! — لطفاً بقیه‌اش را هم بخور!

3366 **schätzen** ['ʃɛts(ə)n] *V/t., schätzte, hat geschätzt* — **حدس زدن**
Sein Alter kann man schlecht schätzen. — سن او را سخت می‌توان حدس زد.

3367 **Stück** [ʃtyk] *n, -(e)s, -e* — **تکه**
Ich habe acht Stück Kuchen gekauft. — هشت تکه کیک خریدم.

3368 **Summe** ['zumə] *f, -, -n* — **جمع؛ مبلغ**
Die Summe der Rechnung stimmt nicht. — جمع صورت‌حساب درست نیست.
Ich habe die Summe schon bezahlt. — مبلغ را قبلاً پرداخت کردم.

3369 **Teil** [tail] *m, -s, -e* — **بخش**
Der letzte Teil des Buches ist besonders spannend. — آخرین بخش کتاب خیلی هیجان‌انگیز است.

3370 **übrig** ['y:briç°] *Adj., keine Komp.* — **باقی (ماندن)**
Ist noch Kaffee übrig? — از قهوه چیزی مانده است؟

3371 **Umfang** ['umfaŋ] *m, -s, Umfänge* — **حجم؛ محیط**
Wie groß ist der Umfang des Brunnens? — حجم چشمه چقدر است؟

3372 **viel** [fi:l] *Adj., mehr, am meisten* — **خیلی، زیاد**
Die Arbeit im Garten kostet viel Zeit. — کار در باغچه خیلی وقت‌گیر است.

3373 **Viertel** ['fi:ə*t(ə)l] *n, -s, -* — **یک‌چهارم، ربع**
Im ersten Viertel des Jahres haben wir gute Geschäfte gemacht. — در ربع اول سال، کاسبی واقعاً خوبی داشتیم.

3374 **voll** [fɔl] *Adj.* — **پر**
Danke, kein Wasser mehr! Mein Glas ist noch halb voll. — متشکرم؛ دیگر آب نمی‌خواهم! لیوانم هنوز نیمه‌پر است.

3375 **wenig** ['ve:niç°] *Adj.* — **کم**
Er soll weniger essen. — باید کمتر بخورد.

3376 **wenigstens** ['ve:niçst(ə)ns] *Adv.* — **دست‌کم**
Du hättest mich wenigstens informieren können, dass du wegfährst. — دست‌کم می‌توانستی خبر بدهی که می‌روی.

3377 **wie viel** ['vi: fi:l] *Adv.* — **چند**
Wie viel Gäste hast du eingeladen? — چند مهمان دعوت کردی؟

3378 **Zahl** [tsa:l] *f, -, -en* — **تعداد**
Die Zahl der Verletzten ist noch unbekannt.
تعداد مجروحان هنوز مشخص نیست.

3379 **zählen** ['tsɛ:l(ə)n] *V/t., zählte, hat gezählt* — **شمردن**
Hast du das Geld gezählt?
پول را شمردی؟

3380 **zunehmen** ['tsu:ne:mən] *V/i., nahm zu, hat zugenommen* — **زیاد شدن**
Die Zahl der Autos hat stark zugenommen.
تعداد ماشین‌ها خیلی زیاد شده است.

3381 **zusätzlich** ['tsu:zɛtsliç] *Adj., keine Komp.* — **اضافه، دیگر**
Zusätzlich muss noch eine Gebühr bezahlt werden.
هنوز عوارض دیگری هم باید پرداخت شود.

3382 **zu viel** ['tsu'fi:l] *Pron.* — **بیش از حد**
Du hast zu viel Salz in die Suppe getan.
بیش از حد در سوپ نمک ریختی.

2001-4000

3383 **Achtel** ['axt(ə)l] *n, -s, -* — **یک‌هشتم**
Etwa ein Achtel aller Pflanzen ist im Winter erfroren.
حدود یک‌هشتم همه‌ی گیاهان در زمستان یخ زدند.

3384 **allermeisten** ['alə*maist(ə)n] *Adj., keine Komp.* — **بیشتر**
Die allermeisten Pflanzen haben den Winter gut überstanden.
بیشتر گیاهان زمستان را سالم پشت سر گذاشته‌اند.

3385 **ausreichen** ['ausraiç(ə)n] *V/i., reichte aus, hat ausgereicht* — **کافی بودن**
Die Zahl der Sitzplätze im Saal reichte nicht aus.
تعداد صندلی‌های تالار کافی نبود.

3386 **Betrag** [bə'tra:k] *m, -(e)s, Beträge* — **مبلغ**
Wie ist der Betrag?
مبلغ چقدر است؟

3387 **betragen** [bə'tra:g(ə)n] *V/i., betrug, hat betragen* — **(بالغ) بودن**
Die Strecke beträgt ungefähr 25 Kilometer.
راه، (بالغ بر) حدود ۲۵ کیلومتر است.

3388 **Durchschnitt** ['durçʃnit] *m, -s, -e* — **میانگین**

Wir verbrauchen im Durchschnitt 4000 Liter Heizöl im Jahr.

به‌طور میانگین ۴۰۰۰ لیتر گازوییل در سال مصرف می‌کنیم.

3389 **durchschnittlich** ['durçʃnitliç] *Adj., keine Komp.* — **متوسط**

Der Zug hat eine durchschnittliche Geschwindigkeit von 100 km/h erreicht.

سرعت متوسط قطار به ۱۰۰ کیلومتر در ساعت رسید.

3390 **Höhe** ['hø:ə] *f, -, -n* — **میزان**

Die Höhe des Schadens wird circa 6000 Euro betragen.

میزان خسارت، حدود ۶۰۰۰ یورو می‌شود.

3391 **insgesamt** [insgə'zamt] *Adv.* — **درکل**

Insgesamt fahren 42 Personen mit.

درکل ۴۲ نفر همراه می‌آیند.

3392 **keinerlei** ['kainə*lai] *Adj., indekl.* — **هیچ**

An der Grenze gab es keinerlei Kontrolle.

در مرز هیچ بازرسی‌ای نبود.

3393 **lediglich** ['le:dikliç] *Adv.* — **صرفاً، فقط**

Die Versicherung zahlt lediglich 60% der Kosten.

بیمه فقط ۶۰٪ هزینه‌ها را می‌پردازد.

3394 **Paar** [pa:*] *n, -(e)s, -e* — **جفت**

Ich habe ihr ein Paar Ohrringe gekauft.

یک جفت گوشواره برایش خریدم.

3395 **pro** [pro:] *Präp. (+ Akk.)* — **هر**

Pro Kilogramm Mehl muss man drei Eier nehmen.

برای هر کیلوگرم آرد به سه تخم‌مرغ احتیاج داری.

3396 **reichlich** ['raiçliç] *Adj.* — **حسابی**

Es wurde reichlich getrunken.

حسابی نوشیدند.

3397 **sämtlich** ['zɛmtliç] *Adj., keine Komp.* — **کلیه، همه، حتی یک**

Wegen des Streiks sind sämtliche Tageszeitungen mit Verspätung erschienen.

به‌دلیل اعتصاب، همه‌ی روزنامه‌ها با تأخیر منتشر شده‌اند.

3398 **teilweise** ['tailvaizə] *Adj., keine Komp.* — **تاحدودی**

Du hast teilweise recht, aber nicht ganz.

تاحدودی حق با تو است، اما نه کاملاً.

3399	**umfangreich** ['umfaŋraiç] *Adj.* Ihr Wissen ist sehr umfangreich.	**وسیع** دانش او بسیار وسیع است.
3400	**ungefähr** ['ungəfɛːə*] *Adj., keine Komp.* Ich wiege ungefähr 70 Kilo.	**حدود** حدود ۷۰ کیلوگرم وزن دارم.
3401	**vergrößern** [fɛə*'grøːsə*n] *V/t., vergrößerte, hat vergrößert* Das Foto ist stark vergrößert worden.	**بزرگ کردن** عکس بسیار بزرگ شده است.
3402	**Zunahme** ['tsuːnaːmə] *f, -, -n* Eine so starke Zunahme des Luftverkehrs wurde nicht erwartet.	**افزایش** این افزایش زیاد ترافیک هوایی را انتظار نداشتیم.

15.2 Grundzahlen اعداد اصلی

1-2000

3403	**null** [nul]	صفر
3404	**eins** [ains]	یک
3405	**zwei** [tsvai]	دو
3406	**drei** [drai]	سه
3407	**vier** [fiːə*]	چهار
3408	**fünf** [fynf]	پنج
3409	**sechs** [zɛks]	شش
3410	**sieben** ['ziːb(ə)n]	هفت
3411	**acht** [axt]	هشت
3412	**neun** [nɔin]	نه
3413	**zehn** [tseːn]	ده
3414	**elf** [ɛlf]	یازده
3415	**zwölf** [tsvœlf]	دوازده
3416	**dreizehn** ['draitseːn]	سیزده
3417	**vierzehn** ['firtseːn]	چهارده
3418	**fünfzehn** ['fynftseːn]	پانزده
3419	**sechzehn** ['zɛçtseːn]	شانزده
3420	**siebzehn** ['ziːptseːn]	هفده
3421	**achtzehn** ['axtseːn]	هجده
3422	**neunzehn** ['nɔintseːn]	نوزده
3423	**zwanzig** ['tsvantsiç]	بیست
3424	**einundzwanzig** ['ainunt'tsvantsiç*]	بیست‌ویک
3425	**zweiundzwanzig** ['tsvaiunt'tsvantsiç°]	بیست‌ودو

3426	**dreißig** ['draisiç°]	سی
3427	**vierzig** ['firtsiç°]	چهل
3428	**fünfzig** ['fynftsiç°]	پنجاه
3429	**sechzig** ['zɛçtsiç°]	شصت
3430	**siebzig** ['ziːptsiç°]	هفتاد
3431	**achtzig** ['axtsiç°]	هشتاد
3432	**neunzig** [n'ɔintsiç°]	نود
3433	**hundert** ['hundə*t]	صد
3434	**tausend** ['tauz(ə)nt]	هزار
3435	**Million** [mil'joːn] *f, -, -en*	میلیون
3436	**Milliarde** [mil'jardə] *f, -, -n*	میلیارد

15.3 Maße und Gewichte اندازه‌ها و وزن‌ها

1-2000

3437 **Durchmesser** ['durçmɛsə*] *m, -s, -* **قطر**

Die Rohre haben verschiedene Durchmesser. لوله‌ها قطرهای مختلفی دارند.

3438 **Gewicht** [gə'viçt] *n, -(e)s, -e* **وزن**

Postpakete dürfen bis zu 20 kg Gewicht haben. پاکت پستی ممکن است تا ۲۰ کیلوگرم وزن داشته باشد.

3439 **Grad** [gra:t] *m, -(e)s, -e, (°)* **درجه**

Es ist draußen 2 Grad unter 0. هوای بیرون، ۲ درجه زیر صفر است.

3440 **Gramm** [gram] *n, -s, -e, (g)* **گرم**

200 Gramm Schinken bitte! ۲۰۰ گرم ژامبون لطفاً!

3441 **Hektar** ['hɛkta:*] *m, -s, -, (ha)* **هکتار**

Der Bauer hat über 40 Hektar Land. کشاورز بیش از ۴۰ هکتار زمین دارد.

3442 **Kilo(-gramm)** ['ki:lo(gram)] *n, -s, -(e), (kg)* **کیلو(گرم)**

Wie viel Kilo(-gramm) Kartoffeln hast du gekauft? چند کیلو(گرم) سیب زمینی خریدی؟

3443 **Kilometer** [kilo'me:tə*] *m, -s, -, (km)* **کیلومتر**

Wir müssen noch etwa 100 Kilometer fahren. هنوز ۱۰۰ کیلومتر باید برویم.

3444 **Liter** ['li:tə*] *m, -s, -, (l)* **لیتر**

In der Flasche sind 1,5 Liter Milch. ۱/۵ لیتر شیر در بطری است.

3445 **Maß** [ma:s] *n, -es, -e* **اندازه**

Die Maße der Möbel habe ich auf einen Zettel geschrieben. اندازه‌ی مبل‌ها را روی یک ورق کاغذ یادداشت کردم.

3446 **Maßstab** ['ma:sʃta:b] *m, -(e)s, Maßstäbe* **مقیاس**

Kauf lieber eine Karte mit einem kleineren Maßstab بهتر است نقشه‌ای با مقیاس کوچک‌تر بخری.

3447 **Meter** ['me:tə*] *m (auch n), -s, -, (m)* **متر**

Das Zimmer ist über fünf Meter lang. اتاق ۵ متر طول دارد.

15.3 Maße und Gewichte اندازه‌ها و وزن‌ها

3448 **Pfund** [pfunt] *n, -(e)s, -e (500 g)*	**پوند**
Ich möchte zwei Pfund Tomaten.	دو پوند گوجه‌فرنگی می‌خواهم.
3449 **Quadratmeter** [kva'dra:tme:tə*] *m, -s, -, (m2)*	**مترمربع**
Das Grundstück ist 950 Quadratmeter groß.	مساحت این قطعه زمین ۹۵۰ مترمربع است.
3450 **Tonne** ['tɔnə] *f, -, -n, (t)*	**تن**
Lastwagen mit über 12 Tonnen Gewicht dürfen nicht über die Brücke fahren.	کامیون‌های با وزن بیش از ۱۲ تن اجازه‌ی عبور از روی پل را ندارند.
3451 **Zentimeter** [tsɛnti'me:tə*] *m, -s, -, (cm)*	**سانتی‌متر**
Bitte machen Sie die Hose um zwei Zentimeter kürzer!	لطفاً شلوار را دو سانتی‌متر کوتاه کنید!

16.1 Ordnung, Einteilung ترتیب و تقسیم

1-2000

3452	**allein** [a'lain] *Adv., keine Komp.*	**تنها، تنهایی؛ فقط**
	Die Arbeit schaffe ich allein.	تنهایی از عهده‌ی این کار برمی‌آیم.
	Ich bin allein wegen dir gekommen.	فقط به‌خاطر تو آمدم.
3453	**andere** ['andərə] *Pron., Adj.*	**دیگر، بقیه**
	Alle anderen hatten frei, nur ich musste arbeiten.	بقیه، همه تعطیل بودند؛ من تنها کسی هستم که مجبور بودم کار کنم.
	Ich habe am anderen Tag mit ihr gesprochen.	روز دیگر با او حرف زدم.
3454	**auch** [aux] *Adv.*	**هم**
	Möchtest du auch ein Eis?	تو هم بستنی می‌خواهی؟
3455	**außer** ['ausə*] *Präp. (+ Dat.)*	**جز**
	Außer dieser Karte kam keine Post.	جز این کارت‌پستال، هیچ محموله‌ی پستی نیامد.
3456	**beide** ['baidə] *Pron.*	**هر دو**
	Beide sind 32 Jahre alt.	هر دو ۳۲ ساله هستند.
3457	**Beziehung** [bə'tsi:uŋ] *f, -, -en*	**رابطه**
	Zwischen den beiden Ereignissen besteht eine Beziehung.	بین این دو رویداد، رابطه‌ای وجود دارد.
	Zu meinem Chef habe ich eine gute Beziehung.	رابطه‌ی خوبی با رئیس‌ام دارم.
3458	**eigentlich** ['aig(ə)ntliç] *Adj., keine Komp.*	**واقعی، درواقع**
	Ihre eigentlichen Interessen an der Sache kenne ich nicht.	علایق واقعی او را در این مورد نمی‌دانم.
	Eigentlich wollten wir das Haus nicht kaufen, sondern nur mieten.	درواقع نمی‌خواستیم خانه بخریم؛ فقط می‌خواستیم آن را اجاره کنیم.
3459	**einander** [ai'nandə*] *Pron.*	**باهم، همدیگر**
	Wir sind einander erst einmal begegnet.	فقط یکبار همدیگر را دیده‌ایم.
3460	**einschließlich** ['ainʃli:sliç] *Präp. (+ Gen.)*	**با**
	Einschließlich der Heizkosten kostet die Wohnung 860,- Euro Miete pro Monat.	اجاره‌ی آپارتمان با هزینه‌های گرمایش ۸۰۰ یورو در ماه است.

3461 **einzeln** ['aints(ə)ln] *Adj., keine Komp.* — **کدام، یک**

Jedes einzelne Teil der Maschine wurde geprüft. — هر یک از بخش‌های ماشین بررسی شده است.

3462 **entsprechend** [ɛnt'ʃprɛç(ə)nt] *Präp. (+ Gen.)* — **مطابق، براساس**

Alle Angestellten werden entsprechend ihrer Leistung bezahlt. — به همه‌ی کارمندان مطابق کارشان پول داده می‌شود.

3463 **fehlen** ['fe:l(ə)n] *V/i., fehlte, hat gefehlt* — **کم بودن**

Es fehlen noch Steine. Diese hier reichen nicht für die ganze Mauer. — هنوز سنگ‌ها کم‌اند، این سنگ‌ها برای کلّ دیوار کافی نیست.

3464 **folgende** ['fɔlg(ə)ndə] *Adj., keine Komp.* — **زیر**

Über folgende Punkte müssen wir noch sprechen. — درباره‌ی موارد زیر، بازهم باید صحبت کنیم.

3465 **Gegensatz** ['ge:g(ə)nzats] *m, -es, Gegensätze* — **اختلاف**

Trotz großer Gegensätze haben wir weiter verhandelt. — به‌رغم اختلاف‌های زیاد، به مذاکره ادامه دادیم.

3466 **Gegenteil** ['ge:g(ə)ntail] *n, -s, -e* — **خلاف، مخالف**

Er macht genau das Gegenteil von meinem Rat. — دقیقاً خلاف توصیه‌ی من عمل می‌کند.

3467 **gehören** [gə'hø:r(ə)n] *V/i., gehörte, hat gehört* — **تعلق داشتن؛ جای چیزی بودن**

Wem gehören diese Sachen? — این وسایل به چه کسی تعلق دارد؟

Diese Sachen gehören in den Schrank. — جای این وسایل در گنجه است.

3468 **gemeinsam** [gə'mainza:m] *Adj., keine Komp.* — **باهم، مشترک**

Lass uns gemeinsam ins Kino gehen. — بیا باهم سینما برویم.

Sie haben ein gemeinsames Geschäft. — آنها کسب‌وکار مشترک دارند.

3469 **jeweils** ['je:vails] *Adv.* — **هر بار**

Die Miete muss jeweils am ersten Tag des Monats bezahlt werden. — اجاره باید هر بار در نخستین روز ماه پرداخت شود.

16.1 Ordnung, Einteilung ترتیب و تقسیم

3470 **letzte** ['lɛtstə] *Adj., keine Komp.* — **آخرین**
Ich lese gerade die letzten Seiten des Buches. — دارم آخرین صفحه‌های کتاب را می‌خوانم.

3471 **mit** [mit] *Präp. (+ Dat.)* — **با**
Ich bin mit ihm essen gegangen. — با او برای صرف غذا رفتم.

3472 **miteinander** [mitai'nandə*] *Adv.* — **باهم، با همدیگر**
Wir spielen oft Schach miteinander. — اغلب باهم شطرنج بازی می کنیم.

3473 **mittlere** ['mitlərə] *Adj., keine Komp.* — **وسط**
Die Fotos sind im mittleren Fach. — عکس‌ها در کشوی وسطی است.

3474 **nächste** ['nɛ:çstə] *Adj., keine Komp.* — **بعد**
An der nächsten Station müssen wir aussteigen. — در ایستگاه بعد باید پیاده شویم.

3475 **nebenbei** [ne:b(ə)n'bai] *Adv.* — **همزمان**
Beim Lesen kann ich nebenbei keine Musik hören. — هنگام مطالعه نمی‌توانم همزمان به موسیقی گوش بدهم.

3476 **nebeneinander** [ne:b(ə)nai'nandə*] *Adv.* — **کنار هم، کنار یکدیگر**
In der Schule haben wir nebeneinander gesessen. — در مدرسه کنار همدیگر می‌نشستیم.

3477 **nur** [nuə*] *Adv.* — **فقط**
Den Ort kann man nur zu Fuß erreichen. — فقط پیاده می‌توانی به آنجا بروی.

3478 **ohne** ['o:nə] *Präp. (+Akk.)* — **بدون**
Ohne Wörterbuch kann ich den Text nicht übersetzen. — این متن را بدون فرهنگ لغت نمی‌توانم ترجمه کنم.

3479 **ordnen** ['ɔrdnən] *V/t., ordnete, hat geordnet.* — **مرتب کردن**
Die Bücher sind nach Themen geordnet. — کتاب‌ها بر اساس موضوع مرتب شده‌اند.

3480 **Ordnung** ['ɔrdnuŋ] *f, -, kein Pl.* — **نظم**
Er ist für die Ordnung im Lager verantwortlich. — او مسئول نظم انبار است.

3481 **Regel** ['re:g(ə)l] *f, -, -n* — **قاعده**
Die Regel dieses Spiels kenne ich nicht. — قواعد این بازی را نمی‌دانم.

16.1 Ordnung, Einteilung ترتیب و تقسیم

3482 **Reihe** ['raiə] *f, -, -n* — **ردیف**

Wir haben die Plätze 24 und 25 in Reihe 12. — صندلی‌های ۲۴ و ۲۵ در ردیف ۱۲ مال ما است.

3483 **Reihenfolge** ['raiənfɔlgə] *f, -, -n* — **ترتیب**

In welcher Reihenfolge sollen die Arbeiten gemacht werden? — این کارها را به چه ترتیبی باید انجام داد؟

3484 **solcher** ['zɔlçə*] *(solche, solches) Pron.* — **چنین، مثل این (آن، اینها، آنها)**

Solche Blumen haben wir auch im Garten. — گل‌هایی مثل اینها را در باغچه هم داریم.

3485 **sonst** [zɔnst] *Adv.* — **دیگر؛ وگرنه، پیش‌ترها**

Wer will sonst noch mitspielen? — چه کس دیگری می‌خواهد بازی کند؟

Du musst gehen, sonst kommst du zu spät. — باید بروی، وگرنه خیلی دیر می‌رسی.

Ich habe lange nichts von ihm gehört. Wir haben uns sonst jede Woche getroffen. — مدت‌ها است که از او خبری ندارم. پیش‌ترها هر هفته همدیگر را می‌دیدیم.

3486 **sonstige** ['zɔnstigə] *Adj., keine Komp.* — **دیگر**

In dem Geschäft kann man Geschirr und sonstige Haushaltswaren kaufen. — در این مغازه می‌توانی ظروف و وسایل دیگر خانه را بخری.

3487 **statt** [ʃtat] *Präp. (+ Gen.)* — **به‌جای**

Statt des Radios schenke ich ihr lieber eine Uhr. — به‌جای رادیو ترجیح می‌دهم به او ساعت بدهم.

3488 **System** [zys'te:m] *n, -s, -e* — **سیستم**

Welches System hat dein Computer? — رایانه‌ات چه سیستمی دارد؟

3489 **trotz** [trɔts] *Präp. (+ Gen.)* — **با وجود**

Trotz der Kälte haben sie draußen weitergearbeitet. — با وجود سرما، بیرون به کار خود ادامه دادند.

3490 **Unordnung** ['unɔrdnuŋ] *f, -, kein Pl.* — **به‌هم‌ریخته، بی‌نظمی، به‌هم‌ریختگی**

Auf seinem Schreibtisch ist eine große Unordnung. — روی میز او حسابی به‌هم‌ریخته است.

3491 **unterscheiden** [untə*'ʃaid(ə)n] *V/t., unterschied, hat unterschieden* — **تشخیص دادن، تمیز دادن**

Die beiden Zwillinge kann ich nicht unterscheiden. — این دوقلوها را نمی‌توانم از هم تشخیص بدهم.

3492 **Unterschied** ['untə*ʃi:t] *m, -(e)s, -e* — **تفاوت**
Bei den Geräten gibt es große Preis- und Qualitätsunterschiede.
بین قیمت و کیفیت این ابزار، تفاوت زیادی وجود دارد.

3493 **Verhältnis** [fɛə*'hɛltnis] *n, -ses, -se* — **نسبت**
Das Pulver muss mit Wasser im Verhältnis 3:1 gemischt werden.
پودر را باید به نسبت سه به یک با آب مخلوط کرد.

3494 **voneinander** [fɔnai'nandə*] *Adv.* — **از هم، از همدیگر**
Wir haben voneinander viel gelernt.
ما از همدیگر بسیار یاد گرفته‌ایم.

3495 **zusammen** [tsu'zamən] *Adv.* — **باهم**
Wir arbeiten seit acht Jahren zusammen.
هشت سال است که باهم کار می کنیم.

2001-4000

3496 **Abschnitt** ['apʃnit] *m, -s, -e* — **بخش**
Hast du jeden Abschnitt des Textes genau gelesen?
هر بخش متن را دقیق خواندی؟

3497 **anstatt** [an'ʃtat] *Präp. (+ Gen.)* — **به‌جای**
Anstatt einer Blume würde ich ihr lieber ein Buch schenken.
به‌جای گل، ترجیح می‌دهم کتابی به او هدیه بدهم.

3498 **Anteil** ['antail] *m, -s, -e* — **سهم**
Der größte Anteil an dem Unternehmen gehört einer Bank.
بیشتر سهم شرکت به یک بانک تعلق دارد.

3499 **ausgenommen** ['ausgənɔmən] *Konj.* — **به‌استثنای**
Der Arzt hat jeden Tag Sprechstunde, ausgenommen am Wochenende.
پزشک هر روز به به‌استثنای تعطیلات آخر هغته، بیمار می‌بیند.

3500 **auslassen** ['auslas(ə)n] *V/t., ließ aus, hat ausgelassen* — **جا انداختن**
In der Zeile ist ein Wort ausgelassen worden.
یک کلمه در این سطر جا افتاده است.

3501 **Ausnahme** ['ausna:mə] *f, -, -n* — **استثنا**
Sie können heute früher gehen, aber das ist eine Ausnahme.
امروز می‌توانید زود بروید؛ ولی این استثنا است.

16. Ordnung und Bezüge

3502 **ausschließlich** ['ausʃli:sliç] *Adv., Präp. (+ Gen. o. Dat.)* — **فقط، بدون استثنا، صرفاً**

Sie trinkt abends ausschließlich schwarzen Tee. — عصرها فقط چای معمولی می‌خورد.

3503 **beispielsweise** ['baiʃpi:lsvaizə] *Adv.* — **برای مثال**

Alle Kopien sind schlecht, schauen Sie sich beispielsweise diese hier an. — همه‌ی رونوشت‌ها بد است، برای مثال، به این یکی نگاه کنید.

3504 **Bestandteil** [bə'ʃtantail] *m, -s, -e* — **مواد، اجزا**

Es gibt heute Farben ohne giftige Bestandteile. — امروزه رنگ‌هایی بدون مواد سمی وجود دارد.

3505 **betreffen** [bə'trɛf(ə)n] *V/t., betraf, hat betroffen* — **مربوط بودن**

Ich bin von der neuen Regelung nicht betroffen. — قانون جدید به من مربوط نمی‌شود.

3506 **derartig** ['de:ə*a:*tiç] *Adj., keine Komp.* — **چنین، مثل آن**

Eine derartige Krankheit gibt es selten. — چنین بیماری‌ای نادر است.

3507 **Detail** [de'tai] *n, -s, -s* — **جزئیات**

Über einige Details des Vertrages müssen wir noch sprechen. — درباره‌ی برخی جزئیات قرارداد باید باز هم باهم صحبت کنیم.

3508 **direkt** [di'rɛkt] *Adj., -er, am -esten* — **مستقیم؛ درست**

Das ist der direkteste Weg. — این مستقیم‌ترین راه است.

Direkt neben der Post ist ein Supermarkt. — یک سوپرمارکت درست کنار اداره‌ی پست است.

3509 **einheitlich** ['ainhaitliç] *Adj.* — **یکسان**

Die Regelung ist in allen Firmen einheitlich. — این قانون برای همه‌ی شرکت‌ها یکسان است.

3510 **Einzelheit** ['aints(ə)lhait] *f, -, -en* — **جزئیات**

Die genauen Einzelheiten des Plans kenne ich nicht. — جزئیات دقیق طرح را نمی‌دانم.

3511 **Element** [ele'ment] *n, -(e)s, -e* — **قسمت**

Die Elemente des Systems passen alle zusammen. — همه‌ی قسمت‌های سیستم باهم همخوانی دارد.

3512 **entgegengesetzt** [ɛnt'geːg(ə)ngəzɛtst] *Adj., keine Komp.* — **متضاد**
Es wurden zwei entgegengesetzte Vorschläge gemacht. — دو پیشنهاد متضاد ارائه شد.

3513 **erforderlich** [ɛə*fɔrdə*liç] *Adj.* — **الزامی**
Für diese Arbeit ist viel Erfahrung erforderlich. — تجربه‌ی زیاد برای این کار الزامی است.

3514 **erfordern** [ɛə*'fɔrdə*n] *V/t., erforderte, hat erfordert* — **الزامی بودن**
Dieser Beruf erfordert Fremdsprachenkenntnisse. — دانستن زبان‌های خارجی برای این شغل الزامی است.

3515 **Ersatz** [ɛə*'zats] *m, -es, kein Pl.* — **جایگزین، جانشین**
Für den kranken Mitarbeiter wurde noch kein Ersatz gefunden. — برای کارگر بیمار هنوز هیچ جانشینی وجود ندارد.

3516 **folgen** ['fɔlg(ə)n] *V/i., folgte, ist (hat) gefolgt* — **ادامه یافتن؛ به دنبال آمدن**
Wann folgt der 2. Teil des Berichts? — قسمت دوم گزارش کی بیرون می‌آید؟
Ich zeige Ihnen den Weg. Bitte folgen Sie mir! — راه را به شما نشان می‌دهم. لطفاً دنبال من بیایید!

3517 **Gebiet** [gə'biːt] *n, -(e)s, -e* — **حوزه، منطقه**
Er ist Fachmann auf seinem Gebiet. — در حوزه‌ی خودش کارشناس است.
Große Gebiete des Landes sind Wüste. — مناطق وسیعی از کشور بیابان است.

3518 **gegenseitig** ['geːg(ə)nzaitliç°] *Adj., keine Komp.* — **متقابل، دوجانبه**
Deutschland und die USA haben ein gegenseitiges Abkommen geschlossen. — آلمان و ایالات متحده‌ی امریکا توافقنامه‌ی دوجانبه‌ای منعقد کردند.

3519 **Hauptsache** ['hauptzaxə] *f, -, -n* — **اصل مطلب، مهم‌ترین نکته**
Gute Qualität des Materials ist die Hauptsache. — مهم‌ترین نکته، کیفیت مواد است.

3520 **hierbei** ['hiːə*bai] *Adv.* — **در این کار**
Hierbei kann ich dir nicht helfen. — در این کار نمی‌توانم به تو کمک کنم.

3521 **hierfür** ['hiːə*fyːə*] *Adv.* — **برای این کار**
Hierfür brauchst du Spezialwerkzeug. — برای این کار به ابزار خاص نیاز داری.

3522 **Hinsicht** ['hinziçt] *f, -, -en* — **مورد**
In dieser Hinsicht muss ich Ihnen Recht geben. — باید بگویم حق با شما است.

3523 **hinsichtlich** ['hinziçtliç] *Präp. (+ Gen.)* — **درباره‌ی**
Hinsichtlich dieses Punktes gab es verschiedene Meinungen. — دراین‌باره، نظرهای مختلفی وجود داشت.

3524 **Klasse** ['klasə] *f, -, -n* — **درجه؛ میزان**
Sie ist erster Klasse gereist. — با درجه‌ی یک به مسافرت رفت.
Das ist das beste Auto in dieser Preisklasse. — این خودرو، بهترین خودرو با این میزان قیمت است.

3525 **Kombination** [kɔmbina'tsjoːn] *f, -, -en* — **ترکیب**
Die Sendung war eine gelungene Kombination von Information und Unterhaltung. — برنامه، ترکیبی موفق از اطلاعات و سرگرمی بود.

3526 **Liste** ['listə] *f, -, -n* — **فهرست**
Ihren Namen kann ich in der Liste nicht finden. — نتوانستم نام شما را در فهرست پیدا کنم.

3527 **Niveau** [ni'voː] *n, -s, -s* — **سطح**
Die Ausstellung hatte hohes Niveau. — نمایشگاه، سطح بالایی داشت.

3528 **Original** [ɔrigi'naːl] *n, -s, -e* — **اصل**
Wo ist das Original des Briefes? Ich habe nur eine Kopie. — اصل نامه کجا است؟ من فقط یک رونوشت دارم.

3529 **Schwerpunkt** ['ʃveːə*puŋkt] *m, -(e)s, -e* — **موضوع اصلی، مهم‌ترین نکته**
Kürzere Arbeitszeiten sind der Schwerpunkt der Forderungen. — موضوع اصلی مطالبات، ساعات کار کمتر است.

3530 **Serie** ['zeːrjə] *f, -, -n* — **مجموعه**
Das ist der fünfte Band einer Serie von Abenteuerromanen. — این پنجمین جلد از مجموعه‌ی رمان‌های ماجراجویانه است.

3531 **Typ** [tyːp] *m, -s, -en* — **نوع**
Die Maschinen des neuen Typs sind schneller und leiser. — ماشین‌های نوع جدید سریع‌تر و کم‌صداتر است.

3532 **überflüssig** ['y:bə*flysiç°] *Adj.* **بیهوده**

Mach dir keine überflüssigen Sorgen! Wir werden die Arbeit schon schaffen.

بیهوده نگران نباش! از عهده‌ی کار برمی‌آییم.

3533 **umgekehrt** ['umgəke:ə*t] *Adj.* **برعکس**

Sie hat es umgekehrt gemacht, nicht wie ich es ihr geraten habe.

کار را برعکس انجام داد، نه آن طور که من توصیه کرده بودم.

3534 **untereinander** [untə*ai'nandə*] *Adv.* **روی هم؛ باهم، باهمدیگر**

Stell die Kisten untereinander.

جعبه‌ها را روی هم بگذار.

Wir haben selten Streit untereinander.

به‌ندرت باهم مشاجره می‌کنیم.

3535 **ursprünglich** ['u:ə*ʃpryŋliç] *Adj.* **در اصل، ابتدا**

Ursprünglich war die Reise anders geplant.

سفر ابتدا به گونه‌ای دیگر برنامه‌ریزی شده بود.

3536 **verschiedenartig** [fɛə*'ʃi:d(ə)nartiç°] *Adj.* **مختلف**

Trotz verschiedenartiger Meinungen verstehen wir uns gut.

به‌رغم نظرهای مختلف، حرف هم را خوب می‌فهمیم.

3537 **weiter** ['vaitə*] *Adj.* **دیگر**

Gibt es noch weitere Probleme als diese?

مشکلات دیگری هم جز اینها وجود دارد؟

Wir sollen morgen Bescheid bekommen, man hat mir weiter nichts gesagt.

قرار است فردا خبر بگیریم؛ کسی جز دیگر به من نگفته است.

16.2 Ordnungszahlen اعداد ترتیبی

1-2000

3538 **erste** ['e:ə*stə] نخستین، اولین

3539 **zweite** ['tsvaitə] دومین

3540 **dritte** ['dritə] سومین

3541 **vierte** ['fi:ə*tə] چهارمین

3542 **fünfte** ['fynftə] پنجمین

3543 **sechste** ['zɛkstə] ششمین

3544 **sieb(en)te** ['zi:ptə, 'zi:b(ə)ntə] هفتمین

3545 **achte** ['axtə] هشتمین

3546 **neunte** ['nɔintə] نهمین

3547 **zehnte** ['tse:ntə] دهمین

3548 **elfte** ['ɛlftə] یازدهمین

3549 **zwölfte** ['tsvœlftə] دوازدهمین

3550 **dreizehnte** ['draitse:ntə] سیزدهمین

3551 **vierzehnte** ['firtse:ntə] چهاردهمین

3552 **fünfzehnte** ['fynftse:ntə] پانزدهمین

3553 **sechzehnte** ['zɛçtse:ntə] شانزدهمین

3554 **siebzehnte** ['zi:ptse:ntə] هفدهمین

3555 **achtzehnte** ['axtse:ntə] هجدهمین

3556 **neunzehnte** ['nɔintse:ntə] نوزدهمین

3557 **zwanzigste** ['tsvantsiçstə] بیستمین

3558 **einundzwanzigste** ['ainunt'tsvantsiçstə] بیست ویکمین

3559 **zweiundzwanzigste** ['tsvainunt'tsvantsiçstə] بیست‌ودومین

3560 **dreißigste** ['draisiçstə] سی‌امین

3561 **vierzigste** ['firtsiçstə] چهلمین

3562 **fünfzigste** ['fynftsiçstə] پنجاهمین

3563 **sechzigste** ['zɛçtsiçstə] شصتمین

3564 **siebzigste** ['zi:ptsiçstə] هفتادمین

3565 **achtzigste** ['axtsiçstə] هشتادمین

3566 **neunzigste** ['nɔintsiçstə] نودمین

3567 **hundertste** ['hundə*tstə] صدمین

3568 **tausendste** ['tauz(ə)ntstə] هزارمین

3569 **millionste** [mil'jo:nstə] میلیونیمین

3570 **erstens** ['ɛrst(ə)ns] اول؛ اولاً

3571 **zweitens** ['tsvait(ə)ns] دوم؛ ثانیاً

3572 **drittens** ['drit(ə)ns] سوم؛ ثالثاً

3573 **viertens** ['fi:ə*t(ə)ns] چهارم، رابعاً

17.1 Art und Weise — راه و روش

1-2000

3574 **Art** [a:*t] *f, -, -en* — **روش، شیوه، نوع، طریقه، نحوه**

Seine Art zu sprechen finde ich komisch. — به‌نظر من، نحوه‌ی حرف زدن او، بامزه است.

3575 **genau** [gə'nau] *Adj., -er, am -esten* — **دقیق**

Hast du genau gemessen? Passt der Schrank in das Zimmer? — اندازه‌ها را دقیق گرفتی؟ گنجه به اتاق می‌خورد؟

3576 **gleichmäßig** ['glaiçmɛ:siç°] *Adj.* — **یکسان**

Die Geschenke für die Kinder sollen gleichmäßig verteilt werden. — هدیه‌ها را باید یکسان بین بچه‌ها پخش کرد.

3577 **grundsätzlich** ['gruntzɛtsliç] *Adj.* — **اصولاً، در اصل**

Grundsätzlich bin ich für den Vorschlag. — اصولاً با این پیشنهاد موافقم.

3578 **irgendwie** ['iə*g(ə)ntvi:] *Adv.* — **یک‌جوری، به‌نوعی**

Irgendwie werden wir den richtigen Weg noch finden. — یک‌جوری راه درست را پیدا خواهیم کرد.

3579 **so** [zo:] *Adv.* — **این‌طور؛ خیلی**

So hat man mir das erklärt. — این‌طور برایم توضیح دادند.

Das Auto startete nicht, weil es so kalt war. — ماشین استارت نمی‌زد، چون هوا خیلی سرد بود.

3580 **sogar** [zo'ga:*] *Adv.* — **حتی**

Er hat viele Talente, er kann sogar gut kochen. — او استعدادهای زیادی دارد؛ حتی بلد است خوب آشپزی کند.

3581 **Weise** ['vaizə] *f, -, -n* — **شیوه، راه**

Auf diese Weise hat sie Erfolg gehabt. — در این راه، موفق بوده است.

2001-4000

3582 **ausdrücklich** ['ausdrykliç] *Adj.* — **صریحاً، صریح**

Ich habe ihn ausdrücklich gewarnt. — صریحاً به او هشدار دادم.

3583 **ausführlich** ['ausfy:ə*liç] *Adj.* — **مشروح، کامل، مفصل**

Er hat einen ausführlichen Bericht geschrieben. — گزارش مفصّلی نوشت.

17.1 Art und Weise — راه و روش

3584 **gründlich** ['gryntliç] *Adj.* — **کامل، حسابی، اساسی**

Sie arbeitet sehr gründlich. — حسابی کار می‌کند.

3585 **hastig** ['hastiç°] *Adj.* — **باعجله، شتابزده**

Ich sah sie hastig zum Bus laufen. — دیدم باعجله به طرف اتوبوس می‌دوید.

3586 **konsequent** [kɔnze'kvɛnt] *Adj., -er, am -esten* — **ثابت، راسخ، محکم، پابرجا، استوار**

Die Regierung bleibt konsequent und ändert ihre Politik nicht. — حکومت در سیاست خود ثابت است و آن را تغییر نمی‌دهد.

3587 **typisch** ['ty:piʃ] *Adj.* — **معمولی، عادی**

Das ist ein typisches Beispiel. — این، مثال معمولی است.

3588 **üblich** ['y:pliç] *Adj.* — **معمول**

Wie üblich bin ich um 17.00 Uhr zu Hause. — طبق معمول ساعت ۱۷ در خانه هستم.

3589 **unverändert** ['unfɛə*'ɛndə*t] *Adj.* — **ثابت، بدون تغییر**

Das Wetter ist seit Tagen unverändert. — روزها است که وضعیت هوا ثابت است.

17.2 Grad, Vergleich — درجه، مقایسه

1-2000

3590 **allgemein** ['algə'main] *Adj.* — **عمومی؛ همگانی**
Das ist ein allgemeines Verbot. — این، ممنوعیت عمومی است.

3591 **als** [als] *Konj.* — **از**
Seine Leistungen waren dieses Jahr besser als im letzten. — امسال دستاوردهای او بهتر از سال گذشته بود.

3592 **anders** ['andə*s] *Adv.* — **طور دیگر**
So geht das nicht, das muss man anders machen. — این طوری نمی‌شود؛ باید طور دیگری انجام داد.

3593 **äußerst** ['ɔisə*st] *Adv.* — **بی‌نهایت، فوق‌العاده**
Der Preis ist äußerst günstig. — قیمت بی‌نهایت مناسب است.

3594 **bedeutend** [bə'dɔit(ə)nt] *Adj.* — **مهم؛ بسیار، خیلی**
Das war damals eine bedeutende Erfindung. — این در آن زمان اختراع مهمّی بود.
Die Arbeit dauerte bedeutend länger als geplant. — کار خیلی بیشتر از آنچه برنامه‌ریزی شده بود، طول کشید.

3595 **beinah(e)** ['baina:(ə)] *Adv.* — **تقریباً**
Beinahe hätte ich den Termin vergessen. — تقریباً داشتم زمان ملاقات را فراموش می‌کردم.

3596 **besonder-** [bə'zɔndər-] *Adj., keine Komp.* — **خاص**
Das ist ein ganz besonderes Essen. — این غذایی بسیار خاص است.

3597 **besonders** [bə'zɔndə*s] *Adv.* — **به‌خصوص، به‌ویژه**
Dieser Auftrag muss besonders schnell erledigt werden. — این تکلیف باید به‌خصوص زود انجام شود.

3598 **dringend** ['driŋənt] *Adj.* — **فوری**
Ich habe eine dringende Bitte an dich. Leih mir 10,- Euro. — یک خواهش فوری از تو دارم. ۱۰ یورو به من قرض بده.

3599 **ebenfalls** ['e:b(ə)nfals] *Adv.* — **هم**
Hast du das ebenfalls erst heute erfahren? — تو هم تازه امروز از این موضوع باخبر شدی؟

17.2 Grad, Vergleich — درجه، مقایسه

3600	**ebenso** ['e:b(ə)nzo:] *Adv.* Sie kann ebenso gut Englisch sprechen wie ich.	**به (همان)** می‌تواند به‌خوبی من انگلیسی صحبت کند.
3601	**erheblich** [ɛə*'he:pliç] *Adj.* Die Stahlpreise sind erheblich gestiegen.	**به‌شدت** قیمت‌های فولاد به‌شدت افزایش یافته است.
3602	**genauso** [gə'nauzo:] *Adv.* Ich habe es genauso gemacht, wie du es mir erklärt hast.	**دقیقاً، همان‌طور** این کار را دقیقاً همان‌طور انجام دادم که برایم توضیح داده بودی.
3603	**gerade** [gə'ra:də] *Adv.* Gerade dieser Punkt ist wichtig. Er ist gerade weggegangen.	**دقیقاً؛ الآن** دقیقاً همین نکته مهم است. همین الآن رفت.
3604	**hauptsächlich** ['hauptzɛçliç] *Adj., keine Komp.* Hauptsächlich die Öltemperatur muss kontrolliert werden.	**در درجه‌ی اوّل، در وهله‌ی اوّل، اساساً** در وهله‌ی اوّل، دمای روغن بررسی شود.
3605	**heftig** ['hɛftiç°] *Adj.* Er hat heftig geschimpft.	**به‌شدت** به‌شدت ناسزا گفت.
3606	**insbesondere** [insbə'zɔndərə] *Adv.* Der Mantel gefällt mir, insbesondere die Farbe.	**مخصوصاً** از پالتو خوشم می‌آید، مخصوصاً از رنگش.
3607	**recht** [rɛçt] *Adv.* Ihr Schulzeugnis ist recht gut.	**واقعاً** کارنامه‌ی مدرسه‌اش واقعاً خوب است.
3608	**sehr** [ze:ə*] *Adv.* Sie war sehr freundlich zu mir.	**خیلی** با من خیلی مهربان بود.
3609	**total** [to'ta:l] *Adj., keine Komp.* Die Stadt wurde im Krieg total zerstört.	**کاملاً** شهر در جنگ کاملاً ویران شد.
3610	**unterschiedlich** ['untə*ʃi:tliç] *Adj.* Die beiden Schwestern haben sehr unterschiedliche Meinungen.	**متفاوت** دو خواهر نظرهای بسیار متفاوتی دارند.
3611	**Vergleich** [fɛə*'glaiç] *m, -s, -e* Im Vergleich zu früher leben die Menschen heute länger.	**مقایسه** در مقایسه با گذشته، امروز انسان‌ها طولانی‌تر عمر می‌کنند.

3612 **vergleichen** [fɛə*'glaiç(ə)n] *V/t., verglich, hat verglichen* — **مقایسه کردن**

Er hat die verschiedenen Angebote genau verglichen. — او پیشنهادهای مختلف را بادقّت باهم مقایسه کرد.

3613 **verschieden** [fɛə*'ʃi:d(ə)n] *Adj.* — **متفاوت**

Die beiden Schwestern sehen verschieden aus. — دو خواهر خیلی متفاوت به‌نظر می‌رسند.

3614 **vollkommen** [fɔl'kɔmən] *Adj.* — **کاملاً**

Er ist vollkommen gesund. — کاملاً سالم است.

3615 **vollständig** ['fɔlʃtɛndiç°] *Adj.* — **کاملاً**

Er ist vollständig betrunken. — کاملاً مست است.

3616 **völlig** ['fœliç°] *Adj., keine Komp.* — **کاملاً**

Dein Rat war völlig richtig. — توصیه‌ی تو کاملاً درست بود.

3617 **vor allem** [fo:ə*'aləm] *Adv.* — **بیشتر، اساساً**

Wir haben vor allem über Politik diskutiert. — بیشتر درباره‌ی سیاست بحث کردیم.

3618 **wenig** ['ve:niç°] *Adj.* — **کم**

Ich habe wenig Lust zu tanzen. — میل کمی به رقص دارم.

3619 **wie** ['vi:] *Adv.* — **چگونه؛ مثل؛ طور**

Wie konnte das passieren? — چگونه ممکن است این اتفاق افتاده باشد؟

Seine Füße waren kalt wie Eis. — پاهایش مثل یخ سرد بود.

Es war so, wie ich es vermutete. — همان‌طور بود که حدس می‌زدم.

3620 **ziemlich** ['tsi:mliç] *Adv.* — **نسبتاً**

Er hat ziemlich lange Haare. — موهای نسبتاً بلندی دارد.

3621 **zu** [tsu:] *Adv.* — **خیلی، بیش از حد**

Das dauert viel zu lange. — این کار خیلی طول می‌کشد.

3622 **zumindest** [tsu'mindəst] *Adv.* — **حداقل**

Du hättest mich zumindest fragen können. — حداقل می‌توانستی از من سؤال کنی.

2001-4000

3623 **absolut** [apzo'lu:t] *Adj., keine Komp.* — **قطعاً؛ یقیناً**

Das ist das absolut beste Gerät. — قطعاً بهترین دستگاه است.

Er will das Gerät absolut kaufen. — یقیناً ماشین را می‌خرد.

3624 **ähnlich** ['ɛ:nliç] *Adj.* — **مشابه**

Wir haben ähnliche Interessen. — علایق مشابهی داریم.

3625 **allermeist** ['alə*'maist] *Adj., keine Komp.* — **بیشترین**

Der jüngste Kandidat bekam die allermeisten Stimmen. — جوان‌ترین نامزد، بیشترین رأی را کسب کرد.

3626 **Ausmaß** ['ausma:s] *n, -es, -e* — **دامنه**

Das Ausmaß der Wirtschaftskrise wird immer größer. — دامنه‌ی بحران اقتصادی پیوسته وسیع‌تر می‌شود.

3627 **außerordentlich** ['ausə*'ɔrd(ə)ntliç] *Adj.* — **فوق‌العاده**

Das war eine außerordentliche Leistung. — این دستاوردی فوق‌العاده بود.

Über das Geschenk hat sie sich außerordentlich gefreut. — از هدیه، فوق‌العاده خوشحال شد.

3628 **einigermaßen** ['ainigə*'ma:s(ə)n] *Adv.* — **تاحدودی**

Mit dem Ergebnis war man einigermaßen zufrieden. — از نتیجه تاحدودی راضی بودند.

3629 **relativ** ['relati:f] *Adj., keine Komp.* — **به‌نسبت**

Er hat relativ viel Glück gehabt. — به‌نسبت شانس زیادی آورد.

3630 **überwiegend** [y:bə*'vi:g(ə)nt] *Adj., keine Komp.* — **بیشتر**

In dem Betrieb arbeiten überwiegend Frauen. — در این شرکت، بیشتر، زنان کار می‌کنند.

3631 **verhältnismäßig** [fɛə*'hɛltnismɛ:siç°] *Adv.* — **نسبتاً**

Es gab verhältnismäßig wenig Ärger. — ناراحتی، نسبتاً کم بود.

3632 **vorwiegend** ['fo:ə*vi:g(ə)nt] *Adj., keine Komp.* — **اغلب**

Am Wochenende ist er vorwiegend bei seinen Eltern. — آخر هفته‌ها اغلب پیش پدر و مادرش است.

3633 **weitgehend** ['vaitge:ənt] *Adj.* **خیلی، بسیار**

Wir sind uns weitgehend einig. ما خیلی توافق داریم.

3634 **zumeist** [tsu'maist] *Adv.* **عمدتاً، اکثراً، غالباً، معمولاً**

Ich esse zumeist in der Kantine. غالباً در ناهارخوری کارکنان غذا می‌خورم.

---

18 Farben رنگ‌ها

1-2000

3635	**blau** [blau] *Adj.*	آبی
3636	**braun** [braun] *Adj.*	قهوه‌ای
3637	**Farbe** ['farbə] *f, -, -n*	رنگ
3638	**gelb** [gɛlp] *Adj.*	زرد
3639	**grau** [grau] *Adj.*	خاکستری
3640	**grün** [gry:n] *Adj.*	سبز
3641	**lila** ['li:la] *Adj., indekl.*	بنفش
3642	**rosa** ['ro:za] *Adj., indekl.*	صورتی
3643	**rot** [ro:t] *Adj., röter, am rötesten*	قرمز
3644	**schwarz** [ʃvarts] *Adj., schwärzer, am schwärzesten*	سیاه
3645	**weiß** [vais] *Adj., weißer, am weißesten*	سفید

1-2000

3646 **Ecke** ['ɛkə] *f, -, -n* — **نبش؛ گوشه**
Dort an der Straßenecke müssen Sie rechts fahren. — آنجا، نبش خیابان، باید به راست بپیچید.

3647 **flach** [flax] *Adj.* — **هموار، مسطح**
Das Land ist flach. — زمین هموار است.

3648 **Fläche** ['flɛçə] *f, -, - n* — **سطح**
Die Fläche ist 350 m2 groß. — مساحت سطح ۳۵۰ مترمربع است.

3649 **Form** [fɔrm] *f, -, - en* — **شکل**
Der Hut hat eine komische Form. — این کلاه، شکلی عجیب دارد.

3650 **gerade** [gə'ra:də] *Adj., keine Komp.* — **مستقیم**
Die Bäume stehen in einer geraden Linie. — درختان در یک خط مستقیم هستند.

3651 **glatt** [glat] *Adj., -er, am -esten* — **صاف**
Kann man das Blech wieder glatt machen? — می‌شود باز هم حلبی را صاف کرد؟

3652 **Kreis** [krais] *m, -es, -e* — **دایره**
Wir saßen in einem Kreis. — دایره‌وار نشستیم.

3653 **Kugel** ['ku:g(ə)l] *f, -, -n* — **توپ، کُره**
Der Käse hat die Form einer Kugel. — پنیر به‌شکل توپ بود.

3654 **Linie** ['li:njə] *f, -, -en* — **خط**
Diese Linie ist die Grenze. — این خط، مرز است.

3655 **niedrig** ['ni:driç°] *Adj.* — **کوتاه**
Die Zimmer sind niedrig. — سقف اتاق‌ها کوتاه است.

3656 **rund** [runt] *Adj., -er, am -esten* — **گرد**
Der Platz ist fast rund. — میدان تقریباً گرد است.

3657 **scharf** [ʃarf] *Adj., schärfer, am schärfsten* — **تیز**
Vorsicht, der Kasten hat scharfe Ecken! — مراقب باش، گوشه‌های جعبه تیز است!

3658 **schmal** [ʃmaːl] *Adj., (Komp. auch schmäler, am schmälsten)* — **باریک**
Die Treppe ist schmal. — راه‌پله باریک است.

3659 **spitz** [ʃpits] *Adj., -er, am -esten* — **نوک‌تیز**
Er hat eine spitze Nase. — دماغ نوک‌تیزی دارد.

3660 **steil** [ʃtail] *Adj.* — **تند، پرشیب**
Der Weg geht steil nach oben. — مسیر به طرف بالا پُرشیب است.

3661 **stumpf** [ʃtumpf] *Adj.* — **کند**
Das Messer ist stumpf. — کارد، کند است.

2001-4000

3662 **Dicke** ['dikə] *f, -, -n* — **ضخامت**
Die Dicke der Bretter ist verschieden. — ضخامت تخته‌ها متفاوت است.

3663 **Kante** ['kantə] *f, -, -n* — **لبه**
Das Blech hat scharfe Kanten. — حلبی، لبه‌های تیزی دارد.

3664 **Knoten** ['knoːt(ə)n] *m, -s, -* — **گره**
Ich kann den Knoten nicht öffnen. — نمی‌توانم گره را باز کنم.

3665 **Kreuz** [krɔits] *n, -es, -e* — **صلیب**
Das Kreuz ist das Symbol für die Christen. — صلیب، نماد مسیحیان است.

3666 **Quadrat** [kva'draːt] *n, -(e)s, -e* — **مربع**
Die Fläche des Wohnzimmers ist fast ein Quadrat. — کف اتاق نشیمن تقریباً مربع است.

3667 **riesig** ['riːziç°] *Adj.* — **عظیم، خیلی بزرگ**
In der Nähe des Flughafens wird ein riesiges Hotel gebaut. — نزدیک فرودگاه، هتل خیلی بزرگی ساخته می‌شود.

3668 **Strich** [ʃtriç] *m, -(e)s, -e* — **خط**
Die Striche an der Wand hat unser Kind gemacht. — خط‌های روی دیوار را بچه‌ی ما کشیده است.

3669 **winzig** ['vintsiç°] *Adj.* — **ریز، ریزه‌میزه، خیلی کوچک**
Wo hast du diesen winzigen Fernsehapparat gekauft? — این تلویزیون بسیار کوچک را از کجا خریده‌ای؟

1-2000

3670 **abhängig** ['aphɛŋiç°] *Adj.* — **بستگی**
Der Start der Rakete ist vom Wetter abhängig. — پرتاب موشک، به هوا بستگی دارد.

3671 **Anlass** ['anlas] *m, -es, Anlässe* — **دلیل**
Was war der Anlass eures Streits? — دلیل دعوای شما چه بود؟

3672 **Bedingung** [bə'diŋuŋ] *f, -, -en* — **شرط**
Die Bedingungen für den Erfolg sind Ruhe und Geduld. — شرط موفقیت، آرامش و صبر است.

3673 **entstehen** [ɛnt'ʃteː(ə)n] *V/i., entstand, ist entstanden* — **پدید آمدن**
Wodurch ist der Schaden entstanden? — خسارت به چه دلیل پدید آمد؟

3674 **entwickeln** [ɛnt'vik(ə)ln] *V/t., refl.* — **تولید کردن؛ رشد کردن**
Die Maschine wurde ganz neu entwickelt. — ماشین کاملاً نو تولید شده بود.
Die Pflanzen haben sich gut entwickelt. — گیاهان خوب رشد کردند.

3675 **Entwicklung** [ɛnt'vikluŋ] *f, -, -en* — **تحول**
Keiner weiß, wohin die politische Entwicklung geht. — هیچ‌کس نمی‌داند تحولات سیاسی به کجا می‌انجامد؟

3676 **Ergebnis** [ɛə*'geːpnis] *n, -ses, -se* — **نتیجه**
Das Ergebnis der Wahlen ist noch nicht bekannt. — هنوز نتیجه‌ی انتخابات معلوم نیست.

3677 **Folge** ['fɔlgə] *f, -, -n* — **پیامد**
Das Unglück wird Folgen haben. — این حادثه، پیامدهایی خواهد داشت.

3678 **Grund** [grunt] *m, -(e)s, Gründe* — **دلیل**
Es gibt keinen Grund, sich darüber aufzuregen. — هیچ دلیلی برای ناراحت‌شدن وجود ندارد.

3679 **Quelle** ['kvɛlə] *f, -, -n* — **منبع**
Was ist die Quelle deiner Informationen? — منبع اطلاعات تو چیست؟

3680 **Ursache** ['uːə*zaxə] *f, -, -n* — **علت**
Die Ursache des Fehlers wurde gefunden. — علت اشتباه پیدا شد.

3681 **Voraussetzung** [fo'rauszɛtsung] *f, -, -en* — **پیش‌شرط، شرط لازم**
Trockenes Wetter ist Voraussetzung für die Arbeiten. — پیش‌شرط انجام این کارها، هوای خشک است.

3682 **warum** [va'rum] *Adv.* — **چرا**
Warum ist das passiert? — چرا این اتفاق افتاد؟

3683 **wegen** ['veːg(ə)n] *Präp. (+ Gen.)* — **به‌دلیل**
Wegen des starken Windes wurde das Feuer immer größer. — به‌دلیل باد شدید، آتش پیوسته گسترده‌تر می‌شد.

3684 **Wirkung** ['virkuŋ] *f, -, -en* — **تأثیر**
Die Tabletten haben eine starke Wirkung. — این قرص‌ها، تأثیری شدید دارند.

3685 **Zusammenhang** [tsu'zamənhaŋ] *m, -s, Zusammenhänge* — **ارتباط**
Zwischen den beiden Ereignissen besteht ein Zusammenhang. — بین این دو واقعه، ارتباطی وجود دارد.

3686 **Zweck** [tsvɛk] *m, -(e)s, -e* — **هدف، مقصود، منظور**
Welchen Zweck hat Ihre Frage? — هدف شما از این سؤال چیست؟

2001-4000

3687 **abhängen** ['aphɛŋən] *V/i., +Präp. (von), hing ab, hat abgehangen* — **بستگی داشتن**
Der Erfolg hängt von einer guten Organisation ab. — موفقیت، به سازماندهی خوب بستگی دارد.

3688 **anlässlich** ['anlɛsliç] *Präp. (+ Gen.)* — **به‌مناسبت، با توجّه به**
Anlässlich der neuen Situation müssen wir noch einmal über die Sache reden. — باتوجّه به وضعیت جدید، باید بازهم درباره‌ی این موضوع صحبت کنیم.

3689 **Ausweitung** ['ausvaituŋ] *f, -, -en* — **گسترش**
Die Länder drohen mit einer Ausweitung des Krieges. — کشورها تهدید می‌کنند که جنگ را گسترش می‌دهند.

3690 **Auswirkung** ['ausvirkuŋ] *f, -, -en* — **تأثیر**
Die höheren Ölpreise werden wirtschaftliche Auswirkungen haben. — قیمت‌های بالای نفت، برروی اقتصاد تأثیر می‌گذارد.

3691 **bedingen** [bə'diŋən] *V/t., bedingte, hat bedingt* — **به‌دلیلِ... بودن**
Die langen Lieferzeiten sind durch Streiks bedingt. — زمان طولانی تحویل، به‌دلیل اعتصابات است.

3692 **beruhen** [bə'ru:ən] *V/t., + Präp. (auf)* — **مبتنی بودن**
Sein Rat beruht auf langer Erfahrung. — راهنمایی‌اش مبتنی بر تجربه‌ی طولانی است.

3693 **dank** [daŋk] *Präp. (+ Gen.)* — **به‌برکت، به‌لطف، درنتیجه‌ی**
Dank ihrer Hilfe haben wir es geschafft. — به‌لطفِ کمک شما، این کار را انجام دادیم.

3694 **ergeben** [ɛə*'ge:b(ə)n] *V/t., refl., +Präp. (aus), ergab, hat ergeben* — **نتیجه دادن، منجر شدن، منتهی شدن**
Die Untersuchung ergab, dass er schuldig ist. — نتیجه‌ی تحقیق این بود که او مقصر است.
Aus der Untersuchung ergab sich, dass er schuldig ist. — نتیجه‌ی تحقیق به اینجا منتهی شد که او مقصر است.

3695 **Faktor** ['faktɔr] *m, -s, -en* — **عامل**
Für diese Entwicklung sind mehrere Faktoren verantwortlich. — این پیشرفت، به چند عامل بستگی دارد.

3696 **Funktion** [fuŋk'tsjo:n] *f, -, -en* — **عملکرد، نقش**
Was ist die Funktion dieses Schalters? — عملکرد این کلید چیست؟

3697 **führen** ['fy:rən] *V/i., Präp. (zu), führte, hat geführt* — **منجر شدن**
Ein technischer Fehler führte zu dem Unfall. — یک اشتباه فنی، به حادثه منجر شد.

3698 **Grundlage** ['gruntla:gə] *f, -, -en* — **اساس**
Für diesen Verdacht gibt es keine Grundlage. — این سوءظن بی‌اساس است.

3699 **Herkunft** ['he:ə*kunft] *f, -, kein Pl.* — **اصلیت**
Die Ware ist spanischer Herkunft. — این کالا اصلیتی اسپانیایی دارد.

3700 **Konsequenz** [kɔnze'kvɛnts] *f, -, -en* — **پیامد**
Der Fehler hatte schlimme Konsequenzen. — این خطا، پیامدهای بدی داشت.

3701 **Prinzip** [prin'tsi:p] *n, -s, Prinzipien* — **اصل**
Die Bremsen funktionieren nach einem neuen Prinzip. — ترمزها براساس اصولی جدید کار می‌کنند.

3702 **Reaktion** [reak'tsjo:n] *f, -, -en* — **واکنش**
Die schnelle Reaktion der Fahrerin verhinderte einen Unfall. — واکنش سریع راننده، مانع از بروز تصادف شد.

3703 **sofern** [zo'fɛrn] *Konj.* — **اگر؛ تا زمانی که، به‌شرطی که**
Sofern es keine besonderen Probleme gibt, ist der Wagen morgen fertig. — اگر مشکلی پیش نیاید، ماشین فردا آماده خواهد بود.

3704 **Ursprung** ['u:ə*ʃpruŋ] *m, -s, Ursprünge* — **منشأ، مبدأ، خاستگاه**
Die Ursprünge dieser alten Kultur sind unbekannt. — خاستگاه این فرهنگ کهن، ناشناخته است.

3705 **verdanken** [fɛə*'daŋk(ə)n] *V/t., verdankte, hat verdankt* — **مرهون بودن، نتیجه‌ی... بودن**
Das ist dem Zufall zu verdanken. — این موضوع، نتیجه‌ی شانس است.

3706 **verursachen** [fɛə*'u:ə*zax(ə)n] *V/t., verursachte, hat verursacht* — **باعث شدن**
Das Hochwasser verursachte eine Katastrophe — سیل باعث فاجعه شد.

3707 **vorkommen** ['fo:ə*kɔmən] *V/i., kam vor, ist vorgekommen* — **پیش آمدن، اتفاق افتادن**
Dieser Fehler darf nicht wieder vorkommen. — این اشتباه ممکن نیست بازهم اتفاق بیفتد.

3708 **wirksam** ['virkza:m] *Adj.* — **قابل اجرا، اجرایی**
Die neuen Bestimmungen sind ab 1. Januar wirksam. — مقررات جدید از اول ژانویه قابل اجرا است.

3709 **Wirksamkeit** ['virkza:mkait] *f, -, kein Pl.* — **تأثیرگذاری**
Ich zweifle an der Wirksamkeit des Medikaments. — به تأثیرگذاری این دارو شک دارم.

1-2000

3710 **Ablauf** ['aplauf] *m, -(e)s, Abläufe* — **روش (انجام)، روند**

Es gab mehrere Vorschläge für den Ablauf des Programms. — در مورد روش اجرای برنامه، چند پیشنهاد وجود داشت.

3711 **allmählich** [al'mɛ:liç] *Adj., keine Komp.* — **به‌تدریج**

Er beruhigte sich allmählich. — به‌تدریج آرام شد.

3712 **fertig** ['fɛrtiç°] *Adj., keine Komp.* — **آماده**

Ist das Essen fertig? — غذا آماده است؟

3713 **schmelzen** ['ʃmɛlts(ə)n] *V/t., i., schmolz, hat (ist) geschmolzen* — **ذوب کردن**

Das Metall hat man geschmolzen. — فلز ذوب شد.

3714 **Veränderung** [fɛə*'ɛndəruŋ] *f, -, -en* — **تغییر**

Jeder bemerkte die Veränderung ihres Verhaltens. — هر کسی متوجه تغییر رفتارش می‌شد.

3715 **Wechsel** ['vɛks(ə)l] *m, -s, kein Pl.* — **تغییر**

Es gab einen Wechsel in der Leitung des Unternehmens. — تغییری در مدیریت شرکت صورت گرفت.

3716 **zu sein** ['tsu: zain] — **بسته بودن**

Der Kühlschrank ist nicht zu. — در یخچال بسته نیست.

3717 **Zustand** ['tsu:ʃtant] *m, -(e)s, Zustände* — **حالت**

Dieser Zustand muss verändert werden. — این حالت باید تغییر داده شود.

2001-4000

3718 **ansteigen** ['anʃtaig(ə)n] *V/i., stieg an, ist angestiegen* — **افزایش یافتن، بالا رفتن**

DieTemperatur steigt weiter an. — دما همچنان بالا می‌رود.

3719 **Anzeichen** ['antsaiç(ə)n] *n, -s, -* — **نشانه**

Es gibt Anzeichen, dass sich die Situation verbessert. — نشانه‌هایی وجود دارد که وضعیت بهتر می‌شود.

3720 **ausbreiten** ['ausbrait(ə)n] *V/refl., breitete aus, hat ausgebreitet* — **گسترش یافتن**
Die Krise breitet sich aus. — بحران گسترش می‌یابد.

3721 **Ausgangspunkt** ['ausgaŋspuŋkt] *m, -(e)s, -e* — **نقطه‌ی آغاز**
Was war eigentlich der Ausgangspunkt unseres Gesprächs? — نقطه‌ی آغاز گفت‌وگوی ما چه بود؟

3722 **erweitern** [ɛə*'vaitə*n] *V/t., erweiterte, hat erweitert* — **توسعه دادن، گسترش دادن**
Die Firma hat ihr Produktprogramm erweitert. — شرکت، برنامه‌ی خود را توسعه داد.

3723 **Erweiterung** [ɛə*'vaitəruŋ] *f, -, -en* — **توسعه، گسترش**
Man plant eine Erweiterung des Stadtparkes. — توسعه‌ی پارک شهر در برنامه است.

3724 **Gleichgewicht** ['glaiçgəviçt] *n, -(e)s, kein Pl.* — **تعادل**
Bergsteiger brauchen ein gutes Gefühl für das Gleichgewicht. — کوهنوردان به احساس خوب تعادل نیاز دارند.

3725 **Phase** ['fa:zə] *f, -, -n* — **مرحله**
Die Entwicklung ist in einer schwierigen Phase. — تحول در مرحله‌ای دشوار است.

3726 **Rückgang** ['rykgaŋ] *m, -(e)s, Rückgänge* — **کاهش**
Der Rückgang der Verkaufszahlen beunruhigt die Geschäftsleitung. — مدیران شرکت، نگران کاهش فروش هستند.

3727 **steigen** ['ʃtaig(ə)n] *V/i., stieg, ist gestiegen* — **بالا آمدن**
Die Flut steigt nicht mehr. — آب دیگر بالا نمی‌آید.

3728 **Verlauf** [fɛə*'lauf] *m, -(e)s, Verläufe* — **جریان**
Ich bin mit dem Verlauf der Verhandlung zufrieden. — از جریان مذاکرات راضی هستم.

3729 **verlaufen** [fɛə*'lauf(ə)n] *V/i., verlief, ist verlaufen* — **جریان داشتن، بودن**
Die Krankheit ist normal verlaufen. — سیر بیماری، طبیعی است.

3730 **Vorgang** ['fo:ə*gaŋ] *m, -(e)s, Vorgänge* — **روند**
Man hat mir von dem Vorgang berichtet. — از روند وقایع باخبر شدم.

1-2000

3731 **ich** [iç] *1. P. Sg. Nom.* — **من**

Ich verstehe das nicht. — (من) آن را نمی‌فهمم.

3732 **mir** [miːə*] *1. P. Sg. Dat.* — **به من**

Gib mir bitte den Zucker! — لطفاً شکر را به من بده!

3733 **mich** [miç] *1. P. Sg. Akk.* — **مرا**

Hast du mich gestern nicht gesehen? — دیروز مرا ندیدی؟

3734 **du** [duː] *2. P. Sg. Nom.* — **تو**

Was bist du von Beruf? — شغل تو چیست؟

3735 **dir** [diːə*] *2. P. Sg. Dat.* — **به تو**

Kann ich dir etwas zeigen? — می‌توانم چیزی به تو نشان بدهم؟

3736 **dich** [diç] *2. P. Sg. Akk.* — **تو را**

Ich liebe dich. — تو را دوست دارم.

3737 **Sie** [ziː] *2. P. Sg. Nom.* — **شما**

Frau Birner, haben Sie heute Abend Zeit? — خانم بیرنر! امشب وقت دارید؟

3738 **Ihnen** ['iːnən] *2. P. Sg. Dat.* — **به شما**

Ich soll Ihnen diesen Brief geben, Frau Schulz. — خانم شولتس! گمان می‌کنم این نامه را باید به شما بدهم.

3739 **Sie** [] *2. P. Sg. Akk.* — **شما را**

Ja, ich rufe Sie morgen an, Herr Meier. — بله، آقای مایر؛ فردا به شما زنگ می‌زنم.

3740 **er** [eːə*] *3. P. Sg. Nom. m* — **او (مذکر)**

Wann ist er gegangen? — (او) کی رفت؟

Der Wein schmeckt gut, er ist aus Norditalien. — مزه‌ی شراب خوب است، متعلق به شمال ایتالیا است.

3741 **ihm** [iːm] *3. P. Sg. Dat. m* — **به او، با او (مذکر)**

Ich habe ihm alles gesagt. — همه چیز را به او گفتم.

Wenn der Computer dich etwas fragt, musst du ihm, 'ja' oder 'nein' antworten. — اگر رایانه از تو مطلبی بپرسد، باید با «آری» یا «نه» پاسخ بدهی.

3742 **ihn** [iːn] *3. P. Sg. Akk. m* — **او را (مذکر)**

Der neue Kollege ist komisch, hast du ihn gesehen? — همکار جدید، آدم عجیبی است؛ او را دیده‌ای؟

Den neuen Schrank, wie findest du ihn? — به‌نظر تو، کابینت جدید چطور است؟

3743 **sie** [ziː] *3. P. Sg. Nom. f* — **او (مؤنث)**

Petra ist in Köln. Dort studiert sie Physik. — پترا در کلن است. (او) در آنجا فیزیک می‌خواند.

Ich suchte die Taschenlampe. Weißt du, wo sie ist? — دنبال چراغ‌قوه می گردم. می‌دانی کجا است؟

3744 **ihr** [iːə*] *3. P. Sg. Dat. f* — **به او (مؤنث)، به آن، آن‌را**

Ich habe ihr das versprochen. — آن‌را به او قول دادم.

Die Puppe ist schön, man kann ihr verschiedene Kleider anziehen. — عروسک قشنگ است؛ می‌توانی لباس‌های مختلفی به او بپوشانی.

3745 **sie** [ziː] *3. P. Sg. Akk. f* — **او را (مؤنث)**

Ich habe sie zum Essen eingeladen. — او را به شام دعوت کردم.

Die Kaffeemaschine funktioniert nicht, hast du die kapputgemacht? — دستگاه قهوه کار نمی‌کند، تو خرابش کردی؟

3746 **es** [ɛs] *3. P. Sg. Nom. n* — **او؛ آن (خنثی)**

Das Kind weint, weil es Bauchschmerzen hat. — بچه گریه می‌کند، چون دل‌درد دارد.

Ich kenne das Haus, es liegt am Park. — خانه را می‌شناسم؛ کنار پارک است.

3747 **ihm** [iːm] *3. P. Sg. Dat. n* — **به او (مذکر)**

Das Kind spielt mit der Schere. Du musst sie ihm wegnehmen. — بچه با قیچی بازی می‌کند. باید آن را از او دور کنی.

Das neue Automodell gefällt mir ganz gut, aber es fehlt ihm ein starker Motor. — از مدل این خودروی جدید خیلی خوشم می‌آید، ولی به موتور قوی‌تری نیاز دارد.

3748 **es** [ɛs] *3. P. Sg. Akk. n* — **آن را (خنثی)**

-Wo ist das Kind? — - بچه کجا است؟

-Ich habe es im Garten gesehen. — - او را در حیاط دیدم.

Ich habe euch letzte Woche ein Paket geschickt, habt ihr es bekommen? — هفته‌ی پیش، بسته‌ای برای شما فرستادم؛ دریافت کردید؟

3749 **wir** [viːə*] *1. P. Pl. Nom.* — **ما**
Wir haben uns noch nicht entschieden. — (ما) هنوز تصمیم نگرفته‌ایم.

3750 **uns** [uns] *1. P. Pl. Dat.* — **به ما**
Bitte sage uns früh genug Bescheid. — لطفاً هرچه زودتر به ما خبر بده!

3751 **uns** [] *1. P. Pl. Akk.* — **ما را، به ... ما**
Sie wrd uns besuchten. — به دیدار ما خواهد آمد.

3752 **ihr** [iːə*] *2. P. Pl. Nom.* — **شما**
Habt ihr Lust spazieren zu gehen? — حوصله‌ی پیاده‌روی دارید؟

3753 **euch** [ɔiç] *2. P. Pl. Dat.* — **به شما**
Wer hat euch das gesagt? — چه کسی این را به شما گفت؟

3754 **euch** [] *2. P. Pl. Akk.* — **شما، شما را**
Ich möchte euch nicht stören. — نمی‌خواهم مزاحم شما بشوم.

3755 **Sie** [ziː] *2. P. Pl. Nom.* — **شما (جمع محترمانه)**
Kommen Sie bitte, meine Damen, hier ist die Modenschau! — خانم‌ها! لطفاً از این طرف بیایید! اینجا نمایش مد است.
Würden Sie bitte die Türen schließen, meine Herren! — آقایان! لطفاً درها را ببندید!

3756 **Ihnen** ['iːnən] *2. P. Pl. Dat.* — **از شما؛ به شما (جمع محترمانه)**
Sehr geehrte Damen! Ich danke Ihnen für den freundlichen Brief. — خانم‌های عزیز! بابت نامه‌ی مهربانانه‌ی شما، از شما سپاسگزارم.

3757 **Sie** [ziː] *2. P. Pl. Akk.* — **شما (جمع محترمانه)**
Meine Herren, ich rufen Sie morgen an. — آقایان! فردا به شما زنگ می‌زنم.

3758 **sie** [] *2. P. Pl. Nom.* — **آنها (سوم شخص جمع)**
Für dieses Ziel haben sie, die Franzosen und ihre Verbündeten, lange gekämpft. — آنها، فرانسویان و متحدانشان، مدت‌ها برای این هدف مبارزه کرده‌اند.
Hier sind die Kartoffeln, sie müssen noch gekocht werden. — اینجا سیب‌زمینی است؛ آن‌ها را باید پخت.

3759 **ihnen** ['iːnən] *3. P. Pl. Dat.* — **به آنها (سوم شخص جمع)**
-Hast du den Pflanzen schon Wasser gegeben? — - به گل‌ها آب دادی؟
-Nein, ich habe ihnen noch keins gegeben. — - نه، هنوز به آنها آب نداده‌ام.

3760 **sie** [zi:] *3. P. Pl. Akk.* — **آنها را (سوم شخص جمع)**

Warum grüßen die Nachbarn nicht mehr? Hast du sie geärgert?	چرا همسایه‌ها دیگر حتی به ما سلام نمی‌کنند؟ آنها را ناراحت کردی؟
Die Bücher kannst du haben, ich schenke sie dir.	می‌توانی کتاب‌ها را برداری؛ آنها را به تو هدیه می‌دهم.

1-2000

3761 **mir** [miːə*] *1. P. Sg. Dat.* — **به خودم**

Ich kann mir selbst helfen. — خودم می‌توانم به خودم کمک کنم.

3762 **mich** [miç] *1. P. Sg. Akk.* — **خودم را**

Ich muss mich noch waschen. — باز هم باید خودم را بشورم.

3763 **dir** [diːə*] *2. P. Sg. Dat.* — **خودت، خودت را**

Willst du dir wirklich selbst die Haare schneiden? — واقعاً خودت می‌خواهی موهای خودت را کوتاه کنی؟

3764 **dich** [diç] *2. P. Sg. Akk.* — **خودت را**

Du musst dich auf einen Schock gefasst machen. — بهتر است خودت را برای یک شوک آماده کنی.

3765 **sich** [ziç] *3. P. Sg. Dat.* — **برای خودش**

Er nimmt sich selbst immer das beste Stück. — همیشه بهترین تکه را برای خودش برمی‌دارد.

3766 **sich** [] *2. P., Sg. u. Pl., Akk.* — **خودتان را، از خودتان**

Haben Sie sich schon angemeldet? — خودتان را معرفی کرده‌اید؟

Bitte bedienen Sie sich selbst! — لطفاً از خودتان پذیرایی کنید!

3767 **sich** [] *3. P., Sg., Akk.* — **از خودش**

Sie hat sich selbst bedient. — خودش از خودش پذیرایی کرد.

3768 **uns** [uns] *1. P., Pl., Dat.* — **برای خود(مان)**

Wir haben uns einen Kaffee gemacht. — برای خود(مان) قهوه درست کردیم.

3769 **uns** [] *1. P., Pl., Akk.* — **ما**

Wir haben uns sehr über die Arbeitsbedingungen aufgeregt. — خیلی از شرایط کار عصبانی شدیم.

3770 **euch** [ɔiç] *2. P., Pl., Dat.* — **برای خود(تان)**

Wollt ihr euch eine Wohnung kaufen? — می‌خواهید برای خود(تان) آپارتمان بخرید؟

3771 **euch** [] *2. P., Pl., Akk.* — **شما**

Ihr könnt euch hierin setzen. — (شما) می‌توانید اینجا بنشینید.

1-2000

3772 **mein** [main] *1. P. Sg.* — **(مال) من، اَم**

Das ist mein Mantel! — این پالتوی من است.

3773 **dein** [dain] *2. P. Sg.* — **مال تو، ات**

Sind das deine Zigaretten? — سیگارهای تو است؟

3774 **Ihr** [iːə*] *2. P., Sg. u. Pl.* — **(مال) شما، اتان**

Ihr Telegramm habe ich noch nicht bekommen. — تلگرام شما را هنوز دریافت نکرده‌ام.

3775 **sein** [zain] *3. P., Sg. n. + m.* — **(مال) او، اش**

Ich habe an seine Tür geklopft. — در خانه‌ی او را زدم.

3776 **ihr** [iːə*] *3. P., Sg. f. und Pl. m/f* — **(مال) او، اش؛ (مال) آنها، اشان**

Sie hat mir ihre Skier geliehen. — چوب اسکی‌هایش را به من قرض داد.

Bernd und Klaus haben die Reisegruppe in ihren zwei Autos mitgenommen. — برند و کلاوس، گروه مسافران را در دو خودرو با خود بردند.

3777 **unser** ['unzə*] *1. P. Pl.* — **(مال) ما، مان**

Wir haben unseren Arzt gefragt. — از پزشکمان پرسیدیم.

3778 **euer** ['ɔiə*] *2. P. Pl.* — **مال شما، اتان**

Wer passt auf eure Kinder auf? — چه کسی از بچه‌های شما مراقبت می‌کند؟

1-2000

3779 **dieser** ['di:zə*] *(diese, dieses)* — **این**

Dieses Kleid habe ich selbst genäht. — این لباس را خودم دوختم.

3780 **jener** ['je:nə*] *(jene, jenes)* — **آن**

Wer hat jenes Bild gemalt? — آن تابلو را چه کسی نقاشی کرده است؟

3781 **selber** ['zɛlbə*] *(selbst)* — **خود**

Die Garage haben wir selber (selbst) gebaut. — پارکینگ را خودمان ساختیم.

2001-4000

3782 **derjenige** ['de:ə*je:nigə] *diejenige, dasjenige* — **هرکسی**

Diejenigen, die für den Antrag sind, sollen den Arm heben. — هرکسی با این قرارداد موافق است، دستش را بالا ببرد!

3783 **derselbe** [de:ə*'zɛlbə] *dieselbe, dasselbe* — **یک، همان**

Ich stehe immer um dieselbe Zeit auf. — همیشه یک زمان بلند می‌شوم.

1-2000

3784 **der, die, das** [de:ə*, di:, das] *Formen wie Artikel, aber Gen.: dessen, deren* — **که ... آن؛ که ... او**

Das Käsegeschäft, in dem du einkaufst, ist wirklich gut. — مغازه‌ی پنیرفروشی که از آن خرید می‌کنی، واقعاً خوب است.

3785 **was** [vas] — **چه؛ آنچه، هرچه**

Was hat sie dir erzählt? — به تو چه گفت؟

Das, was sie dir erzählt hat, stimmt. — آنچه(هرچه) به تو گفت، درست است.

3786 **was für** ['vasfy:ə*] — **چه نوع**

Aus was für einem Material ist die Decke? — پتو از چه نوع ماده‌ای ساخته شده است؟

3787 **welcher** ['vɛlçə*] *welche, welches* — **کدام**

-Welchen Wein sollen wir nehmen? — - کدام شراب را ببریم؟

-Nimm denselben, den wir letzte Woche hatten. — - همان را می‌برم که هفته‌ی قبل بردیم.

3788 **wer** [ve:ə*] *wessen, wem, wen* — **کی، چه کسی**

Ich weiß nicht, wer dafür verantwortlich ist. — نمی‌دانم چه کسی مسئول آن است.

Wessen Mantel ist das? — این پالتوی چه کسی است؟

Wem gehört der Mantel? — پالتو مال چه کسی است؟

Wen hast du getroffen? — با چه کسی ملاقات کردی؟

1-2000

3789	**alle** ['alə] *alles* Sie wünschte allen ein gutes neues Jahr.	**همه** سال خوبی برای همه آرزو کرد.
3790	**einer** ['ainə*] *eine, eins* -Ist noch ein Stück Kuchen da? -Ja, im Kühlschrank steht noch eins.	**یکی** - هنوز یک تکه کیک مانده است؟ - بله، هنوز یکی در یخچال هست.
3791	**einige** ['ainigə] Einigen hat das Spiel nicht gefallen.	**بعضی، بعضی‌ها** بعضی‌ها از بازی خوششان نیامد.
3792	**etwas** ['ɛtvas] Da ist etwas nicht in Ordnung.	**چیزی** چیزی آنجا نادرست نیست.
3793	**irgendein(er)** ['irg(ə)ntain(e*)] *-eine, -ein(e)s, -welcher, -welche, -welches* - Welchen Tabak rauchst du? - Irgendeinen, der nicht zu teuer ist.	**هریک، هرکدام** - چه توتونی می‌کشی؟ - هرکدام را که خیلی گران نباشد.
3794	**jeder** ['je:də*] *jede, jedes* Er kennt jede Straße in der Stadt.	**هر، هرکسی** هر خیابانی را در این شهر می‌شناسد.
3795	**jemand** ['je:mant] Hast du jemanden gesehen?	**کسی** کسی را دیدی؟
3796	**keiner** ['kainə*] *keine, keines* Ich kenne keinen der Gäste.	**هیچ‌یک، هیچ‌کدام** هیچ‌کدام از مهمانان را نمی‌شناسم.
3797	**man** [man] Man sollte es zumindest versuchen, sie kennenzulernen.	**کسی، آنها** باید دست‌کم سعی می‌کردند، با او آشنا شوند.
3798	**mancher** ['mançə*] *manche, manches* Manche (der) Gäste sind sehr interessant, manche weniger.	**بعضی، برخی** بعضی از مهمانان خیلی جالب هستند، برخی کمتر.
3799	**nichts** [niçts] Er hat noch nichts gegessen.	**هیچ، هیچ چیز** هنوز هیچ چیز نخورده است.

3800 **niemand** ['niːmant] **هیچ‌کس**

Du darfst niemandem darüber etwas erzählen. — دراین‌باره نباید به هیچ‌کس چیزی بگویی.

3801 **welcher** ['vɛlçə*] *welche, welches* **چند تا**

- Ist noch Bier da? — - آبجویی مانده است؟
- Nein, aber ich kaufe welches. — - نه، ولی من چند تا می‌خرم.

1-2000

3802 **aber** ['a:bə*] **ولی، اما**
Ich habe ihn eingeladen, aber er hat keine Zeit.
او را دعوت کردم، ولی وقت ندارد.

3803 **als ob** [als 'ɔp] **انگار، گویی**
Er tat so, als ob er nicht wüsste.
طوری رفتار کرد که انگار چیزی نمی‌دانست.

3804 **da** [daː] **چون**
Wir mussten ein Taxi nehmen, da keine Busse mehr fuhren.
مجبور بودیم تاکسی کرایه کنیم، چون دیگر اتوبوس نبود.

3805 **damit** [da'mit] **تا**
Stell die Milch in den Kühlschrank, damit sie nicht sauer wird.
شیر را در یخچال بگذار تا ترش نشود.

3806 **dass** [das] **که**
Ich habe gehört, dass Ulrike und Thomas sich scheiden lassen.
شنیده‌ام که اولریکه و توماس از هم طلاق می‌گیرند.

3807 **denn** [dɛn] **چون**
Ich glaube ihr nicht, denn sie hat schon öfter gelogen.
حرف او را باور نمی‌کنم، چون بارها دروغ گفته است.

3808 **deshalb** ['dɛshalp] **به همین دلیل؛ بنابراین**
Der Kühlschrank war zu teuer, deshalb haben wir ihn nicht gekauft.
یخچال بیش از حد گران بود، به همین دلیل آن را نخریدیم.

3809 **deswegen** ['dɛsve:g(ə)n] **به‌همین علت، به‌همین خاطر، بنابراین**
Das Auto hatte kein Benzin mehr, deswegen konnten wir nicht weiterfahren.
ماشین دیگر بنزین نداشت، به‌همین علت نتوانستیم به راه خود ادامه دهیم.

3810 **falls** [fals] **اگر، چنانچه، درصورتی‌که**
Falls du einkaufen gehst, bring bitte Butter mit.
اگر خرید می‌روی، لطفاً کره هم بگیر.

3811 **indem** [in'de:m] **اگر**
Dein Spanisch kannst du am schnellsten verbessern, indem du ein paar Wochen in Spanien lebst.
زبان اسپانیایی خودت را می‌توانی در سریع‌ترین زمان بهتر کنی اگر، چند هفته در اسپانیا زندگی کنی.

3812 **inzwischen** [in'tsviʃ(ə)n] **در این فاصله، زمانی‌که**

Du kannst den Tisch decken, inzwischen koche ich einen Kaffee.

زمانی‌که من قهوه دم می‌کنم، می‌توانی میز را بچینی.

3813 **je . . . desto** [je: ...'dɛsto] **هرچه ... بیشتر**

Je reifer die Birnen sind, desto besser schmecken sie.

هرچه گلابی‌ها رسیده‌تر باشد، خوشمزه‌تر می‌شود.

3814 **jedoch** [je'dɔx] **اما**

Die Wohnung ist schön, jedoch die Lage ist schlecht.

آپارتمان قشنگ است، اما موقعیتش خوب نیست.

3815 **ob** [ɔp] **(آیا)... یا نه**

Er fragte mich, ob ich ihm die Regel erklären könnte.

پرسید می‌توانم این قاعده را برایش توضیح دهم یا نه.

3816 **obgleich** [ɔp'glaiç] **اگرچه، هرچند**

Obgleich ich vorsichtig war, ist der Film gerissen.

اگرچه مراقب بودم، فیلم پاره شد.

3817 **obwohl** [ɔp'vo:l] **باآنکه، هرچند**

Obwohl er starke Schmerzen hat, nimmt er nie ein Medikament.

باآنکه درد شدید دارد، هرگز دارو مصرف نمی‌کند.

3818 **oder** ['o:də*] **یا**

Gehst du auch schon oder bleibst du noch?

تو هم می‌روی یا بیشتر می‌مانی؟

3819 **so dass** [zo'das] **به‌طوری که**

Sie sprach sehr leise, so dass wir nicht alles verstehen konnten.

خیلی آرام حرف می‌زد، به‌طوری که ما نتوانستیم همه چیز را بفهمیم.

3820 **sondern** ['zɔndə*n] **بلکه**

Sie schreibt nie mit der Hand, sondern immer mit der Schreibmaschine.

هیچ‌وقت با دست نمی‌نویسد، بلکه همیشه تایپ می‌کند.

3821 **soweit** [zo'vait] **تا آنجا که**

Soweit ich informiert bin, ist er morgen wieder da.

تا آنجا که اطلاع دارم، فردا برمی‌گردد.

3822 **sowohl ... als auch** [zo'vo:l ... als aux] **و نیز**

Ich mag sowohl moderne als auch klassische Musik.

موسیقی مدرن و نیز موسیقی کلاسیک را دوست دارم.

3823 **um so** ['umzo] **- تر، ... - تر**

Je wütender er wurde, um so röter wurde sein Gesicht.
هرچه عصبانی‌تر می‌شد، صورتش قرمزتر می‌شد.

3824 **um . . . zu** [um ... tsu] **تا**

Wir gingen in ein Café, um uns zu unterhalten.
به کافه رفتیم تا باهم حرف بزنیم.

3825 **und** [unt] **و**

Er sah einen Film, und sie las die Zeitung.
مرد فیلم تماشا می‌کرد و زن روزنامه می‌خواند.

3826 **während** ['vɛ:rənt] **در این حین که، زمانی‌که**

Während er einen Roman las, konnte er die Welt um sich vergessen.
زمانی‌که رمان می‌خواند، می‌توانست تمام دنیای پیرامونش را از یاد ببرد.

3827 **weil** [vail] **چون**

Weil es schneller geht, fahre ich lieber mit der U-Bahn.
ترجیح می‌دهم با مترو بروم، چون سریع‌تر است.

3828 **wenn** [ven] **اگر؛ وقتی**

Wenn du sie bitten würdest, würde sie dir das Auto bestimmt leihen.
اگر خواهش کنی، حتماً ماشینش را به تو قرض می‌دهد.

3829 **zumal** [tsu'ma:l] **چون، زیرا**

Ich kann dir helfen, zumal ich Urlaub habe.
می‌توانم به تو کمک کنم، چون در مرخصی هستم.

3830 **zwar ... aber** ['tsva:* ...'a:bə*l] **گرچه...؛ درست است که... امّا**

Wir sind zwar oft verschiedener Meinung, aber wir streiten uns selten.
درست است که اغلب نظرهای متفاوتی داریم، امّا به‌ندرت باهم دعوا می‌کنیم.

1-2000

3831 **also** ['alzo] **پس، بنابراین**

Sie ist also 1961 geboren, dann ist sie ja jünger als ich.

پس ۱۹۶۱ به‌دنیا آمد؛ بنابراین باید جوان‌تر از من باشد.

3832 **außerdem** ['ausə*de:m] **افزون بر این، علاوه‌براین، و نیز**

Er ist intelligent und außerdem auch nett.

او باهوش و نیز مهربان است.

3833 **dabei** ['da:bai, da'bai] **حین آن**

Ich habe Fleisch geschnitten, dabei habe ich mich verletzt.

گوشت را بریدم؛ حین آن، خودم را زخمی کردم.

3834 **dadurch** ['da:durç] **به این ترتیب**

Er wurde schnell operiert und dadurch gerettet.

سریع جراحی شد و به این ترتیب نجات پیدا کرد.

3835 **dafür** [da'fy:ə*] **موافق**

- Wie findest du die Idee?

- Ich bin dafür!

- به‌نظرت این فکر چطور است؟

- با آن موافقم!

3836 **dagegen** [da'ge:g(ə)n] **علیه آن، برای آن**

Die Ursache der Krankheit ist zwar bekannt, aber man hat noch kein Mittel dagegen gefunden.

دلیل بیماری مشخص است، ولی هنوز درمانی برای آن پیدا نشده است.

3837 **daher** ['da:he:ə*, da'he:ə*] **از آنجا؛ به همین دلیل، از آن راه**

- Aus welcher Richtung kommt der Bus?

- Von daher.

Das Licht am Auto war die ganze Nacht an. Daher ist die Batterie jetzt leer.

- اتوبوس از کدام طرف می‌آید؟

- از آن راه.

چراغ ماشین تمام شب روشن بود. به همین دلیل باتری الآن خالی است.

3838 **damit** ['da:mit] **با آن**

Das Messer ist stumpf. Damit kann man nicht mehr schneiden.

کارد کند است. با آن دیگر نمی‌توانی چیزی ببرّی.

3839 **darum** ['da:rum] **از این رو**

Das Gesetz ist ungerecht. Darum bin ich dagegen.

قانون ناعادلانه است. از این رو با آن مخالف‌ام.

3840 **davon** ['daːfɔn] — **در این مورد، دراین‌باره**

-Weißt du, dass Bernd nach Bochum ziehen wird?
- می‌دانی که برند به بوخوم اسباب‌کشی می‌کند؟

-Nein, davon hat er mir nichts gesagt.
- نه، در این مورد چیزی به من نگفته است.

3841 **nämlich** ['nɛːmliç] — **چون؛ راستی**

Ich muss noch ein Geschenk kaufen, Karin hat nämlich morgen Geburtstag.
باید هدیه‌ای هم بخرم، چون فردا تولد کارین است.

3842 **teils . . . teils** [tails ... tails] — **تاحدودی ... تاحدودی**

Die Ausstellung war teils interessant, teils langweilig.
نمایشگاه تاحدودی جالب و تاحدودی خسته‌کننده بود.

3843 **trotzdem** ['trɔtsdeːm] — **با وجود این**

Die Straße war schlecht. Sie fuhr trotzdem sehr schnell.
وضعیت جاده بد بود؛ با وجود این، او خیلی سریع می‌راند.

3844 **weder . . . noch** ['veːdə* ... nox] — **نه ... نه**

Weder den Brief noch das Telegramm habe ich bekommen.
نه نامه دریافت کردم، نه تلگرام.

3845 **weshalb** [ves'halp] — **چرا، به چه دلیل**

Weshalb hat er schlechte Laune?
چرا خلق او تنگ است؟

3846 **wie** [viː] — **چگونه**

Wie ist das passiert?
چگونه اتفاق افتاد؟

3847 **wieso** [vi'zoː] — **چرا**

Wieso haben Sie mir das nicht gesagt?
چرا آن را به من نگفتید؟

3848 **zudem** [tsu'deːm] — **تازه، به‌علاوه، نیز**

Die Hose ist hässlich und zudem passt sie nicht.
شلوار زشت است و تازه نمی‌خورد.

Deutsch ist interessant und zudem nützlich.
آلمانی جالب و نیز مفید است.

Index

نمایه

Index

A

B

C

D

E

F

G

H

I

J

K

L

M

O

P

Q

R

S

T

U

V

W

Z

ی

ه

و

ن

م

ق

ک

غ

ف

ص

ض

ط

ظ

ع

ش

س

ز

ژ

ذ

ر

د

ح

خ

ج

چ

ث

ت

پ

ب

نمایه

الف

واژه نامه‌ی پایه‌یِ موضوعی زبان آلمانی

آلمانی - فارسی / فارسی- آلمانی

دکتر سید سعید فیروز آبادی

ویراستار: سید جلیل شاهری لنگرودی
مدیرفنی: مصطفی مرادیان

نوبت چاپ: سوم ۱۳۹۵، تیراژ ۲۰۰۰ نسخه، چاپ دیبا
قیمت: ۱۵۰۰۰۰ ریال

سرشناسه: فیروزآبادی، سعید، ۱۳۴۴-
عنوان و نام پدیدآور: واژه نامهِ‌ی پایه ی موضوعی زبان آلمانی الفبایی- آموزشی: آلمانی- فارسی، فارسی-آلمانی سعید فیروزآبادی
Grundwortschatz Deutsch, alphabetisch-thematisch, Deutsch-Persisch, Persisch-Deutsch

مشخصات نشر: تهران: زبانکده، ۱۳۹۵.
مشخصات ظاهری: ۴۷۲ ص. جدول.
شابک: 978-964-6117-76-1

وضعیت فهرست نویسی: فیپا
موضوع: زبان آلمانی-- واژه نامه ها -- فارسی
موضوع: فارسی -- واژه نامه ها -- آلمانی
رده بندی کنگره: ۱۳۹۱ ۹ف ۲ف/ PF3645
رده بندی دیوئی: ۴۳۳
شماره کتابشناسی ملی: ۲۸۲۵۸۹۴

انتشارات زبانکده

تهران، خیابان انقلاب، مقابل دبیرخانه دانشگاه تهران، بازارچه کتاب، شماره ۸
تلفن: ۶۶۴۰۲۳۶۷ - ۶۶۹۵۱۳۲۴ فاکس: ۶۶۴۹۲۹۶۱

صندوق پستی:۵۶۴-۱۳۱۴۵
E-mail:info@zabankadeh.net

شابک: ۱-۷۶-۶۱۱۷-۹۶۴-۹۸۷
ISBN: 978-964-6117-76-1

واژه نامه ی پایه یِ موضوعی زبان آلمانی

الفبایی-آموزشی

آلمانی – فارسی

فارسی– آلمانی

دکتر سید سعید فیروزآبادی

انتشارات زبانکده